老罗话指数投资系列

ETF 投资指南

老罗　著

電子工業出版社
Publishing House of Electronics Industry
北京 · BEIJING

内 容 简 介

本书是一本非常出色的投资指南。ETF 即交易所交易基金，是一种便捷的指数化投资和资产配置工具，省心、省时、省事。本书是"老罗话指数投资系列"的第三本，系统而清晰地介绍了 ETF 的魅力、基础知识、各种类型、投资策略等，涵盖了 ETF 投资的方方面面，读者不需有任何基础就能掌握 ETF 投资的精髓，获取超额收益，早日实现财务自由。

本书既可供普通投资者阅读参考，也可作为专业投资者的投资指南。

图书在版编目（CIP）数据

ETF 投资指南 / 老罗著. —北京：电子工业出版社，2019.11
（老罗话指数投资系列）
ISBN 978-7-121-37576-7

Ⅰ. ①E… Ⅱ. ①老… Ⅲ. ①证券投资－投资基金－指南 Ⅳ. ①F830.91-62

中国版本图书馆 CIP 数据核字（2019）第 219838 号

责任编辑：高洪霞
印　　刷：三河市良远印务有限公司
装　　订：三河市良远印务有限公司
出版发行：电子工业出版社
　　　　　北京市海淀区万寿路 173 信箱　　邮编：100036
开　　本：720×1000　1/16　印张：23.25　字数：446.4 千字
版　　次：2019 年 11 月第 1 版
印　　次：2023 年 10 月第 12 次印刷
定　　价：79.80 元

凡所购买电子工业出版社图书有缺损问题，请向购买书店调换。若书店售缺，请与本社发行部联系，联系及邮购电话：（010）88254888，88258888。

质量投诉请发邮件至 zlts@phei.com.cn，盗版侵权举报请发邮件至 dbqq@phei.com.cn。

本书咨询联系方式：010-51260888-819，faq@phei.com.cn。

前　言

从 2015 年年初开始，老罗以“老罗话指数投资专栏”的形式在互联网上不断分享指数投资相关的科普文章及定投相关策略，2018 年有幸和电子工业出版社合作出版了《指数基金投资：从入门到精通》和《基金定投：让财富滚雪球》两本书。第一本书主要帮助大家对指数基金有一个整体性的认识，第二本书则聚焦定投，侧重于阐述定投方法。当然，为了保证书的完整性，有很少一部分内容和第一本书重复。这两本书基于我这几年对于指数投资的思考与感悟，出版后在京东、天猫、当当、亚马逊等各大平台都收到了很好的反馈，很多投资者表示干货满满、受益良多、在实战中很有帮助。老罗在感到欣慰的同时，也在思考如何在此基础上继续帮助投资者拓展相关知识，提升投资技巧。

目前，“炒股不如买基金”已经成为很多投资者的共识，投资逻辑的重塑使交易型开放式指数基金（ETF）越来越受到投资者的青睐。截至 2018 年年底，我国境内交易所挂牌上市的 ETF 数量达到 186 只，资产总规模达到 5076 亿元，约合 725 亿美元；全市场份额超 4500 亿份，比起 2017 年年底的 2330 亿份增长近一倍。但是 ETF 种类多样，包括股票 ETF、债券 ETF、货币 ETF、跨境 ETF 等，它们的交易机制、投资策略都有所不同。从国内已发行的 ETF 产品数量和规模来看，股票型 ETF 均占据主导地位。截至 2019 年 3 月 31 日，国内共有股票型 ETF 产品 143 只，合计规模为 3779 亿元，规模占比高达 65%。投资者经过不断的实践操作，对股票 ETF 的交易机制和投资方法已经比较熟悉，但是对于其他类别的 ETF 投资者可能不是非常了解，市面上的 ETF 书籍更注重理论知识的传播，缺少实战操作方法的传授，而老罗作为多年从事指数基金及 ETF 基金的实践者，非常想帮助大家揭开 ETF 投资神秘的面纱，于是老罗决定在这本书中和大家分享 ETF 投资的基础知识及实战技巧，让大家能够玩转 ETF 投资，并能熟练地运用 ETF 这个当下非常流行的投资工具赚到人生的“一桶金”。

第 1 章是给 ETF 投资新手的建议。主要介绍 ETF 的优势、适合投资 ETF 的人群以及国内外 ETF 投资现状和未来发展趋势。

第 2 章介绍了 ETF 的基本知识。首先简要介绍 ETF 及其费用，然后介绍如何开户、申赎、交易，并把 ETF 和指数基金、LOF 作对比，最后指导如何选择 ETF 品种，并提出一些需要注意的风险事项。

第 3 章主要是对指数体系的介绍，包括常见 A 股宽基指数、行业指数、主题指数以及一些策略指数和跨境指数。

第 4～8 章讲解了 5 种主要 ETF 品种的概念、申赎机制及各个品种的投资策略、套利策略，并针对不同品种的独特特点有所强调和侧重。比如在债券 ETF 部分专门用一节介绍了国债 ETF；在货币 ETF 部分分别用两节介绍了华宝添益和银华日利这两个代表产品；在跨境 ETF 部分分析影响海外 QDII 跟踪误差的主要因素，等等。

第 9 章和第 10 章主要分享 ETF 的投资策略和配置策略，揭秘大小盘指数轮动策略、行业指数轮动策略、目标日期目标风险策略等，帮助投资者理解并运用这些投资方法，以 ETF 作为一生的投资计划。

老罗相信看完这本书的投资者一定会对 ETF 投资有所认识，并能够把理论知识运用到 ETF 投资实践中。由于笔者能力有限，若有不足之处欢迎大家多多指正。另外，大家可以关注雪球和微信公众号“老罗话指数投资”（ID:index_fund），老罗在每个交易日都会发布市场主流指数估值及历史分位等数据供投资者参考，还会经常科普关于 ETF 和定投的知识。老罗衷心地希望大家能够更了解 ETF 投资，找到适合自己的“投资姿势”。

目　　录

第1章　ETF的魅力

1.1　给新手的投资建议

很多人总是抱有通过工资的上涨来积累财富的幻想，可是要知道，工资的普遍上涨往往伴随着物价的上涨，收入多了，但同样的生活方式需要花的钱也多了，造成这种困局的原因便是大家口中的通货膨胀（以下简称“通胀”）。更有甚者，如果工资上涨速度比不上通胀速度，那么日子反而会比以前更紧巴巴。很多时候，财富的积累靠的是“钱生钱”，而非“人找钱”。因为时间具有价值，复利拥有魔力，投资理财像学习一样，是贯穿人一生的课题。

然而投资理财不能仅依靠一腔热情，里面蕴含着大大的学问。作为初学者的投资“小白”们，首先需要找到适合自己的投资方式。本书将为投资“小白”们介绍场内基金的“人气明星”ETF。ETF以其自身独特的优势，成为大受追捧的金融市场创新产品之一。2018年投资人对ETF的情绪高涨，截至2018年12月底，ETF全年规模增加1337亿元（不含货币ETF），增幅高达66%，成为自我国ETF创立以来发展最快的一年。市场上可供选择的ETF产品花样百出，选择适合自己的ETF产品，就能为投资理财锦上添花。

除找到适合自己的投资理财方式之外，老罗请大家铭记以下五点关于投资理财的建议。

1. 天上掉馅饼的事情不要信

收益和风险是投资的两个核心，如果把收益比作阳光，那么风险就是影子，阳光的背后必有影子的存在，它们就似双生子，总是形影不离。可是在实际投资中，很多投资者往往只注意到了收益，而忽视了其背后的风险，当真正遭受巨额亏损时，才悔不当初——怎么就傻傻地相信了天上掉馅饼的事情呢。因此投资需要时刻谨记“高收益伴随高风险”，收益以风险作为代价，风险用收益进行补偿，如果你想要有高收益，首先要评估自己能否承受高风险，承担风险是获取收益的前提，收益是风险的成本和报酬。切记永远不要存在侥幸心理，认为自己能将高收益收入囊中，并稳稳地躲过高风险的劫，比如说投资 P2P，有些投资者会侥幸地认为跑路的肯定不会有自己投资的那一家，然而 P2P 的暴雷让他们很难幸免。所以既然选择投资 P2P，就不能对 P2P 平台本身的风险视而不见。了解每种投资方式和理财产品的风险/收益关系，在投资前对自己的风险承受能力和风险偏好进行评估，是投资入门的第一课。

2. 坚守自己最熟悉的领域

比风险更可怕的是无知而不自知。人不是百科全书，能包揽世间所有知识，无知者无畏，很多投资者因为过于天真或盲目自信，去涉足自己不熟悉甚至全然陌生的领域，最终用血与泪为自己的无知买单。投资大师之所以能取得傲人的成绩，离不开他们对自己的投资领域有全面深入的了解，股神巴菲特说“你不应该投资于你不完全了解的企业”，金融大鳄索罗斯说“你不用什么都懂，但你必须在某一方面懂的比别人多”，美国共同基金之父约翰·博格说“投资的成功是建立在已有的知识和经验基础上的”。听取投资大师的谆谆教诲，坚守在自己最熟悉的领域，在自己的能力圈内活动才是理智的做法。不打无准备之仗，不做不懂之事，俗话说“磨刀不误砍柴工”，想做就要先弄懂，武装好足够的知识，做到心中有数，不要脑袋一热就扎进去，最后落得“有去无回”的下场。

3. 别人的鞋子不合自己的脚

有这么一则小故事，公鸡在一堆沙土上忙碌地觅食，无意中翻出一颗珍珠，然而公鸡却把这颗珍珠丢在一旁，因为尽管珍珠光彩夺目，对它却毫无用处，它需要的是一颗麦粒来填饱肚子。所以，在人生中，最好的不一定是最合适的，最适合自己的才是最好的。适合自己的不一定适合他人，适合他人的不一定适合自己，就如投资大师的成功不可复制，因为他们用最适合自己的投资方式创造出专属他们的荣光。投资如同逛商场买鞋子，需要小心翼翼地挑选，选择合适的投资方式和投资产品来实现自己设定的投资目标。例如市场上 ETF 产品五花八门，有波动较大的股票 ETF，有风险相对较小的债券 ETF，有可以稳健增值的货币 ETF，有投资于避险资产的黄金 ETF，还有投资于境外资产的跨境 ETF，任君挑选，总有一款适合你。从自身需求出发去选择最适合自己的投资方式和投资产品，就是用自己的脚去尝试不同鞋子的过程，合适的鞋子让你的人生道路走得舒心，同样，适合自己投资目标的投资方式和产品，可以为投资锦上添花。

4. 对杠杆保持戒心

杠杆通俗来说就是通过借债、融资，用较少的钱撬动大量的钱，从而放大投资损益的一种高风险的交易方式，期货市场的“保证金交易”和 A 股市场的“借钱炒股”都是杠杆投资的一种。太阳是夕阳的同时也是旭日，在一处收尽苍凉残照时，又在另一处散布烈烈朝晖，万物皆有两面性，一面积极，一面消极。杠杆亦是万千事物中的一个，很多投资者只看到用杠杆以小博大的一面，用少量的资金赚得盆满钵满，却看不到如果亏损，则亏损同样是自有资金的几十倍。杠杆本身不是不可靠近的妖魔鬼怪，那些风险防御系数高的公司或者技术过硬的专业投资者就能够合理运用杠杆，并且他们对巨额亏损有后备措施。然而对于没经验、没时间的上班族和业余投资人士，没有别人的风险防御能力和专业知识，老罗的建议是千万别碰杠杆。许多散户运用杠杆是出于投机的心态，人们在钱较少的时候，极容易滋生出赌博心态，想以小博大，妄想用杠杆成就一夜暴富，这是十分可怕的思想，稍有不慎便成为生命中不可承受之重。坚持“闲钱操作”的原则，才能让投资理财更轻松。

5. 不吃饭则饥，不读书则愚

有位老人在河边钓鱼，一个小孩在一旁看热闹。老人技术娴熟，没多久鱼篓就满了。老人把整篓的鱼送给小孩，小孩却拒绝了。小孩说：“我想要你的鱼竿，一篓鱼没多久就吃完了，要是有鱼竿就可以自己钓。”于是，老人将鱼竿送给了小孩。可从此，小孩却没钓上一条鱼来。小孩拥有工具却缺乏钓鱼的知识，同样一无所获。金融市场只是提供工具的地方，投资理财的知识需要自己掌握，方能有所收获。

古人云“与其临渊羡鱼，不如退而结网”，站在水边想得到鱼，不如回家去结网，与其眼巴巴地看着别人在投资中满载而归，不如自己开始学习投资理财的知识。“千里之行，始于足下”，最重要的是能迈出第一步，无论何时开始学习都为时不晚，通过不断地汲取知识养分来充实自己，茁壮成长，当机会来临时才能一把抓住。时代瞬息万变，金融创新的步伐不断加快，持续学习是抵御时代巨变，投资未来的有效途径，当 ETF 创立时谁能想到这将成为一款火爆全球的金融市场工具？你的眼光看向哪里，境界就在哪里，如果不能延展生命的长度，不如拓宽生命的广度，通过学习，扩充我们的视野和格局，培养独立客观思考的能力，提升眼光的敏锐度和洞察力。学习如同吃饭，是需要我们坚持一生的事情。

1.2 为什么投资者选择 ETF

1884 年查尔斯·道编制了世界上第一条指数——道琼斯工业平均指数，而指数化投资近百年后才在美国兴起，起初这一被动投资策略并不被市场所接受，发展非常缓慢，直至 1993 年，以 ETF 为代表的指数产品实现了被动投资的多样化和工具化，这才带动指数投资蓬勃发展，持续吸引大量资金流入，如表 1.1 所示。

表 1.1 指数基金发展历程

时间（年）	产　品	意　义
1884	Dow Jones Industrial Average	第一条指数
1976	Vanguard 指数投资信托基金	第一只指数基金
1990	多伦多证交所 35 指数（TSE－35）的指数参与份额（TIPs）	第一只 ETF
1993	SPDR® S&P 500® ETF	规模最大、最受欢迎的 ETF
1996	World Equity Benchmark Series（WEBS）	第一只国别类 ETF
1998	Financial Select Sector SPDR® Fund 等 9 只	第一批行业 ETF
2000	iShares Russell 1000 Value/Growth ETF	第一只风格 ETF
2000	iShares Core Canadian Universe Bond Index ETF	第一只债券 ETF
2000	iShares U.S. Real Estate ETF	第一只房地产 ETF
2001	iShares S&P/TSX Global Gold Index ETF	第一只商品 ETF
2003	Goldman Sachs Liquid BeES	第一只货币 ETF
2003	iShares Select Dividend ETF	第一只策略 ETF
2005	XACT BULL/ XACT BEAR	第一只杠杆及反向杠杆 ETF
2005	iShares CAN Fincl Monthly Inc Adv	第一只主动管理 ETF
2005	Currency SHARES EURO TRUST（Rydex Investments）	第一只外汇 ETF
2005	iShares Diversified Monthly Income ETF	第一批资产配置 ETF

数据来源：根据老罗话指数投资微信公众号整理。

Black Rock 2018 年 12 月份的 ETP 报告显示：全球市场 ETP 达到 4.7 万亿美元，而在 2000 年，全球 ETP 市场规模才 790 亿美元，19 年时间的平均年化增长率达到 24%，可谓高速发展，成为最受全球投资青睐的投资品种，如图 1.1 所示。

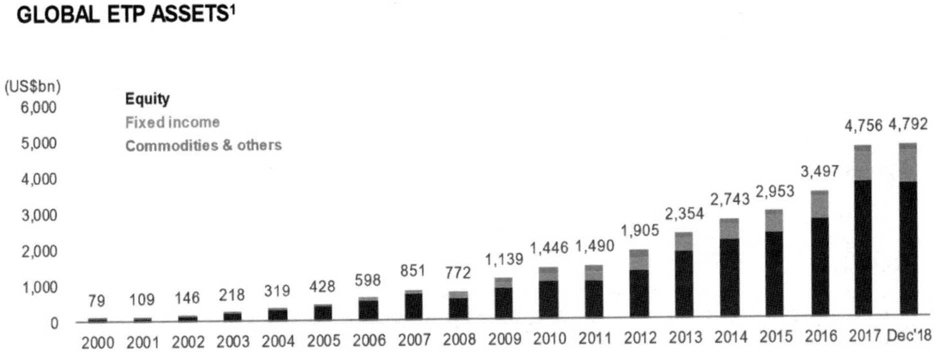

图 1.1　全球 ETP 规模变化

数据显示，美国市场 ETP 规模达到 3.38 万亿美元，占全球 ETP 规模的 70%，美国也是全球最大的 ETP 市场；欧洲市场 ETP 为 0.78 万亿美元，占全球 ETP 规模的 16%；亚太地区 ETP 规模为 0.51 万亿美元，占全球 ETP 规模的 11%。同时，全球 ETP 从类型划分来看，规模最大的是股票型 ETP，累计规模达到 3.7 万亿美元，占比达到 78%，如表 1.2 所示。

表 1.2　全球 ETP 规模情况分布（单位：10 亿美元）

	股　票	固定收益	商品和其他	总　计
美国	2660	632	85	3377
欧洲	515	192	73	780
加拿大	77	33	5	115
亚太地区	447	25	40	512
拉丁美洲	8	0	0	8
总计	3707	882	202	4792

数据来源：Black Rock 报告。

小贴士：

ETP（Exchange Tradeable Products），即交易所买卖产品，又被称为“场内交易产品”，与交易型开放式指数基金 ETF（Exchange Traded Funds）类似。国外 ETF 发展出很多结构上的变化：Trust, ETN (Exchange Traded Note), Swap based ETF, ETC (Exchange Traded Commodity)，等等。有些研究单位会把以上这些 ETF 的变种统称为 ETP (Exchange Traded Products), 也有人把所有 ETF 相关产品统称为 ETP。

美国 ETF 近些年快速发展，投资者之所以选择 ETF 产品，老罗认为主要基于以下几方面的原因：

（1）ETF 透明度高、风格稳定。ETF 以指数化运作为主，具有较高的透明度和纪律性，FOF 基金经理能够通过配置 ETF 产品，实现与历史表现达成相对明确的预期，便于对组合的风险暴露进行监控和调整，因此更加适合作为配置型工具。而主动型基金的投资能力和投资风格以受基金经理影响为主，从 FOF 管理人的角度来看，主动型基金虽然有可能获取超额收益，但不稳定、可控性差、容易产生风格漂移，不便于组合管理。

（2）ETF 成本低廉、长期投资收益有优势。ETF 由于被动运作，其在管理费、托管费、交易费等方面较其他产品有一定优势，从而能够有效解决 FOF 双重收费导致的费率损耗问题。以 iShares Target Date ETF 为例，虽然 FOF 组合中包含了股票、债券、商品、REITs 等不同品种的 ETF，但总的管理费率仅有 0.47%，远低于主动产品动辄超过 1%的管理费。再者，美国市场实践表明，长期来看绝大多数主动产品很难战胜以市场为基准的被动指数产品。

（3）ETF 交易机制灵活、资金使用效率高。ETF 是一种同时兼具一、二级市场特性的特殊指数产品，其既可以有传统开放式指数基金的申购、赎回功能（篮子申购、赎回），也能在二级市场像买卖股票一样交易（还免印花税），在部分市场甚至可以实现全天候的交易。这使得 FOF 管理人可以通过 ETF 快速实现某一类资产的风险暴露，灵活管理组合的仓位和大类品种，而且 ETF 能够在盘中实时锁定组合买卖成本，相比场外的 QDII 多达数天的申、赎效率，ETF 是资金使用效率最高的一类工具。

（4）ETF 品种丰富、满足全球资产配置的需求。目前美国市场 ETP 约有 2300 多只，其中绝大多数为指数 ETF。在资产大类方面，美国 ETF 已涵盖股票、债券、商品、外汇、货币、REITs 等主流资产；在区域方面，涵盖美国市场、发达市场、新兴市场、各个国家细分市场等；在产品设计上，既有普通指数化运作 ETF，也有杠杆、反向、结构化运作的产品。应该说，在海外成熟市场，投资者可以根据自己的风险偏好，快速选取对应的 ETF 产品。特别是在进行全球化配置的时候，由于 FOF 基金经理缺乏对他国市场的了解，最好的介入方式莫过于选取该市场最具代表性的宽基 ETF。

ETF 虽然是被动指数工具，但并不意味着投资者只能被动持有 ETF。如图 1.2 所示，实际上 ETF 应用场景非常多样化，除折溢价套利、期现套利、ETF 期权套利等专业性较高的投资方式外，投资者也可以使用 ETF 进行如下应用。

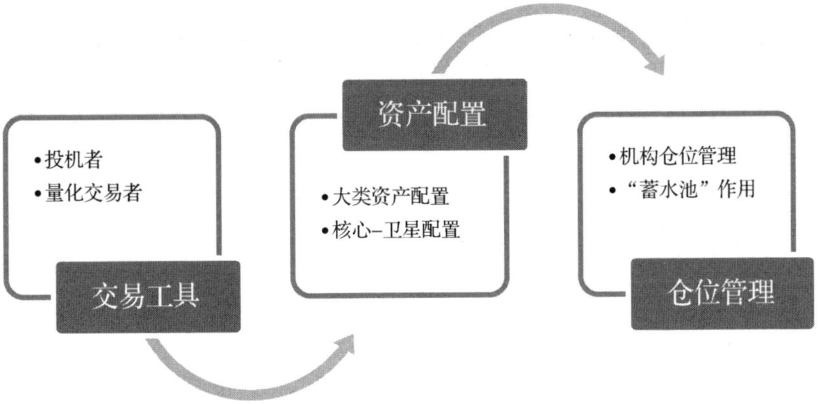

图 1.2　ETF 的应用策略

（1）作为波段操作的便捷工具。ETF 基金由于跟踪误差小、交易便捷、进出成本低，非常适合交易型投资者进行“波段操作”。投资者无须判断个股特殊情况，只需在自己认可的市场“相对低点”买入或申购 ETF，在合适的位置卖出或赎回即可，有效避免了“赚了指数不赚钱”情况的发生。而主动基金由于仓位不透明、受基金经理主观影响等情况，并非市场择时的最佳工具。

（2）作为资产配置的底层工具。目前海内外 ETF 工具已非常丰富，除权益 ETF 外，债券 ETF、商品 ETF、外汇 ETF 等也层出不穷，且各大类资产 ETF 已逐步细化到各个风格与领域，投资者完全可以通过 ETF 实现全球化大类资产配置。同时，海外市场当前盛行的“核心—卫星资产配置”策略即以 ETF 为主要标的：即投资者把绝大部分资产投资于指数 ETF，这部分资产称为“核心资产”，主要目标是分享市场收益；其余资产进行主动投资，分别投资于各类风格的基金或特定股票，以求获得超额回报，这部分投资称为卫星资产。

“核心-卫星资产配置”将主动投资策略与被动投资策略有效结合起来，兼备“指数化投资低成本、风险收益特征明确、长期收益可期和主动投资获取超额收益”两方面的优势，为投资者提供了在有效控制相对投资风险的前提下获取超额投资收益的机会。

（3）作为仓位管理的蓄水池。ETF 不但可以用来波段交易和资产配置，其在投资管理中也常常起到“蓄水池”的作用，尤其部分投资者偏好使用 ETF 来管理其组合仓位。例如，某投资者原仓位比例不高，但近期该投资者对市场走势由中性转为乐观，计划将权益资产的比例提升至一定水平，但投资者在短期内一时半会儿难以找到足够的个股标的来配置，此时就可以通过配置高流动性的市场代表性 ETF 来实现权益资产提升，以分享股票市场成长带来的投资回报，避免“踏空”的尴尬局面发生。当找到足够的可投资标的后，投资者可以将资金从 ETF 逐步向潜在意向标的转换，实际上此处 ETF 起到了投资管理的“蓄水池”作用，极大地便利了投资者的仓位管理工作。

1.3 美国如何应用 ETF 进行资产配置

关于海外投资者基金配置问题，在 Black Rock 和 ICI 报告中有一些数据，对回答此类问题颇具参考意义。在此，老罗摘录部分重点内容供投资者参考，毕竟作为“过来人”，美国也是交过学费之后才有了如今相对成熟的基金投资格局。“他山之石，可以攻玉”，通过了解美国市场家庭配置 ETF 的情况，可以对我们配置 ETF 有指导作用。

1.3.1 美国市场 ETP 发展迅猛

数据显示，截至 2018 年年底，美国市场 ETP 的数量为 2344 只，规模为 3.37 万亿美元，尽管 2018 年产品数量相比 2017 年增长了 239 只，但是总规模却比 2017 年减少了 410 亿美元，说明美国市场 ETP 规模经历了多年的快速发展，目前面临一个增长的瓶颈，如图 1.3 所示。

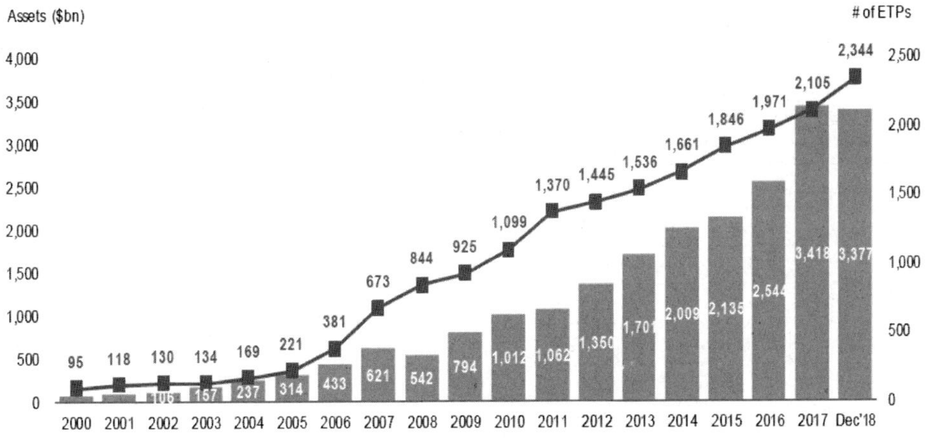

图 1.3　美国 ETP 规模和数量变化

目前，美国最大的三家 ETP 公司为 iShares（安硕）、Vanguard（先锋）和 State Street（道富），资产规模分别为 1.32 万亿美元、0.86 万亿美元和 0.57 万亿美元，三者合计市场份额达到 81%。可见，在美国 ETP 市场规模行业集中度非常高，也说明 ETP 市场产品供应商“强者恒强”的特点，如表 1.3 所示。

表 1.3　美国 ETP 提供商及规模情况

美国 ETP 提供商	资产规模（单位：10 亿美元）	市场份额
iShares	1322	39%
Vanguard	855	25%
State Street	568	17%
Invesco	170	5%
Charles Schwab	116	3%
First Trust	61	2%
Wisdom Tree	36	1%
Van Eck	34	1%
ProShares	27	1%
Other Providers	187	5%
总计	3377	100%

数据来源：Black Rock 报告，截至 2018 年 12 月 31 日。

从美国市场来看，前 15 大 ETF 产品合计规模达到 1 万亿美元，其中最大的产品为跟踪标普 500 的 ETF 产品，规模达到 2360 亿美元。从产品分布来看，前

15 大产品里面有 12 只为权益 ETF，仅 3 只为债券 ETF。从公司分布来看，在这 15 只产品里面，有 8 只来自 iShares，4 只来自 Vanguard，如表 1.4 所示。

表 1.4 美国市场最大的 15 只 ETF 产品

基金代码	基金名称	资产规模（亿美元）	备注
SPY	SPDR S&P 500 ETF	2,360	美国权益类
IVV	iShares Core S&P 500 ETF	1,165	美国权益类
VTI	Vanguard Total Stock Market ETF	802	美国权益类
EFA	iShares MSCI EAFE ETF	765	国际权益类
VOO	Vanguard S&P 500 ETF	704	美国权益类
VWO	Vanguard FTSE Emerging Markets ETF	558	国际权益类
VEA	Vanguard FTSE Developed Markets ETF	557	国际权益类
QQQ	PowerShares QQQ ETF	478	美国权益类
AGG	iShares Core U.S. Aggregate Bond ETF	476	债券类
IJH	iShares Core S&P Mid-Cap ETF	395	美国权益类
IWM	iShares Russell 2000 ETF	377	美国权益类
IWD	iShares Russell 1000 Value ETF	370	美国权益类
LQD	iShares iBoxx $ Investment Grade Corporate Bond ETF	361	债券类
IWF	iShares Russell 1000 Growth ETF	354	美国权益类
BND	Total Bond Market ETF	344	债券类

注：数据截至 2017 年 7 月 13 日。

1.3.2 基金投资在美国家庭理财中扮演着重要角色

ICI 基金投资年鉴的数据十分翔实，有兴趣的投资者可去官网细细研读，在此老罗仅摘录重点内容供投资者参考。

1. 金融投资产品占美国家庭资产比例不断上升

1980 年，美国家庭持有金融投资产品（包括共同基金、ETF、封闭式基金以及信托）的比例仅为 3%，2017 年这一比例已上升至 24%，如图 1.4 所示。而据有关调查，中国家庭持有基金资产比例仅略超 4%，可提升空间巨大。

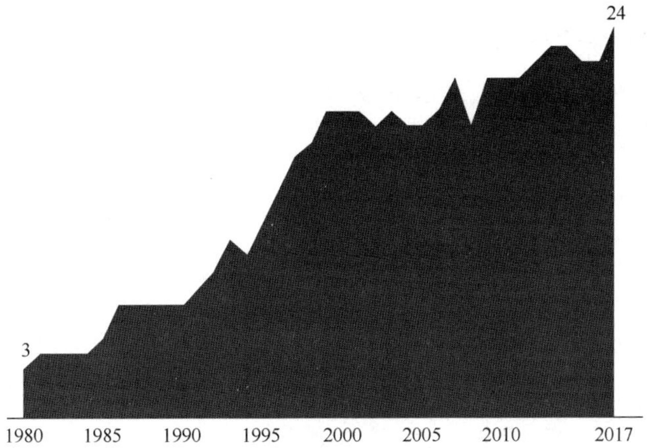

图 1.4　美国家庭持有金融资产比例不断攀升

2．共同基金在美国养老金投资中占据半壁江山

美国养老金最大的组成部分是 IRA（个人退休账户）和雇主发起式 DC 计划（确定缴费型计划，相当于企业年金），截至 2017 年年底，IRA 在家庭金融资产中的占比从 1987 年的 3%上升为 11%，同期，DC 计划占比从 5%增长至 10%。共同基金（相当于国内的公募基金）是 IRA 和 DC 的重要投资方向，而 IRA 账户中持有共同基金的比例达到 47%，DC 计划持有共同基金的比例超过 59%，可以说美国近半的养老金均投资于共同基金，如图 1.5 所示。

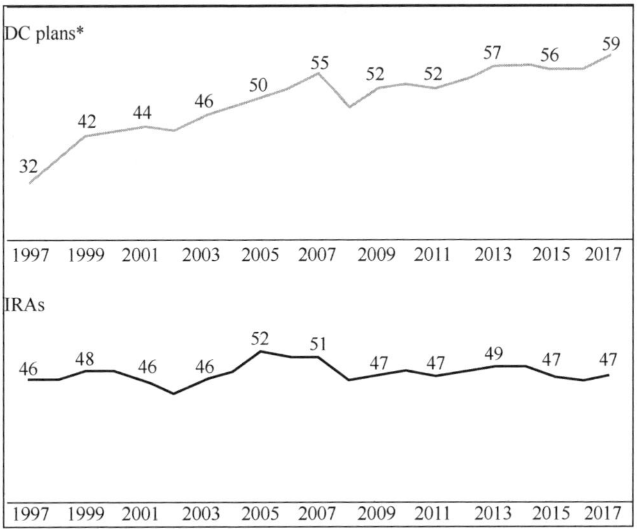

图 1.5　美国主要养老金投资共同基金的比例

3．股票型基金仍是公募基金投资者首选

当前，国内公募基金以货币基金为主，美国公募基金中国内和全球股票基金规模占比达到 59%，而货币基金占比仅为 13%，如图 1.6 所示。老罗相信市场长期向上的趋势，而且历史经验告诉我们，持有股票资产的长期收益率要远远优于货币资产，为此，每个家庭最好持有一定比例的股票基金。

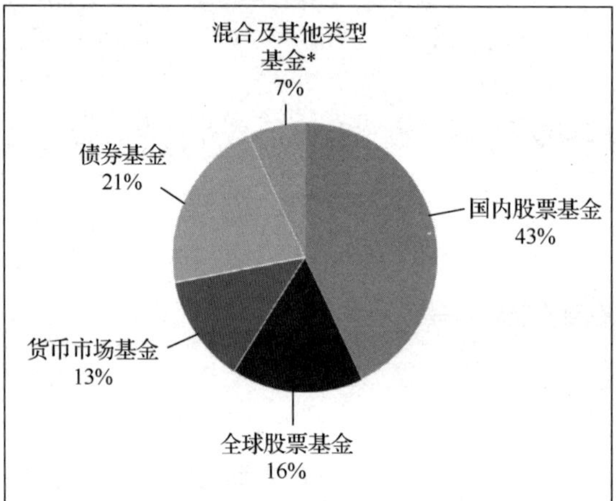

图 1.6　股票基金占共同基金中资产规模过半

1.3.3　ETF 产品是美国投资者的最爱

1．指数产品不断替代主动投资产品

如图 1.7 所示，自 2007 年以来，投资美国国内市场的指数共同基金与指数 ETF 持续获得资金净流入，而投资美国国内市场的主动型共同基金产品则遭遇持续资金流出。这也是老罗看好指数型基金产品投资价值的原因之一，美国的聪明投资者都选择指数产品，你还在犹豫什么？

2．越来越多的家庭选择股票 ETF 基金产品

据 ICI 统计，股票指数基金占股票类共同基金的比例已从 2008 年的 13.6% 逐步提升至 2017 年的 26.6%，且比例呈加速递增趋势，在 ETF 基金中该比例更高，如图 1.8 所示。

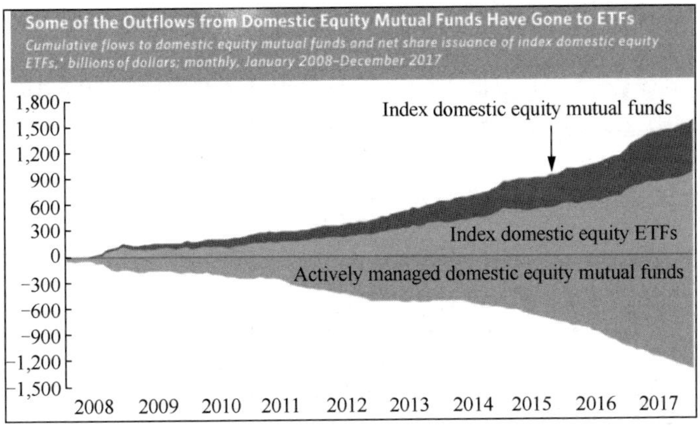

图 1.7　美国国内市场的指数型与主动型基金产品资金流对比

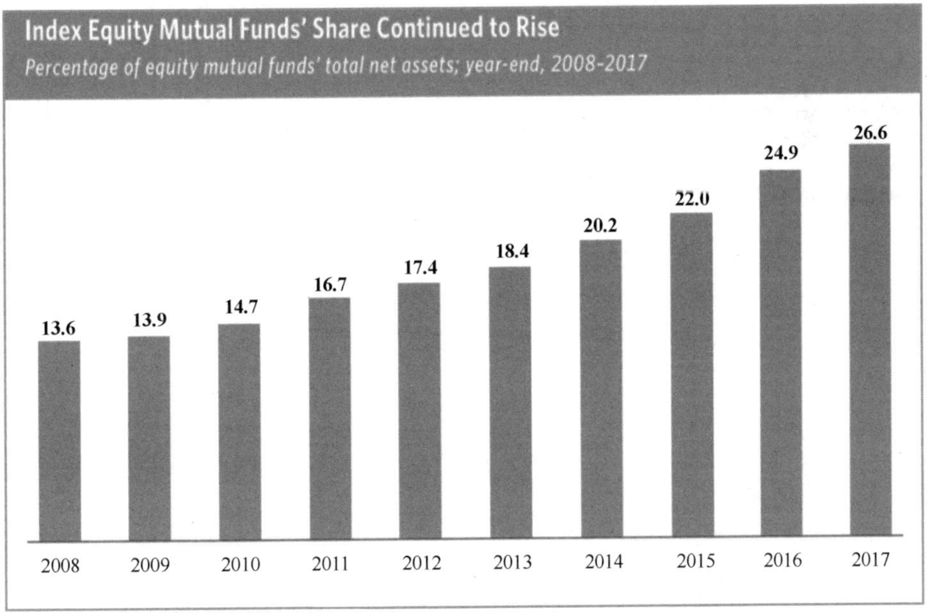

图 1.8　股票指数基金占股票类共同基金的比例逐年提升

3．ETF 持有者家庭有更高收入与教育背景

ICI 的研究还发现，持有 ETF 基金的家庭整体收入、家庭金融资产都较高，如表 1.5 所示，持有 ETF 的家庭年收入均值为 12.5 万美元；而所有美国家庭的年收入均值仅为 5.9 万美元。同时，持有 ETF 的家庭接受 4 年大学及以上教育的比例达到 68%；而美国所有家庭这一比例仅为 34%。所以，如果你已经开始关注并投资 ETF，则说明你已经走在大多数投资者之前了。

表 1.5　美国市场投资 ETF 的投资者家庭特征（2017 年中期）

	所有美国家庭	持有 ETF 的家庭	持有共同基金的家庭	持有个股的家庭
中值				
户主的年龄[1]	51	52	51	53
家庭收入[2]	\$59,500	\$125,000	\$100,000	\$102,000
家庭金融资产[3]	\$90,000	\$500,000	\$200,000	\$350,000
家庭占比（百分比）				
家庭储蓄和投资的主要决策者或共同决策者				
已婚或者同居	57	77	72	72
丧偶	9	4	5	6
四年大学教育及以上	34	68	51	57
在业（全职或兼职）	60	68	74	69
退休	29	29	23	31
家庭持有的养老账户				
个人退休账户（IRA）	35	75	64	66
DC 退休计划账户	48	81	85	72

注：[1] 年龄数据以家庭储蓄和投资的单一决策者或共同决策者来确定；[2] 所有收入数据均为 2016 年税前的家庭收入数据；[3] 家庭金融资产包括雇主发起式退休计划资产，但不包括家庭主要房产。

4. ETF 持有者家庭的风险承受能力更高

ICI 的研究数据显示，美国所有美国家庭、持有共同基金的家庭以及持有 ETF 的家庭的风险承受能力也不一样，如图 1.9 所示。持有 ETF 的家庭愿意承

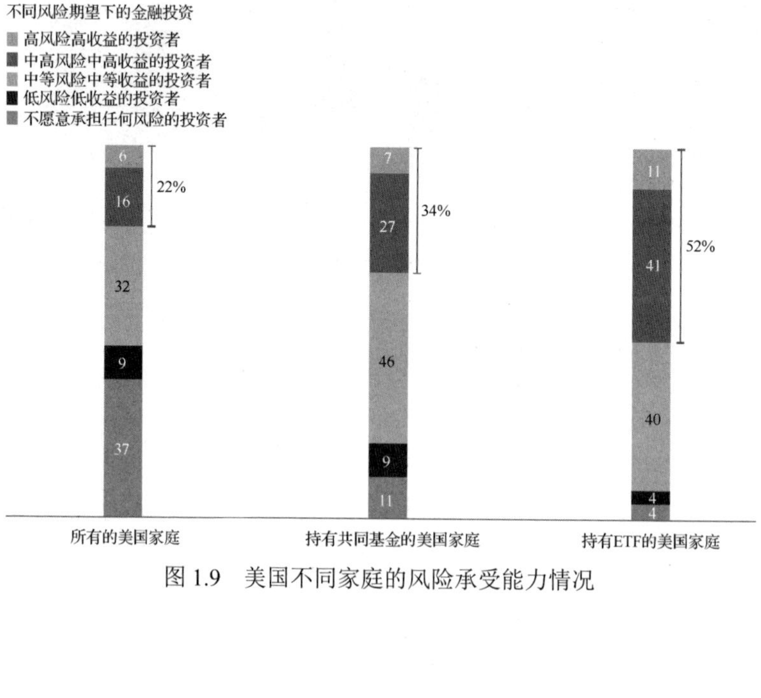

图 1.9　美国不同家庭的风险承受能力情况

受超过市场平均风险的资产持有占比最高，达到了 52%，而所有美国家庭愿意承受超过市场平均风险的资产持有占比仅有 22%。可见，在美国持有 ETF 资产的投资者，风险承受能力更强。

1.3.4　ETF 对 FOF 发展功不可没

美国作为当前 FOF 规模最大的市场，截至 2015 年，美国共同基金 FOF 数量为 912 只，资产管理规模达到 1.56 万亿美元。从采用的策略来看，目标日期基金和目标风险基金是美国 FOF 的主要两种类型。这两种基金管理的总资产占美国 FOF 基金总资产的比重在 80%以上，老罗也会在第 10 章重点介绍这两种类型的 FOF。

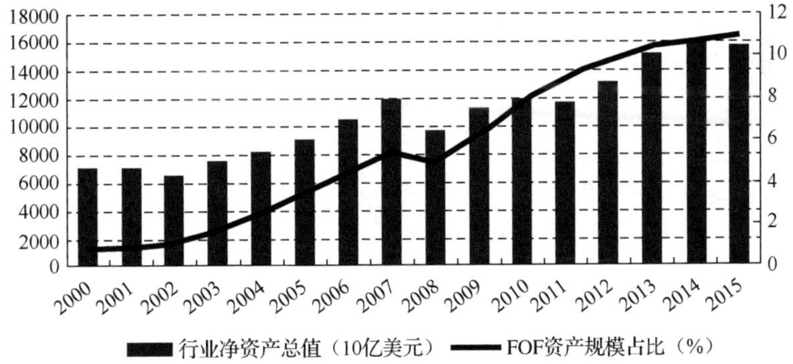

图 1.10　美国市场 FOF 与行业资产规模变化

以 Black Rock 旗下 iShares 目标日期型产品为例，该系列 FOF 采取 ETF 形式运作，同时底层资产又是不同种类、不同比例的 ETF 资产。该类 FOF 通常会在名字中表明目标退休年份，比如 2015 年 Target Date 2015 ETF、Target Date 2050 ETF 等。表 1.6 所示是 iShares Target Date 2050 FOF 的组成结构，其底层工具都是 ETF。

表 1.6　iShares Target Date 2050 FOF 底层产品

1	iShares Core Total US Bond Market ETF	32.22%
2	iShares Core S&P500 ETF	23.49%
3	iShares MSCI EAFE Index	12.02%
4	iShares Barclays Short Treasury Bond	11.26%

续表

5	iShares Core S&P Mid-Cap ETF	6.98%
6	iShares Barclays TIPS Bond	5.23%
7	iShares Core S&P Small-Cap ETF	2.93%
8	iShares High Yield Corporate Bond	2.70%
9	iShares MSCI Emerging Markets Index	1.82%
10	iShares Steers REAlty Majors	1.20%

1.3.5 ETF 是美国智能投顾发展的基石

智能投顾是当前资管机构角逐的热点，其主要解决客户投资“个性化、成本、便利性”等痛点，而 ETF 是解决上述痛点的最佳工具。因此，纵观美国市场，主流智能投顾机构包括 Vanguard、Wealthfront、Betterment 等均以 ETF 为底层资产，如表 1.7 所示。

表 1.7 美国智能投顾公司的基本情况

	管理资产规模（亿美元）	收费标准	投资范围
Vanguard Personal Advisor Service	470	0.3%/年，投资门槛 5 万美元	Vanguard 基金和 ETF
Schwab Intelligent Portfolios	123	投资门槛 5 千美元，普通投资者无手续费/服务费，机构 1 亿元以下按照 0.1%收取手续费	11 个大类的 ETF
Wealthfront	43	第一个 1 万美元免费，之后按 0.25%收取手续费	11 个大类的 ETF
Betterment	67	根据账户资金不同收取 0.15%～0.35%手续费	13 种 Vanguard 和 iShares 的 ETF，不投资大宗商品
Personal Capital	28	根据账户资金不同收取 0.49%～0.89%手续费	ETF，70～100 种股票

数据来源：广发证券研发中心。

智能投顾通过减少人工成本，利用大数据算法为客户提供智能理财解决方案，收取基于管理规模 0.25%的管理费，这一标准远低于传统财富管理公司所收取的 1%的管理费。此外，智能投顾采用透明化、标准化的收费标准，杜绝了隐藏费用、额外收费等情况。

- 低投资门槛：智能投顾大大降低传统财富管理顾问的高门槛，目前主流智能投顾公司门槛为 0～5000 美元，适用于传统投顾难以覆盖的大众富裕阶层。
- 投资建议个性化：智能投顾根据客户投资目标以及客户风险偏好来制定客户资产配置建议，而不是盲目参考历史市场表现来购买 ETF，实现相对个性化，从而为客户提供分散化的资产配置建议。
- 多元化、数字化沟通渠道：智能投顾公司通过众多电子终端设备以及沟通渠道为客户提供 7×24 小时的理财服务，以便于客户可以随时获取其自身账户情况。此外，用户界面简洁友善、方便使用、整体流程顺畅，提升客户的用户体验。
- 自动账户再平衡：目前大多数智能投顾为客户提供自动账户资产配置再平衡服务，是指当客户资产配置比例因为分红、再投资以及调整资产投资策略等情况而产生变化时，系统根据既定的投资目标对于客户资产配置进行自动调整，例如增持低仓位证券，减持高仓位证券，自动按比例投资现金分红等。
- 税收亏损收割计划：目前一部分智能投顾公司为客户提供税收亏损收割计划，是指通过挑选与卖出 ETF 高度相关的资产组合作为替代，实现确定的投资损失来抵消所交纳的资本利得税，从而达到帮助客户节省税收的目的。

图 1.11 所示是 Wealthfront 提供的配置界面，其为投资者提供的 11 种大类 ETF，覆盖了股票市场、债券市场和商品市场，依然以 ETF 为最主要的底层资产，以达到低门槛、低费率、高便捷性的效果。

老罗有话说：

老罗认为智能投顾行业在将来很长一段时间保持高速增长，而其背后的驱动因素有很多，不过主要可以总结为三点，（1）解决传统财富管理痛点；（2）科技创新提供新活力；（3）人口结构、市场环境与观念的改变。

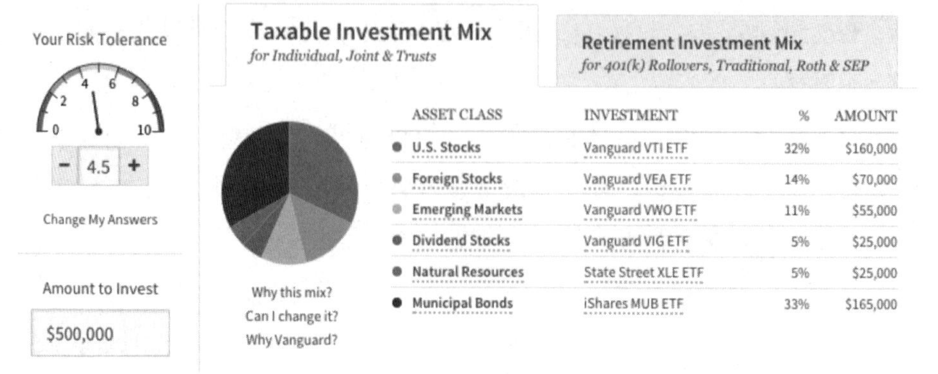

图 1.11　Wealthfront 的资产配置界面

1.4　哪些投资者需要 ETF

ETF 作为能够通过一篮子股票申购，又能像股票一样买卖的产品，是高效率、低费率、简介透明的工具化产品，越来越受到投资者们的认可与青睐。那么究竟哪些投资者需要 ETF 呢？如图 1.12 所示。

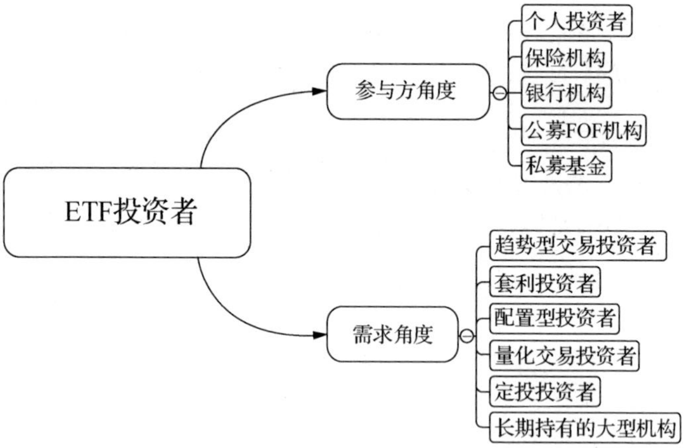

图 1.12　ETF 投资者的主要分类

1. 按照参与方分类

从参与方角度，可以将 ETF 投资者主要分成 5 类，主要有：普通个人投资者、保险机构、银行机构、公募 FOF 基金和私募基金。

（1）个人投资者

就如股市中大量股民投资于股票一样，普通的个人投资者也可以投资 ETF，ETF 提供了低成本及便捷的投资方式，并且其投资流程与中小投资者熟悉的股票投资流程一样简便，因此 ETF 对于个人投资者具有极大吸引力。根据个人资产和投资经验的不同可分为专业和非专业投资者，中国基金业协会规定金融资产不低于 300 万元或者最近 3 年个人年均收入不低于 30 万元，且具有 1 年以上证券、基金、期货、黄金、外汇等投资经历或者 1 年以上金融产品设计、投资、风险管理及相关工作经历的自然人投资者为专业投资者。

（2）保险机构

一方面，ETF 的标的指数的成份股透明明晰，保险机构更愿意选择 ETF 作为资产配置及择时加仓的品种；另一方面，养老保险基金投资期短，对安全性和流动性有更高的要求，ETF 均能满足以上两者的要求。数据显示，国寿、人保、平安等大型机构的保险公司是 ETF 持有的主要投资者。根据创业板 ETF 的 2018 年半年度报告透露，该 ETF 的机构投资者持有比例目前为 46.93%，而 2017 年底时的比例为 42.39%。其前十大持有人悉数为机构，保险资金占一半，且均为上半年新进；前三大持有人均为保险机构，合计持有比例超过 8%。可见，保险机构是投资 ETF 资金的重要来源，保险机构也通过 ETF 来完成交易和配置。

（3）银行机构

银行理财是银行资管的主要业务，理财资金偏好流动性较高、风险较小，且可以较容易地评估预期收益率的金融工具，投资 ETF 可以兼顾流动性及收益，是一个很不错的选择。银行理财新规、银行理财子公司新规先后出台，表示允许通过公募基金间接进入股市投资股票，未来还将允许理财子公司的公募理财产品直接投资股票，可以预见银行资管的投资范围将会扩大，而指数基金（包括 ETF）将会成为银行资产管理权益配置首选。

（4）公募 FOF 基金

自 2017 年 9 月，首批 6 只公募 FOF（基金中的基金）获得“准生证”开始，两年来首批公募 FOF“答卷”不是很理想，公募 FOF 收益较为一般的原因是资产配置同质化严重，其投资风格偏谨慎，集中于货基、债基。秉持“风险再分散”和大类资产配置的投资理念，公募 FOF 更适合根据风险水平将资金分散配置于 A 股、港股、美股、债券、黄金、货币基金等大类资产中，ETF 越来越受到公募 FOF 机构的关注与认可，投资 ETF 更能发挥出公募 FOF 资产配置功能，且长期收益潜力较大。

（5）私募基金

股票投资是目前国内阳光私募行业中主流的投资策略，主要分为价值投资、成长投资、趋势投资、行业投资、量化对冲投资、套利投资等。ETF 丰富了私募基金在多头或者空头策略手段，其可以直接通过投资 ETF 实现优化资产配置，另外，某些私募基金利用 ETF 套利获取低风险的绝对回报，也为 ETF 产品提供了市场流动性。

2. 按照需求分类

从需求角度划分，又可以将 ETF 分成 6 类，分别是趋势交易投资者、套利投资者、配置型投资者、量化交易的投资者、定投投资者和长期持有的大型机构。

（1）趋势型交易投资者

此类投资理念是相信股价的运行具有一定的惯性，当股票价格形成向上趋势时，由于惯性会继续向上运行，反之亦然。因此，在操作上通常较为关注技术分析，对股票和市场运动方向进行研判，在股价上涨时加仓，在股价下降时减仓。ETF 作为一篮子股票组合，反映的是一篮子股票的价格变动趋势，相对于个股来说其具有风险分散性，受到长期趋势交易投资者的追捧，另外，由于 ETF 具有 T+0 的特点，有些私募基金会利用这一特点进行日内趋势交易。

（2）套利投资者

ETF 套利的主要方式有：折溢价套利、期现套利、事件套利、趋势套利以及结合融资融券实现杠杆做多或做空等，其在一二级市场中均可交易，变相实现 T+0 的日内操作，大大提高了资金利用效率，ETF 已成为机构投资者套利策略中的常用品种。

（3）配置型投资者

机构投资者特别是保险机构尤其推崇资产配置理念，ETF 因成本低、透明、交易方便，比较适合做资产配置的工具，而且对热衷动态的资产配置的投资者来说，ETF 的交易成本比其标的本身更有吸引力。

对比来看，目前中国台湾保险公司已经把 40%的资产配置至海外资产，而海外投资的最高上限是 45%。中国大陆保险公司的海外投资配置的上限是 15%，目前的海外投资配置比例可能还不到 3%，因此保险金的大类资产分散化配置还有很大空间。ETF 具有成本优势、投资多样化、易于管理及良好的风险控制等优势，显然是保险公司实现多元化配置资产的重要工具。

（4）量化交易投资者

2017 年 10 月，EquBot LLC、ETF Managers Groupl 合作推出全球首只应用人工智能、机器学习进行投资的 ETF——AI Powered Equity ETF，一时引起了轰动，智能投顾以投资者的风险偏好和财务状况为依据，利用大数据和量化模型，通过高效率分析和处理公司的结构性和非结构性的数据，快速选出最优的 ETF，为客户提供基于指数型基金的资产配置方案和财富管理服务，并根据市场情况进行持仓追踪和动态调整。可以看到，ETF 是智能投顾实现投资方案的工具，对于追求智能量化交易的投资者而言具有极大的吸引力。

（5）定投投资者

与普通的指数基金相比，ETF 跟踪指数的效果更好，几乎和指数的走势一样，是“牛短熊长”的 A 股中定投的不二法宝。厌倦了追涨杀跌的投资者把眼光放得更远，青睐于长期的收益，而指数在长期中是向上的趋势，在行情下跌的过程中坚持定投 ETF 可摊薄投资成本。定投结合 ETF 是投资者一种比较稳健的投资方式，就连巴菲特也推崇指数基金定投的方式。

（6）长期持有的大型机构

“国家队”超级金主中央汇金、转融通界大佬证金以及以“稳健”著称的社保基金是 ETF 长期资金的主要持有机构，汇金、社保等申购了上证 50、沪深 300、中证 500 等多只 ETF。到本书出版时为止，三家大型机构持有 ETF 的数额如表 1.8 所示，可见汇金投资 ETF 的规模很大，一方面对于其稳定市场，坚定市场信心有重要作用，另一方面可以实现较合理化的资产配置，可以达到分散投资。

表 1.8 长期持有的机构持有规模

机　　构	投资 ETF 合计规模（亿元）
中央汇金	609
中国证券金融股份有限公司	17
全国社保基金	1

数据来源：ETF 基金 2018 年半年报数据。

1.5 国内 ETF 的发展及未来趋势

巴菲特与对冲基金合伙人 10 年赌约的胜利、持续创新高的资金净流入，都使得以 ETF 为代表的被动投资产品成为市场热议的话题。贝莱德最新报告显示：全球 ETF（绝大部分为被动指数 ETF）2018 年 ETF 净流入超过 5148 亿美元（其中股票 ETF 流入 3658 亿美元，债券 ETF 流入 1305 亿美元），创最近 9 年第 2 大年份净流入纪录，如图 1.13 所示。

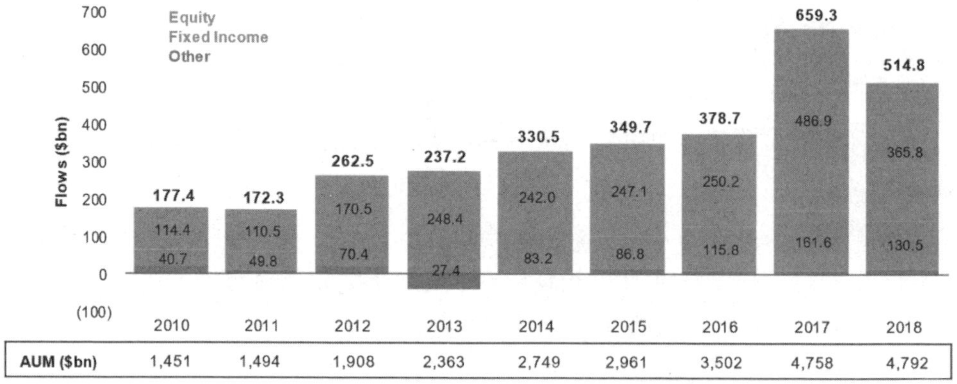

图 1.13　2010—2018 年全球 ETF 流入情况

从规模与增速上看，ETF 无疑是 20 世纪末至今最伟大的金融产品创新之一。ICI 数据显示：美国作为 ETF 主战场，截至 2018 年年底其 ETF 规模已超过 3.7 万亿美元，占据全球 ETF 规模的 70%，且交投十分活跃。同时，ETF 也成为各大资管机构最重要的产品线之一。除规模大增外，美国的 ETF 在形式方面也呈现多元化趋势：在资产类别上，除传统国内股指 ETF 外，固定收益 ETF、国际 ETF、商品 ETF、外汇 ETF 等品类齐全；在收益结构方面，正向、反向杠杆、多空 ETF 等也屡见不鲜；在应用创新方面，Smart Beta ETF、智能投顾配置 ETF、基于衍生品的 ETF 策略亦层出不穷。

相比美国市场如火如荼的 ETF 行业，国内 ETF 市场除 2018 年份快速增长外，近年发展则略显步履蹒跚。数据显示，截至 2018 年年底，境内跟踪 A 股指数的 ETF 规模合计 3372 亿，相比上年末增长 1337 亿，增幅为 65.71%。尽管规模增长较快，但是相比海外 ETF 市场整体规模相对较小。在交投方面，除少数几个 ETF 外，绝大多数 ETF 交投清淡，日均成交金额过千万的已是活跃品种。

1.5.1　美国 ETF 繁荣发展对中国的启示之路

虽然中美资本市场在法律法规、投资者结构、市场配套机制等方面存在诸多差异，不能完全照搬，但研究成熟市场 ETF 发展经验对我国发展 ETF 行业仍有一定指导意义。在老罗看来，美国 ETF 取得成功的最主要原因包括：

（1）成熟的投资者结构与得天独厚的市场环境。美国市场经过百年发展，投资者相对成熟，并且机构投资者主导市场，投资行为相对理性，获取超额收益相对困难，因此指数投资低成本、高性价比的优势更加凸显。再叠加 20 世纪 90 年代初 ETF 出现之后至今的 20 余年，美国市场虽遭遇科技泡沫和次债危机，但很快又走出低谷并不断创新高，将指数投资的优势展示得淋漓尽致。同时，美国 ETF 投资者教育相对到位，根据 ICI 的统计报告：2017 年约 24%的美国家庭持有 ETF 等共同基金，且持有 ETF 的家庭通常有较高的教育背景和更多的金融资产。

（2）政策的大力推动：401K 计划的助推。美国 ETF 的大发展离不开 401K 计划的助推，该计划始于 20 世纪 80 年代初，是一种由雇员、雇主共同缴费建立的基金式养老保险制度，401K 在 20 世纪 90 年代以后迅速发展，逐渐取代传统的社会保障体系，成为美国雇主首选的社保计划。雇员选择 401K 计划除可以免税外，还可以享受雇主对应的补贴，因此参与者积极性颇高。更为重要的是，该计划把指数产品作为重点推介对象，并嵌入了目标日期（TD）基金，省去投资者调整基金的烦恼，而 TD 基金最重要的底层资产就是费用低廉、风险特征明确的指数 ETF。

（3）“买方投顾”的业务模式功不可没。美国居民理财受投资顾问影响十分显著，而美国实行所谓的“买方投顾”，即居民需向投资顾问支付费用以获取财富管理服务，且顾问费跟客户的投资收益挂钩。因此投顾更倾向于向客户推荐指数基金、ETF 这一类“高性价比”的产品。而国内市场实行的是“卖方投顾”模式，客户不需要支付投顾费，投资顾问从产品卖方（资产管理公司）获取销售服务费用，因此，费用低廉、追求长期投资理念的指数产品自然相对“冷清”。

（4）完整的 ETF 生态链。除资产配置功能外，ETF 另一个最重要的功能是交易。据统计，美股 ETF 成交额已超越美国 GDP，其换手率是股票的数倍。ETF 产业在美国有一套完整的生态链，基金管理人、做市商、套利者、投机者分工明确，而美国“T+0 交易制度、指数期货、指数期权、ETF 期货、ETF 期权”等完善的配套制度或工具保证了 ETF 生态链的完整运行。

1.5.2 国内市场发展 ETF 亟需制度红利

目前国内市场 ETF 在资产品种上已基本与国际接轨，且运作效率颇高，丝毫不亚于成熟市场。在短期改变投资者成熟度、基础市场环境不大现实的背景下，老罗认为若要推动国内 ETF 产业的快速发展，亟需未来向下面几个方向发展。

（1）交易制度创新：如在前期 QDII 基金、商品基金的 T+0 运作经验上，结合 A 股市场环境，适时推动 A 股 ETF 的日内回转交易制度。

（2）机构投资者培养：如鼓励社保基金、养老金、年金等大机构资金向 ETF 倾斜，培养机构投资者习惯。

（3）配套工具完善：早日完善指数期货与期权、ETF 期货与期权等布局。

（4）其他红利：如包括做市商部分费用与交易行为豁免、ETF 纳入打新底仓、尝试指数基金营销模式的创新等。

第 2 章　ETF 的基本知识

2.1　ETF 的概况介绍

ETF，是 Exchange Traded Funds 的缩写，中文全称为“交易型开放式指数基金”，又称“交易所交易基金”，它是追踪特定的指数标的的基金，在交易所买卖，并且随时可以申购、赎回交易。

简单而言，ETF 具有交易型、开放式和指数基金三个特点，如图 2.1 所示。

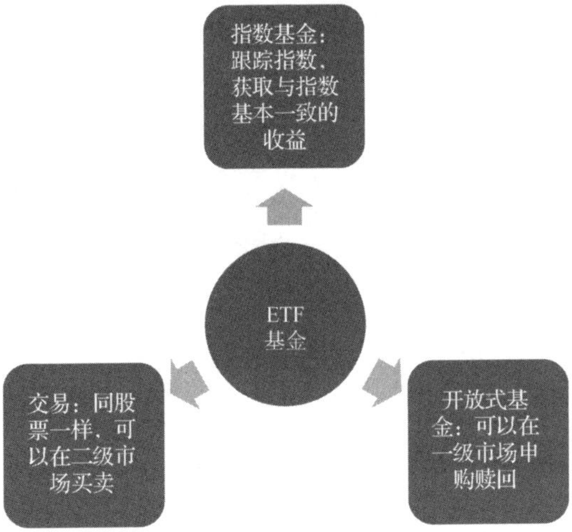

图 2.1　ETF 基金的三大特点

交易型，表明这款基金可以在证券交易所像股票一样买卖。过程非常简单，只要在股票交易软件上输入相应的 ETF 基金的代码，就可以委托下单，当然前提是需要有证券账户。在交易的过程中，基金份额并没有改变，只是在不同的投资者之间发生了转让。我们常说“在二级市场买卖”，这里证券交易所就是二级市场。

开放式，表明投资者除了可以在场内像股票一样买卖交易之外，还可以向基金管理公司申购或者赎回份额，因此基金的份额和规模会不断改变。简单而言，我们可以把 ETF 的申购赎回理解成一级市场。

指数基金，表明 ETF 这个基金的跟踪标的是指数。因此，投资者买卖一只 ETF，就等同于买卖了它所跟踪的指数，最终取得与该指数基本一致的收益率水平。

小贴士：

ETF 的申购可以理解成在一级市场创设出新的份额，增加供给给二级市场买卖投资者。通常在二级市场 ETF 投资者买入较多的时候，二级市场份额供给不足导致 ETF 的价格出现溢价（场内价格大于实际净值），这时候做市商、套利者等机构会不断通过一级市场申购，创设出新的基金份额，然后在二级市场卖出。反之，当场内供给过多、需求不足时，ETF 买卖的二级市场价格出现折价（场内价格小于实际净值），就会出现做市商、套利者等机构二级市场买入，通过一级市场赎回基金份额的方式进行套利，从而使 ETF 份额减少。因此，ETF 的二级市场的买卖出现的溢价或者折价，会吸引 ETF 做市商等机构通过申购或者赎回的方式随行就市地增加或者减少 ETF 份额。

在指数基金中，场内上市的 ETF 有分散化投资、公开透明、流动性好、成本低廉以及易于投资等优点，具体如下。

（1）分散化投资：避免单个股票黑天鹅的风险，解决选股难题；以乐视网和长生生物为例，由于出现重大利空，由于其权重占比不高，对指数影响很小。

（2）成份股信息公开透明：指数基金的持仓根据指数成份权重配比，而指数权重完全公开；无须担心基金经理道德风险的问题。

（3）流动性好：折溢价套利机制以及做市商保证了 ETF 的流动性。只要有做市商的 ETF 产品，为个人投资者提供了较好的流动性。

（4）成本低廉：投资指数基金的成本低于主动管理型基金，通常而言，主动股票基金的管理费率为 1.5%，托管费率为 0.25%，而 ETF 的管理费率为 0.5%，托管费率为 0.1%，仅费率方面一年比主动基金低了 1.15%。

（5）便捷、效率高：指数基金采用被动化的投资，权益仓位可达 90%～100%，可以在交易时间像股票一样任意买卖 ETF，投资更为便捷。

2.1.1　国内 ETF 基金的类型

按照对应资产标的不同，ETF 产品主要包括股票型 ETF、债券型 ETF、商品 ETF、货币 ETF 和跨境 ETF。

截至 2019 年 3 月 31 日，国内市场上的 ETF 一共有 197 只，其中股票 ETF 就有 143 只，货币 ETF 有 27 只，债券 ETF 有 10 只，商品 ETF 有 4 只，且都是黄金 ETF，跨境 ETF 有 13 只。国内 ETF 中股票 ETF 占据大部分，其次是货币 ETF，如图 2.2 及表 2.1 所示。

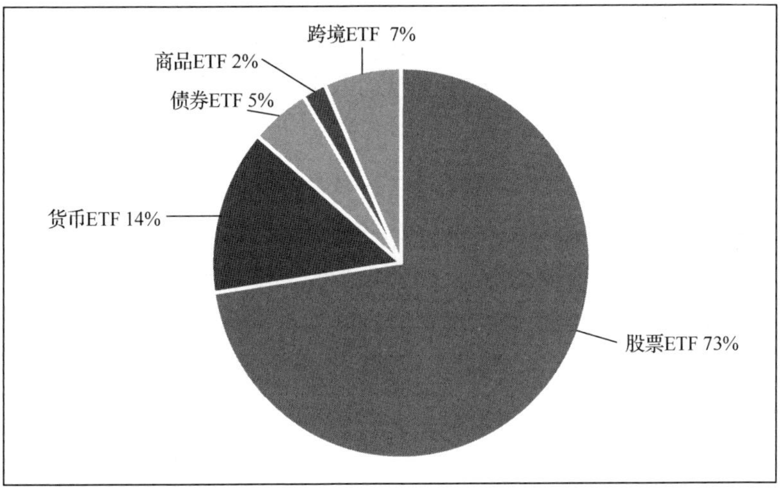

图 2.2　不同类型 ETF 基金的数量占比

表 2.1　国内 ETF 类型的规模情况

投资类型	ETF 数量	数量占比	基金规模（亿元）
股票 ETF	143	73%	3779
货币 ETF	27	14%	1671

续表

投资类型	ETF 数量	数量占比	基金规模（亿元）
债券 ETF	10	5%	116
商品 ETF	4	2%	105
跨境 ETF	13	7%	176
总计	197	100%	5847

数据来源：Wind，截至 2019 年 03 月 31 日。

每种类型 ETF 由于风险收益特征各有不同，可以通过投资不同类型的 ETF 分散风险。巴菲特说过，不要把鸡蛋放在一个篮子。投资者可以通过将资金放在不同类型的资产中，把收益进行分散。这里我们要介绍数学统计里面相关系数的概念。相关系数可以反映两个资产在变化时是同向还是反向，如果两类资产同向变化，则相关系数就是正数，即一类资产涨，另一类资产也涨。两类资产反向变化，则相关系数就是负数，也就是一类资产涨，另一类资产跌。相关系数的变化数值是在-1 到 1 之间变化，简单说相关系数是 1，代表两类资产完全同向相关，相关系数是-1，代表两类资产完全反向相关，如果相关系数为 0，则代表两类资产完全不相关。

通过计算最近一年的各类资产 ETF 的收益率的相关性系数，可以发现这些类 ETF 产品的相关系数不高，甚至几类资产之间是负相关的，这样可以有效分散大类资产组合的风险。如表 2.2 所示，国债 ETF 与沪深 300ETF 的相关系数为−0.92，说明两类资产存在几乎完全的反向相关性。

表 2.2 各类 ETF 的相关系数矩阵

	沪深 300ETF	国债 ETF	黄金 ETF	货币 ETF	纳指 ETF
沪深 300ETF	1.00				
国债 ETF	−0.92	1.00			
黄金 ETF	0.49	−0.43	1.00		
货币 ETF	−0.93	0.98	−0.46	1.00	
纳指 ETF	−0.75	0.74	−0.61	0.81	1.00

统计期间：2017/11/23—2018/11/23，ETF 选取市场上相关已有产品的净值求出的相关系数矩阵。

1. 股票 ETF

股票型 ETF 通过购买指数成份股里面的股票，紧密跟踪股票指数的走势，并且分散了持有单一股票的个股风险。以创业板 ETF 为例，该 ETF 跟踪的是创业板指数，所以买一只 ETF，就等于同时买进构成创业板指数的 100 只股票。

由于 ETF 属场内交易型基金，投资 ETF 需首先开立证券账户，需要投资者持身份证前往券商营业部开立或者在线通过券商网上营业厅开立，才能进行 ETF 交易，通常来说，如果你可以办理好股票交易开户，就可以进行 ETF 交易。

目前，国内股票 ETF 是以一篮子股票进行申购和赎回的，投资门槛较高，投资者可使用 A 股证券账户，通过券商办理 ETF 申购和赎回。ETF 申购和赎回的资金参与门槛较高，一般在一百万元以上，市场存在一批专业机构投资者进行申购和赎回，进行折溢价套利，大家可以把申购和赎回理解成“一级市场”。

而很多投资者奇怪，为什么交易的 ETF 门槛很低呢？那是因为你是通过券商的软件进行买卖交易的，一般买卖 ETF 只要 1 手（100 股）就行了，故门槛较低，大家可以理解你买卖 ETF 交易的市场是“二级市场”，对于普通投资者，参加二级市场就够了，因为有专业机构进行申购和赎回的套利操作，会使得二级市场的价格与 ETF 净值保持基本一致，如图 2.3 所示。

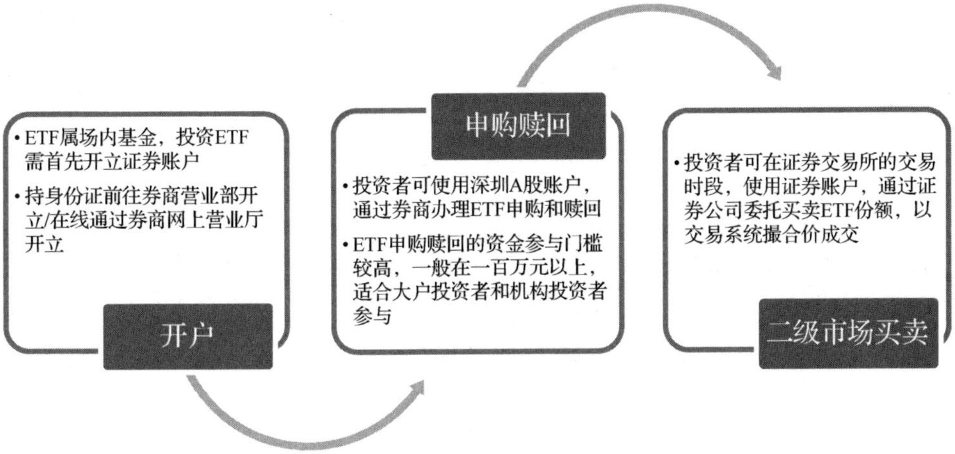

图 2.3　ETF 的开户、申购和赎回、买卖的操作

小贴士：

场内基金和场外基金的区别是什么呢？场内交易是指通过证券交易所进行的买卖活动。证券交易所是集中进行股票和其他证券买卖的场所，有

固定的交易时间，在交易时间内，买卖双方互相报价，报价一致买卖就即时成交。用场内交易方式进行买卖的基金，就是场内基金，最典型的场内基金就是 ETF 和 LOF 基金。理解了场内基金，就明白了只要不是场内交易的基金，就全都是场外基金。比如我们用天天基金网、蚂蚁财富、理财通、基金公司官网申购和赎回的就是场外基金。

目前市场的 A 股股票 ETF 可以分成规模 ETF、风格 ETF、行业 ETF、主题 ETF 及策略 ETF，如表 2.3 所示。

表 2.3　各种类型的股票 ETF

股票 ETF 类型	主要 ETF 代表
规模 ETF	中证 100ETF、沪深 300ETF、中证 500ETF、创业板 ETF 等
风格 ETF	价值 ETF、成长 ETF 等
行业 ETF	医药 ETF、金融地产 ETF、信息技术 ETF、传媒 ETF、证券 ETF 和银行 ETF 等
主题 ETF	环保 ETF、京津冀 ETF 等
策略 ETF	红利 ETF、中证 500 低波 ETF 等

规模 ETF：跟踪的股票指数从市值规模角度选择不同成份股数量，更好表征不同板块大、中、小市值股票的走势情况。例如中证 100ETF、中证 500ETF 和中证 1000ETF，分别表征 A 股市场大盘、中盘及小盘市值股票的走势情况。通常而言，市场上也把这种大类的规模指数叫作宽基 ETF。

风格 ETF：跟踪的股票指数根据股票的风格特征，通常分为成长和价值两种风格。例如 A 股市场的价值型 ETF 和成长型 ETF。随着股票数量的增加，成长型和价值型的划分已难以满足投资者的要求，于是出现了在成长型和价值型股票中进行的二级风格分类。这种进一步划分风格的办法，也称“风格的萃取”。规模是最常见的二级风格划分依据，于是出现了大盘成长股、大盘价值股、小盘成长股、小盘价值股等分类。

行业 ETF：跟踪的行业指数主要按照上市公司的主营业务收入进行分类，参照国际标准和行业指数的可投资性将营业业务属于一个行业的划分成一类。例如中证全指一级行业（十个一级行业），包含中证全指信息技术、主要消费、金融地产、可选消费、医药卫生、工业、能源、原材料、电信等十个行业。

主题 ETF：跟踪的主题指数是动态跟踪经济驱动因素的投资方式，通过发现经济体的长期发展趋势以及使这种发展趋势产生和持续的驱动因素，将能够受惠的相关产业和上市公司纳入投资范围。常见的主题指数如环保指数、养老指数、国企改革指数、一带一路主题指数、京津冀协调发展主题指数等。

策略 ETF：跟踪的策略指数是除传统的只做多的市值加权指数之外的指数。从定义表述可以看出，策略指数与其他指数的本质区别在于两点：一是加权方式，策略指数主要采用非市值加权方式，如基本面加权、财富加权、固定权重等；二是多空交易，策略指数可以采用多空两种交易方式，其他指数只能做单边操作。常见的策略指数如大数据指数、基本面指数、中证 500 低波指数等。

2. 债券 ETF

债券 ETF 指所跟踪债券指数的成份证券为债券，基金份额在交易所上市交易，投资者使用债券组合进行申购赎回的 ETF，以国债 ETF 为例，其跟踪标的指数是上证 5 年期国债指数，投资国债 ETF 就相当于购买了一揽子久期为 5 年左右的国债组合。投资者通过投资国债 ETF，可以方便且稳定地享有 5 年期国债的收益率。因此，债券 ETF 是中小投资者投资债券的实用工具。

目前我国市场上可供选择的债券 ETF 非常有限，有国债 ETF、城投债 ETF、信用债 ETF 及产业债 ETF。信用债是由政府之外的主体发行的债券，如企业债等；城投债，是地方投融资平台作为主体发行的企业债，主业多为地方基础设施建设或公益性项目，一般被视作是当地政府发债，因此又称“准市政债”。产业债是指去掉了城投债部分的信用债。

债券 ETF 将在第 5 章进行详细介绍。

3. 货币 ETF

交易型货币市场基金，简称货币 ETF，是指既可以在交易所场内申购赎回，也可以在交易所二级市场买入/卖出的货币市场基金。不同于其他 ETF，货币 ETF 一般不会在基金名称中出现“ETF”字样，所以要学会通过特征辨别货币 ETF。

货币 ETF 的自身定位是场内保证金的现金管理工具，被称为股民的“好伙伴”。如果股市不存在投资机会，则可买入 ETF 赚取超过活期利息的货币基金收益；如果股市出现机会，可以立即卖出货币 ETF，投资股票，从而实现货币 ETF 和股票投资的无缝对接。市场上比较知名的货币 ETF 有华宝添益和银华日利等货币 ETF 产品。

货币 ETF 将在第 6 章进行详细介绍。

4. 商品 ETF

商品 ETF 的跟踪标的是商品类指数，采用实物申购赎回。商品 ETF 可以使投资者更方便地实现对金属、能源、农产品等商品资产的投资。

国内跟踪商品的相关产品主要是黄金 ETF、原油基金。目前，国内商品 ETF 最成熟也是规模最大的是黄金 ETF。黄金 ETF 是一种跟踪黄金现货价格的商品 ETF 产品。主要投资于上海黄金交易所挂牌交易的纯度高于 99.95%的黄金现货合约，是一种方便的投资黄金产品的渠道。

商品 ETF 将在第 7 章进行详细介绍。

5. 跨境 ETF

跨境 ETF 是指跟踪证券指数的成份证券，包括非沪深上市的境外证券，基金份额在沪深交易所上市，投资者使用现金进行申购和赎回的 ETF。

目前，投资者在国内进行全球配置的主要渠道包括直接开立境外账户、QDII 基金、跨境 ETF 等。综合考虑成本、投资便利性等因素，通过跨境 ETF 投资境外股市是现阶段最便利、最具效率的方式。一方面，与直接于境外开户投资个股相比，跨境 ETF 受外汇管制影响较小，资金进出相对自由；另一方面，与投资一般 QDII 基金相比，跨境 ETF 的买卖交易更为便利，交易成本更低，如表 2.4 所示。

表 2.4　跨境 ETF 与普通 QDII 基金费率比较

	跨境 ETF	普通 QDII 基金
申购费率	交易所暂免	100 万以下一般 1%～1.5%
赎回费率	交易所暂免	持有一年以下一般 0.5%
交易费率	不超过 0.1%	/
管理费率	0.5%～0.8%	1%～1.85%
托管费率	0.1%～0.25%	0.25%～0.35%

目前，交易所主要知名的跨境 ETF 有 H 股 ETF、恒生 ETF、标普 500ETF 和纳斯达克 100ETF 等。跨境 ETF 将在第 8 章进行详细介绍。

2.1.2　ETF 和 ETF 联接基金的区别

除 ETF 外，很多投资者还会看到 ETF 联接基金，那么 ETF 联接基金是什么，与 ETF 又有什么关系和区别呢？

ETF 联接基金是以绝大部分基金资产投资于目标 ETF 基金（基础基金）的基金产品，投资于 ETF 的比例不低于基金资产净值的 90%，而且 ETF 联接基金投资于 ETF 不会出现重复收费，如图 2.4 所示，所以不要问为什么 ETF 联接基金股票仓位很低了。另外，ETF 联接基金投入 ETF 部分不会收取管理费和托管费，避免了 ETF 和 ETF 联接基金重复收费的问题，如表 2.5 所示。

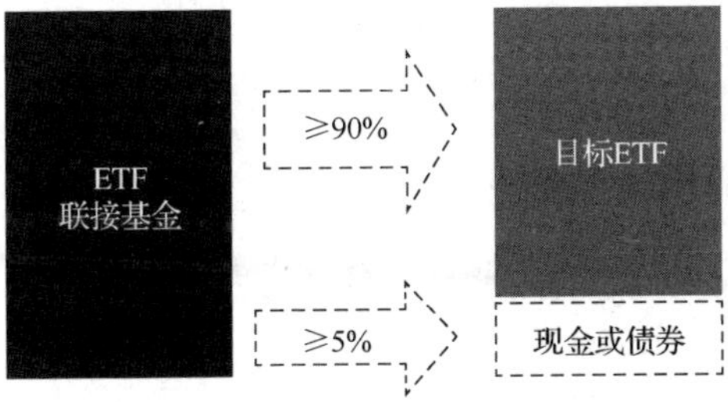

图 2.4　ETF 联接基金与 ETF 的区别

表 2.5　ETF 和 ETF 联接基金对比

基金类型	交易场所	投资方向	客　户	交易价格
ETF	场内	对应标的指数成份股	证券公司客户	交易时间任何价格
ETF 联接基金	场外	对应标的指数的 ETF	非证券公司客户	收盘的基金净值

在运作方式方面，ETF 联接基金与普通开放式基金一致，采用契约型开放式，在交易方式上采用现金申购和份额赎回方式。在风险收益特征上，ETF 联接基金与基础基金基本一致，持有 ETF 联接基金相当于间接持有 ETF，获得与直接投资于 ETF 基本一致的投资收益。

虽然 ETF 联接基金的收益与 ETF 密切相关，但 ETF 联接基金不具备 ETF 的特点，其更多的和开放式基金一致，只是投资标的被限制为目标 ETF。总的来说，ETF 联接基金和 ETF 有以下几个方面的区别：

（1）ETF 投资标的是指数的成份股，ETF 联接基金则直接投资 ETF。

（2）ETF 在一、二级市场都可以买卖，也可以进行申购和赎回，而 ETF 联接基金只能进行申购赎回。

（3）ETF 不支持基金定投，而 ETF 联接基金支持定投。

（4）购买渠道不一样，ETF 购买渠道是证券公司，即我们通常说的场内渠道，而 ETF 联接基金购买渠道是第三方销售渠道、银行及基金公司等，即我们通常说的场外渠道。

（5）仓位效率不一样，ETF 仓位几乎可以达到 100%，而 ETF 联接基金属于场外基金，合同要求有 5%的资金需要应对基金的申购赎回，所以仓位最高只能达到 95%。

（6）联接 ETF 的手续费用成本大部分情况要略高于 ETF。但是如果选择联接基金的 C 份额进行投资，则某些情况下的交易费用反而低于 ETF 的费用。具体可见本书第 2 章“ETF 与其他品种的费用比较”一节。

2.2 ETF 的开户、认购、申购及交易

“ETF”为交易型开放式指数基金，是一种特殊形式的开放式证券投资基金，作为高效率的指数化投资工具，ETF 具有透明度高及标准化程度高、交易活跃、费率低廉等优点，投资 ETF 可获得与该 ETF 目标指数基本相同的报酬率，因此是一种很好的投资品种。投资者们不仅可以申购赎回，还可以在二级市场进行买卖，那么到底怎样操作参与 ETF 的投资呢？

总的来说，投资者可以通过各证券公司营业部柜台、电话委托、网上交易系统、APP 手机客户端进行买卖或申购赎回，投资的参与流程主要有 4 个步骤：（1）开户；（2）认购；（3）申购、赎回；（4）交易。了解了 4 个步骤，能够更好地参与 ETF。

1. 开户

投资者参与 ETF 交易应持有交易所证券账户（股票账户或证券投资基金账户）。投资者进行现金认购和于二级市场买卖 ETF 份额，可使用 A 股账户或证券投资基金账户；投资者进行实物认购和申购、赎回 ETF 份额，必须使用 A 股账户。无证券账户的投资者可以在证券公司各营业部申请开立证券账户。

在目前证券公司竞争日益激烈的今天，开户可以选择基于互联网的证券公司，因为其交易佣金极低，一般只有万分之二左右，你可直接进入证券公司网站上进行证券开户，按着操作指引就会非常方便。

2. 认购

在 ETF 基金募集期内，投资者可通过证券公司营业部柜台、电话委托及网上交易系统以现金方式认购 ETF 份额。同时还可进行网下现金认购和网下实物认购。

（1）网上认购：投资者可在交易日交易时间内，使用证券账户，在证券公司营业部柜台、电话委托及网上交易系统网上认购基金份额，如图 2.5 所示。网上认购采取现金形式，以份额申报，不可撤单。单一账户每笔认购份额应为 1000 份或其整数倍，最高不得超过 99,999,000 份。投资者可以多次认购，累计认购份额不设上限。

以中证 100ETF（512910）为例，网上现金认购日为 2019 年 5 月 15 日至 2019 年 5 月 17 日，基金面值为 1 元。投资者在证券交易软件中的 ETF 网上现金认购功能中输入中证 100ETF 的认购代码 512913，在数量栏目输入购买份额 1000 元，假定认购佣金占比为 1%，认购费用为 10 元（1000×1%=10 元），认购金额为 1010 元。

（2）网下认购：投资者还可持证券账户通过证券公司各营业网点使用现金或股票认购基金份额。其中，投资者进行网下股票认购时，原则上可以用单只或多只成份股票申请认购，基金管理人按规定的股票定价方式计算投资者所提交的股票市值金额，按认购期最后一日股票均价对应市值金额确认基金份额，如图 2.6 所示。

以中证 100ETF 为例，投资者用 1000 股股票 D 认购该基金，并选择用现金支付认购佣金。假定网下股票认购日期最后一日股票 D 均价为 30 元，假定认购佣金为占比 1%，则其得到的基金份额和需要支付的认购佣金如下：

认购份额=（1000×30）÷1.00=30,000 份

认购佣金=30,000×1%=300 元

投资者可认购到 30,000 份基金份额，并需另外支付 300 元的认购费。

图 2.5 ETF 的认购操作一

图 2.6 ETF 的认购操作二

小贴士：

网上和网下的区别："网"是指交易所的网上交易系统。网上认购是投资者直接通过交易所网上交易系统提交 ETF 认购指令；网下认购是投资者先通过 ETF 销售渠道进行认购，待网下现金认购截止日后，再由销售渠道通过交易所网上交易系统提交认购指令。

3. 申购、赎回

ETF 基金上市并开放申购、赎回后，投资者可在证券公司营业部柜台、电话委托、网上交易买卖 ETF 份额；同时，可在证券公司营业部柜台、电话委托及网上交易系统申购、赎回 ETF 份额。

ETF 的申购是用一篮子股票换 ETF 份额，获得的 ETF 份额可以在二级市场进行交易。ETF 的赎回是通过二级市场买入基金份额进行赎回操作，获得一篮子股票。一篮子是 ETF 的最小申购、赎回单位，投资者在申购的时候除了一篮子股票外，还要多准备一点钱，即"现金差额"。

小贴士：

有些券商的申购、赎回软件是嵌入在交易软件里面，直接可以做申购、赎回 ETF。有些券商交易软件没有这个功能，需要向客户经理申请，客户经理向总部申请，才会给你一个专门的申购、赎回 ETF 的软件。

ETF 的认购与申购的区别如表 2.6 所示。ETF 的认购与申购的区别主要有以下四点：（1）时间的区别。在基金募集期的购买称为基金认购，基金成立后的运作期购买称为基金申购。（2）价格的区别。认购期的认购价格通常为 1 元，而申购期的申购价格通常按照当日的基金净值。（3）赎回的区别。认购的基金只能在封闭期后基金才能赎回，而申购的基金是在 T+1 确认后基金才能赎回。（4）费率的区别，通过认购费会低于申购费，目的是鼓励大家在认购期就参与基金的购买。如表 2.6 所示。

表 2.6　ETF 认购与申购的区别

	认　购	申　购
时间	首次募集期	基金成立后
价格	单位价格 1 元	当日单位净值
赎回	封闭期后	T+1 确认
费率	更优惠	-

4．买卖交易

像股票一样，投资者可以通过交易所在盘中根据市场价格下单买卖 ETF 份额，而传统开放式基金则是按每日收盘后的基金份额净值进行现金申购、赎回。

首页左下角“发现”，在搜索框中输入拟投资的 ETF 场内代码，如图 2.7 所示。

进入 ETF 主页，可以浏览行情，选择左下角买卖方向，如图 2.8 所示。

可以设定委托买卖的方式，比如这里选择“限价委托”，设定交易的价格、数量，如图 2.9 所示。

图 2.7　ETF 的买卖操作

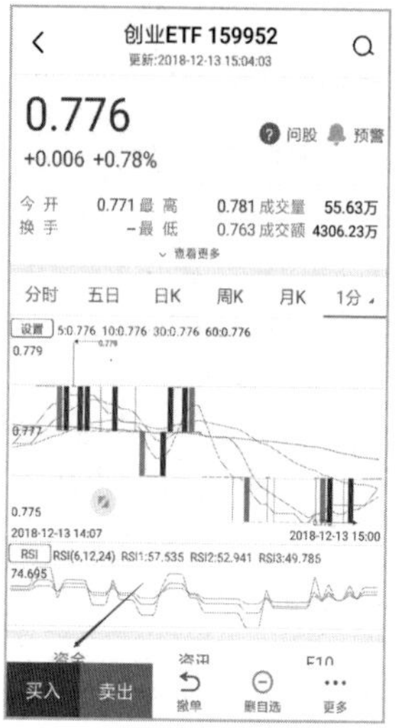

图 2.8　ETF 的买卖操作

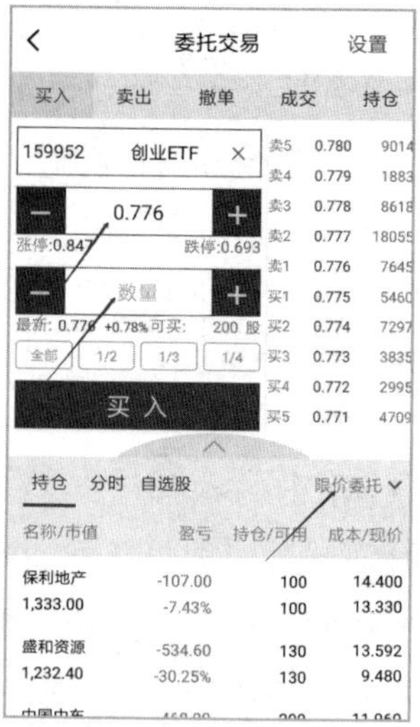

图 2.9　ETF 的买卖操作

以上就是 ETF 投资买卖的步骤，在书中列出来主要方便投资 ETF 的初级投资者，看上去更加直观。本书也立足于成为 ETF 入门级投资者的操作投资指南。

2.3　ETF 与其他品种的费用比较

前文已经对 ETF 做了详细介绍，ETF 的优点之一就在于它的费率较低，那么在实际操作中是这样吗？在人人注重性价比的市场上，我们通过哪种方式购买 ETF 最划算呢？下面将从申购与买卖 ETF 与 ETF 联接基金、买卖 ETF 与买卖股票角度进行比较分析。

2.3.1　申购、赎回 ETF 及 ETF 联接基金费率对比

申购、赎回 ETF 的基本费率的结构非常清晰，总费率=申购费率+赎回费率+托管费率+管理费率。

从管理费率和托管费率来看，市场上绝大多数 ETF 及其联接产品的管理费率都是每年 0.5%，托管费率都是每年 0.1%，并无差异。

细看申购、赎回费率，许多 ETF 产品的合同上都说明了 ETF 申购、赎回费

率不超过 0.5%，实际上在进行 ETF 申购、赎回操作时我们可以和券商商谈费率细节，能够实现零费率申购、赎回。

作为 ETF 场外产品，ETF 联接基金的费率结构与 ETF 相比增加了一项销售服务费。我们以广发沪深 300 指数联接基金为例来说明 A 份额和 C 份额的费率区别。

ETF 联接 A 基金有前端收费，即购买基金时直接就支付申购费，无销售服务费，适合长期持有。当申购金额小于 100 万时申购费率为 1.2%，赎回费根据持有时间而变化，持有时间越长赎回费越低，一般在 7 日内赎回将会有惩罚性赎回费率 1.5%，持有期在 7 日到 1 年之间的赎回费率为 0.5%，持有两年以上则免收赎回费。

ETF 联接 C 则免申购费，大部分 C 份额产品持有 7 日以上免赎回费（有部分 C 份额是持有 30 天以上才免除赎回费），收取销售服务费率 0.2%/年，按日计提，适合做短期波段操作。

假定持有半年，比较 ETF 与 ETF 联接 A\C 份额的费率比较，从图 2.10 中可以发现三者的费率差异。

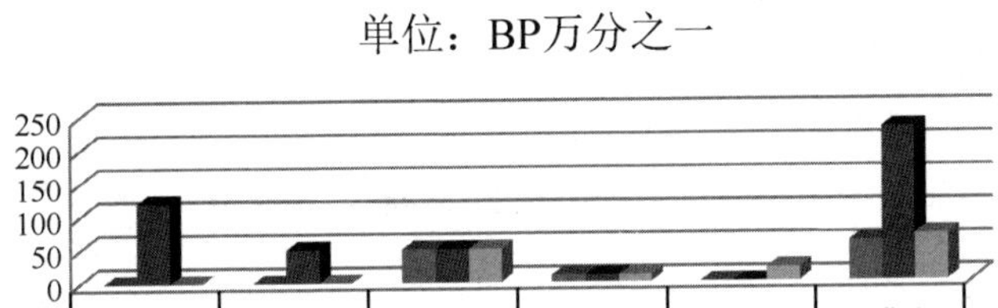

	申购费率	赎回费率	管理费率	托管费率	销售服务费	总费率
ETF	0	0	50	10	0	60
ETF联接A	120	50	50	10	0	230
ETF联接C	0	0	50	10	20	70

图 2.10　持有半年 ETF 与 ETF 联接基金 A/C 费率情况比较

通过货比三家，发现 ETF 产品貌似是最划算的，但是别忘了，投资 ETF 一级市场的资金门槛较高，一般一篮子申购/赎回需要 100 万元资金以上，适合机构做套利。而对普通散户而言，投资 ETF 联接基金更加切合实际。

从两种联接基金的费率比较中我们也可以发现，无销售服务费的 A 份额适合做长期定投，选择投资低申购费的 A 份额基金更划算；而 C 份额则相反，无申购费，适合做短期投资，选择投资销售服务费低的 C 份额基金更划算。想做定投的投资者，建议尽量选择场外的 A 份额，因为可以自动扣款，而 ETF 还需要手动进行操作。

值得注意的是，目前，广发基金、天弘基金推出的大多数指数产品都含有 C 份额，且 C 份额的销售服务费率仅为 0.2%，大幅低于行业平均费率。需要注意的是，大家选择 C 份额，需要注意 C 份额是超过多少天免赎回费，并且比较下销售服务费率，尽量做到相同指数基金选择费率最低的产品。

小贴士：

自 2019 年年初以来，不少基金管理公司开始陆续降低旗下部分 ETF 管理费率和托管费率，ETF 的管理费率下调至 0.15%，托管费率下调至 0.05%，这对于广大投资者是好事。但是对于投资者而言，在选择 ETF 时也要兼顾 ETF 的场内流动性，对于流动性不错的（日均 1 000 万元以上）且跟踪相同标的指数的 ETF，优先选择费率低的 ETF。例如，2019 年 8 月 7 日广发基金将旗下的广发创业板 ETF（159952）及其 ETF 联接基金（003766）的管理费率从 0.50%/年下调至 0.15%/年，托管费率从 0.10%/年下调至 0.05%/年，合计费率从 0.6%/年下调至 0.2%/年，由于广发创业板 ETF 场内流动性也不错，所以如果场内购买创业板 ETF，优先选择流动性好且费率低的创业板 ETF（159952）。

2.3.2 买卖 ETF 及 ETF 联接基金费率对比

除了在一级市场上申购/赎回 ETF，我们也能够在二级市场上买卖 ETF，此时我们需要考虑的成本有冲击成本和券商佣金。

冲击成本是指在交易中需要迅速而且大规模地买进或者卖出证券，未能按照预定价位成交，从而多支付的成本。当场内流动性不好的时候，我们需要支付占比为 0.1%～0.2%的冲击成本费用；当场内流动性好的时候，冲击成本则会降低，甚至没有。

目前市场上一般券商的佣金占比在 0.02%～0.03%之间。

因此，当 ETF 流动性欠佳的时候，买卖 ETF 的总成本在 0.24%左右；买卖有做市商支持，流动性良好的 ETF，成本约为 0.04%。

那么对一般想要做波段投资的投资者而言，买卖 ETF 或买卖 ETF 基金 C 份额，哪个才是明智之选呢？

我们以 C 份额无申购费、持有 7 天以上无赎回费、销售服务费率每年 0.2%的标准测算，无论 ETF 流动性如何，持有期小于 7 日购买 ETF 更划算，而持有期在 7 日到 2.5 个月之间时 ETF 联接基金 C 则更有优势，如表 2.7 所示。

表 2.7　ETF 与 ETF 联接基金不同持有期限及不同流动性下的费率比较

持有期限/流动性	流动性好	流动性不好
小于 7 日	ETF	ETF
7 日～2.5 个月	联接基金 C	联接基金 C
2.5 个月～1 年	ETF	联接基金 C

但是除了费率计算，我们仍需考虑 ETF 买卖的其他相关因素来决定投资产品的品种。

另外，需要说明的是，ETF 的优势在于可以 100%满仓购买股票，而 ETF 联接 A/C 则保留了一定的现金头寸，仓位最高只能达到 95%。

2.3.3　买卖 ETF 与股票费率对比

以股票型 ETF 为例，买卖 ETF 就等于买卖一篮子的股票，那么买卖 ETF 和股票之间的费率差异在哪里呢？就在于买卖股票有印花税，而买卖 ETF 则没有。另外，对于市值较小且流动性不好的股票，卖出冲击成本较大。而具有做市商（提供流动性的机构）的小市值 ETF，卖出的冲击成本会较小，如图 2.11 所示。

我们知道，在出售股票时我们需要交纳 0.1%的印花税，而在出售 ETF 份额时则不需要交纳印花税。在佣金成本、冲击成本一样的情况下，ETF 买卖一轮的成本明显低于股票买卖一轮的成本。

除此之外，投资 ETF 还有助于规避“黑天鹅事件”带来的风险。持有一篮子股票，降低每只股票的资金占比，就算某只股票遭遇“滑铁卢”，对整个股票组合收益的影响也非常小。

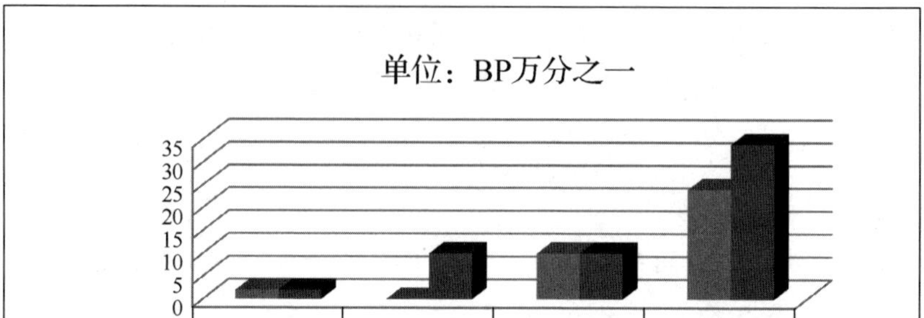

	券商佣金	印花税	冲击成本	一轮交易总费率
ETF	2	0	10	24
股票	2	10	10	34

图 2.11　ETF 与股票的费率比较

老罗有话说：

对于究竟选择 ETF 还是 ETF 联接基金 A\C 哪类份额，可以根据个人实际情况进行选择，老罗将其主要分成如下几种情况：（1）对于日常交易时间充裕的投资者，便于日内交易的可以选择 ETF，否则可以考虑场外 ETF 联接基金。（2）对于定投的投资者，建议选择 ETF 联接 A 份额，方便自动扣款。（3）对于持有时间 7 天到 2.5 月的投资者，优先选择 ETF 联接 C 份额更划算。（4）对于流动性不好的 ETF，优先选择场外的 ETF 联接基金。（5）对于流动性还不错（日均成交量在 1000 万元以上，有做市商）的 ETF，优先选择费率低的 ETF。

2.4　指数基金、LOF 与 ETF 的区别

国内指数基金产品也在不断创新和发展，目前已形成场外指数基金、ETF、LOF 三大类型。今天就主要看看这三个“孪生兄弟”有什么区别。

1. 场外指数基金

场外指数基金，是以指数成份股为投资对象的基金，以完全复制指数权重为方法，以此获取与指数大致相同收益率为投资目标的被动型基金。早期，场外指数基金是 A 股市场的主流，产品种类也从宽基指数基金，逐渐发展到行业指数基金、主题指数基金和策略指数基金等多个子门类。

> **小贴士：**
>
> ETF 联接基金也是场外指数基金，因为它的申购渠道是通过银行柜台、第三方销售平台以及基金公司等，通过现金申购的方式，给基金管理人现金，基金管理人拿到资金按照指数的权重购买一篮子股票，换成 ETF 份额。所以，ETF 联接基金和普通场外指数基金一样。

既然有场外指数基金，那么就一定有场内指数基金了，它们之间有什么差别呢？看完下面 5 个图就清楚了。

（1）交易渠道不同。场内购买的基金是在证券公司开户后，通过证券公司交易软件进行交易，而场外购买的基金通过银行柜台、网银、证券公司柜台、基金公司网站等渠道交易，如图 2.12 所示。

（2）交易对象不同。场内能购买的基金为 LOF 基金、ETF 基金、分级 A 和分级 B；而场外可以购买的基金全部为开放式基金，如图 2.13 所示。

图 2.12　场外基金与场内基金交易渠道的区别

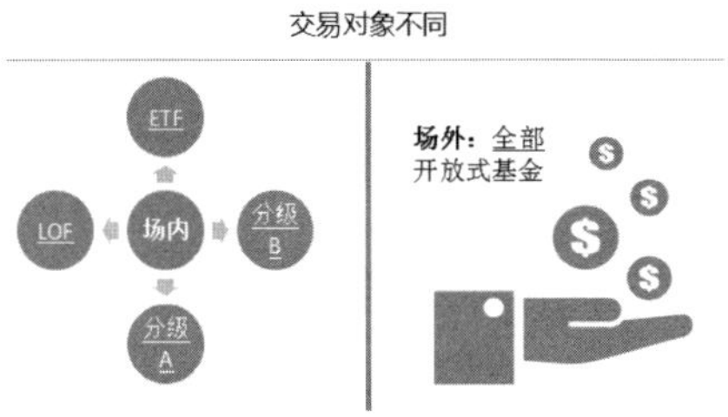

图 2.13　场外基金与场内基金交易对象的区别

（3）交易费率不同。场内基金买入或卖出单向交易费率一般最高不超过 0.3%，互联网竞争下目前证券公司的交易佣金通常是 0.02%左右；而场外基金 A

份额的申购费率一般为 0.6%～1.5%，赎回费率通常约为 0.5%，如图 2.14 所示。

（4）到账时间不同。场内基金一般情况下购买后 T+1 个工作日可卖出，资金 T+1 个工作日到账；场外基金一般情况下申购后 T+2 个工作日可赎回，资金通常在 T+3 个工作日后到账，如图 2.15 所示。

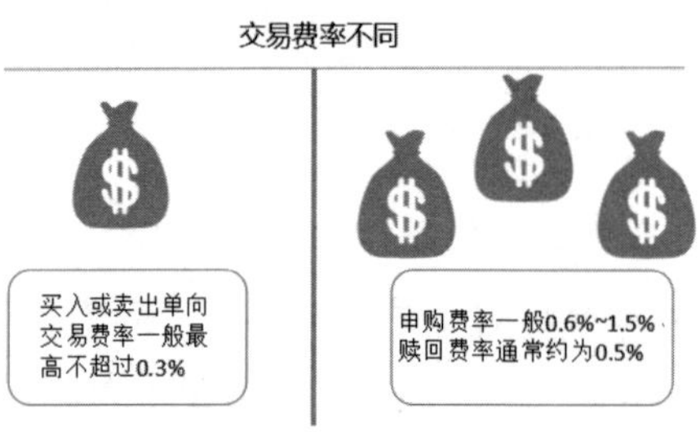

图 2.14　场外基金与场内基金交易费率的区别

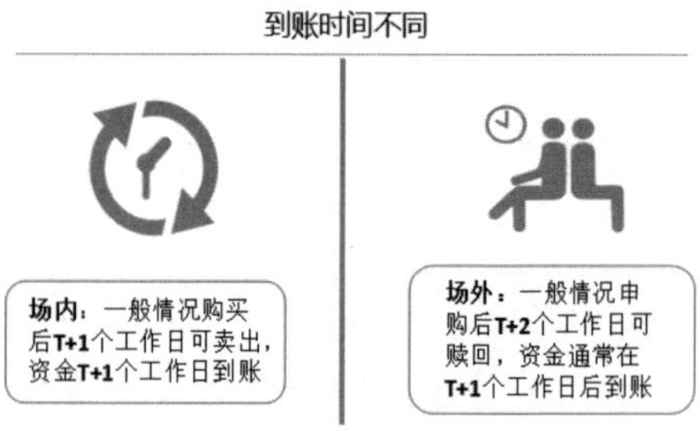

图 2.15　场外基金与场内基金到账时间的区别

（5）交易价格不同。场内购买是按股票交易方式进行的，根据供求关系，以实时撮合价交易，价格在交易日的不同交易时间会有所区别；场外申购则是未知价格，以当天收盘净值为价格进行交易，每天仅有一个价格，如图 2.16 所示。

2. 场内指数基金

接下来再看看指数基金的“孪生兄弟”——ETF 基金、LOF 基金。

ETF（Exchange Trades Funds）即交易型开放式指数证券投资基金，简称交易所交易基金，是一种在交易所上市交易的开放式指数基金，兼具股票、开放式指数基金及封闭式指数基金的优势和特色，是一种高效的指数化投资工具。

简单来说，除完美地继承了开放式基金的所有优点和属性外，ETF 还兼具了股票的交易和流通特性，可以在交易所挂牌买卖。同时，ETF 指数基金代表一篮子股票组合，是指像股票一样，在证券交易所交易的指数基金，其交易价格、基金份额净值走势与所跟踪的指数基本一致。只是交易标的由单一的股票变成了一篮子股票组合，ETF 是以一篮子股票进行申购和赎回的，如图 2.17 所示。

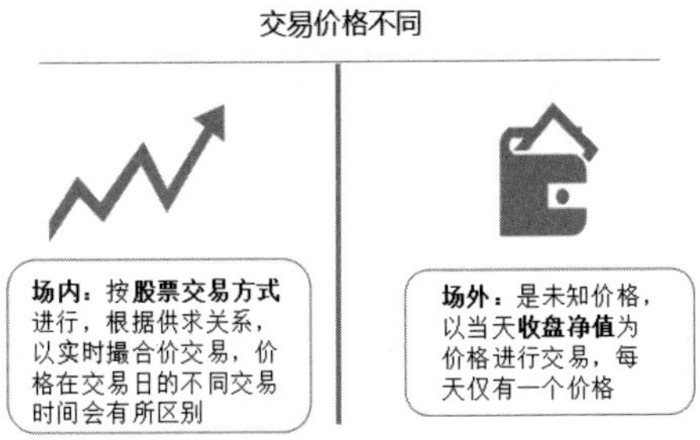

图 2.16　场外基金与场内基金交易价格的区别

图 2.17　ETF 是由一篮子股票组成的

申购/赎回套利机制的存在，会使得 ETF 实际净值和交易所买卖价格更接近，避免了封闭式基金普遍存在的折价问题。而 ETF 的费率较低，并且没有印花税，场内买卖只有券商的交易佣金。另外，管理费率和托管费率在三类指数基金产品里基本处于最低的水平。

LOF（Listed Open-Ended Funds）即上市型开放式基金，是一种既可以在场外进行基金份额申购或赎回，又可以买入或者卖出，通过转托管机制将场外市场与场内市场有机联系在一起的开放式基金。可以说，LOF 指数基金是经中国本土化改良的创新品种。

LOF 基金与场外普通指数基金的最大区别在于其增加场内交易功能，采用场内交易与场外交易同时进行的交易机制，为投资者提供了基金净值和围绕基金净值波动的场内交易价格，当场内交易价格与基金净值价格不同时，就存在套利的机会。

虽然 ETF 和 LOF 都是英文名，看起来差不多，但是它们之间的区别可大着呢！

区别一：申购/赎回机制不同

在申购和赎回时，ETF 投资者一般是使用股票完成的，投资者用一篮子股票来申购 ETF 的份额，在赎回的时候，拿到手的一般也是一堆股票。而 LOF 申购和赎回都是以现金来完成的，如图 2.18 所示。

图 2.18　ETF 和 LOF 申购/赎回机制

区别二：交易效率不同

LOF 基金交易效率低于 ETF，比如深交所的 LOF 基金当天买入，通常 T+1 日才可赎回，当天申购，T+2 日才可卖出，由于时间差异，导致通常情况下，很多 LOF 指数基金场内折溢价会比 ETF 更高些。

LOF 的报价效率也很低，一天才报几次，甚至有的一天报一次价。而 ETF 则每 15 秒就提供一次基金净值的报价，如图 2.19 所示。

区别三：参与门槛不同

ETF 在申购/赎回上有份额的最低要求，一般至少要 30 万份，有的以 100 万份起步，起点较高。LOF 的申购/赎回门槛较低，一般以 1000 基金单位为起点，如图 2.20 所示。参与 LOF 基金的投资者以散户居多，而 ETF 申购/赎回的投资者以机构居多。

图 2.19　ETF 和 LOF 的报价差异

图 2.20　ETF 和 LOF 参与门槛

ETF 基金和 LOF 基金作为创新型的开放式基金，各有所长，凭借其高流动性和低成本的优势广受市场欢迎。有关这三种指数基金的知识点，大家是不是都已经掌握了呢？

最后，老罗想说的是，参与 ETF 申购/赎回的投资者一般以 ETF 联接基金和做市商为主，而参与 LOF 基金的一般以散户为主，机构参与场内申购 LOF 基金的非常少。从国内外发展趋势来看，未来 ETF 会成为场内交易工具的主流，LOF 基金最大的缺陷是与 ETF 相比，其场内流动性不足。

2.5　如何挑选 ETF

ETF 作为“五省”基金产品越来越受到投资者的关注和青睐，“五省”指的是“省事、省心、省钱、省时、省力”。随着市场上各大基金管理公司推出各式各样的 ETF 品种，选择何种 ETF 进行投资也开始成为投资者们头疼的事情。ETF 作为指数基金的一种，主要的跟踪标的是各类指数。常见的按照大类资产细分的指数类型如表 2.8 所示。

表 2.8　根据大类资产细分指数类型

大类资产	细分资产	代表指数
A 股	规模	中证 100/中小板/创业板/沪深 300/上证 50/中证 500
	行业	传媒/医药/信息技术/证券
	主题	京津冀/环保/国企改革
	风格	成长 40/深证价值
	Smart Beta	中证红利/基本面
海外	港股	恒生指数/恒生国企指数
	美股	纳斯达克 100/标普 500
固收	国债	中期国债
	企债	中期企债
商品	黄金	上交所黄金 9999
	白银	上期所白银期货
	原油	标普高盛原油

按照大类资产分类共有 4 个大类，再进一步细分有 12 个类别，每一个类别都对应着单个或多个指数。同时，每一个指数都有好几只 ETF 产品在跟踪。面对如此纷繁的品种，投资者们应该如何挑选出适合自己的 ETF 呢？老罗将在本节中给大家介绍一下挑选 ETF 的 8 个步骤。

第一步，明确自己的投资目标

在开始任何投资之前，都要明确自己的投资目标和计划。如果只是盲目开始，那么极有可能惨痛结束。有了投资目标，即可设定自己的投资预期，选择匹配的 ETF 资产。

（1）高风险偏好的投资者

如果投资者风险偏好较高，则投资者可以选择 A 股 ETF、海外股票 ETF、商品 ETF 等资产。

投资者的目标是获取 A 股市场的大盘股票的收益水平，可以选择中证 100ETF 或沪深 300ETF。同理，若投资者看好基本面策略指数，则可以选择红利 ETF、深红利 ETF 以及基本面 200ETF 等。若看好行业类型的 A 股 ETF，那么也可以选择相关行业的 ETF。

海外 ETF 也属于高风险类的 ETF 产品，若投资者看好美国市场，又想分享美国市场的投资收益，则可以选择纳斯达克 100ETF 以及标普 500ETF。

商品 ETF 作为一种另类的 ETF 产品，需要对其商品走势有较强的判断，目前常见的原油 ETF 和黄金 ETF 的产品。

（2）低风险偏好的投资者

如果投资者风险偏好较低，则投资者可以选择债券 ETF、货币 ETF 等资产。这两类资产风险较低，债券 ETF 主要受国家利益政策及企业信用的影响，而货币 ETF 几乎没风险，收益来源主要是货币基金的分红收益。

投资者们需要注意的是，选择 ETF 的总体原则如同其他投资的原则一样，与自己能承担的风险水平进行匹配。

第二步，看估值

在挑选 ETF 时，要选择估值相对便宜的。一方面，低估值代表更高的安全边际，继续下跌的空间有限；另一方面，当指数低估时，逐利资金会进入，长期来看估值会回归到合理水平。对于高前景和高成长的 ETF，不能简单看其估值，还要参考其成份股未来的成长性，所以对于成长型的 ETF，用 PEG（市盈率相对盈利增长比率）指标会更合理。

常用的估值指标有 PE（市盈率）、PB（市净率）、PS（市销率）、PEG（市盈率相对盈利增长比率）、NAV（净资产价值）等。关于估值数据的使用，有几个建议：一是，一只指数至少经历了两轮牛熊以上，其历史估值才有参考价值。二是，投资不同行业 ETF 时，使用的估值指标不尽相同，要具体问题具体分析。老罗将不同行业使用的估值指标总结起来如表 2.9 所示。

表 2.9　不同行业使用估值指标一览表

行业	行业特点	适用的估值方法
公共服务业	盈利稳定、周期性较弱	市盈率
钢铁、水泥	周期性强、拥有大量固定资产且账面价值相对稳定	市净率
银行业	流动资产比例较高	市净率
房地产	注重资产账面价值与实际价值的差异	NAV
TMT、生物医药、网络软件开发业	成长性高	PEG
高速公路运输、电信运营业	经营注重稳定性	EV/EBITDA

数据来源：中银证券研究所

投资者们可以利用网站及微信公众号里面的估值工具来找到 ETF 对应的估值数据进行参考，如图 2.21 所示。这里老罗跟大家科普一下历史分位数的定义。以 PE 分位数为例，PE 所处分位数为当前最新 PE 在统计区间内按升序排列所处的分位数，分位数=当前估值排名/历史估值总数，数值越小代表估值水平在这段时间估值水平越低。

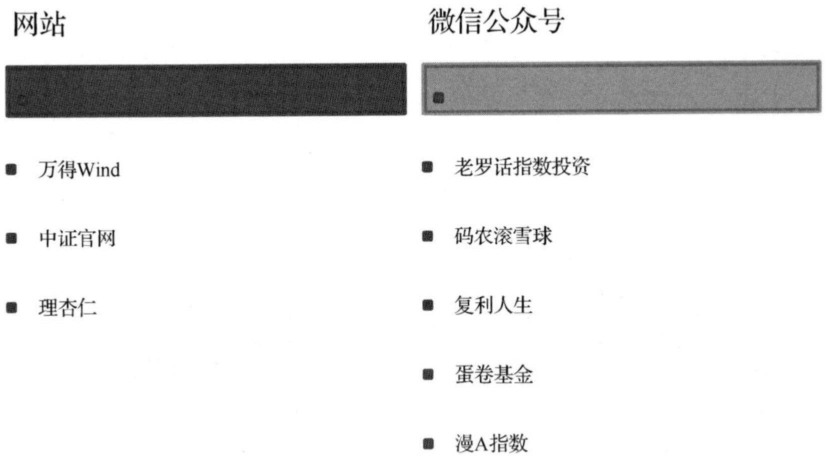

图 2.21　估值工具来源渠道

第三步，看流动性

流动性指标常用的有 ETF 场内换手率、场内成交额。也可以通过看 ETF 有无做市商来判断，一般场内有做市商的 ETF 流动性好，因为做市商挂出大额买单和卖单可以及时满足投资者的交易需求，不至于持有 ETF 而卖不出去或者无法买到 ETF。流动性好的 ETF 是场内交易的基础，对于交易需求强的投资者来说，是非常重要的参考指标。ETF 的流动性主要体现在两个方面：基金本身的流动性及其标的股票的流动性。一般来说，ETF 日均交易量越大，管理的资产越多，其买卖价差越小。但当 ETF 交易量较小时，只要其标的证券的流动性充足，其买卖价差也可以很小。

我们通常说的做市商，是指做市机构以自有资金或 ETF 基金，不断地向其他交易者报出券的买入价和卖出价，并在报价价位上接受买卖要求，保证及时成交，不断给场内交易对手提供流动性。如图 2.22 所示，卖二卖一（6000 手，84 万）和买三买四（4000 手，56 万）很可能是做市商的挂单。

第四步，看折（溢）价率

折（溢）价率是基金中常用到的概念，简单来说就像买衣服的折扣。折（溢）价率的计算公式为：折（溢）价率=（基金份额的成交价格-基金当前实际净值）/基金当前实际净值×100%。

正值代表溢价，负值代表折价。通过看 ETF 的折（溢）价率可以看自己购买 ETF 时是买贵了还是买便宜了。举个买衣服的例子帮助大家更好地理解折（溢）价率：100 元的衣服 70 元卖给你，就是折价率 30%，100 元的衣服 120 元卖给你，就是溢价 20%。

例如，在同花顺软件输入环保 ETF 代码 512580，基金的折（溢）价率可以见图 2.23，右下角红框标注的溢价率-0.15%，当前的成交价格比实际净值低 0.15%，场内成交的价格更便宜。

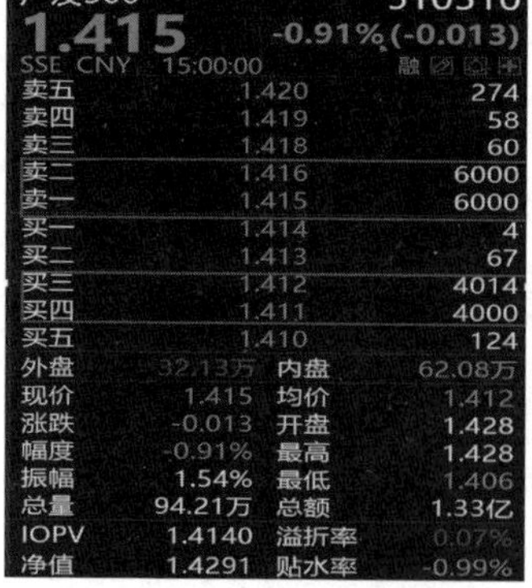

图 2.22　做市商挂单情况

图 2.23　环保 ETF 的溢价率

第五步，看跟踪误差

ETF 的投资目标是紧密跟踪标的指数，追求跟踪偏离度和跟踪误差最小化。因此跟踪误差是衡量一只 ETF 产品好坏的重要因素。跟踪误差是指组合收益率与基准收益率（大盘指数收益率）之间的差异的收益率的标准差，反映了基金管理的风险。跟踪偏离度是指基金的净值增长率和基准收益率之间的差值。投资者可以通过看 ETF 的收益走势与标的指数的收益走势来大致判断该 ETF 的跟踪偏离度，一般情况下，ETF 的跟踪偏离度不会太大。

跟踪偏离度：$\mathrm{TD}_{ti} = R_{ti} - R_{tm}$

其中 TD_{ti} = 表示基金 i 在时间 t 内的跟踪偏离度；R_{ti} 为基金 i 在时间 t 内的净值增长率；R_{tm} 为基准组合在时间 t 内的收益率。

跟踪误差：$\mathrm{TE}_i = \sqrt{\frac{1}{n-1}\sum_{t=1}^{n}(\mathrm{TD}_{ti} - \overline{\mathrm{TD}_1})^2}$

其中 TE_i 表示基金 i 的跟踪误差；TD_i 表示基金 i 的跟踪偏离度的样本均值；n 为样本数。跟踪误差越大，说明基金的净值率与基准组合收益率之间的差异越大，并且基金经理主动投资的风险越大。通常认为跟踪误差在 2%以上意味着差异比较显著。通常而言，ETF 的跟踪误差都比较小。

第六步，看费率

选择同类型基金时，尽量选择费率低的基金，能省一点是一点。一般来说，ETF 的管理费率为 0.5%，托管费率为 0.1%。相比主动型基金的管理费率 1.5% 和分级指数基金的管理费率 1%，ETF 的费用低廉。可不要小看了这 0.5%到 1% 的差距，费用对收益的重要性主要体现在复利的扩张效应上，考虑复利效应后，即使细微的费用之别也会引起巨大的长期收益差异。以华安上证 180ETF 和万家上证 180 指数基金为例，考虑 2005 年 5 月 18 日 180ETF 上市到 2016 年 5 月 9 日这段区间，上证 180ETF 累积收益率达 150%，年化收益率达 9.6%。同期万家 180 指数基金累积收益率为 133%，年化收益率为 8.8%。在投资标的相同情况下，两者业绩差距主要是因为费率的差异，每年万家 180 指数基金的管理费率和托管费率都比华安 180ETF 多 0.6%。

而对于跟踪相同标的 ETF 而言，在流动性没问题情况下，优先选择费率低的 ETF。举例来说，目前跟踪创业板指数的 ETF 多达 10 只，一定要选择流动性最好的 ETF 吗？老罗认为未必，可以在费率低的创业板 ETF 里面找一个流动性最好的创业板 ETF。我们发现创业板 ETF 规模排第二的广发创业板 ETF（基金代码：159952），其管理费率已经下调至 0.15%/年，托管费下调至 0.05%/年，综合费率为 0.2%/年，相比流动性最好的创业板 ETF，每年综合费率少了 0.4%/年。对于普通投资者而言，由于广发创业板 ETF 流动性已经完全能够满足大家交易需求，省到就是赚到，推荐大家选择创业板 ETF 优先考虑费率低且流动性不错的品种。

第七步，看基金公司与 ETF 规模

尽管 ETF 属于被动型管理的基金，基金的业绩表现与基金公司的研究管理能力的关系不如主动型基金密切，但基金公司的管理能力仍然与基金净值与标的指数之间的跟踪误差、基金的运作成本、规模、流动性等密切相关。一般规模大、品类多的基金公司，经历了市场上大大小小的风雨，会更有公信力，也更有经验。

有很多人认为 ETF 的规模越大越好，但老罗却不这么认为，对于一般小散投资者，在流动性没问题且有做市商的情况下，ETF 的规模达到 2 亿元以上就够了，不用过度担心清盘风险和日常的运营效率。同时投资者们不能忽略打新收益，在 2017 年的时候，有一些规模 2 亿的 ETF 打新收益率可以给 ETF 增强 6%左右。所以在流动性有保证的情况下，若新股当年又比较多，反而可以选择些规模适中的 ETF。另外，买之前大家比较一下 ETF 的净值是不是会比基准有超额收益，如果有的话，则大概率来自打新收益的增强。

第八步，看夏普比率

夏普比率是基金绩效评价标准化指标，它衡量的是基金每承受 1 单位总风险会产生多少的超额报酬，是同时对收益与风险加以考虑的综合指标。计算公式为：

$$\text{SharpRatio} = \frac{E(R_p - R_f)}{\sigma_p}$$

$E(R_p)$：基金的预期报酬率

R_f：无风险利率

σ_p：基金收益率的标准差

若夏普比率为正值，则说明基金报酬率高过波动风险；若为负值，则说明基金操作风险大于报酬率。举个例子，假如创业板 ETF 的收益率是 15%，而银行一年期存款利率的回报是 1.5%，投资创业板 ETF 收益率的标准差为 6%，那么夏普比率为 2.25，代表投资者风险每增长 1%，换来的是 2.25%的超额收益。在其他条件相同的情况下，选择夏普比率高的 ETF 比较好，因为承担的每一份风险可以让你获得相对更多的收益。

但是需要注意，历史夏普比率高的，不一定代表未来夏普比率一定高。

2.6　ETF 投资注意的风险事项

ETF 作为一种创新性的基金产品因其费用低廉、透明度高、交易便捷等优势而受到投资者的追捧。但是任何投资都伴随着风险，投资者在投资 ETF 时也要关注其投资风险。ETF 的投资风险可以分成两个部分：整个金融市场蕴含的风险，即市场风险；流动性风险、技术风险、清盘风险等，即 ETF 产品自身风险。接下来，老罗将一一向大家介绍这几类风险。

1. 市场风险

市场风险也叫系统风险。根据投资组合理论，投资股票的风险包括市场风险和个别企业风险。投资的股票数量越多，越可以通过彼此之间的低相关性降低整体投资组合的风险。但是由于市场带来的风险，因而无法通过分散投资来消除。ETF 作为指数投资工具，其系统风险可以理解为大盘涨跌的风险，一旦下跌，投资人就会面临损失。但投资人应该具备一个观念：适当地承担大盘下跌的风险，才有机会获取指数上涨的收益。

2. 跟踪误差风险

ETF 所跟踪的指数报酬本身并不会有任何成本，但是 ETF 为了产生与指数相同的组合会有许多费用产生，例如手续费、交易税、管理费用等。当指数成份股变动时，发行公司可能因为市场因素而无法第一时间取得变动的成份股，这些因素会使得指数报酬与 ETF 报酬之间有差距，这个差距被称为跟踪误差。

小贴士：

还记得之前发生的某基金管理公司的“换购门”事件吗？某基金公司的沪深 300ETF 在募集期间允许机构投资者以正在停牌的永泰能源换购基金份额，而随后永泰能源连续跌停。投资者也发现了异常，该公司的沪深 300ETF 基金上市之后的走势与沪深 300 指数走势相差甚远。尤其是 2013 年 4 月 3 日，沪深 300 指数下跌 0.11%，该基金公司的沪深 300ETF 净值跌幅却达到 0.64%。这给投资者带来了额外的损失，这就是由于在首募阶段超过指数权重过度换购永泰能源，而造成的跟踪风险。

3. 费用风险

购买ETF的运作需要三种金融机构的参与，首先是基金管理人负责管理ETF的日常运作，故要收取管理费，通常费率为 0.5%；第二个是托管银行负责看管 ETF 的资产，故要收取托管费用，通常费率为 0.1%；最后一个则是指数提供商（即我们说的指数公司），指数提供者要负责指数的建构和维持，故要收取 ETF 的指数授权费用，费率通常为 0.03%。另外，投资人每一次买入 ETF 时都要付出佣金或手续费，有时会抵消 ETF 的便宜优势。

ETF 的基金资产还需要承担基金信息披露费用、上市费用、注册登记费用及会计师费用等。对于迷你基金来说，相关费用会给基金净值造成比较大的影响，许多投资者因此尽量避免购买规模太小的 ETF 基金。

4. 流动性风险

ETF 在一级市场面临申购/赎回，然而 ETF 作为基金有时不能迅速且低成本地转换成现金，或者不能应付可能出现的投资者大额赎回的风险。为了应付投资者的赎回需求，且保持一定的流动性，基金管理人可以变卖手中流动性更好的股票应对赎回。在面临巨额赎回时，这可能会导致 ETF 仓位调整困难而引起流动性风险。

小贴士：

在 2015 年 6 月份“股灾”期间，很多股票停牌，而与此同时，很多 ETF 面临巨额赎回，基金管理人为了应对赎回过程中需要给的现金，需要卖出流动性较好的股票，从而造成流动性的风险，导致 ETF 在那段时间跟踪误差较大。

5. 清盘风险

当基金资产规模低于 5000 万元且持有人少于 200 人时就会发生基金清盘。清盘有自动清盘和强制清盘两种，强制清盘往往是因为合同条款规定所致。基金清盘，通俗点来说就是，不管你愿不愿意，基金公司单方面宣告基金散伙，而投资者被迫以最后一天的净值强制赎回，虽然是按照清算卖出股票的净值返还给投资者，但是周期较长，且面临净值走势不确定的情况。清盘风险通常出现在规模小的 ETF 上，因此在选购 ETF 时尽量谨慎选择规模小的，尤其是规模低于 1 亿元的 ETF。

6. 二级市场风险

ETF 二级市场价格受供需关系影响，可能高于或者低于基金的份额净值，形成溢价或折价交易。ETF 在二级市场交易时可能因为市场交易量不足而使得买卖价差增大，影响投资者的交易和收益。如果 ETF 存在做市商，则做市商会挂出大额买单和卖单来提供二级市场流动性，降低买卖价差，满足投资者交易需求。

由于供需不足、缺乏做市商或者暂停申购等原因，造成 ETF 出现较大的折价或溢价水平，就是我们所说的二级市场风险。

举个例子。ETF 暂停申购/赎回，例如跨境 ETF，该基金需要拿人民币换美元，然后拿着美元去美股市场投资美股。但我国实行外汇管制，基金公司也需要外汇额度才能去买美股，当额度不够的时候，该跨境 ETF 就只能暂停申购。也就是说，“从厂家进货”这个渠道暂停了。如果还想投资这只指数基金，那就只能从二级市场买。二级市场的交易价格不断被推高，从而造成场内溢价较高，二级市场买入的价格过高。

7. 技术风险

ETF 由于是以一篮子股票的形式进行申购和赎回的，在 PCF 清单设置上，存在对于某个股票将有重大利好的股票的标志位本应设置为“必须现金替代”，但是由于技术层面的认知错误或者疏忽，设置成“允许现金替代”，导致客户在赎回 ETF 得到一篮子股票过程中，卖掉其他股票，留着重大利好的股票，最终实现事件套利。

小贴士：

某基金管理公司的深证基本面 200ETF“套利门”事件。2013 年 4 月 1 日，该公司的深证基本面 200ETF 二级市场交易量突然放大，其原因是深证基本面 200ETF 将其跟踪标的的成份股美的电器现金替代设置成允许，导致资金套走美的电器连续涨停收益。

以上这个例子就是有关套利风险的例子，有时候是因为基金公司人为的原因导致了交易的异常从而引发套利，从而给 ETF 造成一定的损失。

9. 操作风险

在 ETF 的申购/赎回、各种交易行为或后台运作中，可能因为技术系统的故障或者工作人员的错误和过失而影响交易的正常进行，或者导致投资者的利益受到影响。这种技术风险可能来自基金管理公司、销售机构、证券交易所、证券注册登记机构等。

小贴士：

停牌票设置错误的操作风险。2009 年 12 月，某基金管理公司的申赎清单出现重大失误，其提供给上交易所的清单中中国平安的股份从本应的 900 股中国平安由于操作错误变成了 10100 股，导致公布的参考单位基金净值比正常值高出一倍，投机套利盘的疯狂涌入导致其涨停，该公司也为此次人为失误付出了惨痛的代价。如同这个案例中一样，有时候基金相关机构会出现系统或者人为方面的错误，从而导致基金运行异常给投资者带来影响。

除此之外，当投资者投资跨境 ETF 时，还要注意以下风险。

1. 海外市场波动风险

虽然被动型投资的 ETF 产品在一定程度上降低了 QDII 类产品的操作性风险，但海外市场的波动风险仍然存在。海外市场体系发展较为成熟，涉及的金融衍生工具较多，因而市场容易出现牵一发而动全身的情况。由于 ETF 产品存在满仓操作、可控性低的特性，所以在金融市场大幅波动期间，ETF 产品的收益受市场波动性风险影响较大。

2. 国家风险

如果跨境产品投资的国家/地区的经济、政治不稳定，将有可能发生政策变化、地区冲突等突发事件，进而影响该地区的经济增长和发展，并导致证券和货币市场出现大幅波动，终对基金净值造成负面影响。

投资者在选择跨境 ETF 产品时，应充分了解跟踪指数所涵盖的国家/地区，从而衡量产品的潜在风险水平。

3. 汇率风险

跨境 ETF 产品以投资海外市场为主，而在海外市场的金融品种均以外币计价。如果所投市场的货币相对于人民币贬值，就意味着投资者持有的外币收益只能兑换更少的人民币，将对基金收益造成负面影响，而且外币对人民币的汇率大幅波动也将导致基金净值的波动幅度变大，进而导致投资者收益存在较大的不确定性。

4. 法律税务风险

跨境基金产品所投资的国家/地区在法律法规、税务政策上有可能会与境内存在一定的差异。境外市场可能会要求基金交纳一定的收益税金，导致基金收益有一定的下降。投资者在购买该类产品时，须明确跨境 ETF 产品所投市场的相关税收政策。

5. 时差风险

由于全球市场存在时间差异，对于海外市场在国内市场收盘后发生的变动，国内 ETF 市场不能够及时反映出来，这将对投资者实现 T+0 的套利模式造成一定的困难，而且投资者收益也将存在一定的不确定性。

第3章 指数介绍

3.1 指数的概念及指数体系的分类

什么是指数？《路透金融词典》对指数的定义为：各种数值的综合，用于衡量市场或经济的变化。指数被广泛地应用于经济、金融领域，如居民消费价格指数（CPI）、生产价格指数（PPI）等。而广大投资者耳熟能详的上证综指、沪深300等股票价格指数是指数在股票市场的应用。

证券市场的指数主要有三个作用：（1）市场的标尺，反映市场的平均收益和波动状况；（2）指数基金的跟踪标的，按照指数的样本权重进行指数化投资；（3）衍生产品的基础，股票指数期货、期权等衍生产品标的。

下面按照指数选样标准、资产类别、指数公司这三种分类方式将国内的指数体系给大家好好理一理，让大家对国内指数体系有大致的了解。

3.1.1 指数选样标准

指数最简单的分类就是宽基指数和窄基指数两大类，其实，我们常见的一些指数，代表整个市场走势的，都属于宽基指数，比如中证100、沪深300、上证50、中证500、恒生指数、标准普尔500、纳斯达克100等。除了宽基指数，还有一类是窄基指数，一般多是行业指数或者主题指数，这种分类过于简单。

还有一种分类方法，将指数主要分为综合指数、规模指数、行业指数、风格指数、主题指数、策略指数6大类。

综合指数：是总指数的综合形式，反映总体的综合变动情况，用于比较总量指标。常见的如上证综指、深证综指、创业板综指等，分别反映上海股票市场、深圳股票市场、创业板股票市场所有股票的走势情况。

规模指数：从市值规模角度选择不同成份股数量，更好表征不同板块大中小市值股票的走势情况。例如沪深 300、中证 500 和中证 1000 三只指数，分别表征 A 股市场大盘、中盘以及小盘市值股票的走势情况。

风格指数：根据股票的风格特征，通常分为成长和价值两种风格。常见的如沪深 300 价值指数和沪深 300 成长指数。随着股票数量的增加，成长和价值划分已难以满足投资者的要求，于是出现了在成长型和价值型股票中进行的二级风格分类。这种进一步划分风格的办法，也称“风格的萃取”。规模是最常见的二级风格划分，于是出现了大盘成长、大盘价值、小盘成长、小盘价值等分类。

行业指数主要按照上市公司的主营业务收入进行分类，参照国际标准和行业指数的可投资性将营业业务属于一个行业的划分成一类。例如中证全指一级行业（十个一级行业），包含中证全指信息技术、主要消费、金融地产、可选消费、医药卫生、工业、能源、原材料、电信等 10 个行业。

主题指数是动态跟踪经济驱动因素的投资方式，通过发现经济体的长期发展趋势及使这种发展趋势产生和持续的驱动因素，将能够受惠的相关产业和上市公司纳入投资范围。常见的主题指数如环保指数、养老指数、国企改革指数、一带一路主题指数、京津冀协调发展主题指数等。

策略指数是除传统的只做多的市值加权指数之外的指数。从定义表述可以看出，策略指数与其他指数的本质区别在于两点：一是加权方式，策略指数主要采用非市值加权方式，如基本面加权、财富加权、固定权重等；二是多空交易，策略指数可以采用多空两种交易方式，其他指数只能做单边操作。常见的策略指数如大数据指数、基本面指数、中证 500 低波指数等，如图 3.1 所示。

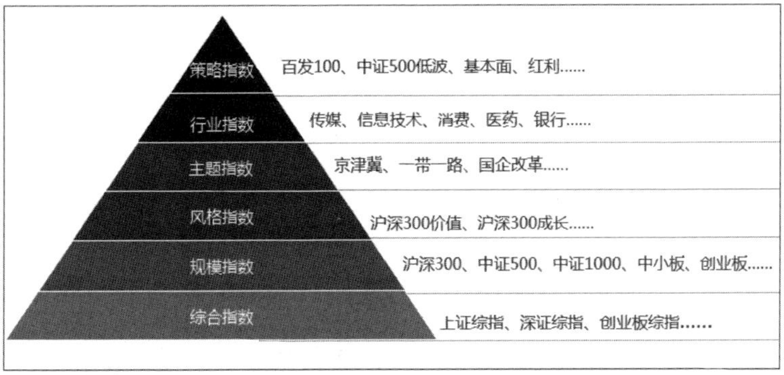

图 3.1　指数分类及各类指数中的代表指数

3.1.2 资产类别

从指数的资产类别来区分，主要可以分为股票指数、商品指数、债券指数、跨境股票指数等，如图 3.2 所示。目前，A 股市场围绕多资产类别的指数产品也越来越丰富，除 A 股 ETF 外，还有黄金 ETF，国债 ETF 等多类资产品种，若未来有更多的资产类别的指数开发成产品，将有利于投资者分散同一类资产的风险，合理进行资产配置。

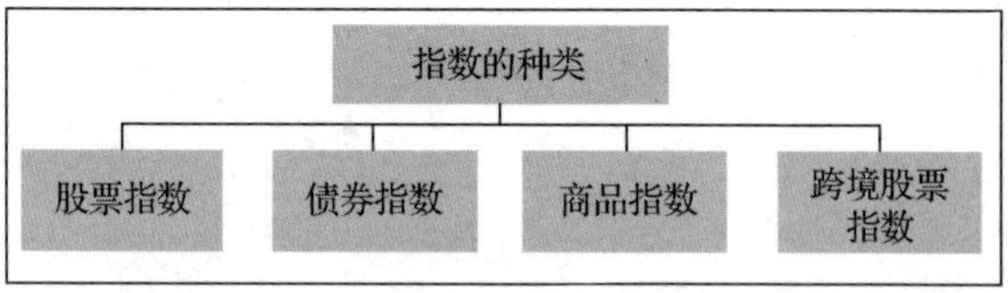

图 3.2　按资产类别分类的指数的种类

股票指数主要反映在证券交易所上市的股票组合的走势情况，目前，国内市场围绕 A 股股票指数的相关 ETF 产品也越来越丰富。股票 ETF 兼具基金及股票的优点，为投资者提供了一个便捷及费率低廉的投资渠道。投资者一笔交易就可以买到一篮子股票组合，比单一投资风险小，避免了“赚了指数不赚钱”的情况发生。目前，ETF 品种越来越丰富，而且很多有做市商，除涵盖上证 50、中证 100、沪深 300、深证 100、中小板、中证 500、创业板等宽基 ETF 外，还包括环保 ETF、传媒 ETF、医药 ETF、信息技术 ETF、银行 ETF、证券 ETF 等主题行业 ETF，可投资的 ETF 品种也日益丰富，如表 3.1 所示。

表 3.1　A 股市场流动性较好的股票 ETF 产品

类别	跟踪指数	证券代码	证券简称	基金成立日	资产规模（亿元）
宽基 ETF	上证 50	510050	华夏上证 50ETF	2004/12/30	492.6
	中证 100	512910	广发中证 100ETF	2019/5/27	4.14
	沪深 300	510300	华泰柏瑞沪深 300ETF	2012/5/4	364.7
	中证 500	510500	南方中证 500ETF	2013/2/6	481.4
	创业板指	159915	易方达创业板 ETF	2011/9/20	229.9
行业 ETF	中证传媒	512980	广发中证传媒 ETF	2017/12/27	10.6
	中证银行	512800	华宝中证银行 ETF	2017/7/18	15.2
	全指证券	512000	华宝中证全指证券 ETF	2016/8/30	31.9

续表

类别	跟踪指数	证券代码	证券简称	基金成立日	资产规模（亿元）
行业 ETF	中证主要消费	159928	汇添富中证主要消费 ETF	2013/8/23	32.3
	全指医药	159938	广发中证全指医药卫生 ETF	2014/12/1	23.5
	全指信息技术	159939	广发中证信息技术 ETF	2015/1/8	13.0
主题 ETF	上海国企	510810	汇添富中证上海国企 ETF	2016/7/28	91.1
	中证环保	512580	广发中证环保产业 ETF	2017/1/25	17.3
	上证红利指数	510880	华泰柏瑞红利 ETF	2006/11/17	27.3

数据来源：Wind，截至 2019 年 3 月 31 日，中证 100ETF 用了首发成立的规模。

债券指数反映的是债券市场价格总体走势。和股票指数一样，债券指数是一个比值，其涨跌反映了对应债券组合的涨跌情况。国内债券 ETF 跟踪标的有 10 年期国债、5 年期国债及城投债等品种，但是整体规模还是较小，场内流动性不足，如表 3.2 所示。

表 3.2 交易所债券 ETF 产品情况

基金代码	名称	基金管理公司	成立时间	资产规模（亿元）
159926	国债 ETF	嘉实基金	2013-05-10	0.08
511010	国债 ETF	国泰基金	2013-03-05	5.32
511020	活跃国债	平安基金	2018-12-21	11.60
511030	公司债	平安基金	2018-12-27	51.49
511220	城投 ETF	海富通基金	2014-11-13	22.19
511260	十年国债	国泰基金	2017-08-04	5.45
511270	10 年地债	海富通基金	2018-10-12	18.52
511280	中期信用	华夏基金	2018-05-03	0.47
511290	国债十年	广发基金	2018-03-26	0.29
511310	十年债	富国基金	2018-03-19	0.34

数据来源：Wind，截至 2019 年 3 月 31 日。

商品指数反映同质化、可交易的商品的价格走势，如黄金、白银、原油等商品，如表 3.3 所示。作为大类资产的配置型工具，商品指数产品的推出有助于投资者优化自身投资组合，获取稳健收益。尽管国内已经有黄金 ETF、白银 LOF、石油 LOF 三类主要的商品基金，但是相对于股票 ETF，商品指数产品规模较小，场内流动性也较差。需要说明的是，尽管原油 LOF 基金跟踪的是海外商品原油的价格，但是其跟踪误差较大，所以场内流动性较差。

表 3.3 交易所商品 ETF 及 LOF 产品情况

基金代码	证券简称	跟踪指数	资产规模（亿元）
518880	华安黄金 ETF	国内黄金现货价格收益率	65.38
518800	国泰黄金 ETF	上海黄金交易所 Au99.99 合约	6.04
159937	博时黄金 ETF	黄金现货实盘 Au99.99 合约	23.63
159934	易方达黄金 ETF	上海黄金交易所 Au99.99 合约	10.24
161226	国投瑞银白银期货	上期交所白银期货主力合约	2.89
501018	南方原油证券投资基金	WTI 原油×60%+BRENT 原油×40%	1.21

数据来源：Wind，截至 2019 年 3 月 31 日。

跨境股票指数主要是跟踪境外股票市场的指数。目前，国内跟踪跨境指数的 ETF 品种还算丰富，已有跟踪恒生国企指数、恒生指数、纳斯达克 100 指数，标普 500 指数以及德国 DAX 指数等指数基金产品，如表 3.4 所示。未来跟踪境外的指数品种会日益丰富。

表 3.4 市场主要跨境 ETF 产品情况

证券代码	证券简称	基金成立日	基金管理人	资产规模（亿元）
510900	H 股 ETF	2012-08-09	易方达基金管理有限公司	83.30
159920	恒生 ETF	2012-08-09	华夏基金管理有限公司	51.98
513100	纳指 ETF	2013-04-25	国泰基金管理有限公司	5.26
513500	标普 500	2013-12-05	博时基金管理有限公司	8.02
513030	德国 30	2014-08-08	华安基金管理有限公司	3.67
159941	纳指 ETF	2015-06-10	广发基金管理有限公司	0.24

数据来源：Wind，截至 2019 年 3 月 31 日。

3.1.3 指数公司

指数公司是指数的重要编制机构，目前国内的指数公司主要分两类，一类是官方性质的指数公司——中证指数有限公司和深圳证券信息公司，市场上绝大部分基金产品都用这两家公司的指数。另一类是第三方编制机构，如申万证券和中信证券等证券公司，由于市场上使用它们的指数开发的产品极少，就不介绍其指数体系了，重点介绍中证指数公司和深圳证券信息公司的指数体系。

（1）中证指数公司的指数体系

中证指数公司是由上海证券交易所和深圳证券交易所共同出资成立的、国内最大的指数编制、运营和服务机构，中金所上市的三个股指期货合约跟踪的指数上证 50、沪深 300 和中证 500 指数均由中证指数公司负责指数的授权和运营。

中证系列指数包括规模、行业、风格、主题、策略、客户定制、跨境、债券、期货、基金等指数，表 3.5 列出了中证指数体系的主要指数品种，并未列出中证指数公司旗下所有的指数。

表 3.5 中证指数体系主要指数

指数类别	指数名称	说 明
规模指数	中证 100	市值排名第 1 至 100 名的股票组成
	中证 200	市值排名第 101 至 300 名的股票组成
	沪深 300	市值排名第 1 至 300 名的股票组成
	中证 500	市值排名第 301 至 800 名的股票组成
	中证 800	市值排名第 1 至 800 名的股票组成
	中证 1000	市值排名第 801 至 1800 名的股票组成
	中证全指	全部股票组成
中证行业指数	中证全指行业	按照全市场 A 股股票进行行业分类
	中证 800 行业指数	中证 800 股票里面进行行业分类
	沪深 300 行业指数	沪深 300 股票里面进行行业分类
	中证 500 行业指数	中证 500 股票里面进行行业分类
中证风格指数	沪深 300 风格指数	沪深 300 价值和沪深 300 成长指数
	中证 500 风格指数	中证 500 价值和中证 500 成长指数
	中证 800 风格指数	中证 800 价值和中证 800 成长指数
主题指数	中证环保	
	中证养老	
	京津冀协调发展指数	
中证策略指数	基本面 50	
	中证 500 低波指数	
	红利低波指数	
	300 等权指数	
客户定制指数	小康指数	南方基金
	财富大盘	光大证券
	百发 100	广发基金
中证跨境指数	香港 100	
	金砖国家	
	中证东盟 80	

续表

指数类别	指数名称	说　明
中证债券指数	中证全债	
	中证国债	
	中证金融债	
中证期货指数	商品 CFCI	
	农产 CFCI	
	金属 CFCI	
中证基金指数	中证基金	
	ETF 基金	

数据来源：中证指数公司。

（2）深圳证券信息公司的指数体系

深圳证券信息有限公司为深交所下属企业，经深交所授权，负责“深证”系列指数的规划设计、日常运维和市场营销等业务。深圳证券信息公司为国内最早开展指数业务的专业化运营机构，是中国内地交易所直属指数机构之一。

深圳证券信息有限公司旗下管理的“深证”系列单市场指数早于 1991 年开始计算，自 2002 年以来率先推出跨深沪两市场的“国证”系列指数。本着服务于多层次资本市场发展战略，得益于所在资本市场的高速发展以及多年来的不断探索实践，编制和发布了深证成份指数、中小板指数和创业板指数等市场代表性指数，成功推出了深证 100 等产品化成功的投资型指数，不断发展完善“深证”及“国证”两大指数系列。目前，深证系列的指数体系在市场中应用比较多，我们主要介绍一下深证系列指数体系主要指数，如表 3.6 所示。

表 3.6　深证系列指数体系主要指数

指数类别	指数名称	说　明
规模指数	深成指	深证市场按照市值等指标排名前 500 只的股票
	深证 100	深证市场按照市值等指标排名前 100 只的股票
	深证 300	深证市场按照市值等指标排名前 300 只的股票
	中小 100	中小板市场按照市值等指标排名前 100 只的股票
	中小 300	中小板市场按照市值等指标排名前 300 只的股票
	创业板 100	创业板市场按照市值等指标排名前 100 只的股票
行业指数	深证行业指数	
	中小板行业指数	

续表

指数类别	指数名称	说　　明
风格指数	中小板风格	
	创业板风格	
主题指数	深证风格	深证 300 价值指数和深证 300 成长指数
	深证红利	
	深证治理	
策略指数	中小低波	
	深证 100 等权	
定制指数	成长 40	
	中关村 60	
综合指数	深证综指	
	中小板综指	
	创业板综指	
基金指数	深证 ETF	
	乐富指数	
深证债券	深信用债	
	深公司债	

数据来源：国证指数网。

老罗有话说：

将指数进行分类后，投资者会对自己所购买的指数有更深刻的了解。另外，目前市场用的主流指数都来自中证指数公司和深圳证券信息公司，大家如果想看指数的编制方案，则可以到指数公司的官网进行查找。

3.2 指数的研究方法

想要购买指数基金的投资者，首先要了解和分析自己所选的指数的构成和特点，只有熟悉所购买的指数标的，才能更好地运用它。

老罗在这里分享一下自己分析宽基指数的几个步骤，大家也可以依葫芦画瓢试试，肯定比你一无所知就去买指数基金好。

第一步：了解对应指数的编制信息

了解指数的编制信息是买指数基金前首先要走的步骤。编制方案很好找，如果是中证指数公司编制的指数，在中证指数公司的官网就能找到对应指数的编制方案，如果是深圳证券信息公司编制的指数，在国证指数官网能找到对应指数编制方案。通过编制方案，你可以了解指数的指数代码、调仓频率、加权方式等。

以中证 100 指数为例，中证 100 指数属于中国 A 股核心宽基指数，如图 3.3 所示。

进入中证指数公司官网，找到中证 100 指数的编制方案。

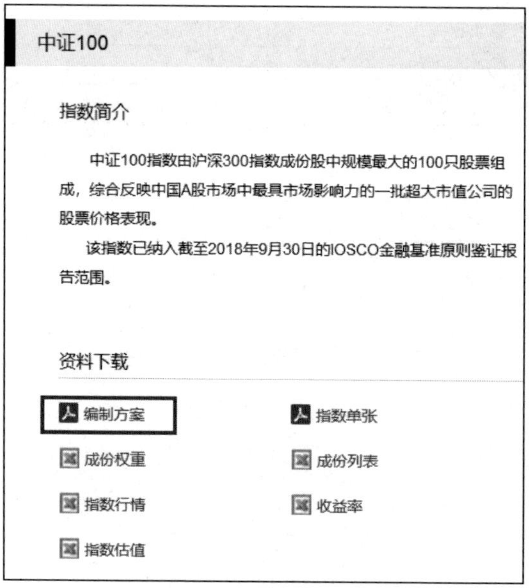

图 3.3　中证 100 指数的编制方案

从编制方案中了解中证 100 的以下三个信息就够了。

（1）选样的方法。选样空间是沪深 300 对样本空间内的股票按照最近一年（新股为上市以来）的日均总市值进行排名，原则上选取排名在前 100 名的股票作为指数样本。通俗点来讲，中证 100 指数从沪深 300 挑选规模最大的 100 只股票组成样本股，综合反映沪深证券市场中最具市场影响力的一批大市值公司的整体表现。

（2）市值加权的方法。采用的是自由流通量加权，有点拗口难懂，简单理解就是市值加权方法的一种，通常自由流通市值越大的权重越高。

（3）调仓频率和调整数量。中证 100 指数每半年调整一次样本股，样本股调整实施时间分别为每年 6 月和 12 月的第二个星期五的下一交易日。每次调整的比例一般不超过 10%，样本调整设置缓冲区，排名在 80 名内的新样本优先进入，排名在 120 名之前的老样本优先保留。定期调整时，根据样本空间内股票的综合得分设置备选名单，备选名单中股票数量一般为指数样本数量的 5%。

第二步：分析市值、行业和十大权重股

分析指数的市值，了解指数成份股总数、总市值和平均个股市值。以中证 100 指数 2019 年 3 月 31 日的数据为例进行分析，发现中证 100 指数总市值约为 26 万亿元，市值较大，个股平均市值为 2563 亿元，估值 11.62 倍，说明中证 100 指数是大市值股票的蓝筹指数，是中国核心资产的集中地，如表 3.7 所示。

表 3.7 中证 100 指数基本信息

指数代码	指数名称	成份股数量	总市值（万亿元）	个股平均市值（亿元）	PE
000903	中证 100	100	25.63	2563	11.62

数据来源：Wind，截至 2019 年 03 月 31 日。

分析指数的行业分布，这个数据可以在 Wind 数据库软件中找到，或者定期看老罗的指数分析报告，里面也会对这些数据进行实时更新。从行业权重来看，中证 100 指数里面金融板块占比最大，达到 45%，其中非银金融（证券和保险）和银行板块占比均达到 21%。简单来说，如果某天金融板块表现不错，则会对当天中证 100 指数贡献比较大，如图 3.4 所示。

就成份股而言，在中证 100 指数的 100 只成份股中，既包含沪市大盘代表的中国平安、贵州茅台、招商银行等企业，又包含深市蓝筹的格力、美的等行业巨头，可以说中证 100 指数是 A 股核心蓝筹股的集中地，因而适合进行价值投资、长期配置的机构投资者。前十大成份股占比合计为 36.93%，如表 3.8 所示。

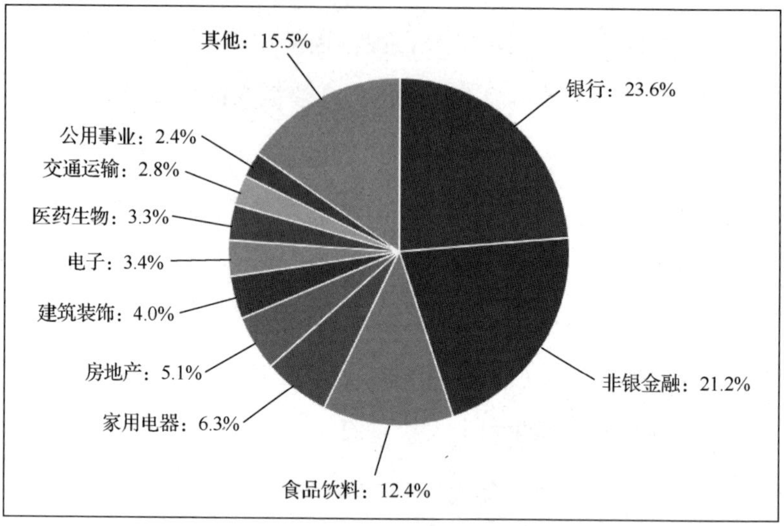

图 3.4　中证 100 指数行业权重（2019.3.31）

表 3.8　中证 100 指数前十大成份股

排　名	代　码	简　称	权　重↓
1	601318	中国平安	10.2%
2	600519	贵州茅台	5.24%
3	600036	招商银行	4.27%
4	000651	格力电器	2.78%
5	601166	兴业银行	2.77%
6	000333	美的集团	2.76%
7	600030	中信证券	2.38%
8	000858	五粮液	2.25%
9	600887	伊利股份	2.16%
10	600276	恒瑞医药	2.12%
合计			36.93%

数据来源：Wind，截至 2019 年 03 月 31 日。

第三步：了解指数的历史走势表现

你可以上网找找别人写的报告，也可以自己在行情软件中输入指数代码，比如中证 100 就输入 000903，将指数的收盘点位数据导出来，然后和其他指数进行比较，如与中证 500、中证全指的历史收益率进行比较，了解这个指数的历史走势情况，帮助你知道在什么环境下这个指数会表现得较好，如表 3.9 所示。

表 3.9 中证 100 与上证 50、沪深 300 历史收益率比较

年份	沪深 300	上证 50	中证 100	中证 100 排名
2006	121.02%	126.69%	127.05%	1
2007	161.55%	134.13%	145.69%	2
2008	-65.95%	-67.23%	-66.48%	2
2009	96.71%	84.40%	87.49%	2
2010	-12.51%	-22.57%	-19.28%	2
2011	-25.01%	-18.19%	-20.87%	2
2012	7.55%	14.84%	10.77%	2
2013	-7.65%	-15.23%	-13.12%	2
2014	51.66%	63.93%	59.64%	2
2015	5.58%	-6.23%	-1.52%	2
2016	-11.28%	-5.53%	-7.50%	2
2017	21.78%	25.08%	30.21%	1
2018	-25.31%	-19.83%	-21.94%	2
2019	28.62%	23.78%	26.43%	2

数据来源：Wind，截至 2019 年 03 月 31 日。

第四步：指数的价值分析

常见指数的估值包括指数的市盈率（PE）、市净率（PB）、净资产收益率（ROE）和股息率，这些都是反映一只指数估值水平的信息。

市盈率是最常用的一个估值指标，*P* 代表市值，*E* 代表公司盈利。指数 PE 就是指数成份股的总市值除以成份股的总利润。

案例：假定麦当劳共有 20 张面值 10 元的股票，那么麦当劳的总市值就是 10×20=200 元。如果在劳 2017 年赚了 20 元，那么每张股票分到的利润就是 20 元/ 20 张股票=1 元/张，2017 年的市盈率 PE=200/20=10 倍。也就是说，如果我投资了麦当劳的股票，而麦当劳每年利润的 20 元全部分配给我，那么理论上我只要 10 年就可以收回当年投资的本金。

一般将市盈率分为静态市盈率、滚动市盈率和动态市盈率。静态市盈率是取用上一年度的净利润，滚动市盈率是取用最近 4 个季度财报的净利润，动态市盈率是取用预估的公司下一年度的净利润。通常滚动市盈率用得较多。

市盈率绝对值的高低更多地使用在结构行情中，如果现在是大盘股行情，则一般选择估值低的宽基或行业指数进行投资。如果现在是中小盘股行情，则

一般选择成长较好的宽基或行业指数进行投资，在通常情况下成长性好的行业估值已经不低。估值分位数是通过与该指数本身历史的估值进行比较，看看该指数的当前估值在历史估值中的水平，来判断是否具有投资价值。

市净率是指每股股价与每股净资产的比例，也就是我们通常所说的账面价值。PB=*P*/*B*（*P* 代表公司市值，*B* 代表净资产）。净资产等于总资产减去负债，它代表全体股东共同享有的权益，通常净资产比较稳定，一般周期行业指数用 PB 分析会更合理。

净资产收益率是净利润除以净资产，该指标反映股东权益的收益水平，用来衡量公司运用自有资本的效率。该指标值越高，说明投资带来的收益越高，该指标体现了自有资本获得净收益的能力。

股息率是一年的总派息额与当时市价的比例。在投资实践中，股息率是衡量企业是否具有投资价值的重要标尺之一。

股息率是挑选收益型股票的重要参考标准，如果连续多年年度股息率超过 1 年期银行存款利率，则这只股票基本可以视为收益型股票，股息率越高，越吸引人。股息率也是挑选其他类型股票的参考标准之一。决定股息率高低的不仅仅是股利和股利发放率的高低，还有股价。例如有两只股票，A 的股价为 10 元，B 的股价为 20 元，两家公司同样发放每股 0.5 元股利，则 A 公司 5%的股息率显然要比 B 公司 2.5%的股息诱人。一般在 A 股市场股息率较高的指数主要由偏大盘蓝筹的公司组成。

那么，如何获取指数估值的相关数据呢？一般是通过以下三种途径。

第一种：各种财经网络平台。比如老罗话指数投资微信公众号（微信搜索：index_fund）以及老罗话指数投资的雪球公众号，每天都会更新当天市场主流指数及行业指数的估值数据并分享给大家。另外，还有且慢、雪球以及广发基金 APP 等平台都会发布指数估值数据。

第二种：指数公司的官网。大家可以登录中证指数公司官网或国证指数官网，找到相关行业板块的估值数据。

第三种：Wind 或 Choice 等金融终端。Wind 金融终端属于收费的软件，是一般基金公司、证券公司以及私募基金公司必备的软件，如果大家不想花这个费用，则可以通过前面介绍的两种免费方式获得相关数据。

老罗有话说：

上面这套方法中的大部分数据都可以通过免费渠道获得，对于爱好指数基金的投资者来说，简单易学，熟能生巧，大家可以在看完这一节内容后，马上按照上面的方法对中证500、创业板指数进行价值分析，这样有益于大家加深对该方法的理解，从而帮助大家做投资决策。

3.3 常见A股宽基指数

股票价格指数有多种分类方法，可以最简单地分为宽基指数和窄基指数。宽基指数包括我们常看到的沪深300、中证100、创业板指等，代表着市场的整体走势。以中证 100 为例，其成份股为跨沪深两个市场的大盘蓝筹股，覆盖了银行、信息技术、交通运输等多个行业的大型公司，因此能够代表大市值股票的走势。窄基指数就是一些行业或主题指数，如全指医药指数、全指消费指数等。同时，近年来越来越流行的Smartbeta策略类指数也属于股票价格指数。除了国内市场的股票价格指数外，跨境市场还有纳斯达克100、标普500等股票价格指数。

从指数分类来看，股票指数可分为宽基指数、行业指数、主题指数以及策略指数等。下面老罗就按此分类为大家一一介绍目前 A 股市场中各类型指数的基本情况。

3.3.1 上证50

上证50指数由沪市 A 股中规模大、流动性好的最具代表性的50只股票组成，反映上海证券市场最具影响力的一批龙头公司的股票价格表现，如表 3.10 所示。该指数于2004年1月由中证指数公司发布，基日为2003年12月31日，基值为1000点。截至2019年3月底，上证50指数历史累计收益率为184%，历史年化收益率为7.36%，历史年化波动率为27.58%。

表 3.10　上证 50 指数基本情况

指数代码	指数名称	基　　日	成份股个数	总市值（万亿元）	成份股平均总市值（亿元）
000016	上证 50	2003-12-31	50	20.19	4038

数据来源：Wind，截至 2019 年 3 月 31 日。

上证 50 指数的成份股以沪市大盘股为主，指数成份股总市值为 20.19 万亿元，平均个股总市值为 4038 亿元，权重占比前三大行业分别为银行（31%）、非银金融（26.19%）、食品饮料（11.38%），总体而言，金融行业的股票在上证 50 指数中占了大部分比例，因此上证 50 指数也呈现出较为显著的低估值大蓝筹的特征，如图 3.5 所示。

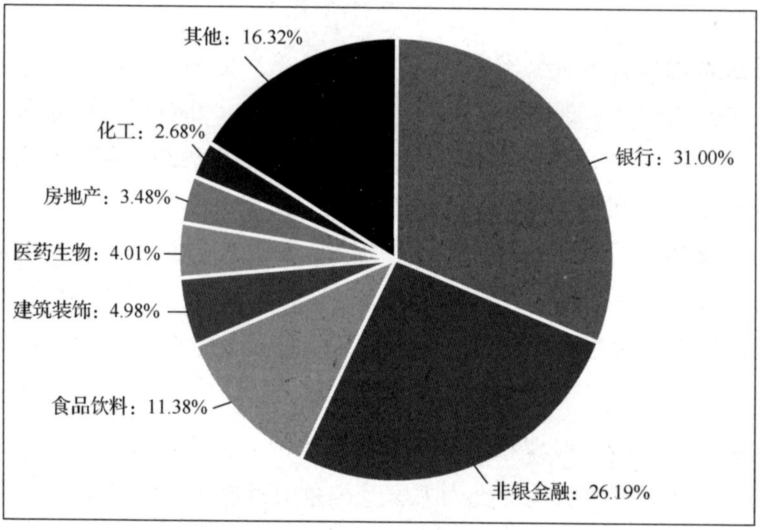

图 3.5　上证 50 指数行业分布情况（2019.3.31）

在前十大成份股中，既有我国第一家股份制保险企业中国平安，也有世界三大名酒生产商之一贵州茅台，还有银行股龙头招商银行、兴业银行、交通银行等 5 家银行股，同时伊利股份、恒瑞医药这样的大消费、大医药类股票也在其中。前十大成份股合计占比达到 53.70%，权重分布较为集中，如表 3.11 所示。

表 3.11　上证 50 指数前十大成份股情况

排　　名	代　　码	简　　称	权　重（%）
1	601318	中国平安	15.69
2	600519	贵州茅台	8.06

续表

排　名	代　码	简　称	权　重（%）
3	600036	招商银行	6.57
4	601166	兴业银行	4.26
5	600030	中信证券	3.67
6	600887	伊利股份	3.32
7	600276	恒瑞医药	3.26
8	601328	交通银行	3.22
9	600016	民生银行	2.96
10	601288	农业银行	2.69
合计			53.70

数据来源：Wind，截至 2019 年 3 月 31 日。

截至 2019 年 3 月底，全市场跟踪上证 50 指数的 ETF 产品共有 6 只，均在上海证券交易所上市。其中华夏上证 50ETF 是 A 股市场第一只 ETF 产品，也是目前市场中唯一一只场内期权——上证 50ETF 期权的标的。该产品于 2004 年年底成立，2005 年年初上市交易，发展至今规模达到约 444 亿元，2019 年以来场内日均成交额达到约 23 亿元，无论是规模还是交易活跃度都远超市场上其他 5 只上证 50ETF，如表 3.12 所示。

表 3.12　全市场跟踪上证 50 指数的 ETF 产品情况

成立日期	证券代码	证券简称	上市场所	基金规模（亿元）	2019 年以来日均成交额（亿元）
2004/12/30	510050	华夏上证 50ETF	上海	443.69	23.10
2018/12/7	510850	工银上证 50ETF	上海	132.73	1.30
2015/5/27	510710	博时上证 50ETF	上海	6.52	0.52
2017/12/22	510800	建信上证 50ETF	上海	1.37	0.06
2018/9/3	510600	申万菱信上证 50ETF	上海	0.49	0.02
2013/10/31	510680	万家上证 50ETF	上海	0.06	0.00

数据来源：Wind，截至 2019 年 3 月 31 日。

小贴士：

期权是指在支付一定额度的权利金后，获得在未来某个特定时间、以特定价格买入或卖出标的资产的权利，到期后可以选择行使该权利获得差价收益，也可以选择不行使该权利，损失权利金。期权是继股票、期货后的第三大金融投资工具，被誉为“衍生品皇冠上的明珠”。根据期权的权利不同，可分为看涨期权和看跌期权。期权具有双向交易、“T+0 模式”、当天随买随卖等特点，是普通投资者快速盈利和机构投资者进行对冲的有力工具。目前我国交易所上市的场内期权产品只有唯一一只——上证 50ETF 期权，该期权的标的资产就是上交所上市的上证 50ETF。

3.3.2 沪深 300

中证指数公司于 2005 年 4 月 8 日发布了沪深 300 指数，该指数是中国多层次证券市场最重要的指数之一，由沪深市场 300 家具有代表性的公司组成，基期为 2004 年 12 月 31 日。截至 2019 年 3 月底，沪深 300 指数历史累计收益率为 287%，历史年化收益率为 10.36%，历史年化波动率为 27.71%，如表 3.13 所示。

表 3.13 沪深 300 指数基本情况

指数代码	指数名称	基日	成份股个数	总市值（万亿元）	成份股平均总市值（亿元）
000300	沪深 300	2004-12-31	300	36.12	1204

数据来源：Wind，截至 2019 年 3 月 31 日。

不同于上证 50 指数只包含上海市场的股票，沪深 300 指数既包含上海市场的股票，又包含深圳市场的股票，因此是跨市场指数。从交易所分布情况来看，沪深 300 指数成份股中在上交所和深交所上市的公司数量分别为 184 只和 116 只，权重占比为 70%和 30%，总的来说其成份股中，沪市的部分数量更多，占比更大，如表 3.14 所示。

表 3.14 沪深 300 指数成份股交易所分布情况

市　场	成份股个数	权重占比（%）
上海	184	69.92
深圳	116	30.08

数据来源：Wind，截至 2019 年 3 月 31 日。

沪深 300 指数成份股总市值为 36.12 万亿元，个股平均市值为 1204 亿元，属于大盘股的范畴。从行业分布来看，沪深 300 指数权重前三大行业分别为非银金融（17.57%）、银行（16.73%）、食品饮料（8.54%），金融行业占比合计约为 34%，行业分布较上证 50 指数更为均匀，如图 3.6 所示。

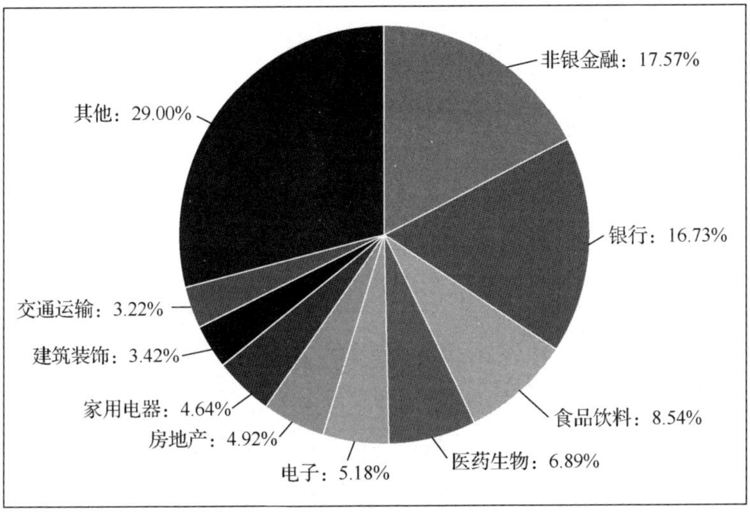

图 3.6 沪深 300 指数行业分布情况（2019.3.31）

在前十大成份股中，既包含沪市龙头中国平安、贵州茅台等，也包含深市蓝筹格力电器、五粮液等，权重占比合计为 25.02%，如表 3.15 所示。

表 3.15 沪深 300 指数前十大成份股情况

排　名	代　码	简　称	权　重（%）
1	601318	中国平安	6.91
2	600519	贵州茅台	3.55
3	600036	招商银行	2.9
4	000651	格力电器	1.88
5	601166	兴业银行	1.87
6	000333	美的集团	1.87
7	600030	中信证券	1.61
8	000858	五粮液	1.53
9	600887	伊利股份	1.46
10	600276	恒瑞医药	1.44
合计			25.02

数据来源：Wind，截至 2019 年 3 月 31 日。

截至 2019 年 3 月底，全市场跟踪沪深 300 指数的 ETF 产品共有 8 只，其中 6 只在上海证券交易所上市，2 只在深圳证券交易所上市。沪深 300 指数是目前跟踪标的管理规模最大的指数，8 只沪深 300ETF 产品管理总规模达到 951.66 亿元，其中规模最大的三只产品是华泰柏瑞沪深 300ETF、华夏沪深 300ETF 和嘉实沪深 300ETF，管理规模分别为 327.75 亿元、243.28 亿元和 217.37 亿元，合计达到 788.40 亿元，占据了所有沪深 300ETF 管理规模的绝大部分。同时，华泰柏瑞沪深 300ETF 2019 年以来日均成交额接近 15 亿元，远超同类其他产品，因此沪深 300ETF 在产品上呈现出较为显著的马太效应，如表 3.16 所示。

表 3.16　全市场跟踪沪深 300 指数的 ETF 产品情况

成立日期	证券代码	证券简称	上市场所	基金规模（亿元）	2019 年以来日均成交额（亿元）
2012-05-04	510300	华泰柏瑞沪深 300ETF	上海	327.75	14.84
2012-12-25	510330	华夏沪深 300ETF	上海	243.28	5.05
2012-05-07	159919	嘉实沪深 300ETF	深圳	217.37	2.29
2013-03-06	510310	易方达沪深 300ETF	上海	58.09	0.29
2017-12-25	510390	平安沪深 300ETF	上海	52.07	0.40
2015-08-20	510360	广发沪深 300ETF	上海	21.93	0.34
2018-01-19	510380	国寿安保沪深 300ETF	上海	16.00	0.01
2013-02-18	159925	南方沪深 300ETF	深圳	15.18	0.01

数据来源：Wind，截至 2019 年 3 月 31 日。

3.3.3　中证 100

中证 100 指数由沪深 300 指数成份股中规模最大的 100 只股票组成，综合反映中国 A 股市场中最具市场影响力的一批超大市值公司的股票价格表现。该指数于 2006 年 5 月 29 日由中证指数公司发布，指数代码为 000903，以 2005 年 12 月 30 日为基日，基点为 1000 点。截至 2019 年 3 月底，中证 100 指数历史累计收益率为 302.80%，历史年化收益率为 11.52%，历史年化波动率为 27.99%。从分年度收益率来看，中证 100 与上证 50、沪深 300 相比，长期位于前两名，在大盘股行情中收益表现突出，例如在 2017 年蓝筹股行情中，收益率达到 30.21%，远高于同期的上证 50 和沪深 300，如表 3.17 所示。

表 3.17　中证 100、上证 50 和沪深 300 指数分年度收益情况

年　份	沪深 300	上证 50	中证 100	中证 100 排名
2006	121.02%	126.69%	127.05%	1
2007	161.55%	134.13%	145.69%	2

续表

年 份	沪深 300	上证 50	中证 100	中证 100 排名
2008	-65.95%	-67.23%	-66.48%	2
2009	96.71%	84.40%	87.49%	2
2010	-12.51%	-22.57%	-19.28%	2
2011	-25.01%	-18.19%	-20.87%	2
2012	7.55%	14.84%	10.77%	2
2013	-7.65%	-15.23%	-13.12%	2
2014	51.66%	63.93%	59.64%	2
2015	5.58%	-6.23%	-1.52%	2
2016	-11.28%	-5.53%	-7.50%	2
2017	21.78%	25.08%	30.21%	1
2018	-25.31%	-19.83%	-21.94%	2
2019	28.62%	23.78%	26.43%	2

数据来源：Wind，截至 2019 年 3 月 31 日。

相较于沪深 300 蓝筹及上证 50 沪市大盘的特征，中证 100 指数成份股是比沪深 300 更大、比上证 50 覆盖范围更广的 A 股核心蓝筹股，其总市值为 25.63 万亿元，个股平均市值为 2563 亿元，总体呈现大盘价值的特征，如表 3.18 所示。

表 3.18 中证 100、上证 50 及沪深 300 指数基本情况

指 数	成份股数量	个股平均市值（亿元）	简 介
上证 50	50	4,038	上证 50 指数由沪市 A 股中规模大、流动性好的最具代表性的 50 只股票组成，反映上海证券市场最具影响力的一批龙头公司的股票价格表现
沪深 300	300	1,204	沪深 300 指数由上海和深圳证券市场中市值大、流动性好的 300 只股票组成，综合反映中国 A 股市场上市股票价格的整体表现
中证 100	100	2,563	中证 100 指数由沪深 300 指数成份股中规模最大的 100 只股票组成，综合反映中国 A 股市场中最具市场影响力的一批超大市值公司的股票价格表现

数据来源：Wind，截至 2019 年 3 月 31 日。

从行业分布上看，中证 100 指数前三大细分行业分别为银行（23.63%）、非银金融（21.19%）和食品饮料（12.38%），合计权重为 57.20%，金融行业权重占比为 44.82%，如图 3.7 所示。

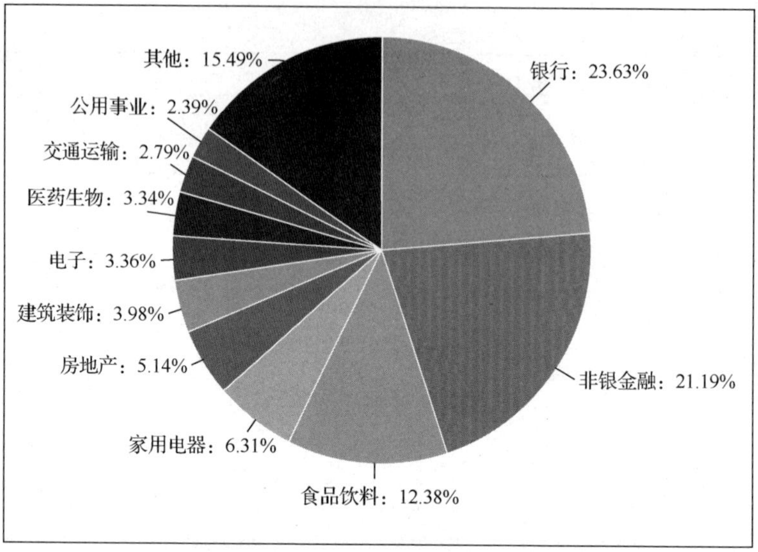

图 3.7　中证 100 指数行业分布情况（2019.3.31）

就成份股而言，中证 100 指数由于是从沪深 300 指数成份股中选取规模最大的 100 只股票组成的，因此其前十大成份股与沪深 300 指数完全一样，包含了 A 股沪深两市的核心蓝筹股，同时由于成份股个数仅有 100 只，因此每只股票权重相较沪深 300 更大、更集中，前十大成份股占比合计为 36.93%，如表 3.19 所示。

表 3.19　中证 100 指数前十大成份股情况

排　名	代　码	简　称	权　重（%）
1	601318	中国平安	10.20
2	600519	贵州茅台	5.24
3	600036	招商银行	4.27
4	000651	格力电器	2.78
5	601166	兴业银行	2.77
6	000333	美的集团	2.76
7	600030	中信证券	2.38
8	000858	五粮液	2.25
9	600887	伊利股份	2.16
10	600276	恒瑞医药	2.12
合计			36.93

数据来源：Wind，截至 2019 年 3 月 31 日。

目前，上证 50 指数、沪深 300 指数在 A 股中的市值覆盖率约为 32%和 58%，而中证 100 指数在全部 A 股中占比为 41%，在沪深 300 指数中占比超过了 70%，具有相对较高的市值覆盖率，有机会成为部分跨境投资者跟踪 A 股两市最核心资产的标的，如表 3.20 所示。

表 3.20 中证 100、上证 50 及沪深 300 指数市值覆盖率

	总市值（亿元）	在全部 A 股中占比
上证 50 指数	201,894	32.34%
沪深 300 指数	361,226	57.86%
中证 100 指数	256,347	41.06%
全部 A 股	624,353	100%

数据来源：Wind，截至 2019 年 3 月 31 日。

中证 100 指数具有高股息率、高净资产收益率的特征。在最近的三年中，中证 100 指数股息率长期保持在 2.4%～3.2%左右的水平，净资产收益率也均保持在 11%以上的水平，可见代表中国核心蓝筹的中证 100 指数是 A 股市场中难得的“分红奶牛”和绩优指数，如表 3.21 所示。

表 3.21 中证 100 股息率和净资产收益率

	2018 年	2017 年	2016 年
中证 100 股息率	3.21%	2.44%	2.72%
中证 100 净资产收益率	12.31%	12.21%	11.55%

数据来源：Wind，截至 2019 年 3 月 31 日。2018 年净资产收益率数据为预测数据。

目前，全市场跟踪中证 100 指数的 ETF 产品有深圳证券交易所上市的大成中证 100ETF，同时还有广发中证 100ETF（512910）即将在上海证券交易所发行上市，成为唯一一只于上交所上市的中证 100ETF。目前，广发中证 100ETF 的流动性和规模都好于大成中证 100ETF，如表 3.22 所示。

表 3.22 全市场跟踪中证 100 指数的 ETF 产品情况

成立日期	证券代码	证券简称	上市场所	基金规模（亿元）	2019 年以来日均成交额（亿元）
2019-05-27	512910	广发中证 100ETF	上海	4.22	--
2013-02-07	159923	大成中证 100ETF	深圳	0.42	0.01

数据来源：Wind，产品信息截至 2019 年半年末，规模和成交量数据截至 2019 年 3 月 31 日。

3.3.4 中证 500

中证 500 指数由全部 A 股中剔除沪深 300 指数成份股及总市值排名前 300 名的股票后，总市值排名靠前的 500 只股票组成，综合反映中国 A 股市场中一批中小市值公司的股票价格表现，如表 3.23 所示。该指数于 2007 年 1 月由中证指数公司发布，以 2004 年 12 月 31 日为基日，基点为 1000 点。截至 2019 年 3 月底，中证 500 指数历史累计收益率为 454.77%，历史年化收益率为 13.29%，历史年化波动率为 31.71%。

表 3.23 中证 500 指数基本情况

指数代码	指数名称	基日	成份股个数	总市值（万亿元）	成份股平均总市值（亿元）
000905	中证 500	2004-12-31	500	8.33	167

数据来源：Wind，截至 2019 年 3 月 31 日。

从市值特征来看，中证 500 指数成份股总市值为 8.33 万亿元，个股平均市值为 167 亿元，相较于表征大盘蓝筹的沪深 300 指数个股平均市值 1204 亿元，中证 500 指数总体呈现较为显著的中盘股特征，如表 3.24 所示。

表 3.24 A 股主要宽基指数关系

<table>
<tr><td rowspan="5">主板
中小板
创业板</td><td rowspan="2">大盘</td><td>中证 100</td><td rowspan="2">沪深 300</td><td rowspan="3">中证 800</td><td rowspan="5">中证全指</td></tr>
<tr><td>中证 200</td></tr>
<tr><td>中盘</td><td colspan="2">中证 500</td></tr>
<tr><td>小盘</td><td colspan="3">中证 1000</td></tr>
<tr><td colspan="4">其他</td></tr>
</table>

A 股市场近年来黑天鹅不断，有时候甚至是行业性的黑天鹅，因此分散化的行业与个股投资就显得尤为必要。就成份股权重分布而言，由于中证 500 指数成份股数量多达 500 只，所以个股分布相对均衡，有利于分散风险。其中权重第一大成份股顺鑫农业占比为 0.60%，权重前 10 大成份股占比合计仅为 5.11%，如表 3.25 所示。

表 3.25 中证 500 指数前十大成份股情况

排　名	代　码	简　称	权　重（%）
1	000860	顺鑫农业	0.60
2	300347	泰格医药	0.58

续表

排 名	代 码	简 称	权 重（%）
3	600201	生物股份	0.52
4	600872	中炬高新	0.51
5	300146	汤臣倍健	0.5
6	002410	广联达	0.5
7	000656	金科股份	0.49
8	002049	紫光国微	0.48
9	002195	二三四五	0.47
10	000066	中国长城	0.46
合计			5.11%

数据来源：Wind，截至 2019 年 3 月 31 日。

相比上证 50、中证 100、沪深 300 等指数行业以金融地产为主，中证 500 指数行业更加均衡，以医药生物、计算机、电子等成长性较强的细分领域以及化工、房地产等周期行业为主，相关行业未来两年 Wind 盈利预期均在较高的水平，如图 3.8 及表 3.26 所示。

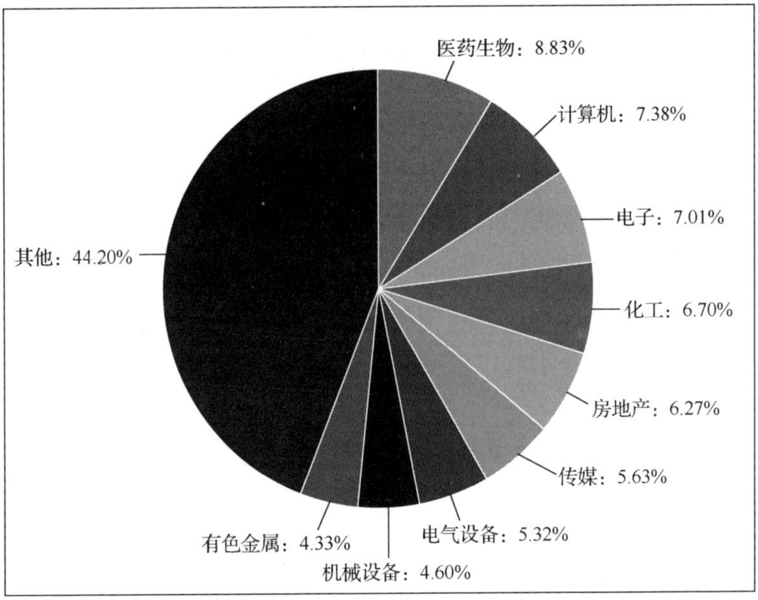

图 3.8 中证 500 指数行业分布情况（2019.3.31）

表 3.26　中证 500 指数成份股所属各行业 Wind 预测净利润增长率（单位：%）

行　业	2019E	2020E
电子	51.04%	45.43%
房地产	24.50%	14.01%
化工	22.62%	7.57%
医药生物	38.75%	9.62%
计算机	115.67%	73.31%

数据来源：Wind，截至 2019 年 3 月 31 日。行业预测净利润增长率为对应申万行业数据。

老罗统计了 2005 年以来市场主要宽基指数的年度涨跌幅，并进行年度排名。虽然中证 500 指数在近三年来的表现都不及上证 50、沪深 300 和中证全指，然而其在 2008 和 2015 年的牛市中表现却大幅优于其他宽基指数，如表 3.27 所示。

表 3.27　中证 500 指数成立以来年度收益率及排名变化

年份	中证 100	沪深 300	中证 500	中证全指	中证 500 排名
2005	-3.72%	-7.65%	-13.99%	-10.99%	4
2006	127.05%	121.02%	100.68%	112.17%	4
2007	145.69%	161.55%	186.63%	170.88%	1
2008	-66.48%	-65.95%	-60.80%	-64.06%	1
2009	87.49%	96.71%	131.27%	106.46%	1
2010	-19.28%	-12.51%	10.07%	-3.77%	1
2011	-20.87%	-25.01%	-33.83%	-28.01%	4
2012	10.77%	7.55%	0.28%	4.58%	4
2013	-13.12%	-7.65%	16.89%	5.21%	1
2014	59.64%	51.66%	39.01%	45.82%	4
2015	-1.52%	5.58%	43.12%	32.56%	1
2016	-7.50%	-11.28%	-17.78%	-14.41%	4
2017	30.21%	21.78%	-0.20%	2.34%	4
2018	-21.94%	-25.31%	-33.32%	-29.94%	4

数据来源：Wind，截至 2018 年 12 月 31 日。

目前，全市场跟踪中证 500 的 ETF 产品共有 11 只，其中绝大多数产品均在上海证券交易所上市，在深圳证券交易所上市的中证 500ETF 仅有两只产品。在所有产品中南方中证 500ETF 规模最大、流动性最好，其次为广发中证 500ETF，该产品截至 2019 年 3 月 31 日规模为 42.52 亿元，如表 3.28 所示。

表 3.28 全市场跟踪中证 500 指数的 ETF 产品情况

成立日期	证券代码	证券简称	上市场所	基金规模（亿元）	2019 年以来日均成交额（亿元）
2013-02-06	510500	南方中证 500ETF	上海	430.63	15.31
2013-04-11	510510	广发中证 500ETF	上海	42.52	0.46
2015-05-05	512500	华夏中证 500ETF	上海	33.67	2.01
2018-03-23	510590	平安中证 500ETF	上海	21.89	0.44
2013-02-06	159922	嘉实中证 500ETF	深圳	21.26	0.37
2015-05-13	512510	华泰柏瑞中证 500ETF	上海	4.37	0.10
2013-12-26	159935	景顺长城中证 500ETF	深圳	3.10	0.00
2015-05-29	510560	国寿安保中证 500ETF	上海	2.09	0.00
2015-08-27	510580	易方达中证 500ETF	上海	1.07	0.01
2018-11-30	510550	方正富邦中证 500ETF	上海	0.33	0.05
2014-02-07	510520	诺安中证 500ETF	上海	0.10	0.00

数据来源：Wind，截至 2019 年 3 月 31 日。

小贴士：

ETF 的规模并不是越大越好。投资者在场内买卖 ETF 时，往往会选择同类中规模最大的一只产品进行投资，那么 ETF 规模真的是越大越好吗？其实并非如此。我们都知道，基金管理人可通过打新股的方式为基金带来一部分超额收益，ETF 也不例外，管理人也可通过打新为 ETF 带来稳定的增强收益。由于这一部分收益对于满足一定市值门槛的 ETF 基金来说都是一样的，那么对于规模达上百亿元的 ETF 来说，其打新的收益往往会由于自身规模较大而被摊薄。所以投资者在选择 ETF 投资时，除了流动性等因素需要考虑外，并非一定选择同类中规模最大一只产品进行投资，有些规模适中的 ETF 产品打新增强更优，其带来的超额收益也是值得投资者关注的。

3.3.5 创业板指数

创业板指数是深交所多层次资本市场的核心指数之一，由最具代表性的 100 家创业板上市企业股票组成，反映创业板市场层次的运行情况，如表 3.29 所示。

该指数由深圳证券信息有限公司发布，基日为 2010 年 5 月 31 日。其成份股中新兴产业、高新技术企业占比高，成长性突出，因此有着“中国的纳斯达克”之称，其兼具价值尺度与投资标的的功能。截至 2019 年 3 月底，创业板指数历史累计收益率为 69.35%，历史年化收益率为 6.38%，历史年化波动率为 31.94%。

表 3.29　创业板指数基本情况

指数代码	指数名称	基日	成份股个数	总市值（万亿元）	成份股平均总市值（亿元）
399006	创业板指	2010-05-31	100	2.60	260

数据来源：Wind，截至 2019 年 3 月 31 日。

对于创业板指数而言目前市场有个误区，就是说创业板指的成份股都是小票，其实不然，创业板指数成份股总市值为 2.60 万亿元，个股平均市值为 260 亿元，比中证 500 指数还要高，其第一大成份股温氏股份总市值超过 2000 亿元，是国内养殖行业的巨头，除此之外，创业板指数权重前三大行业分别为医药生物（18.78%）、计算机（13.85%）、传媒（12.77%），如图 3.9 所示，均为成长性较好的行业，所以与其说创业板指是“小票”的集中地，还不如说其是成长股的代表更为准确。

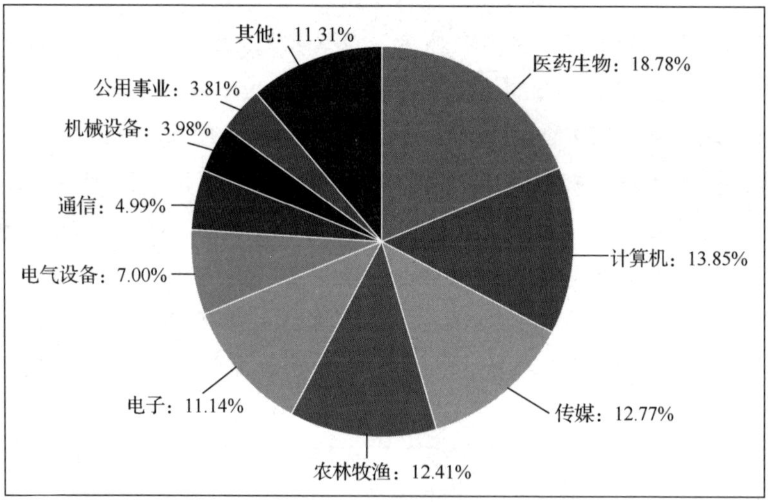

图 3.9　创业板指数行业分布情况（2019.3.31）

前十大成份股合计占比 35.36%，并且集中分布于医药生物行业。第一大成份股是温氏股份，占比达到 12.41%，该公司是以畜牧养殖为主、配套相关业务的跨地区现代农牧业集团，现为农业产业化国家重点龙头企业。第二大成份股东方财富占比达 6.10%，该公司是国内领先的互联网金融服务平台综合运营商，集互联网财经门户平台、金融电子商务平台、金融终端平台及移动端平台等为一体，如表 3.30 所示。

表 3.30 创业板指数前十大成份股情况

排名	代码	简称	权重（%）
1	300498	温氏股份	12.41
2	300059	东方财富	6.1
3	300142	沃森生物	2.44
4	300124	汇川技术	2.35
5	300015	爱尔眼科	2.34
6	300003	乐普医疗	2.17
7	300136	信维通信	1.94
8	300024	机器人	1.9
9	300122	智飞生物	1.89
10	300408	三环集团	1.82
合计			35.36

数据来源：Wind，截至 2019 年 3 月 31 日。

从估值情况来看，相较于 A 股其他主要宽基指数，创业板指数历来估值都比较高，其历史平均市盈率 PE（TTM）达到 51.63，中位水平也有 49.25。截至 2019 年 3 月 31 日，指数市盈率 PE（TTM）为 54.22，位于历史中间偏上的分位水平，如表 3.31 所示。

表 3.31 创业板指数市盈率 PE（TTM）所处历史分位

指标	市盈率 PE（TTM）
当前值	54.22
历史分位	0.61
最大值	137.86
四分之三分位	59.73
平均值	51.63
中位数	49.25
四分之一分位	39.79
最小值	27.04

数据来源：Wind，截至 2019 年 3 月 31 日。

创业板指数走势及历史 PE 如图 3.10 所示。

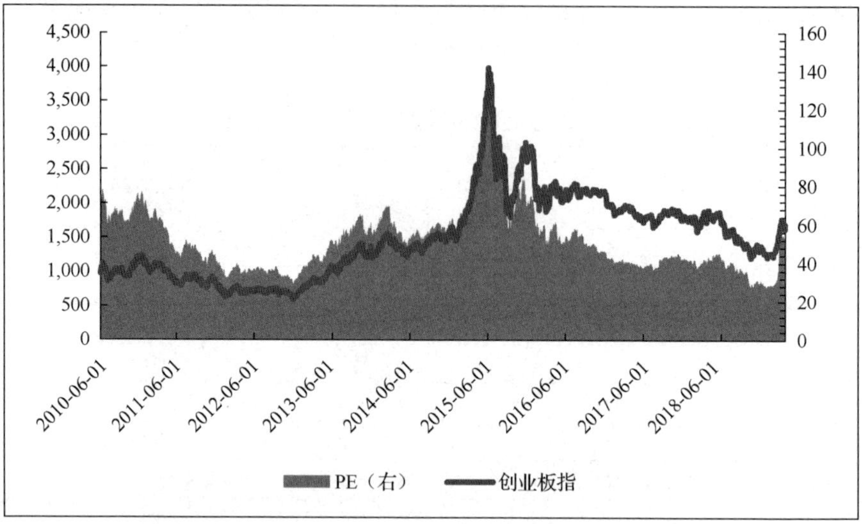

图 3.10　创业板指数走势及历史 PE（2019.3.31）

从盈利情况来看，创业板指数在 2018 年的净利润增长率为 14%，根据 Wind 的预测数据，2019 年增速将升高至 108%，2020 年增速将保持在 50%左右，如表 3.32 所示。这些数据都说明了创业板指数的高成长性。

表 3.32　创业板指数盈利预测

盈利预测综合值一览（年）	2016	2017	2018	2019E	2020E	2021E
净利润增长率（%）	42.59	−36.81	14.20	107.73	49.46	11.78

数据来源：Wind，截至 2019 年 3 月 31 日，2019 年、2020 年和 2021 年为 Wind 预测数据。

截至 2019 年 3 月底，市场上共有 9 只创业板 ETF，均在深圳证券交易所上市。其中平安创业板 ETF 于今年 3 月 15 日成立。从产品规模来看，截至 2019 年 3 月 31 日，市场中最大一只创业板 ETF 为易方达创业板 ETF，规模达到 205 亿元，广发创业板 ETF 和南方创业板 ETF 位列第 2、3 位，规模分别为 16 亿元和 11 亿元。从流动性来看，易方达创业板 ETF 和广发创业板 ETF 是目前市场中流动性最好的两只创业板 ETF 产品，如表 3.33 所示。从费率角度看，广发创业板 ETF 和平安创业板 ETF 的管理费率为 0.15%/年，其他产品的管理费率为 0.5%/年。

表 3.33 全市场跟踪创业板指数的 ETF 产品情况

成立日期	证券代码	证券简称	上市场所	基金规模（亿元）	2019 年以来日均成交额（亿元）
2011-09-20	159915	易方达创业板 ETF	深圳	209.42	13.95
2017-04-25	159952	广发创业板 ETF	深圳	16.39	0.72
2016-05-13	159948	南方创业板 ETF	深圳	13.50	0.10
2017-12-25	159958	工银瑞信创业板 ETF	深圳	2.89	0.06
2019-03-15	159964	平安创业板 ETF	深圳	2.46	--
2017-12-08	159957	华夏创业板 ETF	深圳	1.78	0.03
2011-06-10	159908	博时创业板 ETF	深圳	1.14	0.01
2018-02-06	159956	建信创业板 ETF	深圳	0.87	0.01
2017-07-14	159955	嘉实创业板 ETF	深圳	0.44	0.02

数据来源：Wind，截至 2019 年 3 月 31 日。

3.4 常见 A 股行业指数

介绍完目前市场主要的宽基指数及其 ETF，接下来让我们来看看 A 股市场中主流的几个行业对应的指数和 ETF 产品。在介绍行业指数 ETF 之前，首先我们需要明确一个概念：什么是行业指数？顾名思义，行业指数其实指的就是同属某个行业的股票所组成的指数。不同于上证 50、中证 100、沪深 300 这样的覆盖了不同行业的宽基指数，行业指数的成份股往往同属一个细分行业，具有十分鲜明的行业特征。那么各行业之间又是怎么进行分类的呢？目前我国市场中大致是按照国际通行的标准，即 GICS（全球行业分类标准）对行业进行划分的，具体而言，共分为 10 个一级行业和 27 个二级行业。这些行业几乎覆盖了我们生活的各个方面，十分具有代表性，如表 3.34 所示。

表 3.34 中证指数公司行业分类

一级行业	二级行业
能源	能源
原材料	原材料
工业	资本品，商业服务与商业用品，运输
可选消费	汽车与汽车零部件，耐用消费品与服装，消费者服务，媒体，零售业
主要消费	食品与主要用品零售，食品、饮料与烟草，家庭与个人用品

续表

一级行业	二级行业
医药卫生	医疗保健设备与服务，制药、生物科技和生命科学
金融地产	银行，综合金融，保险，房地产
信息技术	软件与服务，技术硬件与设备，半导体产品与设备
电信业务	电信业务，通信设备
公用事业	公用事业

除此之外，市场中常见的行业分类方法还有周期和非周期行业分类法，具体而言，就是可根据行业是否具有周期性而将其分为周期行业、非周期行业等。例如能源、有色金属、金融等行业可划分为周期行业；而消费、医药等行业则可被划分为非周期行业。下面，老罗就为大家介绍一下目前 A 股市场中代表性较强的、ETF 规模较大的几个行业指数以及其对应的 ETF 产品。

3.4.1 医药行业

俗话说，A 股往往有“喝酒吃药”的行情，这是广大投资者对于白酒、医药等长期走势向上的行业的戏称。其实作为防守型板块的代表，医药股往往也是投资者在熊市和震荡市青睐的投资标的。那么作为和我们生活息息相关的行业之一——医药行业，到底有哪些投资价值呢？其所对应的指数和 ETF 产品到底有哪些呢？这里，老罗选择了以下 3 只具有代表性的医药指数进行对比，并就各指数为大家做详细的分析。

（1）中证全指医药卫生指数（指数代码：000991）：从中证全指样本股医药卫生行业内选择流动性和市场代表性较好的股票构成指数样本股，以反映沪深两市医药卫生行业内公司股票的整体表现。

（2）沪深 300 医药卫生指数（指数代码：000913）：由沪深 300 指数样本股中的医药卫生行业股票组成，以反映该行业公司股票的整体表现。

（3）中证医药卫生指数（指数代码：000933）：由中证 800 指数样本股中的医药卫生行业股票组成，以反映该行业公司股票的整体表现。

可以看到，3 只医药指数的主要区别在于选样空间不同，例如全指医药卫生指数是从中证全指选出医药行业的股票，而 300 医药卫生指数则是从沪深 300 的成份股中选，同时中证医药卫生指数则是从中证 800 的成份股中选。那么不同的选择空间选出来的医药股票组成的指数到底有什么区别呢？下面老罗就为大家梳理一下这 3 只指数的基本信息，如表 3.35 所示。

表 3.35 3只医药行业指数基本情况

指数代码	指数名称	基　　日	成份股个数	总市值（万亿元）	成份股平均总市值（亿元）
000991	全指医药	2004/12/31	238	3.74	157.32
000913	沪深 300 医药	2004/12/31	29	1.71	588.47
000933	中证医药	2004/12/31	75	2.46	327.82

数据来源：Wind，截至 2019 年 3 月 31 日。

截至 2019 年 3 月底，全指医药指数共有 238 只成份股，指数总市值为 3.74 万亿元，个股平均市值为 157 亿元；沪深 300 医药指数共有 29 只成份股，指数总市值为 1.71 万亿元，个股平均市值为 588 亿元；中证医药指数共有 75 只成份股，指数总市值为 2.46 万亿元，个股平均市值为 328 亿元。可以看到，全指医药指数成份股个数最多、总市值最大而个股平均市值最小。

对比 3 只医药指数前十大成份股可以发现，其前十大成份股一模一样，这是由于中证全指包含中证 800 指数，而中证 800 指数包含沪深 300 指数，同时 3 只指数均按市值加权，所以从其中选出的前十大成份股才会出现一样的结果。同时，又由于 3 只指数成份股个数不同，因而前十大成份股在指数中的占比互不相同。全指医药指数前十大成份股在指数中的占比为 26.69%，成份股权重分布相对分散；而 300 医药前十大成份股在指数中的占比合计达到 59.82%，成份股权重分布较为集中，如表 3.36 所示。

表 3.36 3只医药行业指数前十大成份股

全指医药			300 医药			中证医药		
代　码	简　称	权重（%）	代　码	简　称	权重（%）	代　码	简　称	权重（%）
600276	恒瑞医药	9.57	600276	恒瑞医药	21.44	600276	恒瑞医药	11.18
000538	云南白药	2.46	000538	云南白药	5.5	000538	云南白药	3.84
000661	长春高新	2.38	000661	长春高新	5.33	000661	长春高新	3.72
002044	美年健康	1.92	002044	美年健康	4.31	002044	美年健康	3
600436	片仔癀	1.91	600436	片仔癀	4.29	600436	片仔癀	2.99
300015	爱尔眼科	1.79	300015	爱尔眼科	4.01	300015	爱尔眼科	2.79
300142	沃森生物	1.73	300142	沃森生物	3.88	300142	沃森生物	2.7
600518	ST 康美	1.72	600518	ST 康美	3.86	600518	ST 康美	2.69
600196	复星医药	1.65	600196	复星医药	3.7	600196	复星医药	2.58
300003	乐普医疗	1.56	300003	乐普医疗	3.5	300003	乐普医疗	2.44
合计		26.69	合计		59.82	合计		37.93

数据来源：Wind，截至 2019 年 3 月 31 日。

就历史表现来看，3 只医药历史收益和波动情况相差不大，均在较长的时间区间内保持了震荡向上的趋势。总的来说，300 医药指数历史收益比全指医药指数和中证医药指数稍好，而全指医药指数年化波动率则比其他二者要稍低一些，如表 3.37 所示。

表 3.37　3 只医药行业指数历史收益及波动情况

指数名称	累计收益率	年化收益率	年化波动率
全指医药	870.06%	18.00%	29.64%
沪深 300 医药	925.26%	18.47%	30.01%
中证医药	893.15%	18.20%	29.90%

数据来源于 Wind，截至 2019 年 3 月 31 日。

3 只医药行业指数历史走势如图 3.11 所示。

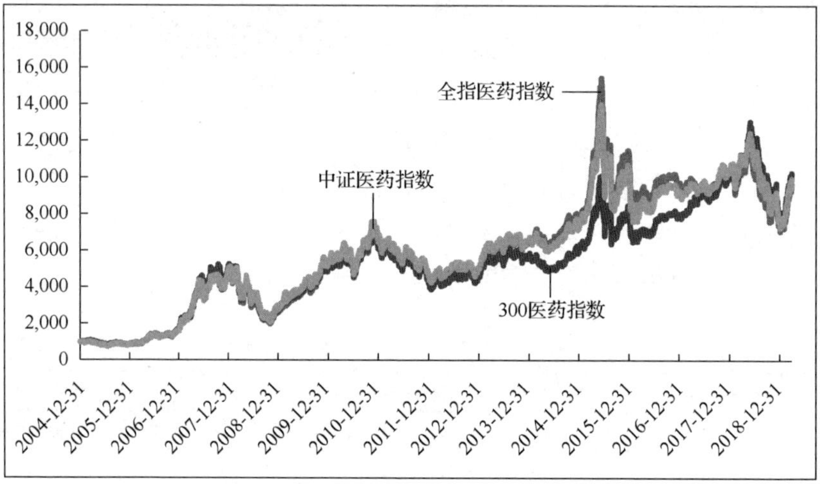

图 3.11　3 只医药行业指数历史走势（2019.3.31）

截至 2018 年 3 月底，全市场跟踪医药行业指数的 ETF 产品共有 7 只，分别跟踪全指医药、300 医药、中证医药、500 医药、上证医药和细分医药等指数，其中广发全指医药 ETF 和汇添富中证医药 ETF 是在深圳证券交易所上市的，而其他 5 只产品是在上海证券交易所上市的。所有产品中，广发全指医药 ETF 规模最大，达到 24.40 亿元，如表 3.38 所示。

表 3.38 全市场跟踪医药行业指数的 ETF 产品情况

成立日期	证券代码	证券简称	上市场所	基金规模（亿元）	2019 年以来日均成交额（亿元）
2014-12-01	159938	广发中证全指医药卫生 ETF	深圳	24.40	0.26
2013-09-23	512010	易方达沪深 300 医药卫生 ETF	上海	8.32	0.37
2013-08-23	159929	汇添富中证医药卫生 ETF	深圳	1.87	0.08
2013-12-04	512120	华安中证细分医药 ETF	上海	1.07	0.03
2013-03-28	510660	华夏上证医药卫生 ETF	上海	0.95	0.03
2014-10-30	512300	南方中证 500 医药卫生 ETF	上海	0.53	0.01
2014-06-13	512610	嘉实中证医药卫生 ETF	上海	0.16	0.00

数据来源：Wind，截至 2019 年 3 月 31 日。

小贴士：

医药与医疗的区别。我们在谈到医药行业时，通常会第一时间联想到电视广告中“斯达舒”“达克宁”等医药公司；而在谈到医疗保健时，又往往是医疗器械、医院药房等概念首先映入脑海。其实医药行业和医疗主题是两个相对应的概念，二者同为医药卫生大板块，但各有侧重。就行业分布来看，医药的细分行业主要集中在化学制药、中药及生物制品方面，而医疗主题的细分行业则主要集中在医疗器械和医疗服务方面。在研究医药卫生大板块时投资者可将二者结合起来看。

3.4.2 消费行业

讲完了“吃药”，下面就让我们来看看“喝酒”对应的消费行业。其实，相信各位投资者对消费行业应该并不陌生，从我们日常吃的鸡鸭鱼肉到出门所需的交通工具，消费可谓无处不在。对于大消费板块而言，目前市场通常将其细分为主要消费和可选消费两大类，其中，主要消费包含了食品饮料、农林牧渔等我们赖以生存的行业；而可选消费则包含了家电、汽车等我们追求温饱以外的更高品质生活的行业。目前消费板块的指数主要有以下几只。

（1）中证全指主要消费指数（指数代码：000990）：从中证全指样本股主要

消费行业内选择流动性和市场代表性较好的股票构成指数样本股，以反映沪深两市主要消费行业内公司股票的整体表现。

（2）中证主要消费指数（指数代码：000932）：由中证 800 指数样本股中的主要消费行业股票组成，以反映该行业公司股票的整体表现。

（3）沪深 300 主要消费指数（指数代码：000912）：由沪深 300 指数样本股中的主要消费行业股票组成，以反映该行业公司股票的整体表现。

（4）上证主要消费行业指数（指数代码：000036）：由上海证券市场主要消费行业股票组成，以反映该行业公司股票的整体表现。

（5）中证全指可选消费指数（指数代码：000989）：从中证全指样本股可选消费行业内选择流动性和市场代表性较好的股票构成指数样本股，以反映沪深两市可选消费行业内公司股票的整体表现。

（6）沪深 300 可选消费指数（指数代码：000911）：由沪深 300 指数样本股中的可选消费行业股票组成，以反映该行业公司股票的整体表现。

下面老罗就选择其中最具代表性的全指主要消费指数和中证主要消费指数，为大家做一些简单的分析。

截至 2019 年 3 月底，全指主要消费指数共有 134 只成份股，指数成份股总市值为 4.25 万亿元，个股平均市值为 317 亿元；而中证主要消费指数共有 41 只成份股，指数成份股总市值为 3.30 万亿元，个股平均市值为 805 亿元，如表 3.39 所示。

表 3.39　全指主要消费和中证主要消费指数基本情况

指数代码	指数名称	基　日	成份股个数	总市值（万亿元）	成份股平均总市值（亿元）
000990	全指主要消费	2004/12/31	134	4.25	317.12
000932	中证主要消费	2004/12/31	41	3.30	805.03

数据来源：Wind，截至 2019 年 3 月 31 日。

全指主要消费和中证主要消费指数前十大成份股占比合计分别高达 57.11% 和 70.86%，其中有 4 个为著名的白酒企业，前两大成份股——贵州茅台和五粮液在全指主要消费中占比均超过 10%，在中证主要消费指数中占比均超过 15%，龙头效应显著，如表 3.40 所示。

表 3.40　全指主要消费和中证主要消费指数前十大成份股

全指主要消费		
代　码	简　称	权重（%）
000858	五粮液	10.9
600019	贵州茅台	10.4
600887	伊利股份	9.06
300498	温氏股份	8.97
002304	洋河股份	4.67
603288	海天味业	4.17
000568	泸州老窖	2.9
002714	牧原股份	2.35
601933	永辉超市	1.97
000876	新希望	1.67
合计		57.11

中证主要消费		
代　码	简　称	权重（%）
600519	贵州茅台	15.62
000858	五　液	15.1
600887	伊利股份	13.61
002304	洋河股份	6.44
603288	海天味业	5.75
000568	泸州老窖	3.99
002714	牧原股份	3.24
601933	永辉超市	2.71
000876	新希望	2.3
000895	双汇发展	2.1
合计		70.86

数据来源：Wind，截至 2019 年 3 月 31 日。

从细分行业来看，全指主要消费指数前三大细分行业分别为白酒（37.08%）、畜禽养殖（14.14%）和乳品（9.77%），合计占比为 60.99%；而中证主要消费行业前三大细分行业分别为白酒（48.23%）、乳品（14.11%）和调味发酵品（7.42%），占比合计为 69.76%，如图 3.12 所示。

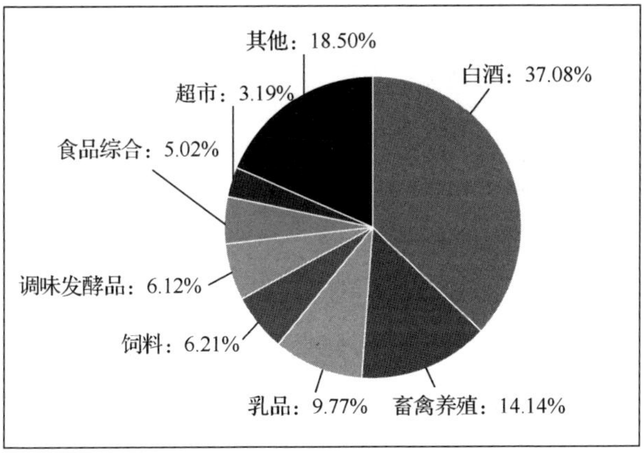

图 3.12　全指主要消费（左）和中证主要消费指数行业分布情况（2019.3.31）

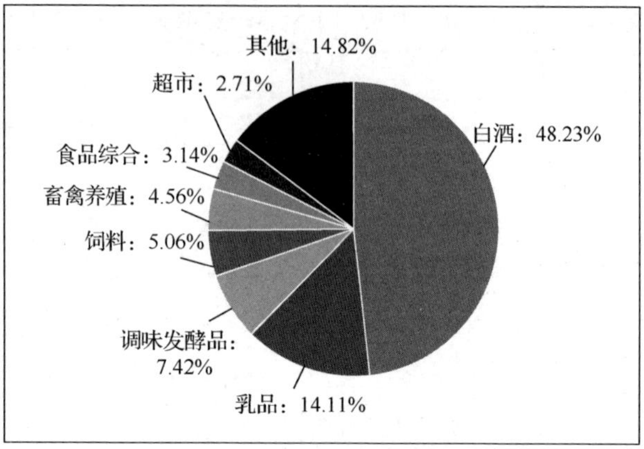

图 3.12　（续）

全指主要消费和中证主要消费指数走势如图 3.13 所示。自基日（2004 年 12 月 31 日）以来至 2019 年 3 月底全指主要消费指数总收益率高达 1177%，年化收益率为 20.38%，而中证主要消费指数总收益高达 1300%，年化收益率为 21.19%，表现均十分抢眼。从逐年的收益率情况可知，在 15 年中，全指主要消费和中证主要消费指数取得正收益的年份均为 9 个，胜率约为 60%，如表 3.41 所示。

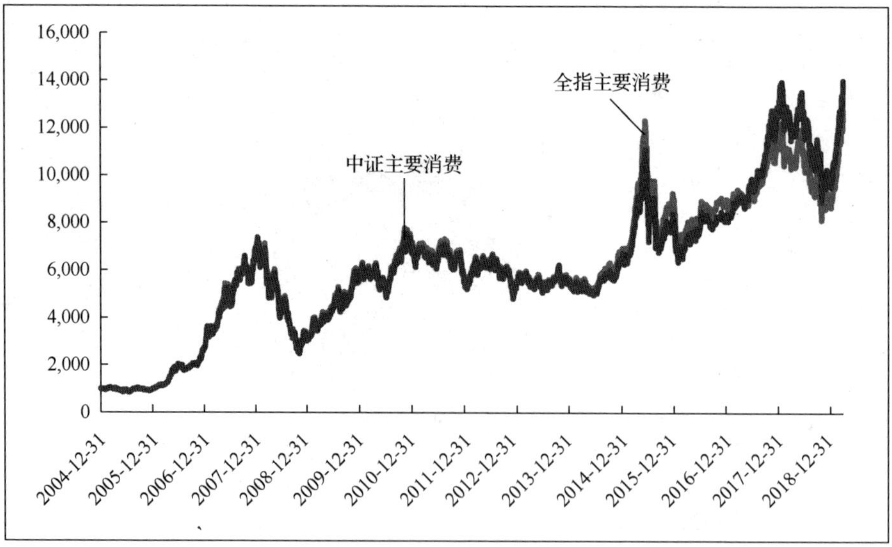

图 3.13　全指主要消费和中证主要消费指数历史走势

表 3.41 全指主要消费和中证主要消费指数分年度收益情况

年 份	全指主要消费	中证主要消费
2005	-1.53%	-0.96%
2006	175.82%	174.87%
2007	153.22%	152.84%
2008	-55.51%	-56.17%
2009	96.85%	95.88%
2010	18.14%	17.66%
2011	-19.72%	-19.08%
2012	-1.78%	-1.75%
2013	1.32%	0.97%
2014	17.09%	14.83%
2015	34.27%	26.49%
2016	-1.90%	0.64%
2017	29.21%	55.98%
2018	-21.82%	-23.09%
2019	44.17%	43.00%
累计收益率	1176.98%	1299.74%
年化收益率	20.38%	21.19%
年化波动率	28.35%	28.71%

数据来源：Wind，截至 2019 年 3 月 31 日。

截至 2019 年 3 月 31 日，跟踪消费行业指数的 ETF 共有 5 只，分别跟踪中证主要消费、全指可选消费、上证主要消费和上证消费 80 指数。其中 2 只最大的消费行业 ETF——汇添富中证主要消费 ETF 和广发中证全指可选消费 ETF 是在深圳证券交易所上市，其余 3 只产品均在上海证券交易所上市。除了跟踪传统的消费行业指数外，已退市的景顺长城中证 800 食品饮料 ETF 和即将成立上市的鹏华中证酒 ETF 也都属于大消费板块，可被归为消费行业类的 ETF 产品，如表 3.42 所示。

表 3.42 全市场跟踪消费行业指数的 ETF 产品情况

成立日期	证券代码	证券简称	上市场所	基金规模（亿元）	2019 年以来日均成交额（亿元）
2013-08-23	159928	汇添富中证主要消费 ETF	深圳	22.54	0.14
2014-06-03	159936	广发中证全指可选消费 ETF	深圳	2.94	0.00

续表

成立日期	证券代码	证券简称	上市场所	基金规模（亿元）	2019 年以来日均成交额（亿元）
2013-03-28	510630	华夏上证主要消费 ETF	上海	1.91	0.01
2010-12-08	510150	招商上证消费 80ETF	上海	1.52	0.02
2014-06-13	512600	嘉实中证主要消费 ETF	上海	0.08	0.00

数据来源：Wind，截至 2019 年 3 月 31 日。

3.4.3 信息技术行业

近年来，以互联网为代表的信息技术飞速发展，云计算、VR、智慧城市、人工智能等投资者耳熟能详的新技术正在改变着我们的生活方式。信息技术行业 ETF 的推出为投资者把握 A 股市场信息技术行业整体发展脉搏提供了有利的参考。在众多信息技术行业的指数中，老罗为大家选择了最具代表性的指数之一——中证全指信息技术指数（指数代码：000993），做一些简单的分析。

中证全指信息技术指数于 2011 年 8 月 2 日发布，基期为 2004 年 12 月 31 日，从中证全指样本股信息技术行业内选择流动性和市场代表性较好的 411 只股票构成指数样本股，覆盖面较广。截至 2019 年 3 月底，指数总市值为 5.31 万亿元，个股平均市值为 129 亿元，整体呈现出中小型股的特征，如表 3.43 所示。

表 3.43　全指信息指数基本情况

指数代码	指数名称	基　　日	成份股个数	总市值（万亿元）	成份股平均总市值（亿元）
000993	全指信息技术	2004/12/31	411	5.31	129

数据来源：Wind，截至 2019 年 3 月 31 日。

从指数成份来看，前三大细分行业分别为电子（约 43%）、计算机（约 38%）和传媒（10.64%），合计权重超过 90%，如图 3.14 所示。前十大成份股占比合计为 21.57%，其中第一大成份股海康威视占比为 4.77%，该公司是国际领先的安防产品及行业解决方案提供商，公司的营销及服务网络覆盖全球；占比为 3.41% 的第二大成份股京东方 A 是一家物联网技术、产品与服务提供商，核心业务包括显示器件、智慧系统、健康服务等。综合来看，指数成份分布总体较为均匀，如表 3.44 所示。

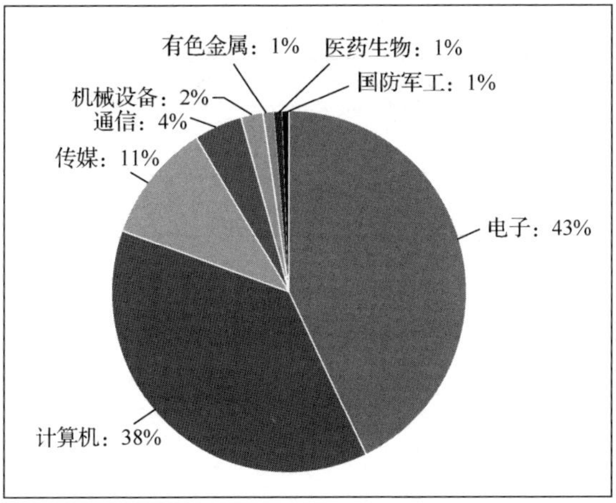

图3.14 全指信息技术指数行业分布情况（2019.3.31）

表3.44 全指信息技术指数前十大成份股情况

排名	代码	简称	细分行业	权重（%）
1	002415	海康威视	电子	4.77
2	000725	京东方A	电子	3.41
3	300059	东方财富	传媒	2.58
4	002475	立讯精密	电子	2.26
5	002230	科大讯飞	计算机	1.96
6	600570	恒生电子	计算机	1.59
7	002008	大族激光	电子	1.33
8	600703	三安光电	电子	1.32
9	600588	用友网络	计算机	1.20
10	600271	航天信息	计算机	1.15
合计				21.57

数据来源：Wind，截至2019年3月31日。

从历史表现情况来看，全指信息指数有着“高收益、高波动”的特征，自基日起至2019年3月底，其累计收益率为441.19%，年化收益率为13.09%，超过了同期沪深300和中证全指的表现。就波动性而言，全指信息指数高达34.76%的年化波动率远超同期沪深300和中证全指，如表3.45所示。

表 3.45　全指信息指数与市场主要指数表现比较

统计项目	全指信息	沪深 300	中证全指
累计收益率	441.19%	287.23%	348.77%
年化收益率	13.09%	10.36%	11.55%
年化波动率	34.76%	27.73%	28.38%

数据来源：Wind，截至 2019 年 3 月 31 日。

全指信息指数与市场主要指数历史走势如图 3.15 所示。

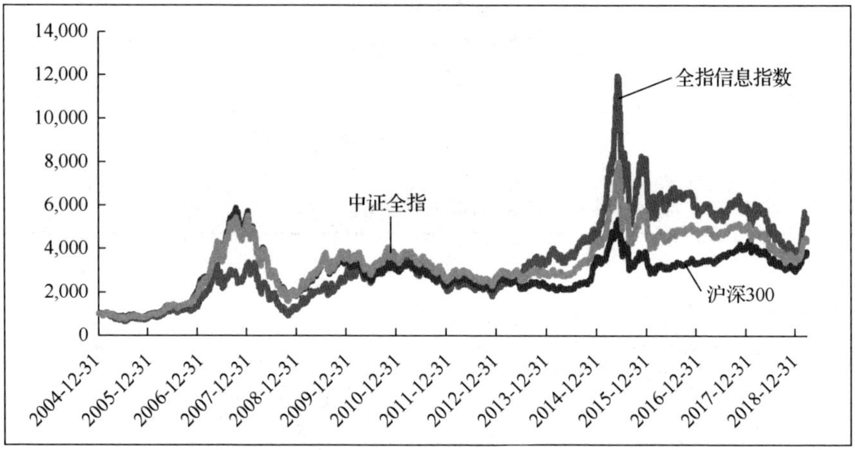

图 3.15　全指信息指数与市场主要指数历史走势（2019.3.31）

老罗还统计了全指信息指数与市场主要宽基指数近 5 年来历史表现的相关性，发现全指信息与创业板指数相关系数高达 0.97，如表 3.46 所示，说明全指信息指数在风格上偏向成长。

表 3.46　全指信息指数与市场主要指数近 5 年来相关性

	沪深 300	全指信息	创业板指
全指信息	0.77	0.92	0.97

数据来源：Wind，截至 2019 年 3 月底。

从盈利预测来看，全指信息指数 2016 年主营业务收入和净利润增长分别达到 21.59%和 22.95%，2017 年增长高达 60.02%和 24.50%，2018 年由于市场整体形势，主营业务增长率有所下降，如表 3.47 所示。据 Wind 数据，全指信息指数高增长势头在未来两年有望得到延续。

表 3.47 全指信息指数盈利预测

盈利预测综合值一览	2016	2017	2018	2019E	2020E
主营业务收入增长率（%）	21.59	60.02	-89.93	39.98	32.64
净利润增长率（%）	22.95	24.5	30.34	18.91	40.33

数据来源：Wind，截至 2019 年 3 月 31 日，2019 年和 2020 年的为预期数据。

截至 2018 年 3 月底，全市场跟踪信息技术行业指数的 ETF 产品共有 2 只，分别为深圳证券交易所上市的广发中证全指信息技术 ETF 和上海证券交易所上市的南方中证 500 信息技术 ETF。其中广发中证全指信息技术 ETF 规模较大，超过 10 亿元，2019 年以来日均成交额也接近 3000 万元，流动性较好，如表 3.48 所示。

表 3.48 全市场跟踪信息技术行业指数的 ETF 产品情况

成立日期	证券代码	证券简称	上市场所	基金规模（亿元）	2019 年以来日均成交额（亿元）
2015-01-08	159939	广发中证全指信息技术 ETF	深圳	10.67	0.29
2015-06-29	512330	南方中证 500 信息技术 ETF	上海	3.62	0.05

数据来源：Wind，截至 2019 年 3 月 31 日。

小贴士：

信息技术子行业——传媒

相信各位投资者对传媒行业一定不陌生，从电梯间循环播放的广告到电视网络实时更新的综艺，从红地毯上的明星大腕到阅读应用里的精彩小说，作为信息技术行业的细分行业，传媒与我们的生活息息相关。伴随着物质生活的不断提高，人们更加重视高层次的精神文化需求，这也为传媒行业提供了十分有利的发展环境。目前，传媒行业已经处于 4G 技术周期长尾阶段，移动互联网人口红利逐渐消退，各方对用户价值的争夺将更加剧烈。未来，5G 的规模化有望给传媒行业新的发展和应用，传媒行业将与数字化技术结合得更加紧密，无人机、媒体大脑、裸眼 3D 影响等智慧媒体将更加广泛地应用于传媒行业中。可以说，传媒行业发展空间很大，发展前景广阔。目前市场中传媒板块仅有一只 ETF 产品——广发中证传媒 ETF（512980），其跟踪的中证传媒指数聚焦传媒行业，从可选消费、金融、信息技术等行业中选取不超过 50 只与传媒相关的公司股票，构成指数样本股，如图 3.16 所示。指数成份股中包含东方财富、分众传媒、光环新网等成长性较强股票，细分行业主要有互联网传媒、文化传媒、营销传播、计算机应用等。值得一提的是，2015 年至 2018 年的三年间，传媒板块在申万 28 个一级行业中每年跌幅均排名靠前，板块经历了深度回调。

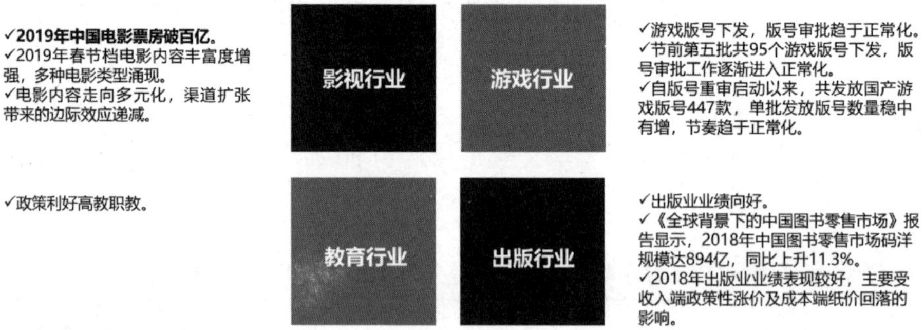

图 3.16　传媒行业主要细分板块

3.4.4　军工行业

各位投资者平时关注时事新闻的话，应该听说过“辽宁号”、歼 20、武直 10 这些新型装备，它们是我国几代军工人艰苦创业的成果，也是目前我国应对纷繁复杂的国际形势的得力武器。其实，军事实力是衡量一个国家综合国力的重要指标，军事的强弱直接决定一个国家的兴衰。我国提出“全面建成世界一流军队”目标，便是经济全球化下国家安全内涵的扩展。2019 年我国国防预算为 1.19 万亿元（约合 1776.1 亿美元），同比增长 7.5%，但考虑到我国军费/GDP 约 1.3%左右，远低于世界平均水平（2.2%），因此军事领域未来仍有较大的而发展空间。对应到资本市场，目前 A 股中军工板块的上市企业相对不多，其中比较有代表性的公司有中国重工、中航飞机等。下面老罗就选取目前市场中对军工板块表征性较强的中证军工主题指数（指数代码：399967）来谈谈军工板块股票的整体情况。

中证军工指数由十大军工集团控股的且主营业务与军工行业相关的上市公司以及其他主营业务为军工行业的上市公司作为指数样本，反映军工行业上市公司的整体表现。该指数由中证指数公司于 2013 年 12 月份发布，基期为 2004 年 12 月 31 日。截至 2019 年 3 月底，指数总市值为 7949 亿元，个股平均市值为 241 亿元，从市值分布来看，指数成份股总市值集中在 200 亿元以下，整体属于中小型股范畴，如表 3.49 及图 3.17 所示。

表 3.49 中证军工指数基本情况

指数代码	指数名称	基　　日	成份股个数	总市值（亿元）	成份股平均总市值（亿元）
399967	中证军工	2004/12/31	33	7949	241

数据来源：Wind，截至 2019 年 3 月 31 日。

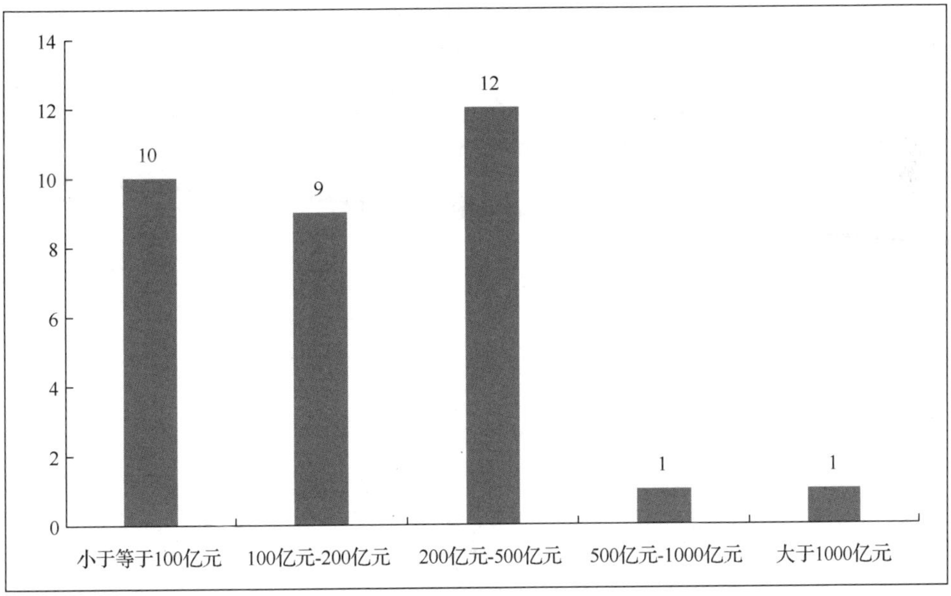

图 3.17 中证军工指数成份股市值分布（2019.3.31）

从指数成份来看，前三大细分行业分别为航空装备（38.64%）、地面兵装（15.01%）和航天装备（12.88%），如图 3.18 所示。前十大成份股占比合计为 56.44%，成份股分布较为集中：其中第一大成份股中国重工占比为 10.84%，该公司是国内研发生产体系最完整、产品门类最齐全的船舶配套设备制造企业，业务贯穿整个船舶配套业的价值链，同时该公司是国内海军舰船装备的主要研制和供应商。第二大成份股航发动力占比为 6.7%，该公司是国内大型航空发动机制造基地企业，国内唯一的生产制造涡喷、涡扇、涡轴、涡桨、活塞全种类军用航空发动机的企业，如表 3.50 所示。

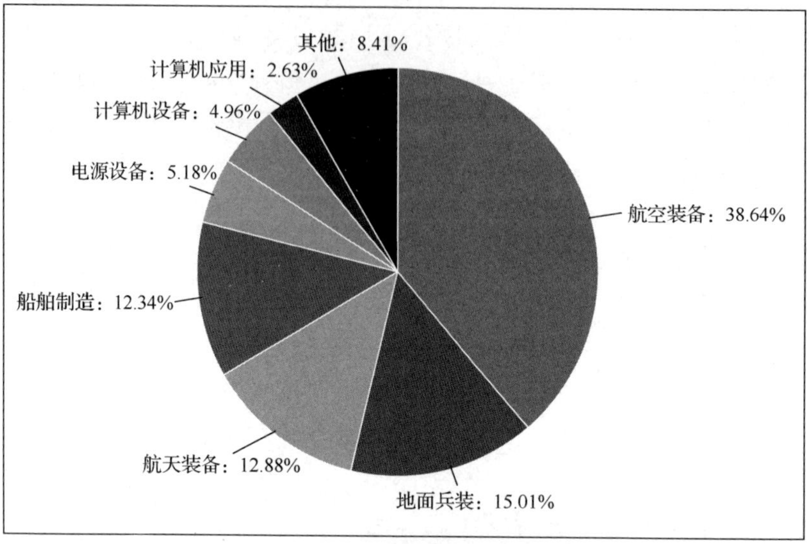

图 3.18　中证军工指数行业分布情况（2019.3.31）

表 3.50　中证军工指数前十大成份股情况

排　　名	代　　码	简　　称	权　重（%）
1	601989	中国重工	10.84
2	600893	航发动力	6.7
3	000768	中航飞机	6.66
4	600482	中国动力	5.18
5	002268	卫士通	4.96
6	002179	中航光电	4.54
7	002465	海格通信	4.46
8	600879	航天电子	4.41
9	600118	中国卫星	4.2
10	600038	中直股份	3.89
合计			55.84

数据来源：Wind，截至 2019 年 3 月 31 日。

从历史表现来看，中证军工指数兼具高弹性和高波动的特征。截至 2019 年 3 月底，其累计收益率为 745.17%，年化收益率为 16.82%，超越了同期沪深 300 和中证全指的表现。就波动性而言，中证军工指数年化波动率达 35.27%，超过了市场主要宽基指数，同期沪深 300 指数的年化波动率为 27.73%。

中证军工指数与市场主要指数历史走势如图 3.19 所示。

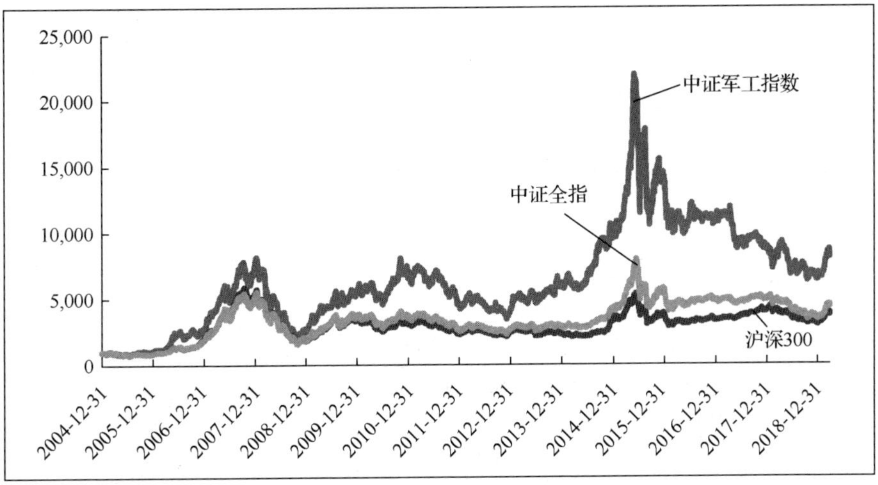

图 3.19 中证军工指数与市场主要指数历史走势（2019.3.31）

从分年度数据来看，自基日起至2019年的15年以来，有9年取得正收益。同时我们可以发现，有9年中证军工指数的收益率表现是明显超越了同期沪深300和中证全指的表现。在行情不好的年份中，与市场主要宽基指数收益率差距较小；在跑赢宽基指数的年份，双方差距明显，最多可以拉开将近40%的收益率差距，如表3.51所示，因此中证军工指数可谓“牛市急先锋”。

表 3.51 中证军工指数和市场主要指数分年度收益率情况

年 份	中证军工指数	沪深 300 指数	中证全指
2005	8.83%	−7.65%	−10.99%
2006	140.27%	121.02%	112.17%
2007	185.45%	161.55%	170.88%
2008	−66.58%	−65.95%	−64.06%
2009	123.08%	96.71%	106.46%
2010	23.37%	−12.51%	−3.77%
2011	−34.32%	−25.01%	−28.01%
2012	−5.59%	7.55%	4.58%
2013	43.21%	−7.65%	5.21%
2014	59.27%	51.66%	45.82%
2015	44.81%	5.58%	32.56%
2016	−23.81%	−11.28%	−14.41%
2017	−18.37%	21.78%	2.34%

续表

年　份	中证军工指数	沪深 300 指数	中证全指
2018	-27.25%	-25.31%	-29.94%
2019	32.84%	28.62%	30.75%
累计收益率	745.17%	287.23%	348.77%
年化收益率	16.82%	10.36%	11.55%
年化波动率	35.27%	27.73%	28.38%

数据来源：Wind，截至 2019 年 3 月 31 日。

从估值情况来看，军工行业历来估值较高，目前中证军工指数市盈率 PE（TTM）为 70.79，所处历史分位比例为 33%，整体处于历史偏低水平，如表 3.52 所示。

表 3.52　中证军工指数市盈率 PE（TTM）所处历史分位

指　标	市盈率 PE（TTM）
当前值	70.79
所处历史分位	33%
最大值	249
四分之三分位	133
平均值	105
中位数	98
四分之一分位	65
最小值	45

数据来源：Wind，统计区间：2013 年 12 月 26 日至 2019 年 3 月 31 日。

截至 2019 年 3 月 31 日，全市场跟踪军工板块指数的 ETF 产品共有 4 只，标的指数均为中证军工指数，也都在上海证券交易所上市。其中国泰中证军工 ETF 规模最大、流动性最好，其次为广发中证军工 ETF，规模为 3.24 亿元，2019 年以来日均成交额为 500 万元左右，基本能满足中小投资者在场内交易的需求，如表 3.53 所示。

表 3.53　全市场跟踪中证军工指数的 ETF 产品情况

成立日期	证券代码	证券简称	上市场所	基金规模（亿元）	2019 年以来日均成交额（亿元）
2016-07-26	512660	国泰中证军工 ETF	上海	16.27	0.95
2016-08-30	512680	广发中证军工 ETF	上海	3.24	0.05
2016-08-05	512810	华宝中证军工 ETF	上海	0.68	0.02
2017-07-14	512560	易方达中证军工 ETF	上海	0.25	0.01

数据来源：Wind，截至 2019 年 3 月 31 日。

3.5 常见A股主题指数

除上述根据行业来对指数进行划分以外，我们还可以按照特定的主题来对指数进行分类，如环保、养老、京津冀等，这些主题指数往往覆盖了相关的上下游上市公司。简单来说，投资者可将主题划分作为行业划分的补充。下面，老罗就为大家介绍几只目前市场中较为常见的主题类指数和ETF产品。

3.5.1 环保主题

在世界各国的发展史中，环境保护始终是一个不可避免的话题。随着科技的进步，社会物质生产效率得到大幅度提升的同时，资源浪费、环境破坏的现象也随之出现。20世纪60年代，世界范围内重大环境污染事件频发，发达国家开始成立环保局并采取强有力的法律措施，加大环保产业投资力度。经过近半个世纪的发展，目前美国、欧洲、日本等发达国家或地区在全球环保市场中占据了 80%以上的份额。我国自改革开放以来在经济方面得到了长足的发展，然而环境问题依然十分严峻。不过近些年来，环境保护工作在整个社会中的地位也日渐重要。未来环保产业也将随着人们环保意识的提升、资源投入的加大而迎来长期的发展机遇。目前，A 股市场中，与环保产业相关的主题类指数主要有以下几只。

（1）中证环保产业指数（指数代码：000827）：根据联合国环境与经济综合核算体系对于环保产业的界定方法，将符合资源管理、清洁技术和产品、污染管理的公司纳入环保产业主题，采用等权重加权方式，反映上海和深圳市场环保产业公司表现。

（2）中证环保产业50指数（指数代码：930614）：根据联合国环境与经济综合核算体系对于环保产业的界定方法，选取资源管理、清洁技术和产品、污染管理的代表性公司组成样本股，反映环保产业公司股票的整体表现。

（3）中证环境治理指数（指数代码：399806）：以中证全指为样本空间，选取涉及污水处理、固废处理、大气治理和节能再生等环保业务的上市公司股票作为成份股，以反映环保治理相关上市公司的整体表现。

（4）上证环保产业指数（指数代码：000158）：根据联合国环境与经济综合核算体系对于环保产业的界定方法，将符合资源管理、清洁技术和产品、污染管理的公司纳入环保产业主题，采用等权重加权方式，反映上海市场环保产业公司表现的指数。

老罗从中挑选出最为全面、最能代表市场环保板块的中证环保产业指数为大家做一个分析，让各位投资者了解一下 A 股环保产业整体的投资价值。

中证环保产业指数由中证指数公司于 2012 年 9 月份发布，基期为 2011 年 12 月 30 日。截至 2019 年 3 月底，指数包含 100 只成份股，总市值为 2.50 万亿元，个股平均市值为 250 亿元，如表 3.54 所示。其中市值最大的三只股票分别为长江电力（3711 亿元）、宁德时代（1866 亿元）和比亚迪（1459 亿元）。

表 3.54 中证环保指数基本情况

指数代码	指数名称	基　日	成份股个数	总市值（万亿元）	成份股平均总市值（亿元）
000827.SH	中证环保	2011/12/30	100	2.50	250

数据来源：Wind，截至 2019 年 3 月 31 日。

由于中证环保产业指数采用的是等权重的加权方式，所以其成份股之间权重差别不大，因此前十大成份股在每次调样的时候变化较大。从成份股的行业分布来看，前三大细分行业分别为电气设备（33.05%）、公共事业（31.95%）和电子（10.81%）。综合来看，指数成份分布较为均匀，如图 3.20 所示。

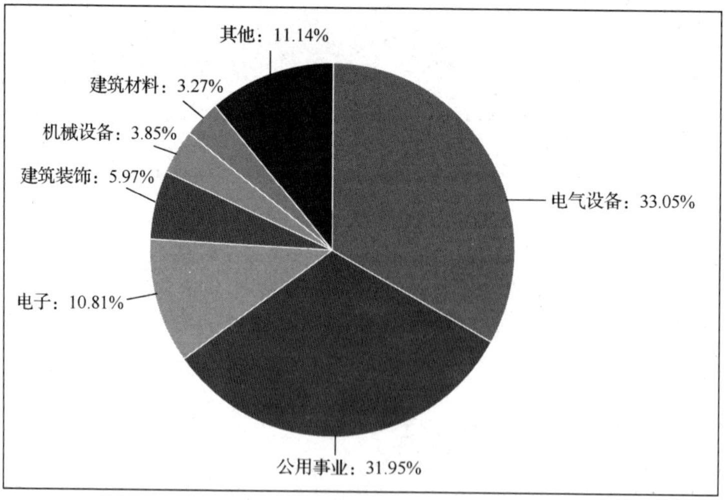

图 3.20　中证环保产业指数行业分布情况（2019.3.31）

从指数的历史收益表现来看，自基日起至2019年3月底，中证环保产业指数历史累计收益率为35.46%，年化收益率为4.44%，年化波动率为28.26%。该指数在2014年牛市的时候涨幅较大，后经历熊市回撤也较大，因此可被视为“大起大落”的指数代表，如图3.21所示。

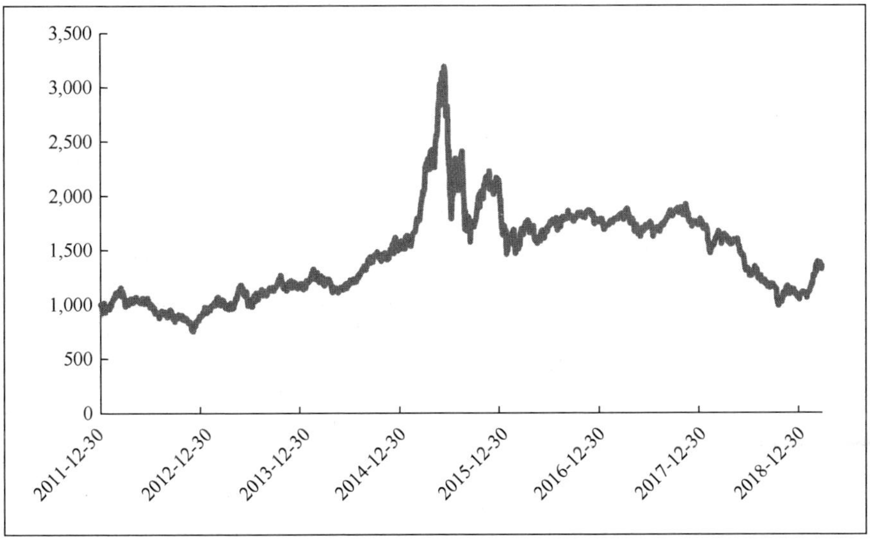

图3.21 中证环保指数历史走势（2019.3.31）

截至2019年3月31日，全市场跟踪环保板块指数的ETF产品只有1只，即广发中证环保产业ETF，该产品在上海证券交易所上市，目前规模为18.29亿元，2019年以来日均成交额为1011万元，流动性可满足投资者的需求，如表3.55所示。

表3.55 全市场跟踪环保主题指数的ETF产品情况

成立日期	证券代码	证券简称	上市场所	基金规模（亿元）	2019年以来日均成交额（亿元）
2017-01-25	512580	广发中证环保产业ETF	上海	18.29	0.10

数据来源：Wind，截至2019年3月31日。

3.5.2 中证养老指数

“老有所依”是我们每个人对于老年生活的美好愿望。其实，在A股市场中以“老有所依”为主线的投资主题也是长期走势良好的股票的聚集地。当下，我国已逐渐步入老龄化社会，随着生活水平的提高，加之我国历来崇尚孝道，未来养老产业领域将迎来较大的发展机遇。下面老罗就为大家介绍一只以养老为主题的指数——中证养老产业指数。

中证养老产业指数以中证全指为样本空间，选取涉及酒店旅游、文化传媒、医药卫生、人寿保险等养老相关业务的上市公司股票作为成份股，采用等权重加权的方式编制，以反映养老产业相关上市公司的整体表现。该指数于 2014 年 6 月发布，基期为 2004 年 12 月 31 日。截至 2019 年 3 月底，指数共包含 80 只成份股，总市值合计 6.07 万亿元，个股平均市值为 758 亿元，整体来看，该指数成份股呈现出大中盘股的特征，如表 3.56 所示。

表 3.56　中证养老产业指数基本情况

指数代码	指数名称	基　　日	成份股个数	总市值（万亿元）	成份股平均总市值（亿元）
399812	养老产业	2004/12/31	80	6.07	758

数据来源：Wind，截至 2019 年 3 月 31 日。

从指数行业构成来看，医药生物、传媒和非银金融为养老产业指数前三大权重行业。其中防御性较强的医药生物行业股票在指数中权重占比合计接近四成，这也赋予了养老产业指数一定的防御性，如图 3.22 所示。

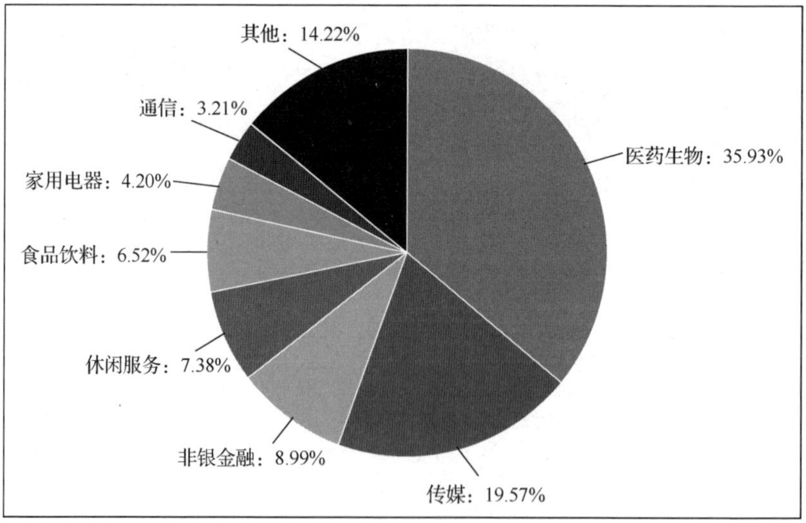

图 3.22　中证养老产业指数行业分布情况

由于该指数采用等权重加权，理论上初始权重应该一致，但随着公司股价的变动，表现优秀的公司权重会逐渐增加一些。从目前指数前十大成份股可以看到，养老产业指数的一个特点就是网罗了各细分领域的龙头股票，如TCL集团、老板电器、东方财富等，具备长期配置价值，如表3.57所示。

表3.57 中证养老产业指数前十大成份股情况

排名	代码	简称	细分行业	权重（%）
1	000100.SZ	TCL集团	电子	1.72
2	000839.SZ	中信国安	综合	1.68
3	300017.SZ	网宿科技	通信	1.68
4	000661.SZ	长春高新	医药生物	1.66
5	002508.SZ	老板电器	家用电器	1.61
6	300059.SZ	东方财富	传媒	1.55
7	300383.SZ	光环新网	通信	1.53
8	000503.SZ	国新健康	医药生物	1.51
9	600053.SH	九鼎投资	非银金融	1.47
10	300182.SZ	捷成股份	传媒	1.43
合计				15.84

数据来源：Wind，截至2019年3月31日。

从历史表现来看，中证养老产业指数具有高收益的特征。截至2019年3月底，该指数历史累计收益率为682.15%，年化收益率为16.16%，收益表现显著优于同期沪深300和中证全指的表现，如表3.58所示。就波动性而言，养老产业指数年化波动率为29.61%，与市场主要宽基指数接近。

表3.58 中证养老产业指数和市场主要指数历史收益情况

年份	中证养老产业指数	沪深300指数	中证全指
累计收益率	682.15%	287.23%	348.77%
年化收益率	16.16%	10.36%	11.55%
年化波动率	29.61%	27.73%	28.38%

数据来源：Wind，截至2019年3月31日。

中证养老产业指数与市场主要指数历史走势如图3.23所示。

目前，市场中暂无跟踪中证养老产业指数的ETF产品，但是有一只跟踪该指数的普通指数基金——广发中证养老产业指数基金（A份代码：000968，C份额代码：002982）和一只增强指数基金——国寿安保养老指数增强基金，如图 3.24 所示。截至 2019 年 3 月底，广发中证养老产业指数基金规模为 14.80 亿元。该基金自成立以来紧密跟踪指数，并通过打新的方式持续为基金获取超越指数的收益。

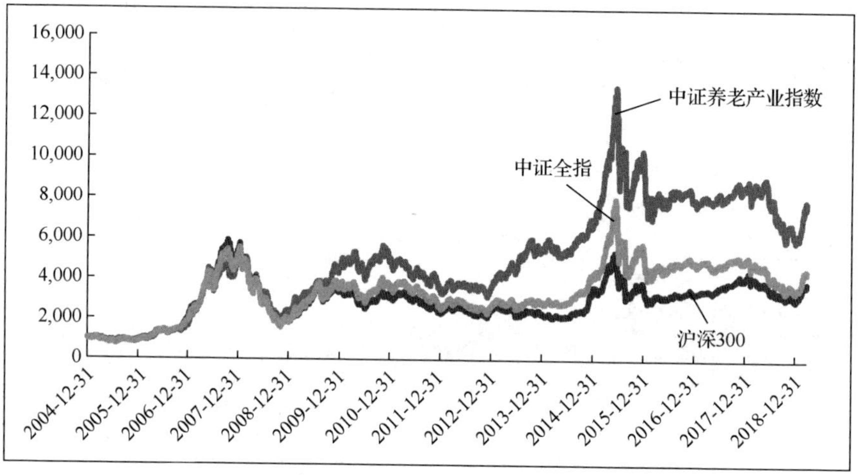

图 3.23　中证养老产业指数与市场主要指数历史走势

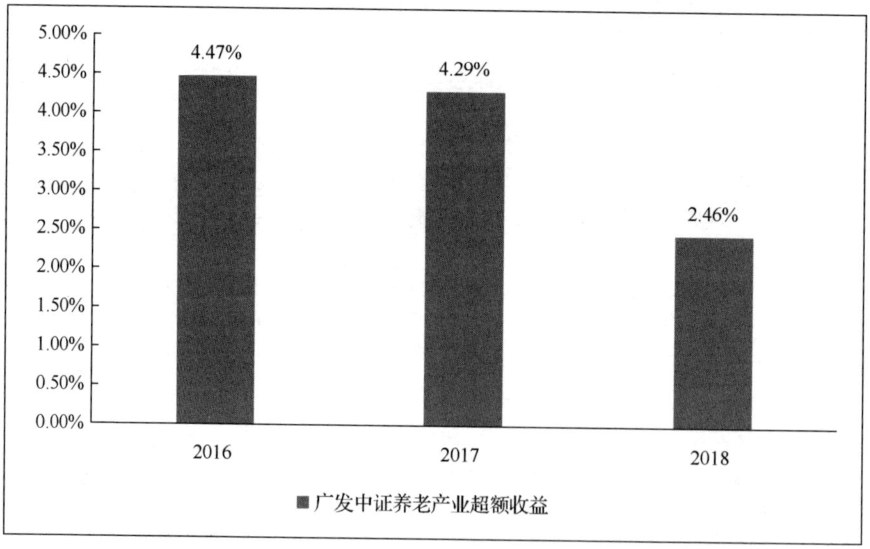

图 3.24　2016 年以来广发中证养老指数基金超越养老产业指数收益情况

3.5.3 政策类主题

除了军工、环保这些大家耳熟能详的主题类指数及 ETF 以外，还有一类主题类产品在最近几年中逐渐崛起，并成为整个 ETF 行业规模增速最快的发展条线之一，这类主题类产品就是政策类主题 ETF。具体而言，这类产品往往和国家或地区的某项发展政策紧密相关，例如 2017 年 4 月，国家提出雄安新区的发展战略，随后市场中便有基金管理人开发了跟踪代表雄安板块的中证京津冀指数的 ETF 产品；又例如 2018 年，中证指数公司发布了代表四川上市国企整体表现的中证四川国企改革指数，随后便有基金管理人发行了跟踪这只指数的产品。

通过进一步研究可以发现，这类产品往往在发行期主打通过网下股票认购的方式进行募集，换句话说，就是通过指数成份股的大股东利用手中的股票进行换购 ETF 来发行产品。所以，这类产品的工具性较为明确。目前市场中较为主流的政策类主题指数有：中证京津冀协同发展指数（指数代码：930701）、中证四川国企改革指数（指数代码：930738）、中证杭州湾区指数（指数代码：931033）、中证上海国企指数（指数代码：950096）、中证央企结构调整指数（指数代码：000860）等，老罗从中挑选出中证京津冀和中证四川改革两只指数为大家简要分析一下指数的基本情况，供读者参考。

（1）中证京津冀协同发展指数

中证京津冀协同发展主题指数以京津冀本地股为主要选样空间，在“京津冀协同发展”国家战略的基础上，结合当地国企改革、产业升级、重点项目的推进情况，从相关受益板块中选取最具区域主题代表性的股票组成指数样本股，反映京津冀区域主题在 A 股的整体走势，如表 3.59 所示。该指数由中证指数公司于 2015 年 7 月 9 日发布，基期为 2012 年 12 月 31 日。截至 2019 年 3 月底，指数历史累计收益率为 79.69%，年化收益率为 10.23%，年化波动率为 30.63%。

表 3.59 中证京津冀协同发展指数基本情况

指数代码	指数名称	基 日	成份股个数	总市值（万亿元）	成份股平均总市值（亿元）
930701	CS 京津冀	2012/12/31	48	0.873	182

数据来源：Wind，截至 2019 年 3 月 31 日。

从指数成份来看，目前指数包含 48 只成份股，总市值为 8730 亿，个股平均市值为 182 亿元。前三大细分行业分别为房地产（18.00%）、公共事业（17.81%）和建筑材料（15.45%）。前十大成份股占比合计为 31.86%，以房地产和建筑材料的股票居多，如图 3.25 所示。其中第一大成份股京汉股份占比为 3.76%，该公司是一家集健康产业开发与运营、新型工业化纤新材料研发与制造等领域多元化发展的上市公司；第二大成份股中化岩土来自建筑装饰行业，该公司是一家具有强夯工艺自主创新和专用设备研发能力的高新技术企业，如表 3.60 所示。

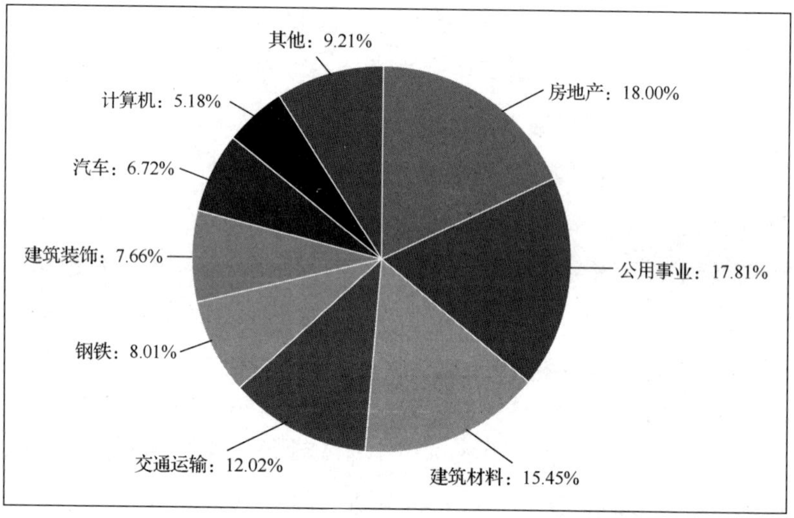

图 3.25　中证京津冀协同发展指数行业分布情况

表 3.60　中证京津冀协同发展指数前十大成份股情况

排　名	代　码	简　称	细分行业	权　重（%）
1	000615	京汉股份	房地产	3.76
2	002542	中化岩土	建筑装饰	3.39
3	000158	常山北明	计算机	3.29
4	600376	首开股份	房地产	3.27
5	601000	唐山港	交通运输	3.11
6	002146	荣盛发展	房地产	3.05
7	600266	北京城建	房地产	3.02
8	000401	冀东水泥	建筑材料	3.01
9	601992	金隅集团	建筑材料	3.01
10	601919	中远海控	交通运输	2.95
合计				31.86

数据来源：Wind，截至 2019 年 3 月 31 日。

市场中跟踪中证京津冀协同发展指数的ETF产品有广发中证京津冀ETF，截至2019年3月底，该产品规模为1.04亿元，2019年以来日均成交额为86万元，场内有做市商做市，如表3.61所示。

表3.61 全市场跟踪中证京津冀协同发展指数的ETF产品情况

成立日期	证券代码	证券简称	上市场所	基金规模（亿元）	2019年以来日均成交额（亿元）
2018-04-19	512780	广发中证京津冀ETF	上海	1.04	0.0086

数据来源：Wind，截至2019年3月31日。

（2）中证四川国企改革指数

中证四川国企改革指数以市值规模、盈利能力、盈利质量指标选取注册地位于四川省的中央企业、地方国有企业、以及四川省国资（含地/州/市）控制或能施加重大影响的上市公司股票为样本，以反映四川国有企业上市公司的整体表现。该指数由中证指数公司于2018年7月10日发布，基期为2011年12月31日。截至2019年3月31日，中证四川国企改革指数历史累计收益率为59.94%，年化收益率为6.96%，年化波动率为27.29%，如表3.62所示。

表3.62 中证四川国企改革指数基本情况

指数代码	指数名称	基 日	成份股个数	总市值（万亿元）	成份股平均总市值（亿元）
930738.CSI	四川国改	2011/12/31	39	0.8577	220

数据来源：Wind，截至2019年3月31日。

从指数成份来看，目前39只成份股总市值为8577亿元，个股平均市值为220亿元。前三大细分行业分别为食品饮料（36.09%）、公共事业（15.18%）和机械设备（8.38%），如图3.26所示。前十大成份股占比合计为71.03%，权重分布较为集中，其中包含五粮液、泸州老窖等知名白酒生产企业，如表3.63所示。

表3.63 中证四川国企改革指数前十大成份股情况

排 名	代 码	简 称	细分行业	权 重（%）
1	000858.SZ	五粮液	食品饮料	19.32
2	000568.SZ	泸州老窖	食品饮料	16.77
3	002268.SZ	卫士通	计算机	6.44
4	600674.SH	川投能源	公用事业	6.02
5	600528.SH	中铁工业	机械设备	4.9

续表

排　　名	代　　码	简　　称	细分行业	权　重（%）
6	600839.SH	四川长虹	家用电器	4.82
7	600875.SH	东方电气	电气设备	4.28
8	600039.SH	四川路桥	建筑装饰	3.06
9	000598.SZ	兴蓉环境	公用事业	3.05
10	002926.SZ	华西证券	非银金融	2.37
合计				71.03

数据来源：Wind，截至 2019 年 3 月 31 日。

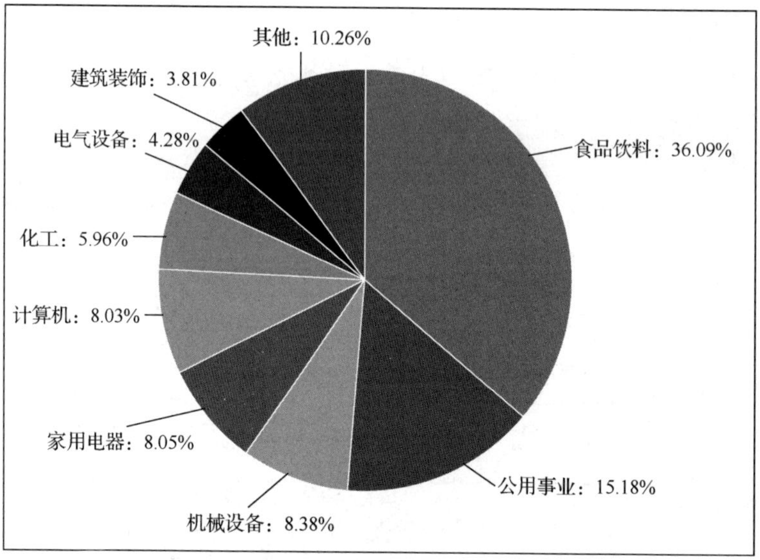

图 3.26　中证四川国企改革指数行业分布情况

市场中跟踪中证四川国企改革指数的 ETF 产品有华夏中证四川国改 ETF，该产品规模为 38.76 亿元，目前暂未上市，如表 3.64 所示。

表 3.64　全市场跟踪中证四川国改指数的 ETF 产品情况

成立日期	证券代码	证券简称	上市场所	基金规模（亿元）	2019 年以来日均成交额（亿元）
2019-03-06	159962	华夏中证四川国改 ETF	深圳	38.76	--

数据来源：Wind，截至 2019 年 3 月 31 日。

3.6 常见A股策略指数

在介绍了以市值加权方式为主的宽基指数和特征鲜明的行业、主题类指数之后，下面老罗为大家介绍一类暂时还不那么主流、但越来越被人们所接受的指数——策略指数。策略指数，又被称作SmartBeta指数。与传统的市值加权指数不同，策略类指数可以以某些因子或者某些策略来进行加权，如基本面、红利、低波动等。作为策略指数基金的主要产品类型，策略指数ETF的出现进一步丰富了ETF作为资产配置和交易工具的投资范围和功能。

目前，中证指数有限公司推出了一系列的策略类指数，老罗罗列了部分主流的品种供大家参考，如表3.65所示。

表3.65 中证指数公司策略类指数及分类

中证指数系列	策略分类	指数简称
中证策略指数	基本面	基本面50、200、400、600
	分层等权重	300分层
	等权重指数	500等权、300等权、800等权
	波动率加权指数	沪深300和中证500波动率加权
	高、低贝塔指数	300高贝、300低贝、500高贝、500低贝
	动态指数和稳定指数	300动态、300稳定、500动态、500稳定
	中证Axioma300优化因子指数	优化成长、价值、高贝、低贝、高波、低波
	风险加权指数	300ERC
	动量指数	300动量、800动量
	红利波动指数	红利低波
	红利价值指数	红利价值
	动态和稳定指数	100动态、100稳定、200动态、200稳定
	最小方差指数	300MV
	基本面指数	基本300、基本500
	事件指数	CS增持、CS定增
	波动率指数	500NLV

为了评价策略类指数表现，老罗选取了基于沪深300指数的策略类指数作为样本，以沪深300指数自身作为基准指数，统计相应指数在最近5年间的表现，结果如表3.66所示。

表 3.66　沪深 300 策略类指数收益统计

	2019	2018	2017	2016	2015	2014	累计
沪深 300	28.62%	-25.31%	21.78%	-11.28%	5.58%	51.66%	66.19%
沪深 300 红利	19.20%	-17.86%	30.16%	-5.59%	6.83%	60.51%	106.31%
300 行业中性低波	21.68%	-23.72%	22.91%	-5.03%	21.51%	61.68%	112.85%
300 红利低波	19.12%	-19.18%	21.42%	0.41%	13.05%	72.05%	128.31%
300 等权	30.66%	-28.61%	7.06%	-15.05%	20.12%	43.73%	46.44%
沪深 300 高贝塔	41.37%	-32.50%	-4.44%	-15.23%	11.55%	56.98%	35.36%
沪深 300 低贝塔	17.14%	-24.32%	21.28%	-9.83%	27.61%	25.84%	55.68%
300SER	23.87%	-23.95%	15.96%	-11.61%	18.80%	37.01%	57.15%
300 波动	21.41%	-20.21%	21.71%	-2.58%	9.52%	69.58%	113.32%
沪深 300 动态	33.73%	-29.46%	2.18%	-21.70%	7.79%	52.17%	23.80%
沪深 300 稳定	26.44%	-22.49%	33.05%	-3.85%	8.20%	50.60%	104.30%
300 动量	29.49%	-26.34%	36.61%	-9.27%	-14.67%	45.41%	46.70%

数据来源：Wind，截至 2019 年 3 月 31 日。

统计结果显示，部分策略类指数如红利、低波等取得了超越沪深 300 指数的收益，其中 300 红利低波的收益最高，高出基准 62%，这大致说明部分策略指数在国内市场是有效的。下面，老罗就为大家介绍两类主流的策略指数及其对应的 ETF 产品。

3.6.1　基本面

基本面这个概念相信做价值投资的投资者一定不陌生，它往往被用作衡量一只股票是否具备长期投资价值的技术指标。其实基本面不只是简单地说一只股票经营情况好不好，是不是绩优股，它包含了 4 个维度来刻画：营业收入、现金流、净资产和分红。而基于以上 4 个财务指标开发的指数就叫作基本面指数。目前市场中主要有以下几只基本面指数，它们相互之间既有相似性又不完全相同，可谓各具特色。

（1）基本面 50（指数代码：000925）：挑选以 4 个基本面指标（营业收入、现金流、净资产、分红）来衡量的经济规模最大的 50 家 A 股上市公司作为样本，且样本个股的权重配置与其经济规模相适应。

（2）央视 50（指数代码：399550）：反映中国 A 股市场在“创新、成长、回报、公司治理、社会责任”5 个维度表现突出的上市公司的市场运行情况。属于广义上的基本面指数。

（3）180 基本面（指数代码：000053）：在不改变上证 180 指数样本股的前提下，用以财务指标衡量的基本面价值来分配样本股的权重，在一定程度上打破了样本市值与其权重之间的关联，以避免过多地配置高估股票的现象。

（4）基本面 300（指数代码：H30362）：通过引入健康评分筛选，剔除行业内健康评分较低的股票，以沪深 A 股中基本面价值最高的 300 只股票为成份股，采用基本面价值作为权重分配依据。

（5）深证 F200（指数代码：399703）：以深市 A 股为样本空间，分别挑选基本面价值最大的 200 家上市公司作为样本。基本面价值由四个财务指标来衡量，并决定了样本股的权重。

老罗从上述基本面指数中选取了名气最大的基本面 50 和央视 50 指数来做一个简单的分析，通过数据来看看基本面指数到底有哪些特点。首先，我们来看看这两只指数的选样方法，如表 3.67 所示。

表 3.67 基本面 50 和央视 50 指数的选样方法

指数名称	选样方法
基本面 50	（1）对样本空间内的股票按照最近一年（新股为上市以来）的 A 股日均成交金额由高到低排名，剔除排名后 20%的股票 （2）对样本空间的剩余股票计算其基本面价值（FV）。单个股票的基本面价值计算方法如下。 第一步，以过去 5 年的年报数据计算以下 4 个基本面指标。 a）营业收入：公司过去 5 年营业收入的平均值 b）现金流：公司过去 5 年现金流的平均值 c）净资产：公司在定期调整时的净资产 d）分红：公司过去 5 年分红总额的平均值 第二步，若一公司可用年报数据少于 5 年，那么按可用年限的数据计算基本面指标。 第三步，计算每只股票单个基本面指标占样本空间所有股票这一指标总和的百分比： a）营业收入占样本空间所有股票营业收入总和的百分比 b）现金流占样本空间所有股票现金流总和的百分比 c）净资产占样本空间所有股票净资产总和的百分比 d）分红占样本空间所有股票分红总和的百分比 第四步，基本面价值由上述 4 个百分比数据的简单算术平均值乘以 10,000,000 得出。 （3）将（2）中剩余股票按照基本面价值由高到低进行排名，选取排名在前 50 名的股票作为中证锐联基本面 50 指数的样本股

续表

指数名称	选样方法
央视 50	截至当年 4 月 30 日已披露上一个会计年度年报的上市公司 A 股，在进行基础财务指标等条件的初步筛选后，按照如下规则确定样本股： 1．维度评分排名 由央视财经频道联合五大高校，即北京大学、中央财经大学、复旦大学、南开大学以及中国人民大学（根据维度排序），分别从“创新、成长、回报、治理、责任”5 个维度设计指标评价体系。根据该评价体系，从 5 个维度对上市公司评分与排名。从每个维度选择排名靠前的上市公司作为备选样本股 2．样本股确定 由指数专家委员会与多家市场投研机构分别对备选样本股进行评价。结合两者的评价结果，由中国上市公司协会、中国注册会计师协会与大公国际资信评估公司，从公司合规性、财务状况与资信评级三种角度进行评定，最终确定每个维度 10 家、合计 50 家上市公司作为央视财经 50 指数样本股。若同一家公司同时入选多个维度，选择公司排名靠前的维度入选。在各维度未能入选的备选样本股中，分别选取排名靠前的 5 家公司作为各维度的候补样本股

可以看到，要想成为基本面 50 和央视 50 指数的成份股，必须经历重重关卡，在基本面包含的 4 个财务指标以及其他更多维度中表现得优秀，才能最终入选。了解了基本面 50 和央视 50 严格的选样方法后，接下来让我们看一看两只指数的基本情况。

基本面 50 指数全称为中证锐联基本面 50 指数，它是中证指数与锐联资产合作开发的首只内地基本面指数。该指数发布于 2009 年 2 月，以 2004 年 12 月 31 日为基日，以 1000 点为基点。截至 2019 年 3 月底，指数 50 只成份股总市值合计达到 20.99 万亿元，个股平均市值为 4198 亿元。

央视 50 指数全称为央视财经 50 指数，它是由深圳证券信息有限公司与中央电视台财经频道联合编制的，如表 3.68 所示。该指数于 2012 年 6 月 6 日发布，基日为 2010 年 6 月 30 日，基点为 2563。截至 2019 年 3 月底，央视 50 指数包含 50 只成份股，总市值合计为 11.78 万亿元，个股平均市值为 2356 亿元。

表 3.68　基本面 50 和央视 50 指数基本情况

指数代码	指数名称	基　　日	成份股个数	总市值（万亿）	成份股平均总市值（亿）
000925.CSI	基本面 50	2004/12/31	50	20.99	4198
399550.SZ	央视 50	2010/06/30	50	11.78	2356

数据来源：Wind，截至 2019 年 3 月 31 日。

基本面 50 和央视 50 指数前十大成份股权重占比合计分别为 46.97%和 51.42%，其中基本面 50 前十大成份股多为银行股，而央视 50 前十大成份股则来自更多行业，既有保险巨头中国平安，又有白酒龙头贵州茅台，还有海康威视、伊利股份、格力电器和科大讯飞等，如表 3.69 所示。

表 3.69 基本面 50 和央视 50 指数前十大成份股

基本面 50		
代　码	简　称	权重（%）
601318.SH	中国平安	8.75
601166.SH	兴业银行	5.52
600036.SH	招商银行	5.2
601328.SH	交通银行	4.96
601668.SH	中国建筑	4.88
600016.SH	民生银行	4.13
601288.SH	农业银行	4.11
600000.SH	浦发银行	3.49
601398.SH	工商银行	3.06
600028.SH	中国石化	2.87
合计		46.97

央视 50		
代　码	简　称	权重（%）
601318.SH	中国平安	6.36
600519.SH	贵州茅台	6.35
002415.SZ	海康威视	6.05
600887.SH	伊利股份	6.02
601166.SH	兴业银行	5.74
000651.SZ	格力电器	4.68
000333.SZ	美的集团	4.65
002230.SZ	科大讯飞	4.2
600016.SH	民生银行	3.88
000002.SZ	万科 A	3.49
合计		51.42

数据来源：Wind，截至 2019 年 3 月 31 日。

从行业分布来看，基本面 50 指数前三大细分行业分别为银行（42.48%）、非银金融（14.19%）和建筑装饰（11.60%），合计占比为 68.27%；而央视 50 指数前三大细分行业分别为食品饮料（17.70%）、银行（16.55%）和电子（14.25%），占比合计为 48.50%，如图 3.27 所示。

自 2010 年 6 月至 2019 年 3 月底基本面 50 指数累计收益率为 98.52%，年化收益率为 8.46%，而央视 50 指数累计收益率为 163.84%，年化收益率为 12.18%。二者波动率均在 23%上下，相较于 300、500、创业板等宽基指数而言，波动较小，如表 3.70 所示。

表 3.70 基本面 50 和央视 50 指数历史表现

统计项目	基本面 50	央视 50
累计收益	98.52%	163.84%
年化收益率	8.46%	12.18%
年化波动率	22.62%	23.11%

数据来源：Wind，截至 2019 年 3 月 31 日。

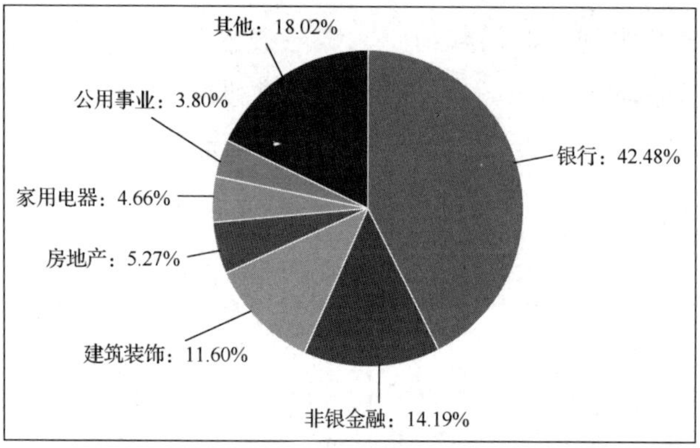

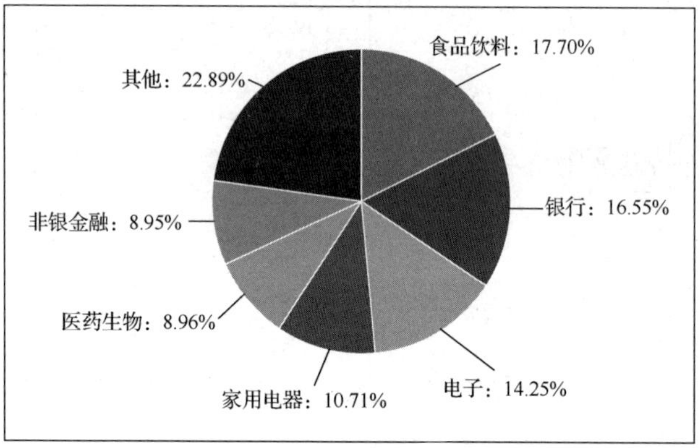

图 3.27　基本面 50（左）和央视 50 指数行业分布情况

目前，全市场跟踪基本面策略指数的 ETF 共有 4 只，分别跟踪基本面 50、深证基本 120、深证基本面 60 和央视 50 指数。其中 3 只已上市的产品均在深圳证券交易所上市，一只还未上市的嘉实基本面 50ETF，未来将在上海证券交易所上市。已上市的产品中嘉实深证基本面 120ETF 规模最大，接近 10 亿元。截至 2019 年 3 月底，已上市的 3 只基本面 ETF 流动性都平平，投资者买卖时需注意折溢价风险，如表 3.71 所示。

表 3.71　全市场跟踪基本面策略指数的 ETF 产品情况

成立日期	证券代码	证券简称	上市场所	基金规模（亿元）	2019 年以来日均成交额（亿元）
2011-08-01	159910	嘉实深证基本面 120ETF	深圳	9.85	0.01
2019-03-19	159965	中融央视财经 50ETF	深圳	6.91	-
2011-09-08	159916	建信深证基本面 60ETF	深圳	4.43	0.00
2019-05-23	512750	嘉实中证锐联基本面 50ETF	上海	-	-

数据来源：Wind，产品信息截至 2019 年半年末，规模和成交量数据截至 2019 年 3 月 31 日。

3.6.2 红利低波

上面我们看到的基本面策略指数其实是仅用了一个因子，即基本面因子对股票进行加权而编制的指数。下面老罗为大家介绍一类不只使用单个因子，而是使用多个因子，如红利、低波等相结合编制而成的指数。这种结合多个因子对股票进行权重打分编制而成的指数通常被称为多因子策略指数。在分类众多的多因子策略指数中，红利和低波因子的结合深受市场欢迎，那么下面就让我们看一下基于红利和低波因子相结合而开发的中证红利低波指数及其 ETF 产品。

中证红利低波指数选取股息率高且波动率低的 50 只股票作为样本股，旨在反映分红水平高且波动率低的股票的整体表现。该指数于 2013 年 12 月 19 日由中证指数公司发布，基日为 2005 年 12 月 30 日，基点为 1000 点。截至 2019 年 3 月底，中证红利低波指数包含 50 只成份股，总市值合计为 11.03 万亿元，个股平均市值为 2205 亿元，如表 3.72 所示。

表 3.72 中证红利低波指数基本情况

指数代码	指数名称	基 日	成份股个数	总市值（万亿元）	成份股平均总市值（亿元）
H30269.	红利低波	2005/12/30	50	11.03	2205

数据来源：Wind，截至 2019 年 3 月 31 日。

从指数成份来看，前三大细分行业分别为房地产（19.69%）、交通运输（18.96%）和银行（17.07%），如图 3.28 所示。前十大成份股占比合计为 27.96%，其中第一大成份股金地集团占比为 3.30%，该公司是中国最早上市并完成全国化布局的房地产企业之一；占比 3.22%的第二大成份股华发股份同样来自房地产行业。综合来看，指数成份分布总体较为均匀，如表 3.73 所示。

从历史表现来看，中证红利低波指数有着“高收益、低波动”的特征，自基日起至 2019 年 3 月底，其累计收益率达到 770.07%，年化收益率为 18.46%，年化波动率为 28.18%。指数总体呈现出较为显著的上升趋势，如图 3.29 所示。

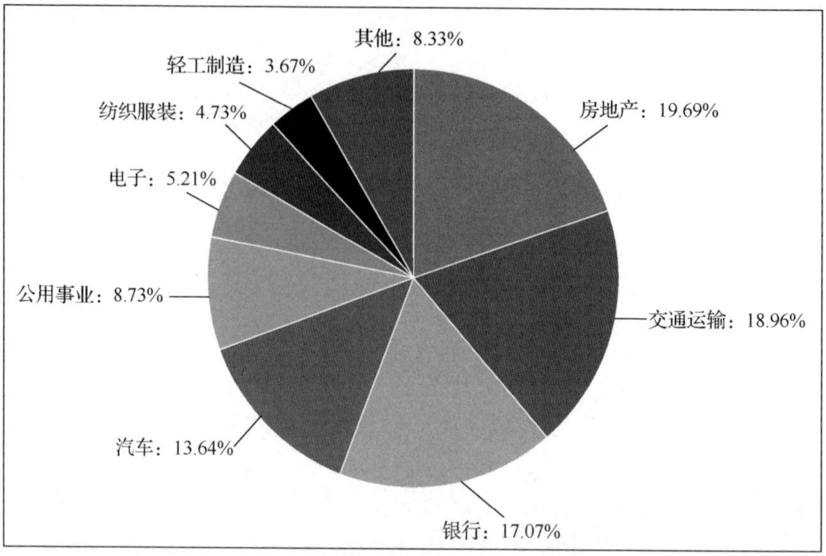

图 3.28　中证红利低波指数行业分布情况

表 3.73　中证红利低波指数前十大成份股情况

排　名	代　码	简　称	行　业	权　重（%）
1	600383	金地集团	房地产	3.3
2	600325	华发股份	房地产	3.22
3	600376	首开股份	房地产	3.12
4	000338	潍柴动力	汽车	2.98
5	600104	上汽集团	汽车	2.71
6	000429	粤高速 A	交通运输	2.69
7	000631	顺发恒业	房地产	2.67
8	002191	劲嘉股份	轻工制造	2.46
9	002083	孚日股份	纺织服装	2.45
10	600741	华域汽车	汽车	2.36
合计				27.96

数据来源：Wind，截至 2019 年 3 月 31 日。

老罗还统计了中证红利低波指数近几年来的股息率情况，结果显示除个别数年份以外，中证红利低波指数在近几年间几乎每年股息率都达到 3%以上，部分年份更是保持在 4%以上，2013 年中证红利低波指数股息率甚至高达 5.53%。可见，中证红利低波指数是 A 股中难得的高分红指数，如表 3.74 所示。

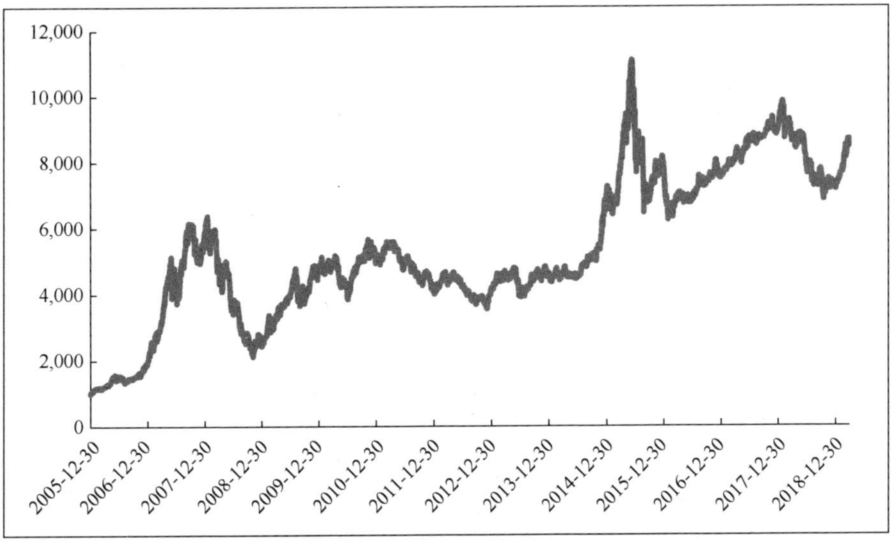

图 3.29 中证红利低波指数历史走势

表 3.74 中证红利低波指数近几年来股息率情况

年 份	2019	2018	2017	2016	2015	2014	2013
中证红利低波指数股息率	4.05%	4.55%	2.75%	3.45%	4.37%	3.86%	5.53%

数据来源：Wind，截至 2019 年 3 月 31 日。2019 年数据为截止日前 12 个月的股息率情况。

目前，全市场跟踪红利低波类策略指数的 ETF 产品共有 2 只，分别为跟踪中证红利低波指数的华泰柏瑞红利低波 ETF 和跟踪上证红利低波指数的兴业上证红利低波 ETF，如表 3.75 所示。其中华泰柏瑞红利低波 ETF 已在上海证券交易所上市交易，目前该产品规模为 0.77 亿元，2019 年以来日均成交额为 1892 万元。

表 3.75 全市场跟踪红利低波指数的 ETF 产品情况

成立日期	证券代码	证券简称	上市场所	基金规模（亿元）	2019 年以来日均成交额（亿元）
2018-12-19	512890	华泰柏瑞红利低波 ETF	上海	0.77	0.1892
2019-04-22	510890	兴业上证红利低波 ETF	--	--	--

数据来源：Wind，产品信息截至 2019 年半年末，规模和成交量数据截至 2019 年 3 月 31 日。

3.7 常见跨境指数

1. 纳斯达克 100

当各位品尝着星巴克咖啡的香浓，打开戴尔电脑，用谷歌搜索无限可能，用微软 Office 记下创作灵感，用 iPhone 拍下美好瞬间发给家人，在 App store 上下载各种好玩的 App，用亚马逊 Kindle 在万米高空阅读时，是否想到，其实，纳斯达克 100 指数触手可及。

作为全球市场最为重要的科技股风向标，纳斯达克 100 指数可谓备受瞩目。该指数由纳斯达克交易所发布，选取的是在纳斯达克交易所上市的 100 只左右非金融股作为成份股（主要是市值较大的高科技成长股），在市值加权的基础上按相应的指数编制规则计算，以反映纳斯达克市场以及全球高科技上市股票的整体走势。纳斯达克 100 指数以 1971 年 2 月 5 日为基日，以 100 点为基点。截至 2019 年 3 月底，纳斯达克 100 指数共包含 103 只成份股，指数总市值 8.25 万亿美元，成份股平均市值 801 亿美元，如表 3.76 所示。

表 3.76 纳斯达克 100 指数基本情况

指数代码	指数名称	基　日	成份股个数	总市值（万亿美元）	成份股平均总市值（亿美元）
NDX	纳斯达克 100	1971/2/5	103	8.25	801

数据来源：Wind，截至 2019 年 3 月 31 日。

小贴士：

纳斯达克 100 是指 100 家公司，成份股个数为 103 只的原因是因为有些公司旗下股份的投票权不同，而会产生不同投票权的两个代码股票成份股，例如谷歌将其公开交易的股票分成两类：A 类股票 GOOGL 和 C 类股票 GOOG。此举背后的策略很简单：GOOGL 股票的所有者每股一票，而 GOOG 的所有者没有投票权。同理，标普 500 有 505 只成份股也是由于投票权的原因导致的。

从行业分布上看，纳指 100 指数成份股所属行业包括信息技术（56.18%）、可选消费（19.83%）、医疗保健（8.06%）、日常消费（6.04%）、工业（3.02%）等。前十大权重股均为全球领先科技公司，其中前三大权重股微软、亚马逊、苹果占比均在 10%左右，前十大权重股合计占比达到 54.16%，龙头效应较为显著，如图 3.30 所示。

从收益情况来看，纳斯达克 100 指数近年来累计收益率稳居全球主流指数前列。截至 2019 年 3 月底，纳斯达克 100 指数近十年累计收益率为 496.50%，涨幅几乎达到 5 倍！而同期标普 500 指数累计收益率为 255.25%，欧洲斯托克 50 指数累计收益率为 71.64%，恒生指数累计收益率为 113.99%，上证综指累计收益率为 30.24%。今年以来，纳斯达克 100 指数上涨 16.57%，在全球主流指数中也处于靠前位置，再次印证了其仍处于牛市的状态，如表 3.77 所示。

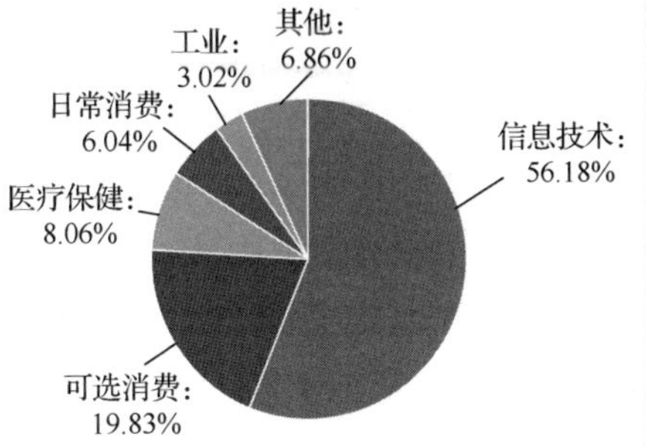

前十大权重股	权重占比
微软	10.24%
苹果	10.15%
亚马逊	9.94%
谷歌	4.69%
脸书	4.55%
谷歌	4.12%
英特尔	3.02%
思科	2.97%
康卡斯特	2.31%
百事	2.17%
合计	54.16%

图 3.30 纳斯达克 100 指数行业分布和前十大权重股

表 3.77 纳斯达克 100 与市场主要指数收益情况

全球主要股指	2019 年以来收益率	近一年收益率	近三年累计收益率	近五年累计收益率	近十年累计收益率
纳斯达克 100 指数	16.57%	12.12%	64.57%	105.21%	496.50%
标普 500 指数	13.07%	7.33%	37.61%	51.38%	255.25%
欧洲斯托克 50 指数	12.93%	5.11%	11.71%	6.88%	71.64%
恒生指数	12.40%	−3.46%	39.83%	31.15%	113.99%
上证综指	23.93%	−2.47%	2.89%	52.01%	30.24%

数据来源：Wind，截至 2019 年 3 月 31 日。

纳斯达克 100 与市场主要指数近十年来累计收益率走势如图 3.31 所示。

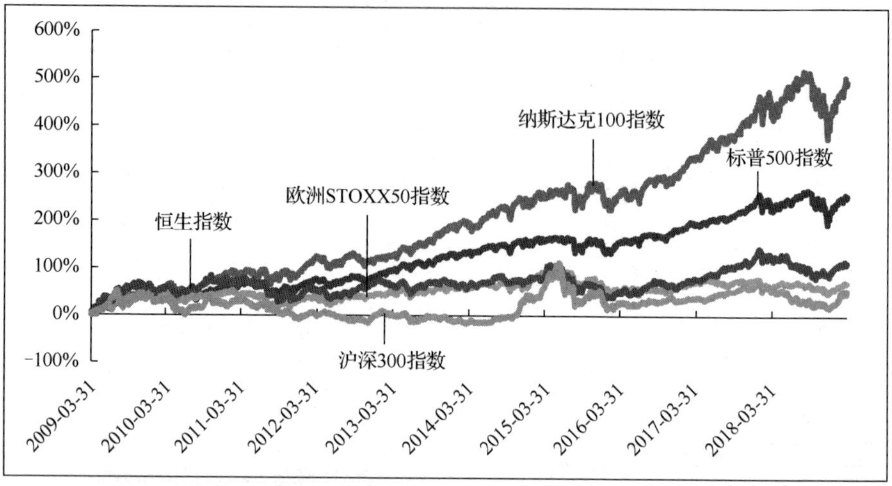

图 3.31　纳斯达克 100 与市场主要指数近十年来累计收益率走势（2019.3.31）

从指数成长来看，纳斯达克 100 指数成份股每股营业收入和净利润稳定持续增长，2018 年每股营业收入和净利润分别增长 10.47%和 19.05%，如图 3.32 所示。

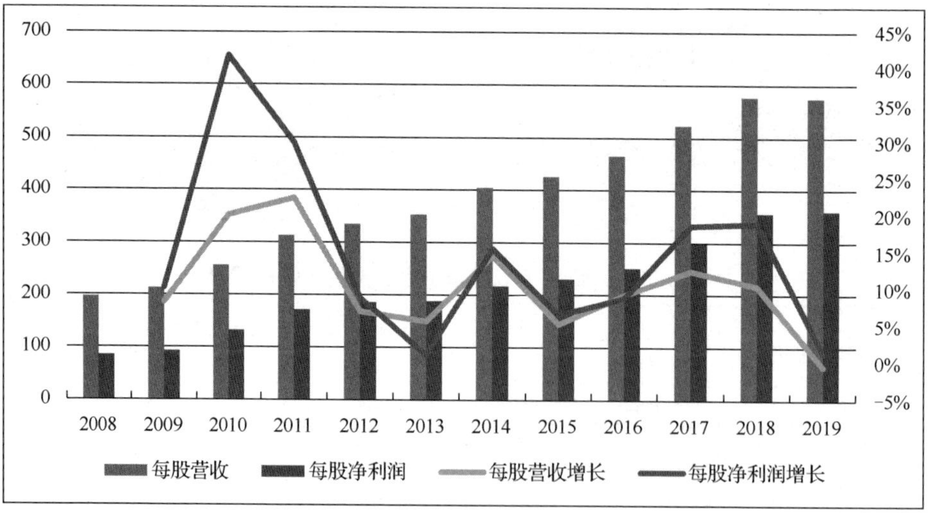

图 3.32　纳斯达克 100 指数每股营收和每股净利润情况

同时，纳斯达克 100 指数基本面数据强劲，指数的 EPS、ROE 均显著高于标普 500 指数和沪深 300 指数，盈利质量优秀，如图 3.33、图 3.34 所示。

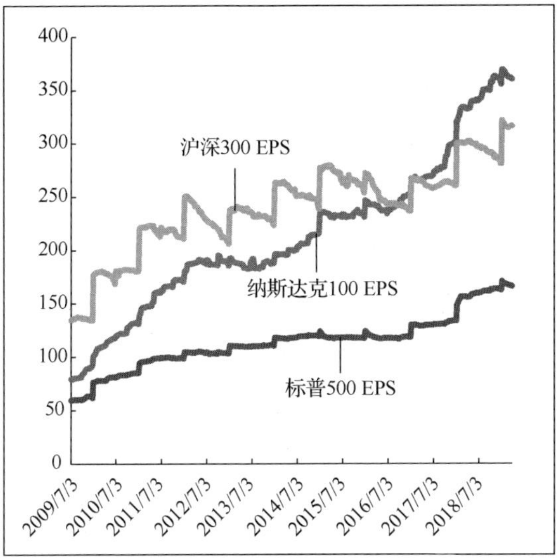

图 3.33 纳斯达克 100 与市场主要指数 EPS

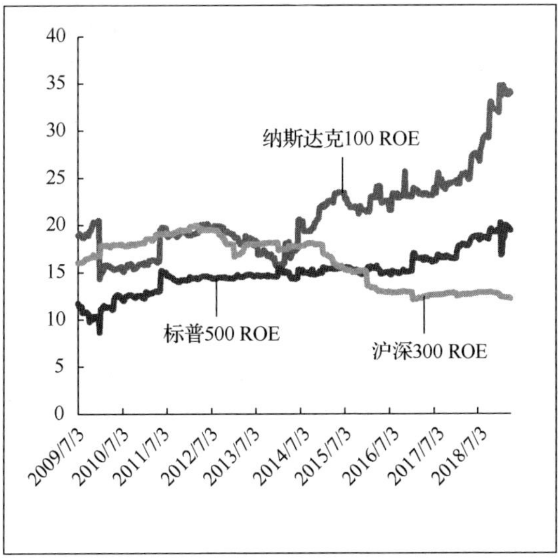

图 3.34 纳斯达克 100 与市场主要指数 ROE

从估值来看，虽然目前纳斯达克 100 指数 23 倍左右的 PE 值以及 6 倍的 PB 值分别均处于近 10 年来历史较高分位水平，但是由于 2008 年以后，科技股价值回归，估值方面也都实现了较大程度的回调，所以近 10 年来纳斯达克 100 指数的 PE 及 PB 几乎一直呈现出上行的态势，如图 3.35 所示。

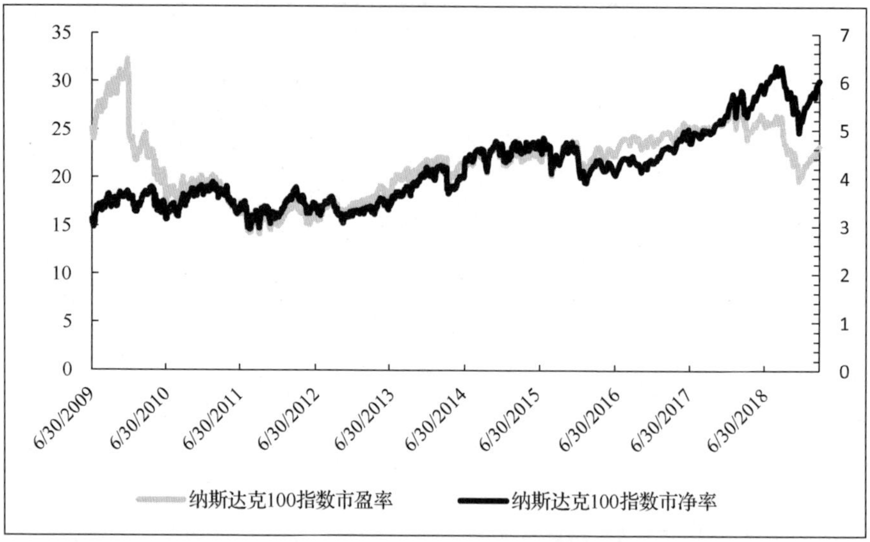

图 3.35　纳斯达克 100 指数近 10 年来 PE、PB 变化情况（2019.3.31）

同时，纳斯达克 100 指数的走势与 A 股市场的走势相关性较低，是资产配置的优良品种。近 10 年来，纳斯达克 100 指数与我国沪深 300 指数相关系数为 0.50，如图 3.36 所示。

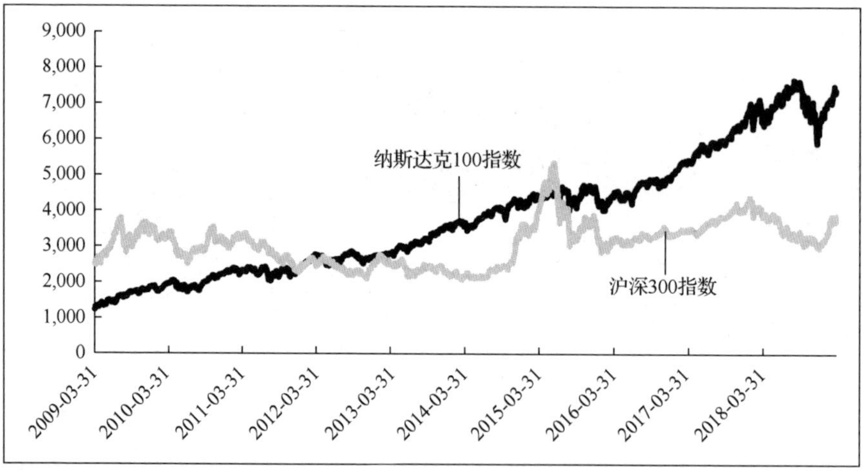

图 3.36　纳斯达克 100 与沪深 300 走势图（2019.3.31）

截至 2019 年 3 月底，A 股市场跟踪纳斯达克 100 指数的 ETF 产品共有 2 只，分别为上海证券交易所上市的国泰纳斯达克 100ETF 和深圳证券交易所上市的广发纳斯达克 100ETF，二者均为“T+0”交易品种，可单日买卖双向操作。其中广发纳指 ETF 目前规模为 0.24 亿元，如表 3.78 所示。

表 3.78 全市场跟踪纳斯达克 100 指数的 ETF 产品情况

成立日期	证券代码	证券简称	上市场所	基金规模（亿元）	2019 年以来日均成交额（亿元）
2013-04-25	513100	国泰纳斯达克 100ETF	上海	5.26	1.00
2015-06-10	159941	广发纳斯达克 100ETF	深圳	0.24	0.01

数据来源：Wind，截至 2019 年 3 月 31 日。

小贴士：

“T+0”交易的 ETF 品种

“T+0”交易的 ETF 指的是可以在单日之内进行买卖双向操作的 ETF 品种。其实判断一只 ETF 是“T+1”还是“T+0”的品种十分简单，关键就看该 ETF 投资的标的资产是否是“T+0”交易的品种即可。例如我们平时最常见的 A 股股票型 ETF 全部是“T+1”的品种，这是因为股票型 ETF 投资于我国 A 股市场中的股票，其交易采取的是“T+1”的制度，即当日买入的股票当日不可卖出，得等到次日才可以卖出。而跨境指数 ETF，例如纳指 ETF 则可以“T+0”交易，这是因为其投资的标的为纳斯达克上市的股票，其交易采取的是“T+0”的制度，即当天可以既买又卖。总的来说，目前市场中常见的 ETF 中，除了 A 股股票型 ETF 以外，其余品种如债券 ETF、黄金 ETF、海外 ETF、货币 ETF 均为“T+0”的品种。

2. 标普 500

标普 500 指数是由标普道琼斯指数公司于 1957 年发布，用于衡量美国股市大盘股整体表现的指数。作为市场中第一只美国大盘股指数，标普 500 指数最初由 425 只工业股、15 只铁路股以及 60 只公用事业股组成，如今指数包含了 500 多只来自美国主要交易所的全球闻名的各行业龙头企业，覆盖了约 80%的美股市值。也正因其较高的市值覆盖以及良好的代表性，使得标普 500 指数成为目前全世界最重要的表征美股市场的股票价格指数之一。

下面，老罗就根据标普道琼斯指数公司的数据，为大家简要地介绍一下标普 500 指数。首先，让我们来看一下指数的基本信息，如表 3.79 所示。

表 3.79　标普 500 指数基本信息

加权方式	浮动市值加权
再平衡频率	每季度，即 3 月、6 月、9 月及 12 月
计算频率	实时
计算货币	美元、澳元、英镑、加元、欧元等
发布日	1957 年 3 月 4 日
基准日	1928 年 1 月 3 日
管理机构	欧盟

数据来源：S&P Dow Jones，截至 2019 年 6 月 30 日。

从历史走势来看，与纳斯达克 100 指数类似，标普 500 指数也经历了长达 10 年的美股牛市，目前指数经过 2018 年的回调，重新回到上行通道。2019 年以来指数涨幅已达到 17.35%，如图 3.37 及表 3.80 所示。

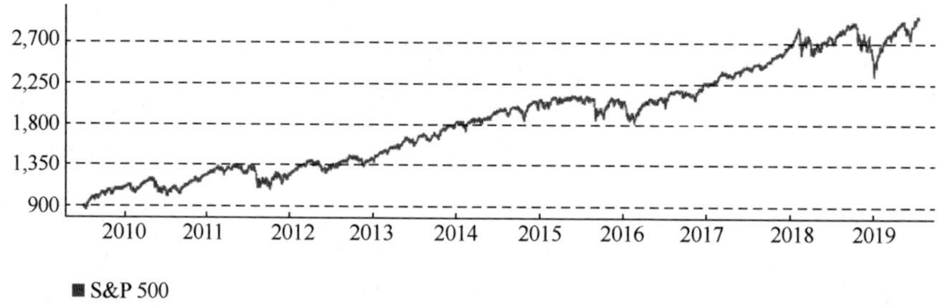

图 3.37　标普 500 指数历史走势（2019.6.30）

表 3.80　标普 500 指数历史表现

	2019 年	2018 年	2017 年	2016 年	2015 年	2014 年	2013 年
标普 500 指数	17.35%	-6.24%	19.42%	9.54%	-0.73%	11.39%	29.60%

数据来源：S&P Dow Jones，截至 2019 年 6 月 30 日。

从指数成份来看，目前指数包含 505 只成份股，平均市值为 507 亿美元，如表 3.81 所示。成份股中包含微软、苹果、亚马逊等纳斯达克 100 指数成份股，同时也包含伯克希尔哈撒韦、摩根大通等纳斯达克 100 指数里没有的金融股，前十大成份股权重占比合计为 21.6%，如表 3.82 所示。

表 3.81 标普 500 指数成份股市值分布情况

成份股个数	505
成份股市值分布情况（亿美元）	
平均个股市值	507
最大市值	10265
最小市值	28
中位市值	221
总市值（万亿美元）	25.61

数据来源：S&P Dow Jones，截至 2019 年 6 月 30 日。

表 3.82 标普 500 指数前十大成份股情况

排　名	代　码	简　称	行　业
1	MSFT	微软	信息技术
2	AAPL	苹果	信息技术
3	AMZN	亚马逊	可选消费
4	FB	脸书	电信服务
5	BRK.B	伯克希尔哈撒韦	金融
6	JNJ	强生	医疗保险
7	JMP	摩根大通	金融
8	GOOG	谷歌	电信服务
9	GOOGL	谷歌	电信服务
10	XOM	埃克森美孚	能源
成份股最大权重占比		4.2%	
前十大成份股权重占比		21.6%	

数据来源：S&P Dow Jones，截至 2019 年 6 月 30 日。

就行业分布而言，标普 500 指数第一大行业为信息技术，在指数中权重占比达到 21.5%；其次为医疗保健，权重占比为 14.2%；排名第三的是金融业，权重占比为 13.1%。总的来说，相较于我国大盘标杆沪深 300 指数，标普 500 指数的行业分布更加均匀，金融行业占比更小，信息技术、医疗保健等行业占比更高，成长性更强，如图 3.38 所示。

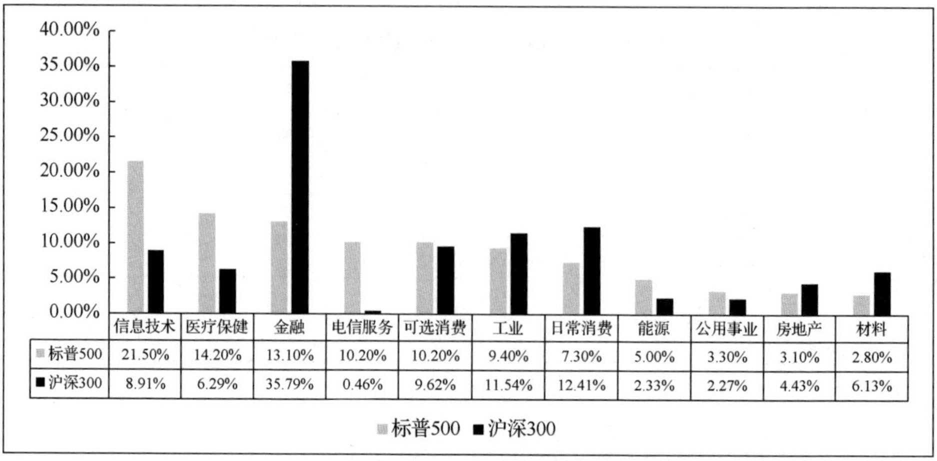

图 3.38　标普 500 指数与沪深 300 指数行业分布对比（2019.6.30）

目前，A 股市场跟踪标普 500 指数的 ETF 产品仅有 1 只，为上海证券交易所上市的博时标普 500ETF，该产品规模为 8.02 亿元，2019 年以来日均成交额为 1.29 亿元，流动性较好。同时，该产品是“T+0”交易品种，可实现单日买卖双向操作，如表 3.83 所示。

表 3.83　全市场跟踪标普 500 指数的 ETF 产品情况

成立日期	证券代码	证券简称	上市场所	基金规模（亿元）	2019 年以来日均成交额（亿元）
2013-12-05	513500	博时标普 500ETF	上海	8.02	1.29

数据来源：Wind，截至 2019 年 3 月 31 日。

3. H 股

相信长期关注港股的投资者对 H 股一定不陌生，简言之，H 股指的是注册地在内地、上市地在中国香港的股票。由于最开始的时候到中国香港上市的内地股基本为国企，所以 H 股又通常被称为国企股。不过近些年来，随着内地赴港上市的企业越来越多，像腾讯这样的大型非国有企业也出现在 H 股名单中，H 股也因此有了新的含义。整体来看，相较于港股中常见的“妖股”“仙股”等波动剧烈的股票，H 股表现相对稳定。1994 年 8 月，为了给市场提供代表 H 股整体表现的投资标的，恒生指数公司发布了 H 股指数，即恒生中国企业指数，该指数经过 20 多年的发展，已由早期反映内地国企表现的指数发展为反映在中国香港交易所上市的中国企业总体走势的综合性指数，如图 3.39 所示。

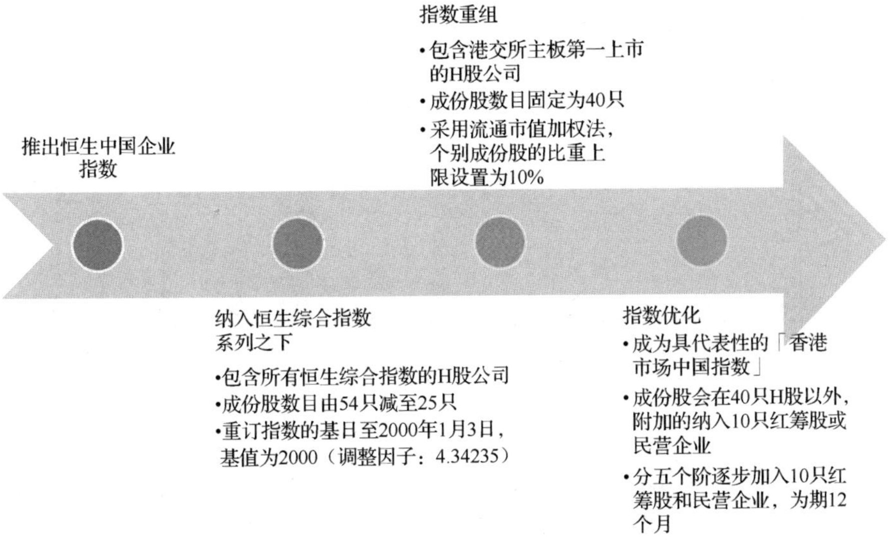

图 3.39 恒生 H 股指数大事记

截至 2019 年 6 月底，H 股指数 50 只成份股总市值合计达到 12.37 万亿港元，成份股平均市值为 2474 亿港元，指数整体呈现出大盘蓝筹的特征。同时 H 股指数的市值对所有在港上市中国内地企业总市值的覆盖率达到 60%，如表 3.84 所示。

表 3.84 恒生中国企业指数基本情况

指数代码	指数名称	基日	成份股个数	总市值（万亿港元）	成份股平均总市值（亿港元）
HSCEI	恒生中国企业指数	2000/1/3	50	12.37	2474

数据来源：恒生指数公司，截至 2019 年 6 月 30 日。

从指数成份来看，前三大行业分别为金融业（49.08%）、电讯业（10.90%）和资讯科技业（9.96%），如图 3.40 所示。前十大成份股占比合计为 63.51%，其中第一大成份股建设银行占比 10.25%，第二大成份股腾讯控股占比 9.96%，。综合来看，指数成份分布总体较为集中，如表 3.85 所示。

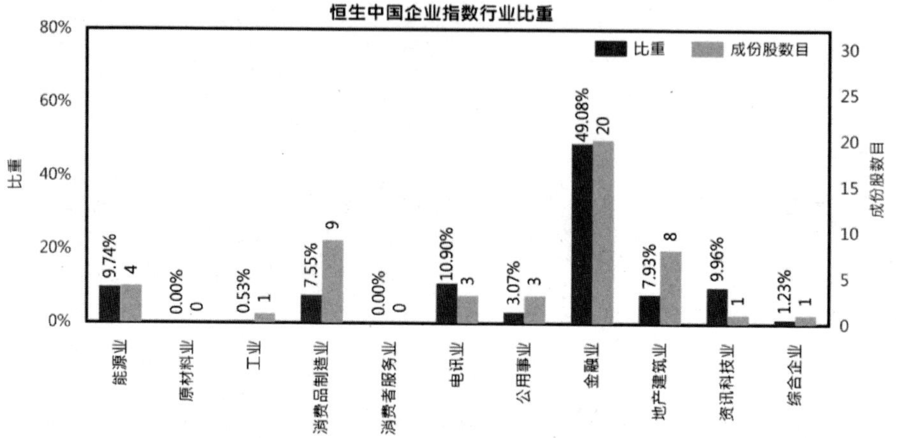

图 3.40　恒生中国企业指数行业分布情况(2019.6.30)

表 3.85　恒生中国企业指数前十大成份股情况

排　名	代　码	简　称	行　业	权　重（%）
1	0939	建设银行	金融业	10.25
2	0700	腾讯控股	资讯科技业	9.96
3	2318	中国平安	金融业	9.81
4	0941	中国移动	电讯业	8.18
5	1398	工商银行	金融业	7.87
6	3988	中国银行	金融业	4.91
7	0883	中国海油	能源业	4.47
8	3968	招商银行	金融业	2.84
9	2628	中国人寿	金融业	2.68
10	0386	中国石化	能源业	2.54
合计				63.51

数据来源：恒生指数公司，截至 2019 年 6 月 30 日。

目前，A 股市场跟踪 H 股指数的 ETF 产品共有 5 只，除了易方达恒生 H 股 ETF 和建信港股同恒生中国企业 ETF 在上海证券交易所上市以外，其余 3 只均在深圳证券交易所上市，所有产品均可实现“T+0”交易。其中规模最大的是易方达恒生 H 股 ETF，该产品为 A 股市场中首批跨境 ETF 之一，截至 2019 年 3 月底规模为 83.30 亿元，2019 年以来日均成交额为 12.19 亿元，如表 3.86 所示。

表 3.86 全市场跟踪 H 股指数的 ETF 产品情况

成立日期	证券代码	证券简称	上市场所	基金规模（亿元）	2019 年以来日均成交额（亿元）
2012/8/9	510900	易方达恒生 H 股 ETF	上海	83.30	12.19
2018/9/21	159960	平安港股通恒生中国企业 ETF	深圳	5.18	0.01
2019/3/7	159963	富国恒生中国企业 ETF	深圳	4.58	0.38
2018/2/8	159954	南方恒生中国企业 ETF	深圳	1.37	0.02
2018/12/13	513680	建信港股通恒生中国企业 ETF	上海	0.07	0.05

数据来源：Wind，截至 2019 年 3 月 31 日。

4. 恒生指数

除了 H 股指数外，港股中还有一个非常重要的指数，它是中国香港最早的股票市场指数之一，自 1969 年 11 月推出以来，便一直获广泛引用，成为反映中国香港股票市场表现的重要指标，这只指数就是恒生指数。恒生指数以 1964 年 7 月 31 日为基期，以 100 为基点。截至 2019 年 6 月底，恒生指数共包含 50 只成份股，指数总市值达到 18.55 万亿港元，成份股平均市值为 3709 亿港元。恒生指数的总市值在所有中国香港上市的企业总市值中占比达到 56.73%，如表 3.87 所示。

表 3.87 恒生指数基本情况

指数代码	指数名称	基日	成份股个数	总市值（万亿港元）	成份股平均总市值（亿港元）
HSI	恒生指数	2000/1/3	50	18.55	3709

数据来源：恒生指数公司，截至 2019 年 6 月 30 日。

从指数成份来看，恒生指数中香港普通股个数最多，达到 24 只，权重占比也接近一半；其次为 H 股指数成份股，权重占比超过四分之一；同时指数还含有 10 只不在 H 股指数中但也是中国香港上市的内地公司以及 7 只红筹股，如图 3.41 所示。

与 H 股指数类似，恒生指数中占比最大的行业为金融业（49.16%），其次地产建筑业在指数中的占比也达到 10.90%，第三大行业为资讯科技业，在指数中占比为 9.96%，如图 3.42 所示。前十大成份股中包含多只 H 股指数成份股，如腾讯、建行、平安等，同时也包含友邦、汇丰、港交所这样的中国香港普通股，如表 3.88 所示。

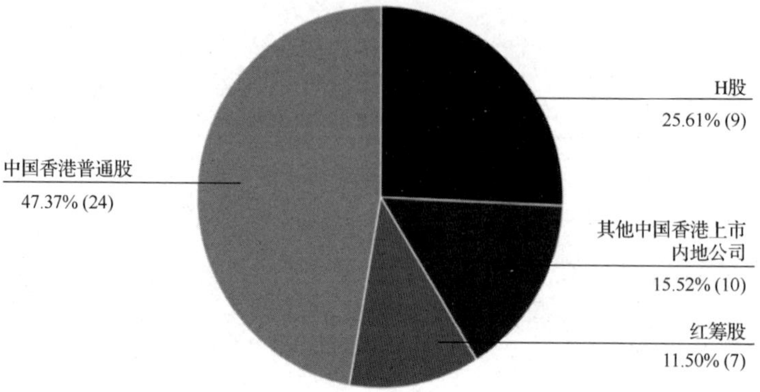

图 3.41　恒生指数按类别划分（2019.6.30）

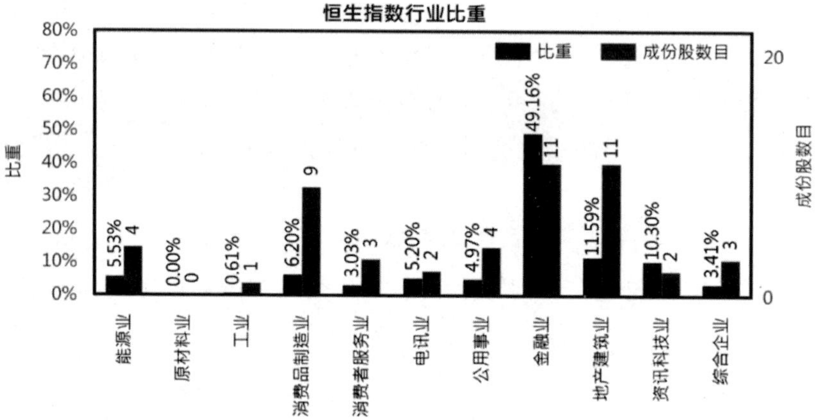

图 3.42　恒生指数行业分布情况（2019.6.30）

表 3.88　恒生指数前十大成份股情况

排　　名	代　　码	简　　称	行　　业	权　重（%）
1	1299	友邦保险	金融业	10.64
2	0700	腾讯控股	资讯科技业	9.96
3	0005	汇丰控股	金融业	9.64
4	0939	建设银行	金融业	7.73
5	2318	中国平安	金融业	5.56
6	0941	中国移动	电讯业	4.64
7	1398	工商银行	金融业	4.47
8	0388	香港交易所	金融业	3.48
9	3988	中国银行	金融业	2.78
10	0883	中国海油	能源业	2.53
合计				61.43

数据来源：恒生指数公司，截至 2019 年 6 月 30 日。

由于恒生指数和H股指数在成份股及行业分布上十分相似，因此二者在指数的走势上也有一定的相似性。历史数据显示，恒生指数与H股指数相关系数达到0.96，与H股金融行业指数相关系数也有0.91。总体而言，恒生指数近十年来累计收益率达到113.99%，比同期H股指数表现更好，如图3.43所示。

截至2019年3月底，A股市场跟踪恒生指数的ETF产品共有3只，其中华夏恒生ETF在深圳证券交易所上市，其余2只在上海证券交易所上市。作为A股市场第一批跨境股票指数ETF产品[①]，华夏恒生ETF自2012年发展至今，规模已超过50亿元，目前该产品日均成交金额约6.62亿元，流动性很好，如表3.89所示。

图3.43 恒生指数与H股指数近十年来累计收益率走势

表3.89 全市场跟踪恒生指数的ETF产品情况

成立日期	证券代码	证券简称	上市场所	基金规模（亿元）	2019年以来日均成交额（亿元）
2012-08-09	159920	华夏恒生ETF	深圳	51.98	6.62
2014-12-23	513660	华夏沪港通恒生ETF	上海	7.30	0.01
2014-12-23	513600	南方恒生ETF	上海	0.73	0.00

数据来源：Wind，截至2019年3月31日。

① 另一只为易方达恒生H股ETF，二者同时成立于2012年8月9日。

小贴士：

股 指 期 货

除了普通指数基金、ETF 以外，还有一种指数化投资的形式就是股指期货。股指期货通常带有杠杆属性，因此风险较大，一般为机构等大型投资者作为套期保值、对冲套利的工具。老罗列举了部分主要市场的股指期货供大家参考，如表 3.90 所示。

表 3.90　市场主要的股指期货合约情况

指　数	期货名称	期货代码	合约乘数
上证 50	上证 50 股指期货	IH	¥300
沪深 300	沪深 300 股指期货	IF	¥300
中证 500	中证 500 股指期货	IC	¥200
恒生指数	恒生指数期货	HSIF	HK$50
	恒生指数（小型）期货	MHIF	HK$10
纳斯达克 100	CME 纳斯达克 100 指数（小型）期货	NQ.CME	$20
标普 500	CME 标普 500 指数期货	SP.CME	$250
	CME 标普 500 指数（小型）期货	ES.CME	$50

第 4 章　股票 ETF

4.1　股票 ETF 的概况介绍

4.1.1　股票 ETF 基金的概念

ETF（Exchange Traded Funds），中文名称为交易型开放式指数基金。名字这么长，难怪大家都只愿意简写"ETF 基金"。要想弄清 ETF 究竟是何方神圣，还是要从全称上入手。首先，让我们用剥洋葱的办法一层一层剥掉复杂难懂名词的外衣。

交易型，表明这款基金可以在证券交易所像股票一样买卖。过程非常简单，只要在股票交易软件上输入相应的 ETF 基金的代码，就可以委托下单。在交易的过程中，基金份额并没有改变，只是在不同的投资者之间发生了转让。

指数基金，指数化投资管理策略，按指数权重配置指数成份股以模拟指数走势实现指数化投资策略。

开放式，投资者可以向基金管理公司申购或者赎回份额。只不过申购是拿一篮子股票换取基金份额，赎回是以基金份额换回一篮子股票。

这和我们以往用现金申购赎回基金的体验不太相同。ETF 申购必须用一篮子股票换购成 ETF 基金份额，赎回是通过手中足够的基金份额，换成一篮子股票，然后将一篮子股票卖出获得现金，每个篮子里面的股票数量基本是按照指数权重进行分配的。

通俗点来说，有一个水果批发市场，这里有苹果、橘子、梨子等各式各样的水果可以买卖。同时还有一个水果篮店，水果店里面只买卖水果篮，水果篮只能使用水果券进行交易。水果店有一种叫中证 100ETF 的水果篮，中证 100ETF 的水果篮由 9 个苹果、7 个橘子和 2 个梨子组成，一个中证 100ETF 的水果篮需要 10 张水果券才能换取，每张水果券需要花 10 元现金。在现实的金融市场，可将水果批发市场理解成股票市场，将水果理解成股票，将水果券理解成 ETF 基金份额。

获得水果券的方法有两种，第一种是直接用现金在水果店购买水果券，每张水果券价格 10 元，花费 100 元可以买入 10 张水果券。第二种就是使用现金在水果批发市场按照水果篮的标准要求，从水果批发市场买入 9 个苹果、7 个橘子和 2 个梨子，构成一个水果篮，总共花费 100 元，最后用购买的这个水果篮到水果店换成 10 张水果券。第一种方法叫作 ETF 买入获得基金份额。第二种方法叫作 ETF 申购获得基金份额。

将水果券变现的方法也有两种，第一种是直接将 10 张水果券以每张 10 元的价格在水果店卖掉，得到 100 元现金。第二种是用已有的 10 张水果券在水果店换成一篮子水果，得到 9 个苹果、7 个橘子和 2 个梨子，最后在水果批发市场卖掉，得到 100 元现金。第一种方法叫作 ETF 直接卖出，第二种方法叫作 ETF 赎回股票卖出，如图 4.1 所示。

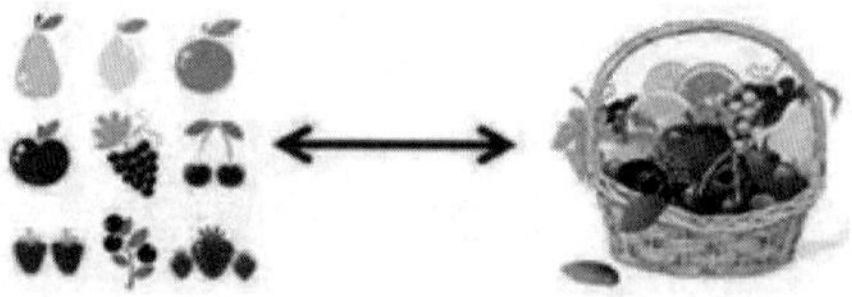

图 4.1　ETF 一篮子申购和赎回

读到这里，大家是不是想到，如果水果店一个水果篮的价格和水果批发市场对应水果的价格有偏差，那么不就有套利发财的机会吗？假设一个水果篮在水果店要卖 100 元，而你发现自己到水果批发市场上按照一篮子水果去购买水果的成本只需要 85 元，这个时候你可以自己配制一篮子水果，然后卖给水果店，赚取 15 元。反之，若你发现水果批发市场一篮子水果拆开卖可以卖到 115 元，就可以从水果店买入一篮子水果，然后把篮子里面的水果拆开到水果批发市场卖，赚取 15 元。是不是很聪明？但是老罗在这里提醒各位，那些专业的套利机构不是吃白饭的，一旦发现套利机会，他们的套利程序就开始启动，所以能维持一篮子水果的价格和水果市场的价格基本一致。也就是说，ETF 二级市场套利机会一旦出现，就会被市场上的众多机构所利用，直到一篮子需要的 ETF 基金份额的价格和一篮子股票的价格非常接近，无利可图为止。

小贴士：

普通投资者也不需要进行申购赎回，一篮子买入中证 100 里面一百只股票多复杂呀，只需要场内买入/卖出对应中证 100ETF 基金份额就可以了。因为如果场内 ETF 偏离实际的价格，市场上众多专业套利机构就会通过申购或赎回的方式，让 ETF 的价格与实际的净值基本一致，所以 ETF 场内价格的涨跌幅会与对应指数涨跌幅实时保持基本一致。

指数基金的基金经理是以指数成份股为投资对象的，他们通过购买一部分或全部的某指数所包含的股票，来构建指数基金的投资组合，目的就是使这个投资组合的变动趋势与该指数相一致，以取得与指数大致相同的收益率。例如，创业板 ETF（159952）跟踪的是创业板市场按一定比例组合的最大的 100 只股票，创业板 ETF 把这个组合复制过来，紧贴着它运行。

层层解析之后，ETF 基金的概念就非常清晰了，它是开放式基金的一种特殊类型。投资者既可以用一篮子股票向基金管理公司申购或者赎回基金份额，又可以在二级市场上按市场价格买卖 ETF 份额，如图 4.2 所示。

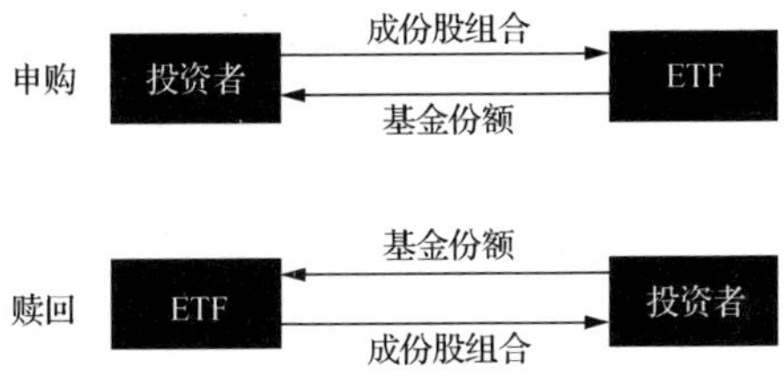

图 4.2　申购/赎回的流程

4.1.2　ETF 基金的优点

1. 有效跟踪指数，非常透明

了解 ETF 的套利机制之后，我们不难发现：与普通的指数基金（开放式）相比，ETF 基金跟踪指数的效果更好，几乎和指数走势一致。ETF 的运行机制保证了 ETF 具有高透明度。可以说，包括场内和场外的基金产品在内，没有其他产品能有 ETF 这么透明。

ETF 的运作透明度比其他基金要求更高，在信息披露方面，除了像普通基金一样公布季报、半年报、年报以外，还会在每个交易日公布申购赎回清单（也叫 PCF 清单）和实时公布基金份额的参考净值（IOPV）。投资者可以在交易所网站或基金管理公司的网站找到 ETF 的申购赎回清单（详细内容见 4.2 节）。

ETF 是“最公平”的产品。ETF 以股票实物而非现金申赎，使其不会因为大额或巨额申赎而让原有持有人利益受损。ETF 由于以股票实物申赎，投资者以股票实物换份额或以份额换股票实物，不仅可以盘间实时确认申赎，对 ETF 的基金仓位没有影响，最大程度地保护了原持有人的利益，同时也避免了申购者承担从提交申赎操作到实现权益之间的时间间隔所带来的额外市场风险暴露。

2. 交易便捷，费率低廉

（1）交易时段：和股票交易时间一致，交易时间为每天上午 9:30 至 11:30，下午为 1:00 至 3:00，如图 4.3 所示。

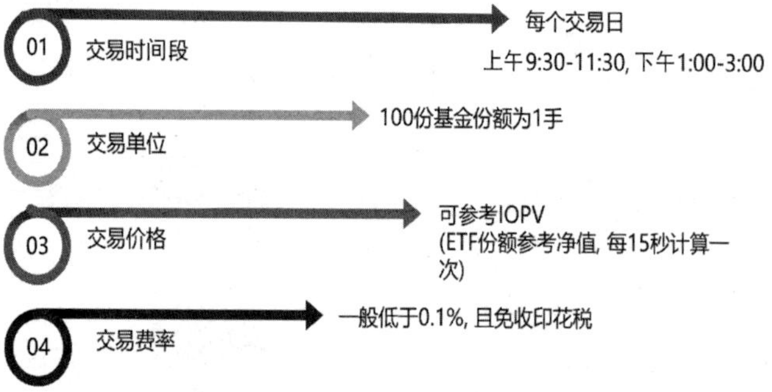

图 4.3 ETF 交易便捷

（2）交易单位：尽管 ETF 申购和赎回门槛比较高，需要几十万元甚至上百万元的资金门槛。但是 ETF 场内买卖的交易门槛较低，只需要 1 手（100 份基金份额）即可，方便很多金额较少的投资者参与。

（3）交易价格：可以参考 IOPV（ETF 份额参考净值，每 15 秒计算一次（4.2 节有对 IOPV 的详细介绍），在行情软件中 IOPV 一般用紫色线或者蓝色线显示，让投资者可以及时掌握份额净值的变化情况。

（4）交易费率：ETF 佣金比率和买卖股票一样，都是万分之几，而且免收印花税，故买卖 ETF 承担的总成本比买卖股票还低。

（5）交易便捷：普通投资者参与 ETF 交易最为便捷的方式是在二级市场上买卖 ETF 份额，就如同买卖股票一样简单。投资者只要通过证券公司开立股票账户或基金账户，就可以经由证券公司的电话委托或网络买卖系统提交订单，按市场价格买卖 ETF 份额。

3．仓位更高

ETF 几乎可以达到 100%的仓位，资金利用效果可以达到 100%，而普通开放式基金或者开放式指数基金仓位最高可以达到 95%，还有 5%的资金基金合同要求做流动性管理，用来应对客户的赎回。可见，跟踪相同中证 500 指数的基金，在市场上涨过程中，中证 500ETF 涨幅应该高于场外的中证 500 指数基金，主要原因就是 ETF 仓位资金效率几乎达到 100%。

4．分散投资，降低投资风险

由于 ETF 是被动跟踪指数，投资组合中包含较多标的，个股权重均衡，分散投资风险，可以有效规避个股踩雷的风险。例如某上市公司 D 因为财务造假，其股价从 21 元下跌到 5 元，股价下跌幅度达到 70%，而 D 公司又是中证 100 指数的成份股，对于中证 100ETF（512910）而言，D 公司只占指数权重的 0.8%，“黑天鹅”的出现对中证 100ETF 影响有限。

同时，由于指数成份股定期调整，不符要求的成份股会被及时剔除，保证了指数运行的平稳性。

5．选择判断更简单

判断行业比判断企业更简单。一方面，企业发展的不确定性更大，自从创建的那一天起，竞争就无处不在、如影随形，即便已经是龙头企业，也不仅要和同行企业贴身肉搏，还要防范跨国公司国际业务本土化渗透，更要时刻警惕 BAT 等互联网巨头对传统产业的颠覆，每天日子都过得战战兢兢。

另一方面，行业发展具有明确的走向，投资者把握其走势更容易。按照消费升级、进口替代、生活提升、中国崛起的思路，我们就不难选出未来一段时间内的发展高景气度行业。在此基础上，我们可以通过二级市场买入信息技术 ETF（159939）、医药卫生 ETF（159938）等相应行业的 ETF 基金，既能充分享受行业发展红利，又能规避持有单个企业基金可能遭遇的风险，实在是一桩两全其美的好事。

6. 跟踪误差更小

通常来说，ETF 的跟踪误差会小于传统普通指数基金。（1）ETF 采用实物股票申购，对于 ETF 基金而言，接收的是一篮子股票，而不需要基金再用现金买入股票，与普通指数基金相比，减少了因为申购导致的仓位不足的问题。反之，赎回的时候 ETF 给予投资者一篮子股票，不需普通指数基金因为赎回仓位过高造成的跟踪误差。（2）ETF 基金经理无须为应对申购赎回预留一定的现金，而普通指数需要预留不低于 5%的现金应对投资者的赎回。（3）交易费用的节省，由于 ETF 是实物股票申购和赎回，相比普通指数基金会节省股票买卖股成中的费用的损耗，从而更容易跟踪好标的指数。

小贴士：

说了这么多优点，那么 ETF 的缺点是什么呢？老罗总结了 ETF 的三个缺点。

（1）不能自动扣款，不适合定投。ETF 由于不能像场外指数基金那样设置自动扣款，只能手动买入 ETF 份额，所以不适合作为定投。老罗发现，尽管很多投资者说可以每周自己手动买入定投，但是长期下来，手动买入定投 ETF 的投资者很难坚持下来，因为大家很容易受市场波动把定投改成手动波段操作 ETF。

（2）交易频繁，交易方便导致难以坚持长期持有。由于 ETF 交易过于方便，容易导致投资者交易频繁，尤其在市场下跌时容易造成 ETF 持有者恐慌，过早卖出持有 ETF 份额。而场外指数基金投资者不会时刻盯盘，因此不会被场内的盘中市场波动影响，所以场外指数持有的时间反而更长。

（3）流动性不足造成交易成本更高。目前除了少数有做市商的 ETF 品种，很多 ETF 的场内流动性不足，这样会导致为了场内购买足够的 ETF 基金份额，投资者在买入和卖出 ETF 份额的时候会付出更多的交易冲击成本，从而使整体的 ETF 交易费用反而超过场外的指数基金。

4.2 ETF 交易机制

ETF 是一种在交易所上市交易的开放式指数基金，兼具股票、开放式指数基金及封闭式指数基金的优势与特色，是高效的指数化投资工具。像买卖股票一样，大家可以直接通过券商交易软件买卖 ETF 份额，而 ETF 价格会围绕着该 ETF 实时净值上下波动。另外，指数基金申购赎回机制比较独特，投资者只能用与指数对应的一篮子股票申购或者赎回，也正是由于申赎套利机制的存在，使得实际的净值和交易所买卖价格基本一致。

1. ETF 认购

ETF 认购是指投资者在基金初始发行期投资购买基金的行为。在 ETF 基金募集期内，投资者可通过证券公司营业部柜台、电话委托及网上交易系统以现金方式认购 ETF 份额，即网上现金认购。同时还可进行网下现金认购和网下实物认购。

需要注意的是，上交所 ETF 的网上现金认购是发行的最后三天，而深交所 ETF 的网上现金认购是发行认购全程，如表 4.1 所示。

表 4.1　上交所和深交所 ETF 认购的安排

发行认购	上交所	深交所
网上现金认购	最后三天	全程
网下现金认购	全程可现金认购	
网下股票认购	全程可股票认购	

网上认购：投资者可在交易日交易时间内，使用证券账户，在证券公司营业部柜台、电话委托及网上交易系统网上认购基金份额。网上认购采取现金形式，以份额申报，不可撤单。单一账户每笔认购份额应为 1000 份或其整数倍，最高不得超过 99,999,000 份。投资者可以多次认购，累计认购份额不设上限。

网下认购：投资者还可持证券账户通过证券公司各营业网点使用现金或股票认购基金份额。其中，投资者进行网下股票认购时，原则上可以用单只或多只成份股票申请认购，基金管理人按规定的股票定价方式计算投资者所提交的股票市值金额，按市值金额确认基金份额。

网下现金认购示例：股票→ETF 网下→现金认购（512683），如图 4.4 所示。

图 4.4　证券软件现金认购 ETF

2. ETF 申购与赎回

ETF 的申购是用一篮子股票换 ETF 份额，获得的 ETF 份额可以在二级市场进行交易。ETF 的赎回是通过二级市场买入基金份额进行赎回操作，获得一篮子股票。一篮子是 ETF 的最小申赎单位，投资者在申购的时候除了一篮子股票外，还要多准备一点钱，即“现金差额”，如图 4.5 所示。

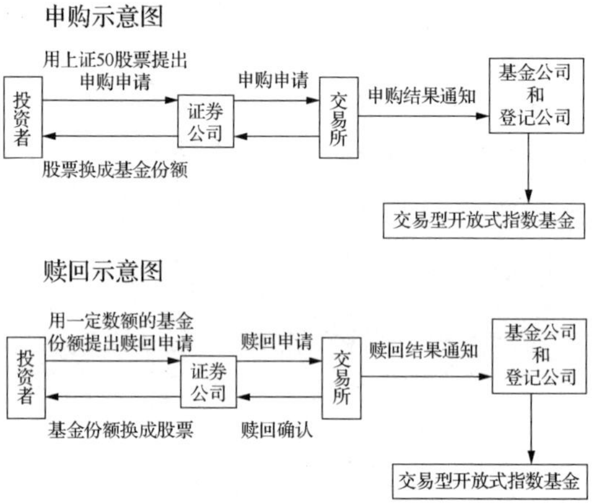

图 4.5　ETF 申购/赎回流程

市场存在一些专业套利机构，它们按照低买高卖的原则进行套利交易。当投资人在二级市场上情绪高涨、预期乐观，ETF 价格大于实际净值时（即所谓的溢价），套利者就买入一篮子股票，换到对应的 ETF，然后在二级市场卖掉 ETF 份额；当投资人对市场预期悲观，ETF 价格小于实际净值时（即所谓的折价），它们就买入 ETF，提交赎回指令换取一篮子股票，然后卖掉股票，获得现金，如图 4.6 所示。正是由于它们的存在，使得二级市场价格和实际净值趋同。

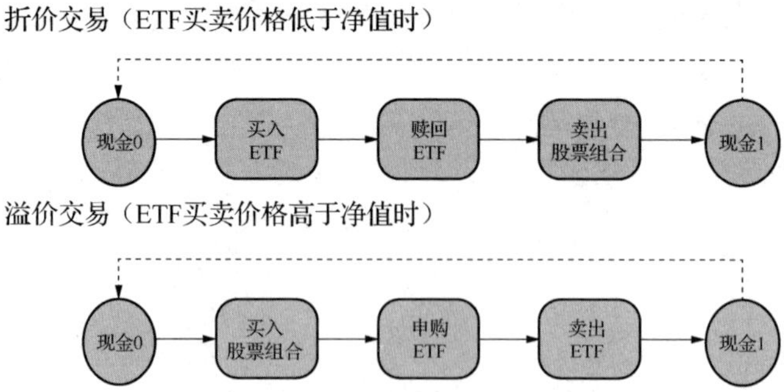

图 4.6　ETF 折价溢价的套利过程

小贴士：

（1）资金量要求较高：一般来说，ETF 最小的申赎单位在几十万份基金份额之上，对应的是数十万元或上百万元，因此 ETF 套利操作对资金量要求比较高；

（2）折溢价套利成本：套利涉及一篮子股票的买卖、ETF 份额的申赎以及 ETF 份额买卖等操作，所以需要考虑上述固定成本。

（3）套利还需要考虑停牌票、涨停票以及跌停票的影响。有的时候尽管 ETF 场内溢价率很高，但是套利者却套不了利，主要原因是如果该 ETF 里面有股票因为重大资产重组无量涨停，而且该股票权重不小且未来股价会接着无量涨停，这时候场内的溢价可能是投资者考虑了该股票未来会继续涨停带来的，套利者套不到利。

总而言之，套利是门技术活，这个市场存在几十家专门从事套利的机构，它们都是用程序化软件和算法进行套利，也正是由于它们的存在，才能让我们的 ETF 二级市场的价格与其实际净值更为接近。

对于套利的投资而言，必须了解每天 ETF 的申购/赎回清单。申购/赎回清单（英文全称为 Portfolio Composition File，简称 PCF 清单）主要由四部分构成：（1）基本信息；（2）上一交易日的信息内容；（3）下一个交易日的信息内容；（4）成份股信息内容。这些内容具体又包含了最小申购、赎回单位所对应的各成份证券名称、证券代码及数量、现金替代溢价比例、固定替代金额和现金替代标志等信息。它相当于进行申购一篮子 ETF 的一个详细清单，让你知道需要什么样的证券组合才能换到一篮子 ETF 的基金份额，如图 4.7 所示。

现金替代标志：现金替代标志分为三种类型：禁止现金替代（标志为“禁止”）、可以现金替代（标志为“允许”）和必须现金替代（标志为“必须”）。禁止现金替代是指在申购/赎回基金份额时，该成份证券不允许使用现金作为替代。可以现金替代是指在申购基金份额时，允许使用现金作为全部或部分该成份证券的替代，但在赎回基金份额时，该成份证券不允许使用现金作为替代，必须给予股票。必须现金替代是指在申购/赎回基金份额时，该成份证券必须使用现金作为替代。

基本信息 下载

最新公告日期	2015-04-16
基金名称	上证50交易型开放式指数证券投资基金
基金管理公司名称	华夏基金管理有限公司
一级市场基金代码	510051

2015-04-15 信息内容

现金差额(单位：元)	37,502.36
最小申购、赎回单位资产净值(单位：元)	3,001,896.36
基金份额净值(单位：元)	3.002

2015-04-16 信息内容

预估现金部分（单位：元）	46,449.36
现金替代比例上限	50.0%
是否需要公布IOPV	是
最小申购、赎回单位(单位：份)	1,000,000
申购、赎回的允许情况	允许申购和赎回

成份股信息内容

股票代码	股票简称	股票数量	现金替代标志	现金替代溢价比例	固定替代金额
600000	浦发银行	7200	允许	10.0%	
600010	包钢股份	5200	允许	10.0%	
600015	华夏银行	2700	允许	10.0%	

图 4.7 ETF 的申购/赎回清单

现金替代溢价比例：清单中预先确定现金替代溢价比例，并据此收取替代金额。如果预先收取的金额高于基金购入该部分证券的实际成本，则基金管理人将退还多收取的差额；如果预先收取的金额低于基金购入该部分证券的实际成本，则基金管理人将向投资者收取欠缺的差额。例如图 4.7 中的现金替代溢价比例是 10%，意味着投资者如果买该股票给现金给基金管理人购买，则需要给高于该股票成本的 10%的现金给基金管理人，基金管理人按照实际购买的成本多退少补。

固定替代金额：对于必须现金替代的证券，清单中公告替代的一定数量的现金，即“固定替代金额”。固定替代金额的计算方法为申购、赎回清单中该证券的数量乘以其 T 日预计开盘价。

基金份额参考净值（IOPV）：指在交易时间内根据基金管理人提供的申购、赎回清单和组合证券内各只证券的实时成交数据计算并发布的基金份额参考净值，简称 IOPV。

最小申购赎回单位：基金申购/赎回份额的最低数量，投资者申购、赎回的基金份额应为最小申购/赎回单位的整数倍。

现金替代比例上限：基金管理人可规定投资者使用可以现金替代的比例合计不得超过申购基金份额资产净值的一定比例。

另外，不是所有券商都可以进行 ETF 申购/赎回操作的，需要基金管理公司指定的申赎代办券商才可以办理 ETF 申购/赎回业务。

举个例子：

（1）如何申购一篮子 ETF？输入 ETF 申购代码，ETF 单位选择 1，买入一篮子股票，一键就能完成啊！以如图 4.8 所示这个软件为例，点击左上角的“篮子买入”按钮就能瞬间完成了。

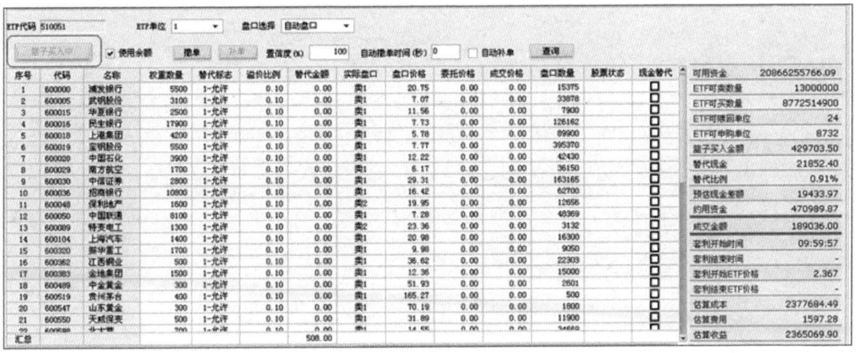

图 4.8　ETF 一篮子买入界面

（2）用一篮子股票申购 ETF：买入一篮子股票后，系统自动进入申购流程，点击“ETF 申购”按钮，就可以完成申购，如图 4.9 所示。在 ETF 申购界面的成份股申购列表中，显示每个股票的缺口数量，用户可点击“补单”按钮对缺少的股票进行补买。

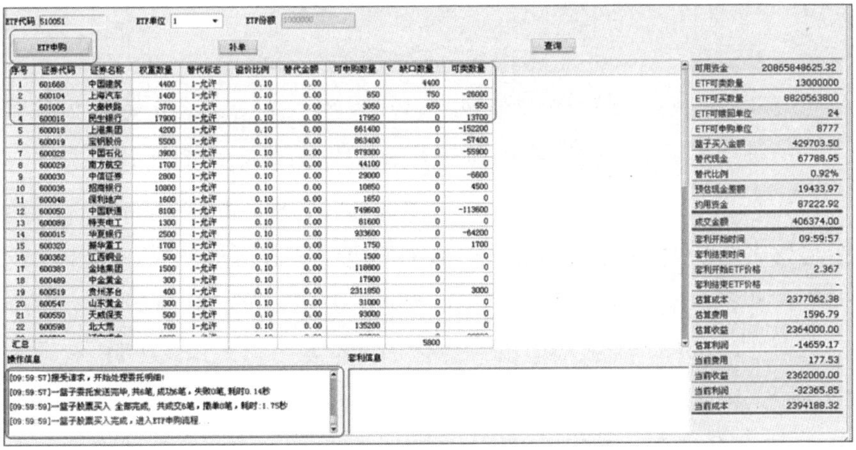

图 4.9　ETF 申购界面

在交易系统中进入赎回流程，依然是一个按键就能够完成 ETF 基金份额转换成股票的赎回操作，如图 4.10 所示。

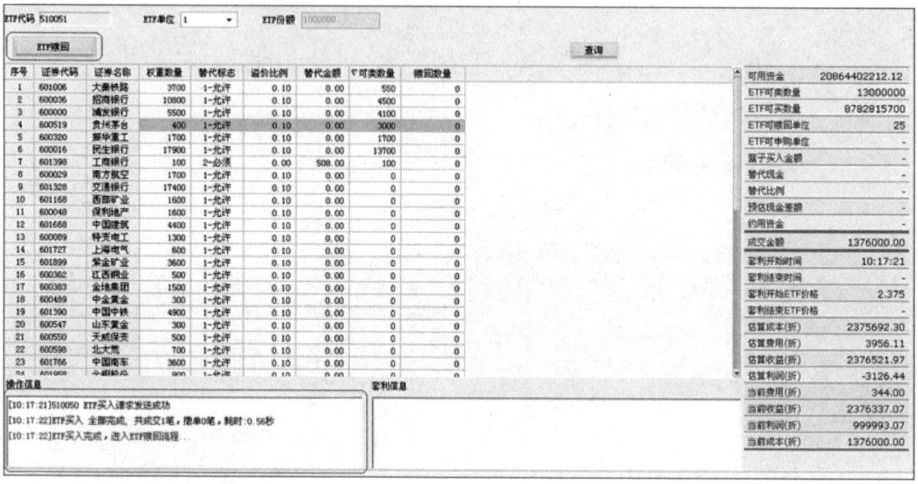

图 4.10　ETF 赎回界面

3. ETF 二级市场买卖交易

ETF 基金的二级市场交易，与股票完全一致，在证券市场开市时间，即周一至周五 9 点 30 至 11 点 30 和下午 1 点到 3 点，投资者可以通过任何证券公司交易软件像买卖股票一样交易，ETF 买入的最小单位为 1 手（1 手为 100 份）。ETF 和股票一样，每日涨跌幅按照 10%进行限制。ETF 报价的最小变动单位为 0.001 元，只收取股票交易佣金，不需要交纳印花税。

具体交易流程如下：投资者像买卖股票一样，输入对应 ETF 代码、委托挂单价格以及买入的份额数，证券公司将客户委托信息发送给交易所，交易所通过交易系统进行撮合，场内买卖不增加 ETF 的份额数量，如图 4.11 所示。

IOPV（参考单位基金净值）是由交易所计算的 ETF 实时单位净值的近似值，以便于投资者估计 ETF 交易价格是否偏离了内在价值。IOPV 值每 15 秒计算并公告一次，并且在交易时间段连成一条 IOPV 线，作为对 ETF 基金份额净值的估计。说白了，IOPV 就是实际 ETF 当前的净值水平，而购买 ETF 份额的价格要参考这个 IOPV 进行买卖。图 4.12 中的 A 线代表 ETF 成交价，B 线代表 IOPV，A 线如果在 B 线上面，则代表溢价，即购买的价格比当前实际净值高，反之，代表折价，即购买价格比当前实际净值低。

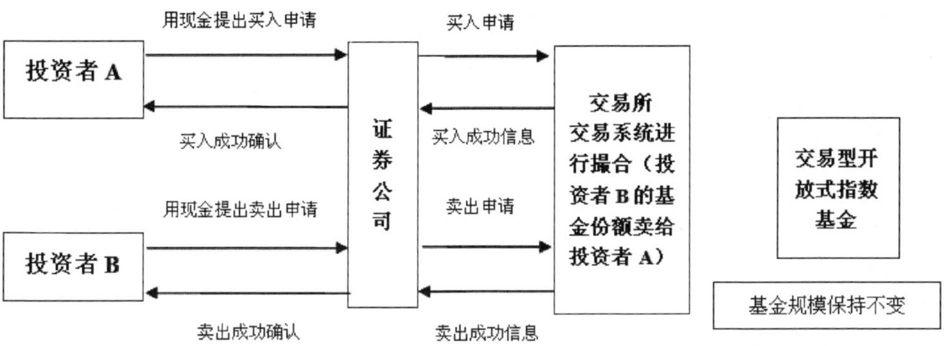

图 4.11　ETF 买卖流程

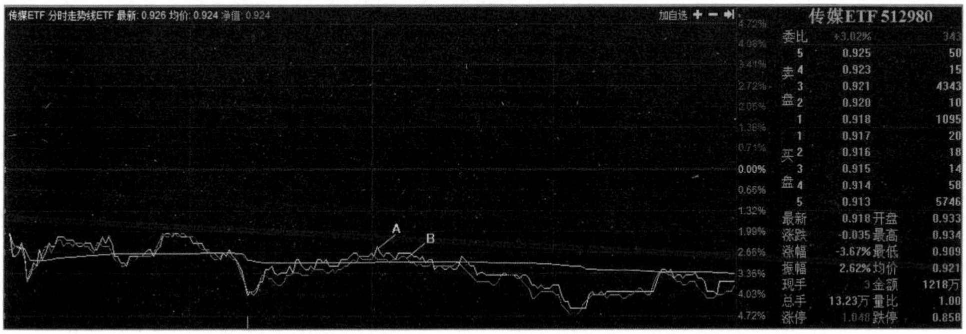

图 4.12　ETF 的 IOPV

IOPV 指标使得参与指数基金交易的透明度和便利性进一步得到提高。IOPV 是由交易所根据基金管理人每日提供的申购赎回清单，按照清单内一篮子股票的盘中最新成交价格计算出的 ETF 动态净值，它所反映的是 ETF 的实时净值，相对于普通指数基金净值需要每日晚上才公布，IOPV 的出现无疑提升了指数基金的估值的效率，方便投资者实时把握 ETF 的净值变动，有利于提升投资决策的及时性。

IOPV 去哪里找？在通达信、大智慧、同花顺等主流交易软件中，IOPV 会在 ETF 分时走势图中展示。一般在 ETF 的分时走势图中，白色线为 ETF 的实时成交价格，紫色线（或者其他颜色）即为每 15 秒揭示一次的 IOPV 所连成的线。

溢价率=ETF 成交价格 / 当前 IOPV 净值-1，用来说明在场内购买 ETF 是贵了还是便宜了，如果溢价率为正的 0.20%，则说明对于买 ETF 的投资者会比实际净值基础上多花费了 0.20%，卖 ETF 的投资者比当前净值多赚了 0.20%。如果

图 4.13　ETF 的溢价率

溢价率为负 0.20%，则购买 ETF 者划算，卖出 ETF 者吃亏，如图 4.13 所示。

流动性服务商：即我们通常说的做市商，是指证券公司以自有资金或证券，不断地向其他交易者报出证券的买入价和卖出价，并在报价价位上接受买卖要求，保证及时成交，不断给场内交易对手提供流动性。所以大家在购买 ETF 的过程中应尽量购买有做市商的 ETF 品种。另外，如果 ETF 有联接基金，那么基金公司可以用联接基金来做市，提高 ETF 的流动性。

小贴士：

教大家两招辨别 ETF 是否有做市商：（1）长期在买一买二买三挂单和卖一卖二卖三挂单都有 10 万元以上的挂单，而且被投资者吃掉相应买单和卖单后，有持续不断新的买单或卖单挂出。（2）看该 ETF 的折溢价水平，一般 ETF 长期折溢价能维持在 4‰以内的通常有做市商。

投资者在购买 ETF 时，最主要关注溢价率这个指标。如果溢价率为正，就是溢价，说明当前买的价格比实际价格高；如果溢价率为负，就是折价，说明当前买的价格比实际价格便宜。买 ETF 选择便宜的，即交易软件显示折价的 ETF。同样是跟踪中证 500ETF，在流动性没问题的情况下，投资者需要选折价的 ETF。

慎买高溢价率的 ETF，捡漏大幅折价的 ETF。理论上大幅折溢价是短期市场情绪恐慌或者狂热造成的，最终都会回归与实际净值对应的水平。在大幅溢价时，你花费了比实际成本更高的价格购买它，要考虑后期涨幅是否能超过你付出的额外成本。在大幅折价时，你要考虑后期指数如果下跌，那么这个折价的安全垫是否足够厚。

案例：以广发医药 ETF（159938）为例，在 2015 年 7 月 8 日市场恐慌情绪下，广发医药溢价率为负 10.02%，就是说你可以以 1.107 元买到实际价值为 1.2303 元的广发医药 ETF，若持有到 7 月 14 日，二级市场溢价 8.50%，就是说此时广发医药二级市场价格比实际净值还高 8.5%，此时你选择于二级市场卖出广发医药，收益率可以达到 43%，而实际净值的涨幅只有 19%。

相反，你若选择在 2015 年 7 月 14 日以 1.59 元的价格买入广发医药，则到 7 月 22 日，你手上广发医药价格为 1.509 元，此时你还亏损 5%，而实际上广发医药净值是涨 4.7%。这就是投资者经常所纳闷的“为何指数上涨，但是二级市场价格不涨”，究其原因，就是投资者在高溢价的时候买入了该产品。

小贴士：

了解了 ETF 的交易机制，你就知道当场内发生大幅度折溢价的时候可以运用申购/赎回的机制进行套利。另外，如果你习惯于场内购买 ETF 产品，就会知道在流动性有保证的情况下，尽量选择在折价大的时候买入，在溢价高的时候可以考虑卖出，因为若你不卖出，则套利资金的参与也会使得 ETF 的折溢价率保持在 0%附近。

4.3　沪深交易所 ETF 的交易模式

在说到 ETF 的时候，经常会提到单市场 ETF 以及跨市场 ETF 的概念。很多投资者很困惑，什么是单市场 ETF，什么是跨市场 ETF？关于投资者如何区别单市场 ETF，以及它们的申购/赎回交易机制，老罗将在本节给大家好好说明一下。

1. 单市场 ETF 概念及申购/赎回机制

如果 ETF 跟踪指数的成份股都是在上交所上市的股票，即上交所的股票代码“60****”，就是上交所单市场 ETF，例如大家常听到的上证 50，就是在上交所上市的市值最大的 50 个股票。上海单市场 ETF 就是跟踪成份股来自上海交易所的指数，常见的上交所单市场 ETF 可见表 4.2。

表 4.2　上交所主要单市场 ETF 产品

代码	名称	成立日期	标的指数简称	资产规模（亿元）
510050	华夏上证 50ETF	2004-12-30	上证 50	444.17
510180	华安上证 180ETF	2006-04-13	上证 180	195.01
510810	汇添富中证上海国企 ETF	2016-07-28	上海国企	100.82

续表

代码	名称	成立日期	标的指数简称	资产规模（亿元）
510820	汇添富上海改革发展 ETF	2017-12-01	上海改革	42.85
510230	国泰上证 180 金融 ETF	2011-03-31	180 金融	60.75
510880	华泰柏瑞红利 ETF	2006-11-17	上证红利	26.28

数据来源：Wind，截至 2019/3/31。

如果指数成份股代码都是“000***”（深市主板）、“002**”（深市中小板）和“300***”（深市创业板），则其指数成份股都来自深交所，发行该指数的 ETF 产品，都属于深交所单市场 ETF，例如我们常说的深 100ETF、中小板 300ETF 和创业板指 ETF 都是深交所单市场 ETF。

表 4.3　深交所主要单市场 ETF 产品

代码	名称	成立日期	标的指数简称	资产规模（亿元）
159915	易方达创业板 ETF	2011/9/20	创业板指	209.42
159901	易方达深证 100ETF	2006/3/24	深证 100	55.91
159902	华夏中小板 ETF	2006/6/8	中小板指	26.11
159952	广发创业板 ETF	2017/4/25	创业板指	16.39
159905	工银瑞信深证红利 ETF	2010/11/5	深证红利	9.70
159903	南方深成 ETF	2009/12/4	深证成指	4.45
159943	大成深证成份 ETF	2015/6/5	深证成指	2.68
159907	广发中小板 300ETF	2011/6/3	中小 300	2.39

数据来源：Wind，截至 2019/3/31。

对于单市场 ETF，申购/赎回以及买卖的规则如下：

（1）当日申购的基金份额，同日可以卖出，但不得赎回；

（2）当日买入的基金份额，同日可以赎回，但不得卖出；

（3）当日赎回的证券，同日可以卖出，但不得用于申购基金份额；

（4）当日买入的证券，同日可以用于申购基金份额，但不得卖出。

通俗点讲，单市场 ETF 可以变相实现 T+0 交易，即当日申购可以卖出，当天买入可以赎回得到股票并卖出股票。也就是因为这个机制的存在，单市场 ETF 的场内折溢价水平相对较低，因为折溢价太高容易引来套利资金进行套利。

小贴士：

目前，国际上通行的股票结算交收时间一般为 T+3 日，最快也要 T+1 日，无法做到及时结算交收。与国外证券市场实行严格的二级托管不同，我国实行集中托管，可以实现对证券的 T+0 交付，独创了可以在一级市场和二级市场交易，变相实现了 T+0 的效率，也使得二级市场的价格与实际净值接近，否则套利机构场内就会实时套利，来减少二级市场价格的折价或者溢价。

2. 跨市场 ETF 概念及申购赎回机制

跨市场 ETF 就是跟踪指数的成份股涵盖了上交所和深交所上市的股票，例如沪深 300ETF、中证 500ETF 都属于跨市场 ETF。同样是沪深 300ETF，基金管理公司可以选择在上交所上市，也可以选择在深交所上市。例如华泰柏瑞沪深 300ETF 就选择于上交所上市，而嘉实沪深 300ETF 就选择于深交所上市。要区分是在上交所上市还是深交所上市，最简单的方法是看基金代码，上交所 ETF 交易代码为：51****，深交所 ETF 代码为：159***。

由于对于跨市场 ETF，最大的难点是投资者用股票组合申购的时候交易所如何判断另外一个交易所的股票是否真实存在，因此导致两个交易所对跨市场 ETF 采用了不同的交收模式。

上交所跨市场 ETF 模式强调效率和 T+0。上交所跨市场 ETF 对 ETF 里面的深圳股票通过现金替代的方式，实现了 T+0，以沪深 300 为例，投资者申购上交所的沪深 300ETF，需要买入成份股里面占比约 75%左右的上交所上市的股票，然后加上 25%的现金交给该 ETF 管理的基金管理公司，由基金管理公司通过实时买入 25%深圳上市的股票，即可实时确认，投资效率非常高。这个模式的优点是效率非常高，投资者可以多次进行 T+0 套利，资金利用效率高。缺点是由于是基金管理人拿你的现金实时购买深市的股票，投资成本不确定，ETF 跟踪误差很容易更大。

深交所跨市场 ETF 模式强调实物申赎。投资者买入上海和深圳一篮子股票进行申购 ETF，由于上海那部分股票深交所没办法实时确认是否存在，需要第二天经过中登结算公司清算确认，故确认效率比上交所跨市场 ETF 模式低。投资者 T 日申购一篮子深交所跨市场 ETF，需要 T+2 日才能在场内获得 ETF 份额卖出，而上交所几乎可以实时获得 ETF 份额。故深交所跨市场 ETF 的“实物申赎”模式的优点是运作透明、投资成本确定以及申赎过程风险可控，缺点是资金运用效率低，不能做到 T+0。两者比较如表 4.4 所示。

表 4.4　沪深跨市场交易所交易规则比较

对比事项	深交所沪深嘉实 300ETF	上交所华泰柏瑞沪深 300ETF
跟踪标的成份股	沪深 300	沪深 300
现金替代规则	上交所股票允许股票替代	深交所股票必须现金替代
申购赎回规则	T 日申购，T+2 日卖出或赎回； T 日买入 ETF 份额，T+1 日可赎回或卖出	T 日申购，T 日可卖出，但不能赎回。 T 日申购且 T 日未卖出的基金份额，清算交收完成后方可卖出和赎回； 当日买入的基金份额，同日可以赎回，但不得卖出
主要优势	可全部用股票换购，交易成本可控	变相实现 T+0，资金效率非常高

小贴士：

通常上交所跨市场 ETF 由于交易效率高，导致场内流动性会比深交所跨市场 ETF 更好，基金管理公司在跨市场 ETF 产品布局上也会优先考虑于上交所上市。所以，深交所已经意识到这个问题，开始进行系统改造，实现和上交所一样交易效率的模式，实现 T 日申购，T 日可卖出，目前老罗了解到深交所正在加快推进申购/赎回模式的改造，具体完成时间可以关注深交所的公告，届时深交所跨市场模式的交易效率进一步提升，可以实现“T 日申购，T 日可卖出；当日买入的份额，当日可以赎回”，也能和上交所跨市场 ETF 一样实现变相 T+0 交易。

4.4　ETF 的套利策略

ETF 套利是很多投资者关心的 ETF 投资技能，顾名思义，套利是一种风险很低的投资方式，所有投资者都喜欢且想掌握。但是好的套利机会可能一年也就几次，要么是因为某个事件引起某个产品价格严重偏离实际净值，要么市场非常疯狂或者悲观，导致产品价格偏离净值。老罗给大家介绍 ETF 的三种套利方法，也是目前常用的三种套利的方法，大家掌握以后，当套利机会来临后，可要好好把握。

1．ETF 折溢价套利

折溢价套利机制有效地保证了 ETF 二级市场价格与一级市场净值（IOPV）的较小误差（除深交所跨市场 ETF 其套利时间需要 T+2，其余套利时间 T+0 瞬间完成）。深交所跨市场 ETF 可以做延时套利，而单市场 ETF 和上交所跨市场 ETF 主要是瞬时套利，如图 4.14 所示。ETF 的折溢价套利存在正向和反向两种方式。

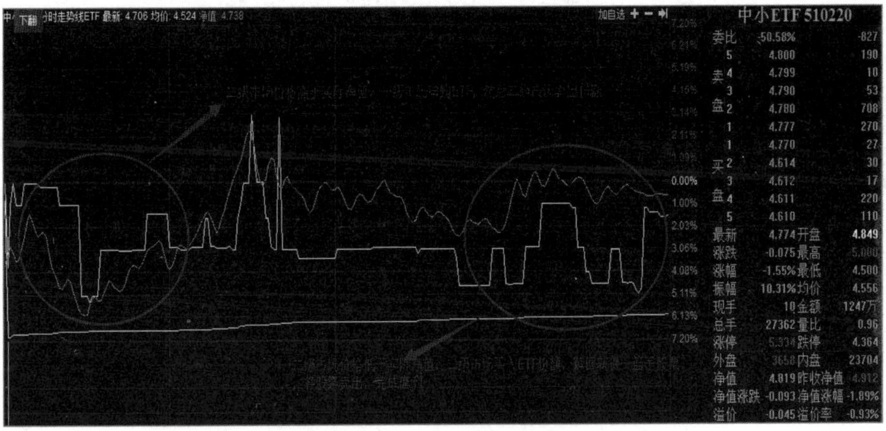

图 4.14　中小 300ETF 折溢价套利

折价套利（反向套利）：当 ETF 市价小于净值时，买入 ETF，赎回 ETF 得到一篮子股票，然后卖出一篮子股票；

溢价套利（正向套利）：当 ETF 市价大于净值时，买入一篮子股票，申购 ETF 份额，然后卖出 ETF。

瞬间日内套利门槛较高，资金需要百万元以上，还要考虑相关手续费、停牌股票和冲击成本等因素，故一般为专业能力较强的投资者用来进行套利操作。

通常来说，单市场 ETF、上交所跨市场 ETF 套利效率较高，专门套利机构可以实时完成瞬时套利。对于小白而言参加没什么优势，反观深交所的跨市场 ETF 由于套利效率较慢，机构存在持有基金波动风险，所以套利机会和空间更大。

下面举两个深交所跨市场 ETF 折溢价套利的例子。

（1）溢价套利案例

在 2015 年疯狂的牛市期间，信息技术 ETF（基金代码：159939）受很多小白投资者疯狂炒作，场内溢价最高居然达到 74%而且场内成交活跃，日均成交金额高达 5000 万元左右，投资者可以在 2015 年 5 月 26 日场内申购 ETF，由于该 ETF 品种是深交所跨市场 ETF，其申购到场内交易需要 T+2 个交易日，故在 5 月 26 日以 2.0535 元净值申购 ETF，到 5 月 28 日 3.399 元的价格场内卖出，仅仅 2 天时间，申购溢价套利收益率为（3.399÷2.0535）−1=65.52%，令人震惊吧？2015 年一年的收益率都未必有这么高，如表 4.5 所示。

表 4.5　信息技术 ETF 价格净值变化及折溢价率

日　期	信息技术 ETF 收盘价格（元）	信息技术 ETF 净值（元）	折溢价率（T 日基金收盘价/T 日基金净值-1）
2015-05-26	2.8090	2.0535	37%
2015-05-27	3.0900	2.0657	50%
2015-05-28	3.3990	1.9551	74%

数据来源：Wind。

（2）折价套利案例

以广发医药 ETF 为例，在 2015 年 7 月 8 日市场恐慌情绪下，广发医药溢价率为负 10.02%，就是说你可以以 1.107 元买到实际价值 1.2303 元的广发医药 ETF，由于 ETF 赎回需要一个篮子（金额大约相当于 100 万元），而深交所跨市场 ETF 是 T+1 日赎回，故在第二日按照 1.2874 元的净值赎回，扣除 0.5%的赎回费，套利收益率=1.2874×0.995÷1.107−1=15.71%，两天时间套利收益率高达 15.71%，如表 4.6 所示。

表 4.6　广发医药 ETF 价格净值变化及折溢价率

日期	广发医药收盘价格（元）	广发医药净值（元）	折溢价率（T 日基金收盘价/T 日基金净值-1）
2015-07-08	1.107	1.2303	−10.02%
2015-07-22	1.218	1.2874	−5.39%
2015-07-25	1.34	1.3554	−1.14%

数据来源：老罗话指数投资微信公众号测算。

2. 日内波段套利

由于 ETF 存在独特的一、二级市场联动机制，投资者可以当日“先申购然后卖出”或者“先买入然后赎回”的模式实现变相“T+0”的交易。日内波段套利为延时交易，又可以称日内趋势交易。日内波段套利策略的成功与否取决于投资者对日内行情的正确判断，相比上面折溢价套利这种瞬时套利来说风险更大。

投资者可以通过下面两种方式进行日内波段的趋势交易，如图 4.15 所示。

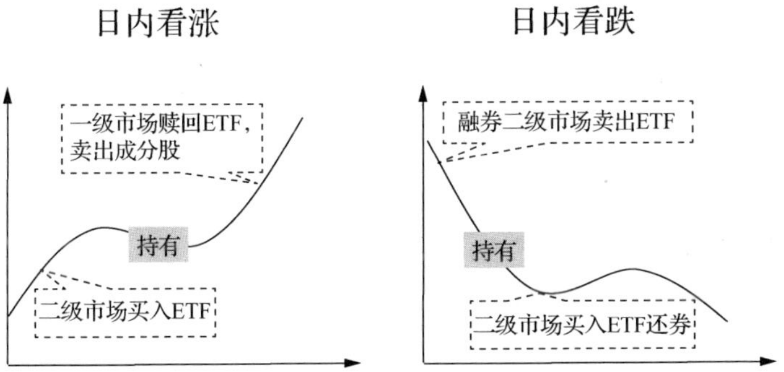

图 4.15　融券与 ETF 的日内波段交易

（1）日内看涨的行情。投资者有两种方法可以实现日内波段的趋势交易。

第一种方法，投资者在相对低位买入足够的 ETF 份额（最小赎回单位的整数倍），赎回获得一篮子股票组合，待市场反弹后将赎回得到的股票卖出。

第二种方法，投资者在相对低位买入一篮子股票，申购成 ETF 的基金份额，等到市场反弹后场内卖出 ETF 的基金份额。

（2）日内看跌的行情。投资者可以在相对高位融券在二级市场卖出 ETF 份额，等到市场下跌后，在二级市场买入 ETF 份额进行还券。

投资者最终选择上述哪种方法进行“T+0”日内波段趋势交易，需要关注两个关键因素：一是成份股以及 ETF 二级市场的流动性；二是买入时点的折价或者溢价以及相应的幅度。另外，只要指数在日内频繁地上下波动，这种投资策略可以反复交易多次。

案例：

2013 年 6 月 25 日，沪深 300ETF 在午后大幅下跌，一度达到 2.123 元的低位。套利者买入一篮子股票申购 ETF，在市场快速反弹后于 2.142 元的价格卖出 ETF，单次交易套利收益为(2.142-2.123)/2.123-0.1%=0.79%（考虑双边交易成本 0.1%），如图 4.16 所示。

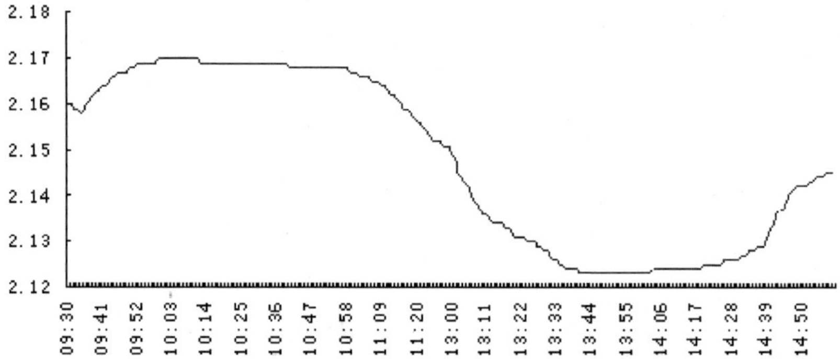

图 4.16　申购/赎回的 ETF 日内波段交易

3. 期现套利

期现套利的基本原理是当股指期货合约被高估时，投资者可以卖出该期货合约，买入现货 ETF，进行风险对冲。由于股指期货是以到期日指数最后两小时指数点位算数平均的价格进行现金结算的，所以股指期货最终会收敛于现货。当现货和期货价格差距趋于正常时，将期货合约平仓，同时卖出 ETF，可以获得套利利润，这种策略称为正向基差套利，如图 4.17 所示。

反之，当某个交割月份的期货合约被低估时，如果允许融券 ETF，则投资者可以买入该期货合约，融券卖空对应的 ETF，建立套利头寸。当现货和期货价格趋于正常时，同时平仓，获利了结，这是反向基差套利。

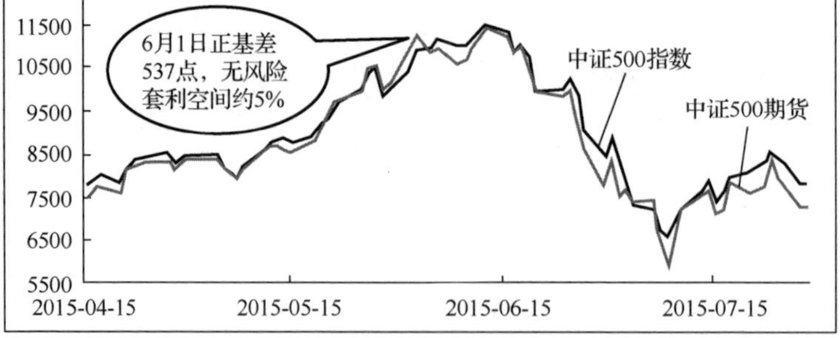

图 4.17　中证 500ETF 期现套利

目前正向基差套利是市场常用的套利方法。例如 2015 年 6 月 1 日中证 500 期货指数为 11025 点，中证 500 指数为 10488 点，中证 500 期货比中证 500 指数高 537 点，相当于指数 5%的空间，这时对于套利投资者而言是个送钱的好机会。

投资者需要买入一份看跌的股指期货合约，合约价值约为 220 万元，同时买入等额 220 万元广发中证 500ETF（代码 510510），6 月 1 日广发中证 500ETF 价格为 2.976 元，假定在基差接近收敛的 6 月 16 日进行平仓操作（即平仓股指空头股指期货合约，卖出广发中证 500ETF），中证 500 期货为 10839 点，广发中证 500ETF 价格为 3.055 元。不考虑费率等因素影响，此次套利实际操作带来的收益率为两部分，股指期货平仓收益率为（11025-10839）/11025=1.69%；500ETF 收益率为（3.055-2.976）/2.976=2.65%，累计带来 4.34%的套利收益率，如图 4.18 所示。

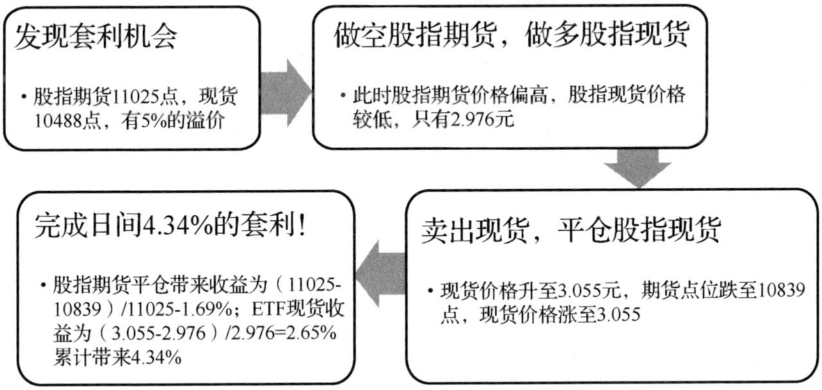

图 4.18　实例分析中证 500ETF 套利过程

4．ETF 事件套利

ETF 事件套利是指在 ETF 跟踪的指数成份股出现涨/跌停、停牌等事件时，通过 ETF 的申购/赎回机制变相实现“买入”或“卖出”本不能通过二级市场交易得到的股票。根据事件对股价影响的好坏，进行套利。当然前提是也要结合 ETF 的 PCF 标志位的设置，来进行多头或者空头事件套利。

我们先来复习一下 PCF 清单的设置。ETF 每日 PCF 清单对成份股设置现金替代标志：（1）禁止现金替代：股票申购，股票赎回。（2）必须现金替代：现金申购，现金赎回。（3）允许现金替代：现金或股票申购，股票赎回。

ETF 事件多头套利：A 股票因事件 B 停牌，预计复牌后股价大涨，且 ETF 里面的 A 股票现金替代标志位设置为“允许”。即停牌股看多，那么可以通过买

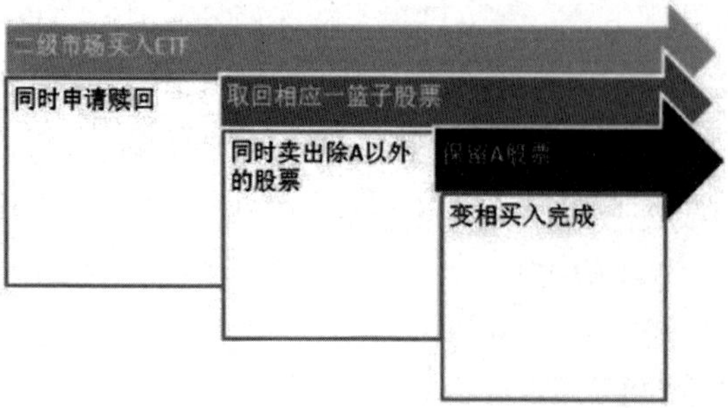

图 4.19 ETF 事件套利的过程

入 ETF 份额，赎同时申请赎回 ETF，取回相应的一篮子股票，卖出除 A 股票以外的其他股票，保留 A 股票，待停牌股复牌享受上涨收益，如图 4.19 所示。

案例：2008 年 10 月停牌至 2009 年 2 月 16 日复牌期间，深证 100 涨 30%，汽车板块整体大幅上涨；投资者买入深 100ETF 并赎回，可按停牌前价格 3.67 元获得长安汽车股票（每个篮子对应 2200 股），复牌后 7 个连续涨停打开卖出，单个篮子盈利 7656 元。

ETF 事件空头套利：就是认为这个股票未来要下跌，且 ETF 的该股票是允许现金替代，那么我们有两种方法进行 ETF 事件空头套利。

（1）A 股票因事件 B 停牌（预计复牌股票大跌）或“一字跌停”无法卖出，如果 A 股票是 ETF 的成份股，那么我们可以通过买入除 A 股票以外的其他 ETF 成份股，加上跌停或者停牌无法卖出的 A 股票构成 ETF 一篮子股票组合，用一篮子股票申购 ETF 并获得 ETF 份额，场内卖出 ETF 份额，这样就变现卖出了 A 股票。

案例：2008 年的 5 月 7 日，×股票因为重大资产重组而停牌，时间长达一年之久，而在×股票停牌期间，指数也是一路“跌跌不休”，从 3579 点一路跌至×股票复牌时的 2653 点，跌幅为 25.86%，其间最低点为 1664 点，即最高跌幅高达 53.48%。因此，投资者普遍预计，×股票复牌将持续补跌，在这种情况下，利用 50ETF 的套利功能套取现金就成为那些被困×股票的机构资金唯一选择。那些被困×股票的机构的做法是，买入上证 50ETF 指数中的其他 49 只成份股的股票，然后利用这些股票与手中的×股票进行配套，形成与 50ETF 指数基金完全一致的一篮子股票并用其来申购上证 50ETF 份额，申购完成之后随即在二级市场上将申购来的 50ETF 份额卖出，从而顺利地实现对×股票的间接变现。有报道说，大多数持有×股票的机构投资者在其停牌的一年时间当中，陆续地通过这种“曲线救国”的方式实现了变现的目的。

（2）A 股票因停牌（预计复牌股票大跌）或“一字跌停”无法卖空，T 日投资者在二级市场买入除 A 以外的成份股，即刻融券卖空 ETF，待 A 复牌或价格合理时买入 A，然后与 T 日购入的其他成份股申购 ETF 还券（需考虑融券利息）。

5. ETF 产品之间的组合套利策略

随着 ETF 产品不断丰富，投资者不仅可以在 ETF 与成份券之间进行套利，还可以在不同 ETF 之间套利。例如，A 股票是多个 ETF 成份券，目前其已停牌并发布重大利好消息，若此时不同 ETF 二级市场价格对该成份券事件反映不一致，且 PCF 清单未设置必须现金替代标志，则投资者可通过买入市价相对低估的 ETF 后赎回，卖出除停牌券外的其他成份券，利用现金和该成份券配置成市价相对高估 ETF 的篮子，再申购该高估 ETF 后迅速在二级市场卖出，套取市价相对高估与低估的两个 ETF 品种的价差收益。

老罗有话说：

瞬时套利的机会一般不适合散户，因为市场上有专门的投资机构关注 ETF 折溢价，如果折价或者溢价太多，他们比散户更有机会用程序化套利。而延时套利一般会存在持有 ETF 标的一天净值波动的风险，故本节举的信息技术 ETF 和广发医药 ETF 的例子里面，少有专业机构参与套利，反而给普通散户更大的套利获利空间。另外，大家在做套利的时候要多思考，如果 ETF 折溢价比较大而且持续，是不是由于某个股票停牌导致的。总之，套利是门技术活，需要大家多多总结和运用。

4.5 ETF 投资策略的六大误区

很多投资者对 ETF 投资存在一些误区，导致他们对 ETF 望而却步。一直在门外徘徊，犹豫着要不要入场的投资者可以看看是否中招了，不要让以下误区致使你与 ETF 失之交臂。

1. 误区一：ETF 只供大户专享

很多投资者误以为 ETF 投资门槛很高，申赎资金一般在 100 万元以上，只适合大户和机构投资者参与。但其实，ETF 也有适合普通投资者的交易方式，即在场内买卖，且门槛极低，买入的最小单位是 1 手（1 手为 100 份基金份额）。有些投资工具的门槛其实更高，如申请开通分级基金的相关权限要求前 20 个交易日日均证券类资产不低于人民币 30 万元，而股指期货和期权的开户资金门槛是 50 万元。因为分级基金与期权期货涉及杠杆交易，风险较大，设置较高的门槛也是出于对普通投资者的保护。因此，市场门槛的高低是充分考虑过投资者的能力与风险承担水平而设置的，对于想参与 ETF 投资的普通投资者，场内买卖是一个可供选择的方式，即使资金量小也无碍。

2. 误区二：只能在牛市获利

从中国历年的股市行情中可以看到，中国股市熊长牛短，如果 ETF 只能在牛市获利，那怎么还会越来越火爆呢？只能说在牛市的收益会更高，但是 ETF 在熊市和震荡市场也有可以获利的操作方法。例如，ETF 的诞生增加了市场的做空通道，纳入融资融券标的 ETF 可以通过融券卖空的方式在看空行情中获利。又如波段操作，该策略与市场所处的牛熊阶段无关，只要有波动，就可以通过在低点买入、高点卖出获取收益。以创业板指为例，2018 年行情一路下跌，在 2 月 9 日以 1592.51 点买入，在 3 月 13 日以 1872.68 点卖出，收益率可以达到 17.59%，如图 4.20 所示。

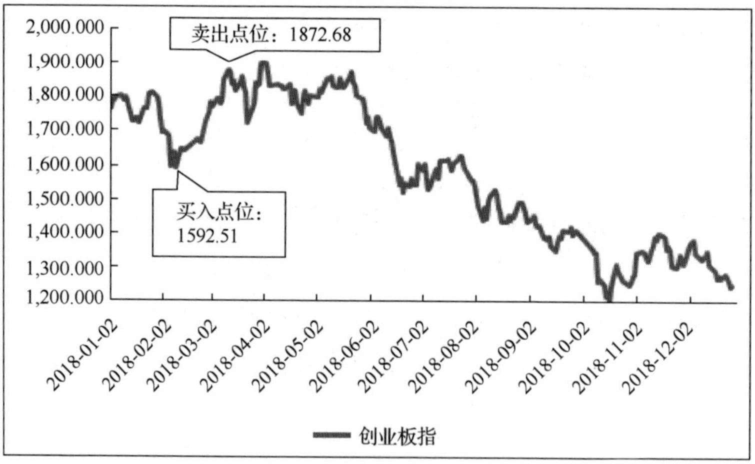

图 4.20　创业板指数的波段操作

3. 误区三：只用于短线交易

ETF 作为指数基金，不仅可以用于短线操作，还兼具长期投资和资产配置的功能。随着 ETF 的发展，跨境 ETF、债券 ETF、黄金 ETF 等创新产品陆续推出，品种越来越多样，并且 ETF 的费率与跟踪误差都低于普通的开放式基金，用 ETF 进行资产配置愈发便利，成本更加低廉，收益表现也可圈可点。以下例子是用创业 ETF、上证 10 年期国债 ETF 和纳指 ETF 作为资产配置组合，资产配置比例为 3∶4∶3，累计收益率如图 4.21 所示。整体表现尚可，资产配置平滑了收益却也分散了风险，适合厌恶高风险的投资者。

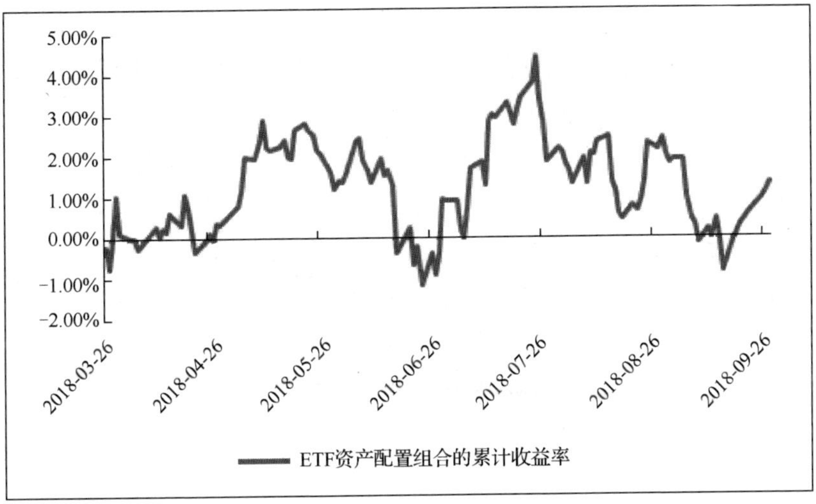

图 4.21 ETF 资产配置组合的累计收益率（2018.3.26—2018.9.28）

4. 误区四：只热衷套利交易

在 ETF 刚推出时，市场中可能还有套利机会，但随着市场的不断发展，近年来套利的获利空间在逐渐缩小，所以如果认为 ETF 仅靠套利赚钱那就错了。套利只是 ETF 众多策略中的一种而已，近年来收益已不如波段操作和资产配置。并且套利还要考虑诸多限制和成本因素：（1）套利需要考虑停牌票、PCF 清单设置和冲击成本等因素；（2）ETF 交易没有印花税，但卖出股票需交纳 0.1%的印花税；（3）一次 ETF 套利交易的成本大约在 0.05%～0.15%之间，该水平视券商佣金水平而定；（4）ETF 一个篮子通常在 100 万元到 300 万元之间，需要专门的套利软件，有一定的门槛，不适用于所有人。基于上述种种限制，市场上参与套利的机构不超过 30 家。目前，ETF 除了套利交易外，还有许多策略已被挖掘并且运用于实战中，如日内 T+0 交易、行业轮动、风格轮动、市场中性、多空策略等。投资者可将目光放宽，解锁更多 ETF 的投资策略，拓展 ETF 的应用边界。

5. 误区五：只认为风险极高

股票 ETF 的跟踪标的是股票指数，指数是多个股票的集合，而非单一股票，从这个角度看，ETF 恰恰是一个分散个股非系统性风险的优良工具。单一股票隐含的风险可能是巨大的，光是 2018 年就出现了很多个股“黑天鹅”事件，这些事件导致相关上市公司的股价大幅下挫。ETF 通过跟踪股票指数，降低了单一股票价格波动的风险，对于选股能力较弱或无法承受较高风险的投资者而言，ETF 是相较单一股票风险更低的投资工具，并且还可以配合资产配置和基金定投来实现风险的进一步分散。

6. 误区六：只盯住高深策略

有的投资者看到 ETF 既可用一篮子股票在一级市场申购/赎回，又可在二级市场买卖，使得有些 ETF 的交易策略十分复杂，因此认为策略越复杂，交易频率越高，获利的概率也越大，但事实却并非如此，两者不一定存在正相关的关系。因此，投资者无须将目光放在高深的策略上，寻找适合自己的投资方式才是最好的，大道至简的策略未尝不可。

定投就是一种简单的策略，在固定的时间、以固定的金额，自动扣款投资到指定的开放式基金，看似简单却能够给投资者带来不错的收益。定投获利的原理是定投的微笑曲线，通过在市场低迷时以较低的成本购入更多的份额，在这一过程中摊薄了成本，当市场回升时，投资者就能获利。举个例子，从 2011 年年初开始每周定投沪深 300 指数，到 2015 年 6 月 12 日止盈，周定投沪深 300 指数的累计收益率达到 104.53%，年化收益率达到 18.26%，如表 4.7 所示。

表 4.7　周定投沪深 300 指数收益情况

	累计投入（万元）	最终基金资产（万元）	累计收益率	年化收益率
沪深 300	22.8	46.6	104.53%	18.26%

数据来源：Wind，统计区间：2011 年 1 月 7 日至 2015 年 6 月 12 日。

总而言之，策略的优劣不在于其复杂程度，最重要的是适合自己，别人的鞋子不合自己的脚，适合自己的才是最好的。

第 5 章　债券 ETF

5.1　债券 ETF 的概况介绍

5.1.1　债券 ETF 概念

债券型交易所交易基金（简称“债券 ETF”）采用指数复制法实现对标的指数的有效跟踪，以最小跟踪误差为投资目标。标的指数的成份券与单一债券相比具有明显的数量优势，对单一突发事件的敏感性较低，非系统性风险相对较低。债券 ETF 的分散投资可以满足投资人大类资产配置的管理需求和风险敞口的管理，优化整体投资组合的风险收益。

债券 ETF 既可以在一级市场申购/赎回，又可以在二级市场买卖交易债券基金的份额。根据投资标的范围的不同，分为国债 ETF、金融债 ETF、城投债 ETF、企业债 ETF 等。

债券 ETF 可以分为实物债券 ETF 及现金债券 ETF。实物债券 ETF，是指所跟踪债券指数的成份证券为交易所上市债券、投资者使用债券组合申购/赎回的 ETF。现金债券 ETF，是指跟踪债券指数、投资者使用全额现金申购/赎回的 ETF。虽然债券 ETF 只包含债券，但是它们像股票一样在交易所交易，具有证券交易的特性。投资者既可以在一级市场申购/赎回，也可以在二级市场买卖债券 ETF 份额，通过投资债券 ETF，投资者可以很方便地实现对一篮子债券的投资。以国债 ETF 为例，其跟踪标的指数是上证 5 年期国债指数，投资国债 ETF 就相当于购买了一篮子久期为 5 年左右的国债组合。投资者通过投资国债 ETF，可以方便地享有 5 年期国债的收益率。

截至 2019 年 3 月 31 日，我国 A 股市场共有 10 只债券 ETF 产品，规模总计达 115 亿元，主要分布在上交所，产品类型以跟踪国债指数为标的产品为主，如表 5.1 所示。

表 5.1 交易所债券 ETF 产品情况

代码	名称	基金管理公司	成立时间	资产规模	上市地	跟踪指数名称
159926	国债 ETF	嘉实基金	2013-05-10	0.08	深圳	中期国债（净价）
511010	国债 ETF	国泰基金	2013-03-05	5.32	上海	上证 5 年国债（全）
511020	活跃国债	平安基金	2018-12-21	11.60	上海	中证平安 5～10 年国债（净）
511030	公司债	平安基金	2018-12-27	51.49	上海	中债～中高等级公司债利差因子净价
511220	城投 ETF	海富通基金	2014-11-13	22.19	上海	沪城投债
511260	十年国债	国泰基金	2017-08-04	5.45	上海	上证 10 年国债
511270	10 年地债	海富通基金	2018-10-12	18.52	上海	上证 10 年地债
511280	中期信用	华夏基金	2018-05-03	0.47	上海	沪质中高债 3～5 年
511290	国债十年	广发基金	2018-03-26	0.29	上海	上证 10 年国债（净）
511310	十年债	富国基金	2018-03-19	0.34	上海	中证 10 年国债

数据来源：Wind，截至 2019 年 3 月 31 日。

5.1.2 债券 ETF 的优势

（1）管理费率低。 ETF 一般采用指数化的被动投资方式，管理费率相对较低。从全球范围来看，主动管理型债券基金的管理费率介于 0.5%～0.9%之间，而债券 ETF 的管理费率一般为 0.15%左右。由于债券基金本身的预期收益率较低，因此管理费的差异成为影响持有人收益的一个重要因素。

（2）收益相对稳定。指数化投资的另一个优点是降低了由基金经理管理不善带来的收益低于预期的风险。换言之，主动管理型债券基金可以通过积极主动的券种配置和个券选择，获得超越债券指数的回报，但投资者同时也需承担基金业绩低于指数回报的风险。相比两者，债券 ETF 的收益相对稳定且便于预测。

（3）交易成本低廉。开放式债券基金的申购费率一般为 0.8%，申购资金越大，申购费率越低，赎回费率一般为 0.1%，持有时间越长，赎回费率越低。对于资金量较小的投资者来说，若持有期间不足一年，则购申/购赎回费率合计为

0.9%，交易成本较高。而在交易所买卖债券 ETF 可免收印花税，假设一个投资者的交易佣金费率为 0.1%，完成一次买卖的成本合计占 0.2%左右，其中包括买入和卖出的交易佣金、经手费和证券监管费，约为开放式债券基金交易成本的 1/4 左右。

（4）T+0。债券 ETF 的 T+0 可以分为两种，一种是直接 T+0，另一种是间接 T+0。直接 T+0 就是日内回转交易，即 T 日买入 ETF，T 日就可以直接卖出，帮助投资者捕捉短期投资机会，实现精准择时。间接 T+0 就是当日购买的债券当日可以申购债券 ETF，同时当日在场内卖出债券 ETF，即可实现间接 T+0，如图 5.1 所示。

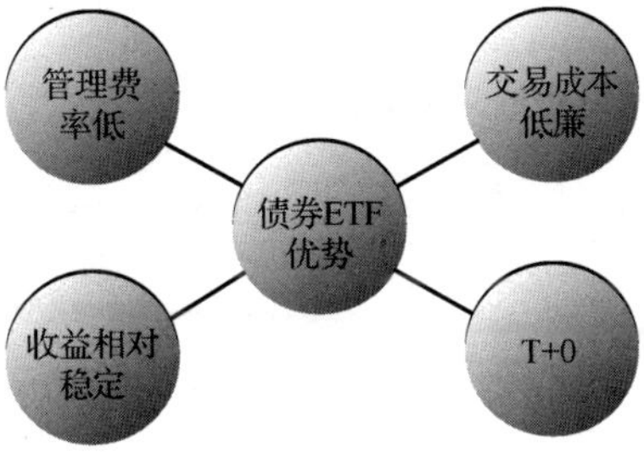

图 5.1　债券 ETF 的四大优势

5.1.3　债券 ETF 申购/赎回交易机制

独特的实物申购/赎回机制：所谓实物申购/赎回机制是指，投资者向基金管理公司申购 ETF，需要拿 ETF 指定的一篮子债券来换取；赎回时得到的不是现金，而是相应的一篮子债券；如果想变现，则需要再卖出这些债券。此外，ETF 有“最小申购、赎回份额”规定，只有资金量较大的投资者才能参与 ETF 一级市场的“实物申购/赎回”。

实行一级市场和二级市场并存的交易制度：在一级市场上，投资者可以用债券换份额（申购）、用份额换债券（赎回）。在二级市场上，ETF 与普通交易所债券一样在市场挂牌交易。无论是资金量较大的投资者还是中小投资者均可按市场价格进行 ETF 份额的交易。一级市场的存在使二级市场的交易价格不可能严重偏离基金份额净值，否则就会发生两个市场的套利交易，使二级市场价格恢复到基金份额净值附近。因此，正常情况下，ETF 二级市场交易价格与基金份额净值总是比较接近。

债券 ETF 可以实物债券 ETF 申购/赎回和现金债券 ETF 申购/赎回。上交所和深交所的实物债券 ETF 的申购/赎回效率很高，T 日申购，T 日可卖，T 日买入份额，T 日可赎回。深交所的现金申购债券 ETF，T 日申购，T+2 日可卖可赎回，而上交所的现金申购债券 ETF，T 日申购，T+1 日可卖、可赎回。另外，投资者在申购过程中可以选择实物申购或现金申购。需要说明的是，2019 年深交所结算模式在升级，升级以后深交所的现金债券 ETF 的申赎效率提升，实现 T 日申购，T+1 日可卖可赎，与上交所申购/赎回效率一致。

表 5.2　交易所债券 ETF 申购/赎回机制

模　式	实物债券 ETF	现金债券 ETF
深交所申购/赎回效率	T 日申购份额、T 日可卖 T 日买入份额，T 日可赎 T 日赎回证券，T 日可卖	申购债券 ETF，T 日申购，T+2 日可卖可赎。T 日赎回，T 日可卖，T 日可申购
上交所申购/赎回效率	T 日申购份额、T 日可卖 T 日买入份额，T 日可赎 T 日赎回证券，T 日可卖	申购债券 ETF，T 日申购，T+1 日可卖可赎。T 日赎回，T 日可卖，T 日可申购

5.1.4　债券 ETF 的风险

（1）债券 ETF 净值波动风险。债券 ETF 的成份券可能受各种因素的影响而波动，从而引起债券 ETF 资产净值的波动，产生潜在的投资风险。

（2）债券 ETF 投资组合回报与标的指数回报偏离的风险。这来源于债券 ETF 投资运作中的一些特殊因素，如：①基金采用代表性分层抽样复制策略，基金投资组合与标的指数构成可能存在差异；②全价指数的编制，计算债券利息的再投资收益，而基金在再投资中未必能获得相同的收益率；③投资者申购/赎回将带来一定的现金流或变现需求，在债券市场流动性不足时，或受银行间债券市场债券交易起点的限制，基金组合将存在现金拖累，或在变现中遭遇一定的变现损失；④其他因素产生的偏离，如基金估值与指数成份券定价的差异、最低买入张数的限制等，使得基金投资组合中个别债券的持有比例与标的指数中该债券权重可能不完全相同等。

（3）价格偏离净值的风险。尽管债券 ETF 存在一定的套利机制使其交易价格与净值趋于一致，但基金交易价格会受市场供求等因素影响，可能出现短期偏离基金份额净值的情形，即折溢价风险。

（4）投资者申购或赎回失败的风险。申购时，如果投资人未能提供符合要求的申购对价，申购申请可能失败；赎回时，如果投资人持有的符合要求的基金份额不足或未能按要求准备足额的现金，或基金投资组合内不具备足额符合要求的赎回对价，则赎回申请可能失败。

5.2　海外债券 ETF 及债券 ETF 在国内的发展史

世界上首只债券 ETF 是 2000 年 11 月由 Barclays Global Investors 推出的，其投资品种为加拿大五年期政府债券，之后美国和欧洲也陆续于 2002 年 7 月和 2003 年 5 月推出债券 ETF，并且发行公司仍为巴克莱公司。亚洲首只债券 ETF 是由汇丰于 2005 年 6 月在中国香港联交所发行额以创富债券指数为标的的基金。

5.2.1　美国债券 ETF 发展情况

这里我们以美国作为标杆，考察成熟的债券 ETF 产品的发展状况。

2002 年 7 月 22 日，Barclays Global Investors 于美国率先推出了三只债券 ETF，标志着全美债券 ETF 时代的正式开启。2002 年至 2018 年 10 月间，美国债券 ETF 的数量由 4 只增至 369 只，总资金达 5979.2 亿美元。2008 年金融危机后，债券 ETF 得到真正的发展。2008 年以前，美国证券交易监管委员会（SEC）仅对跟踪特定指数的 ETF 发放许可证。2008 年年初，SEC 豁免了一些基金发起人的申请，允许其在满足一定条件的前提下，发行完全透明的、主动管理的 ETF，这极大地促进了美国 ETF 市场的发展，并且主动管理的 ETF 的增长中大部分来源于主动管理的债券 ETF 的增长。

从数量上来看，债券 ETF 每年新发数量快速增长。2007 年后不断有新发行的产品，且除 2008 年以外，每年新发行的债券 ETF 数量都在 20 只以上。2015 年开始新发行数量逐渐递增，且增速上升，2017 年新发行的债券 ETF 达 45 只，2018 年年初至 2018 年 10 月 24 日，已发行债券 ETF 达 45 只，如图 5.2 所示。

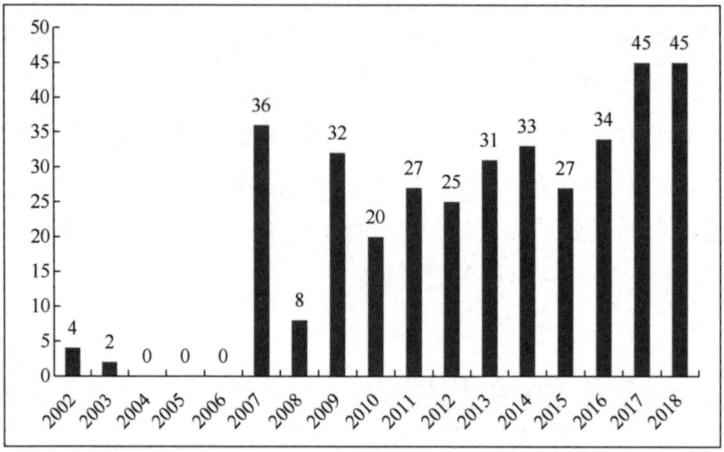

图 5.2　美国债券 ETF 每年新发行数量（2018.10.24）

我们按照具体的投资标的，将美国市场上的债券 ETF 划分为 13 类，包括公司债券、全债市场、高收益债券、市政债、政府债券、新兴市场债券、通胀保本、反向债券、杠杆债券、抵押担保、全球政府债、货币市场和优先债/可转债。针对以上每一类债券 ETF，就其产品数量与规模进行统计。

在产品数量上，截至 2018 年 10 月 24 日，美国累计发行债券 ETF 达到 369 只，如图 5.3 所示。其中，公司债 ETF 有 84 只，占比 23%，全债市场有 72 只，占比 20%，高收益债有 56 只，占比 15%，市政债有 41 只，占比 11%，政府债券有 31 只，占比 8%，新兴市场债券有 24 只，占比 7%，其余占比均小于 5%，包括通胀保本 16 只，反向债券 12 只，杠杆债券 10 只，抵押担保 8 只，全球政

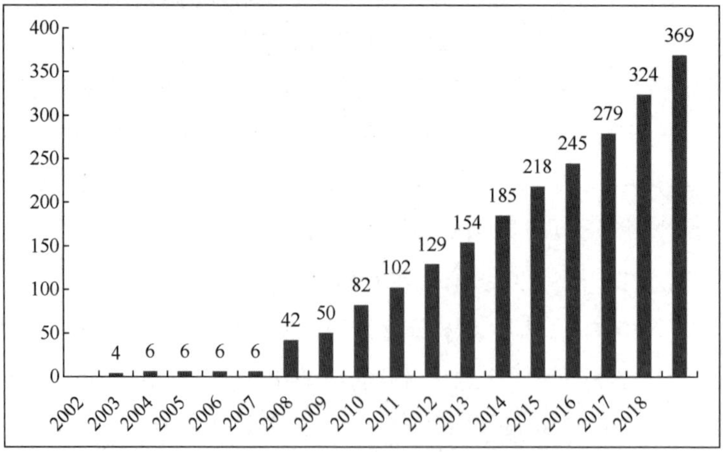

图 5.3　美国债券 ETF 续存数量（2018.10.24）

府债 8 只，货币市场 ETF 有 4 只，优先债/可转债有 3 只，如图 5.4 及图 5.5 所示。

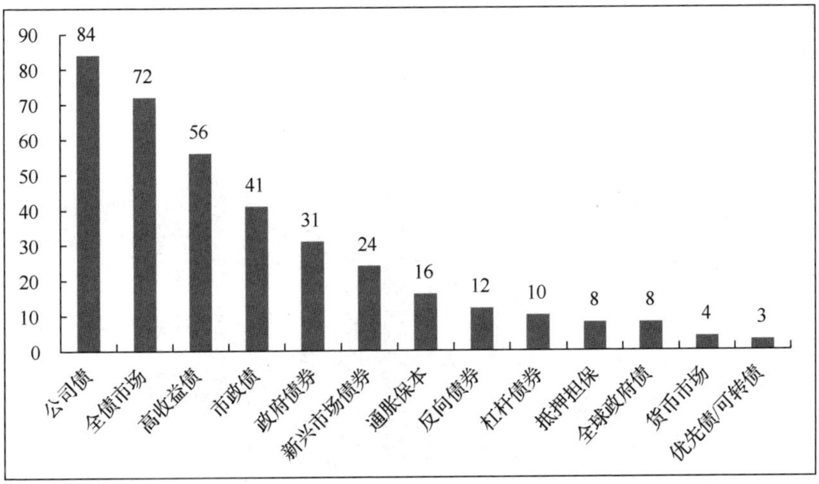

图 5.4　各类型债券 ETF 数量（2018.10.24）

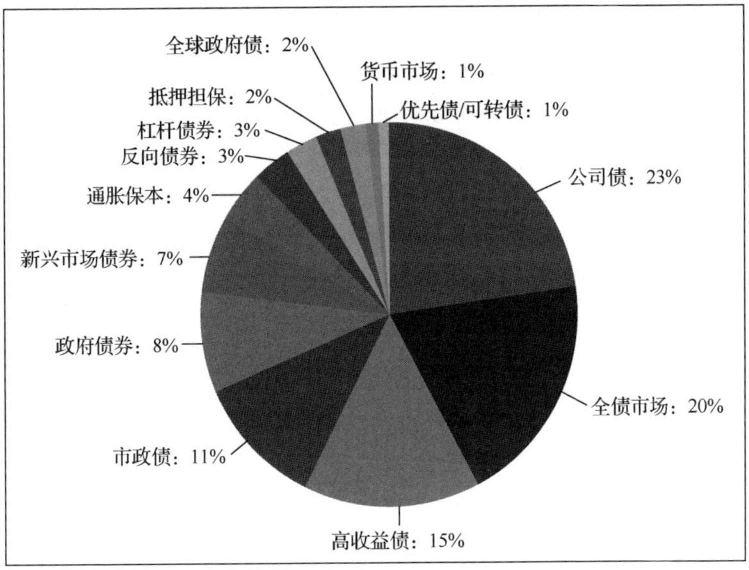

图 5.5　各类型债券 ETF 的数量占比（2018.10.24）

目前美国债券 ETF 数量最多的 ETF 为公司债 ETF、全债市场 ETF、高收益债 ETF 和市政债 ETF，从这四类债券 ETF 的发行节奏来看，美国公司债 ETF 的发行高峰在 2017 年，全债市场 ETF 的发行高峰在 2016 年和 2017 年，高收益债券 ETF 的发行高峰在 2013 年，市政债的发行高峰在 2007 年和 2017 年，如图 5.6 所示。

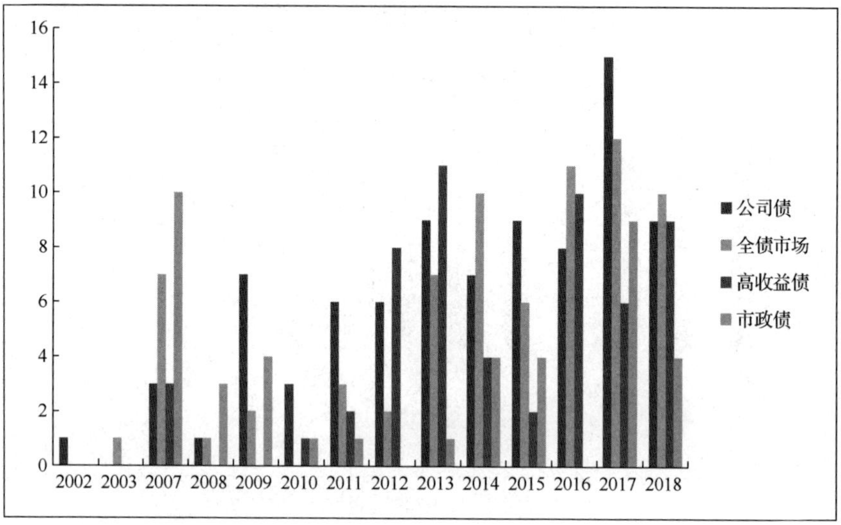

图 5.6　四类债券 ETF 各年发行数量对比（2018.10.24）

从各类型债券 ETF 的总资金占比来看，全债市场 ETF 资金规模最大，约达 1851.71 亿美元，占比 31%，排名第二的是公司债 ETF，资金规模达 1354.87 亿美元，占比 23%，排名第三的是政府债券，总资金为 842.64 亿美元，占比 14%，高收益债 ETF、市政债 ETF 和通胀保本 ETF 资金占比均在 5%～10%之间，如图 5.7、图 5.8 所示。

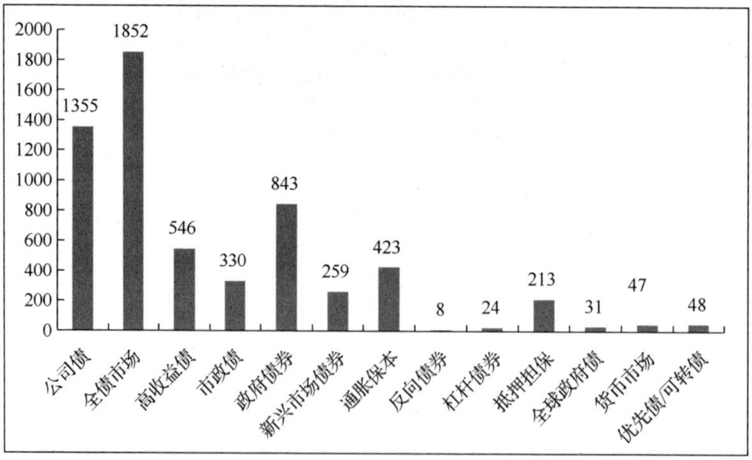

图 5.7　各类型债券 ETF 规模（2018.10.24）

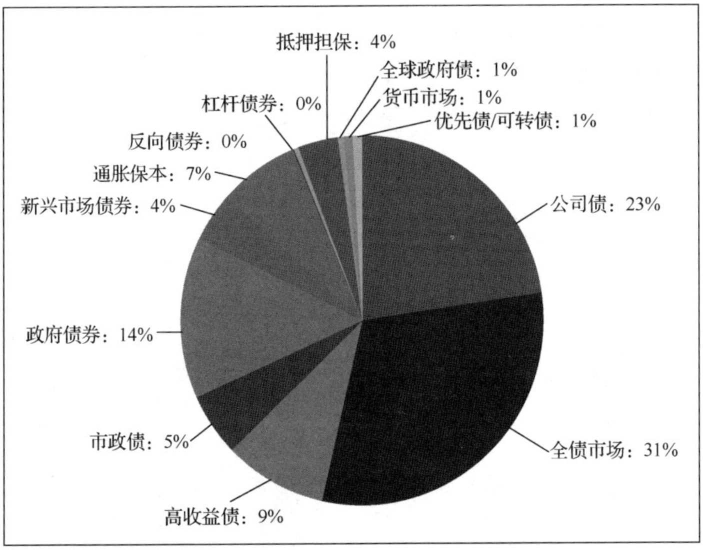

图 5.8　各类型债券 ETF 规模占比（2018.10.24）

5.2.2　我国债券 ETF 发展情况

从前面的分析中我们可以看出，美国债券 ETF 市场上各类型产品齐全，产品线完善。我国自 2004 年年底开启 ETF 之旅，经过 15 年的行业发展，目前我国 ETF 市场发展体系初见成效。截至 2018 年 10 月，我国市场约有 182 只 ETF，资产规模约为 4321.06 亿元人民币。其中，债券型 ETF 有 8 只，数量占比 4.40%，规模约 32.76 亿元，占比 0.76%，如表 5.3 所示。

表 5.3　国内 ETF 发展情况

投资类型	ETF 数量（只）	数量占比	基金规模（亿元）	市场份额
股票型基金	136	74.73%	2179.65	50.44%
国际（QDII）基金	7	3.85%	155.23	3.59%
货币市场型基金	27	14.84%	1808.34	41.85%
另类投资基金	4	2.20%	145.07	3.36%
债券型基金	8	4.40%	32.76	0.76%
总计	182	100.00%	4321.06	100.00%

数据来源：Wind，截至 2018 年 10 月 22 日。

我国首次发行债券 ETF 始于 2013 年，当时一共发行了 3 只。其中 2 只为国债 ETF（159926、511010），1 只为公司债 ETF（511210，已到期）。2014 年发行了 1 只城投 ETF（511220）。2016 年发行了 1 只周期债 ETF（511230）。2017 年发行了 2 只，1 只为国债 ETF（511260），1 只为信用债 ETF（511280）。2018 年新发行 2 只，均为国债 ETF（511310、511290），如图 5.9 所示。

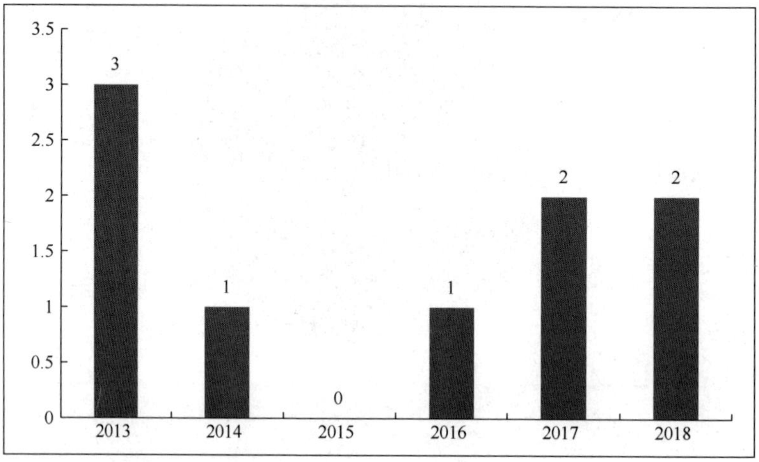

图 5.9　我国债券 ETF 每年发行数量（2018.10.22）

截至 2013 年年底，债券 ETF 总资产规模为 31.55 亿元人民币；随后中国债券 ETF 发行非常少，仅在 2014 年海富通基金发行了一只上证可质押城投债 ETF，上证可质押城投债 ETF 在 2014 年底总规模约 65.15 亿元人民币，这也使得 2014 年我国债券 ETF 规模增加了一倍，达 71.31 亿元人民币。从 2016 年开始，中国债券 ETF 总资产规模大幅萎缩。截至 2018 年 10 月，中国债券 ETF 资产总规模不足 33 亿元，如图 5.10 所示。

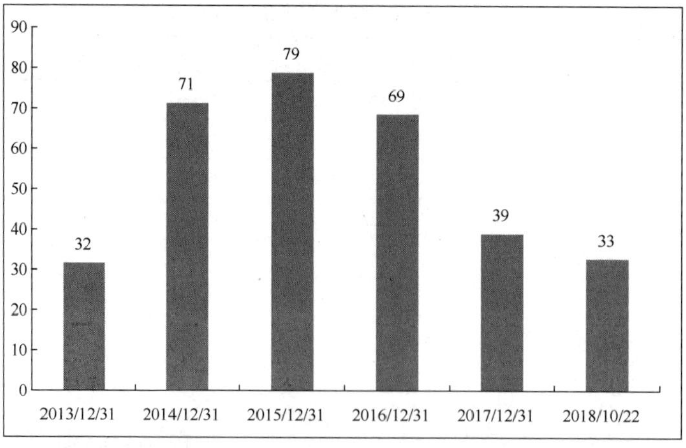

图 5.10　中国债券 ETF 资产规模变化（单位：亿元，2018.10.22）

在 8 只债券 ETF 产品中，除了海富通城投债 ETF 规模较大以外，其他债券 ETF 规模较小，其中嘉实中证金边中期国债 ETF（159926）的规模仅为 0.18 亿元。早期成立的债券指数基金均遭遇大规模赎回，最为严重的是国泰上证 5 年期国债 ETF，初始募集规模较大，为 54.24 亿元，但生不逢时，成立的第一个季度末，即 2013 年二季度即遇到债灾，规模大幅下降至 13.41 亿元，缩水 75%，随后虽偶有增长，但基本保持下降趋势，截至 2018 年 10 月，规模仅有 1.81 亿元。债券 ETF 的标杆产品海富通上证可质押城投债 ETF，发行规模达到 66.88 亿元，规模占债券 ETF 的比例高达 80%以上，但成立后规模逐步下降，特别是在 2017 年，规模减少了近一半，至 2018 年 10 月，仅有 26.84 亿元，如表 5.4 所示。

表 5.4 国内债券 ETF 发行情况

基金代码	基金简称	发行规模（亿元）	基金规模（亿元）	规模占比	发行日期
159926	嘉实中证中期国债 ETF	6.42	0.18	0.55%	2013-02-21
511010	国泰上证 5 年期国债 ETF	54.24	1.81	5.54%	2013-04-17
511220	海富通上证可质押城投债 ETF	66.88	26.84	81.93%	2014-10-17
511230	海富通上证周期产业债 ETF	2.09	2.11	6.44%	2016-11-15
511260	国泰上证 10 年期国债 ETF	2.19	0.52	1.59%	2017-07-17
511280	华夏 3～5 年中高级可质押信用债 ETF	3.17	0.52	1.59%	2017-12-20
511290	广发上证 10 年期国债 ETF	2.02	0.54	1.64%	2018-01-08
511310	富国中证 10 年期国债 ETF	2.40	0.24	0.74%	2018-01-24

数据来源：Wind，截至 2018 年 10 月 22 日。

从产品规模上看，目前债券 ETF 总规模为 32.76 亿元，总体规模小、集中度低。截至 2018 年 10 月，国内国债 ETF 有 5 只，城投债、信用债、周期债 ETF 均只有 1 只。规模最大的是城投 ETF，基金规模达 26.84 亿，占比 82%；其次是国债和周期债 ETF，规模分别为 3.29 亿元和 2.11 亿元，占比分别为 10.04%和 6.44%；信用债规模为 0.52 亿元，占比 1.59%，如图 5.11 所示。

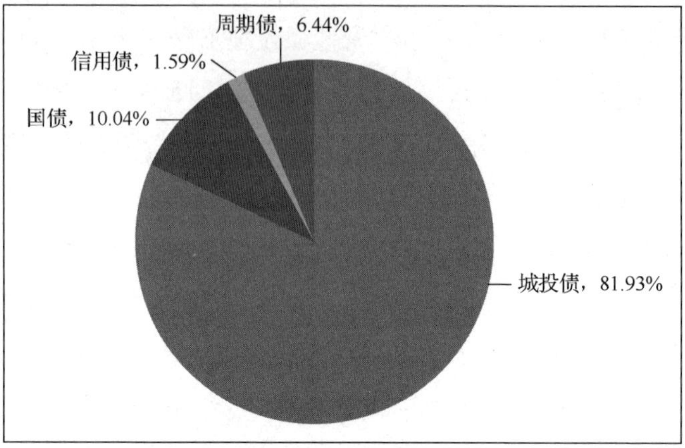

图 5.11　我国债券 ETF 类型分布（2018.10.22）

5.2.3　中国和美国债券市场的比较

和美国债券 ETF 市场相比，中国的发展空间还很大。从资金规模和产品数量上来看，截至 2018 年 10 月，美国债券 ETF 共有 369 只产品，规模达 5979.2 亿美元；国内债券 ETF 共有 8 只，规模为 32.76 亿元人民币。从发展历程上来看，美国债券 ETF 从 2002 年开始发展，至今有 17 年；国内债券 ETF 从 2013 年开始发展，至今有 6 年。从政策上来看，美国债券 ETF 市场从 2008 年 SEC 允许一些基金发起人发行完全透明的、主动管理的 ETF 后，抵押担保、通胀保本、全球型、地方债等类型的 ETF 才开始真正发展；国内债券 ETF 均为被动指数型债券基金，可供选择的债券 ETF 类型有限。总体来说，目前中国债券 ETF 市场发展尚未成熟、规模小、可供选择的债券 ETF 种类非常有限。债券 ETF 在中国发展缓慢事出有因。主要原因如下：

（1）债券指数基金相比于主动债券基金收益率没有优势。从表 5.5 可以看出，除近 6 个月收益率指标外，不管是债券被动产品收益中位数还是平均数都败于主动管理基金，而在牛市环境下则全线崩溃，未有一只基金收益率超过主动管理基金平均收益率，这主要是因为债券 ETF 几乎不能放杠杆，而主动开放式债券基金杠杆率可以达到 140%，封闭运作定期开放主动债基杠杆达到 200%。再者，债券基金和货币基金相比，虽然牛市收益较高，但是在熊市中却可能出现负收益，风险较高，而从 2016 年 11 月至 2018 年 4 月，债券指数基金平均收益率为-1.99%，而同期的货币基金平均收益率 5.69%。

表 5.5　主动型债券基金和被动型债券基金收益率对比

	近 6 个月（%）	近 1 年（%）	近 3 年（%）	熊市（%）（2013-06 至 2013-12）	牛市（%）（2014-01 至 2016-10）	熊市（%）（2016-11 至 2018-04）
主动债券基金平均收益率	1.53	3.75	8.09	-2.56	35.11	1.41
被动债券指数基金平均收益率	2.44	2.44	1.93	-3.19	21.72	-1.99
被动债券指数基金收益率中位数	2.62	2.22	7.11	-3.73	22.96	-2.42
战胜比率	-	-	-	2/8	0/10	3/17
负收益率比例	-	-	-	8/8	0/10	13/17
货币基金平均收益率	2.02	4.03	10.04	2.28	10.92	5.69

数据来源：Wind，数据截至 2018 年 4 月。

债券指数基金不管在何种情况下都不敌主动型债券基金，主要是由于杠杆、利率风险和股票仓位三点导致的。

首先，主动型债券基金相较于被动型产品杠杆操作更为灵活，杠杆比较高。表 5.6 是主动管理基金和被动管理基金从 2011 年以来的杠杆，可以看到被动管理产品基金没有杠杆，而主动管理型基金则相对比较灵活，特别是牛市。因此，杠杆低或没有杠杆是指数型债券基金在牛市期间败于主动债券基金的一大核心原因。但从 2016 年下半年开始，证监会正式限制杠杆操作，在一定程度上缩小了债券指数和被动产品的业绩差距。

表 5.6　主动型债券基金和被动型债券基金杠杆对比

	2011 年	2012 年	2013 年	2014 年	2015 年	2016 年	2017 年
主动债券基金	1.29 倍	1.55 倍	1.49 倍	1.51 倍	1.68 倍	1.14 倍	1.07 倍
被动债券基金	1.04 倍	1.05 倍	1.06 倍	1.12 倍	1.14 倍	1.02 倍	1.002 倍

数据来源：Wind，杠杆=全部基金资产总值/全部资产净值。

其次，相对于主动型基金，债券指数基金对于利率变动会更加敏感。特别是债券指数基金在按照一定规则构建投资组合，在建仓和调仓的时候无法根据市场利率环境相应调整，比如某类债券在利率大幅上升时不得不按照规则定期调仓；而主动管理型基金则可以持有到期获得票面利息。这也是被动指数基金在熊市环境下同样败于主动管理型基金的重要原因。

最后，被动指数产品一般不参与权益类资产（包括新股）投资，无法分享股市走强所带来的收益。因此在股市向上趋势时，债券被动投资可能会遭到投资者抛弃。而非纯债类基金可以配置新股资产，这类资产在国内具有类固定收益率属性，收益率高而风险相对较低，这也是债券指数基金在牛市期间业绩低于主动基金的又一原因。

（2）国内债券市场牛市持续时间较短，对债券类被动产品的规模增长不利。美国债券 ETF 在 2008 年—2016 年期间获得较快发展，而相应的是一个长达 8 年的债券牛市。而中国的债券指数基金起步在 2011 年，债券 ETF 起步在 2013 年，其间牛市持续时间最长也不会超过 5 年。

（3）货币基金、银行短期理财等的快速发展挤占了债券 ETF 的发展空间。货币工具类收益过高，近 5 年货币市场基金的收益率一般保持在 3%至 4%之间，同时债券基金（纯债类）的收益率一般在 5%至 7%之间。相比于美国，货币市场基金的收益率一般低于 0.1%。因此，从风险收益率角度来看，我国投资债券指数基金所获得的风险溢价实在太低了，投资货币基金对投资者而言，是更为理性的选择。

（4）投资者对于债券指数不熟悉，且债券 ETF 产品本身流动性不高。由于债券的主要交易场所是银行间债券市场，仅对机构开放，因此投资者对债券相对不熟悉，各种类型的债券指数对普通投资者来说更是非常陌生。而从债券 ETF 产品本身来看，债券 ETF 最大的投资优势本应是其流动性，但我国债券 ETF 的流动性情况，除国泰 5 年期国债 ETF 以外，其他都较为惨淡，且整个市场的规模相对较小，如图 5.12 所示。

从 2001 年开始，随着商业银行退出交易所市场，全国银行间债券交易市场开始启动。1998 年，央行债券公开市场业务恢复，为商业银行提供了流动性支持，促进了银行间债券市场的活跃度。2000 年央行公开市场业务展开双向操作，进一步促进了银行间债券市场的成交量。此后，银行间债券市场逐步成为我国债券交易的主要场所。因此，每天银行间债券交易量占了绝大部分的全市场交易量，但银行间债券交易方式分别是报价、撮合交易，同时新发债券的流动性较好，而时间越久流动性越差，这就使得债券 ETF 样本全经常更新，更换样本券则需要市场上找券，只有流动性较好的券才能满足债券 ETF 要求。大部分交易券交易量并不大，同时流动性也不高，价格变动有时较大，存量并不丰富，因此纯交易所的债券 ETF 可能样本券数目也并不多，容易被市场投资者操纵或者不能完全反映债券市场走势。

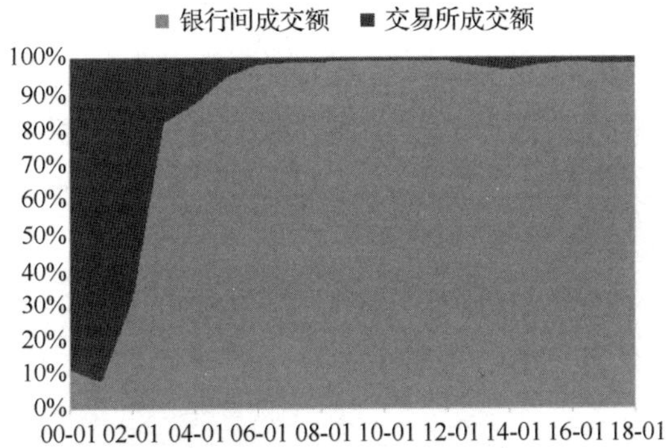

资料来源：Wind，东证衍生品研究院。

图 5.12　我国不同交易市场成交金额的情况

（5）缺乏健全的债券指数体系。健全的债券指数是债券 ETF 发展的前提，债券指数是衡量债券市场风险收益特征的一个有效工具，通过衡量债券市场的收益率与风险特征，可帮助投资者更好地进行相关投资策略的开发、回测与实施，同时也有利于投资者对债券市场进行更为全面的分析。债券 ETF 通过挂钩某一债券指数，完全或部分复制指数的成份券种，以达到跟踪指数风险收益特征的目的。因此，只有拥有一个健全的债券指数体系，债券 ETF 的发展才有所可言。

债券指数样本全范围较广，指数成份个券数量较为庞大，难以实现完全复制。如何用少量的样本券来跟踪大量个券构成的债券指数，成为当前阻碍债券 ETF 发展的重要问题。而从目前的情况来看，由于流动性问题和估值问题等导致跟踪复制指数成为难以解决的问题。同时，由于我国债券指数的价格来源未能够达到由活跃的做市商交易员给出，某种程度上限制了价格的质量。受制于我国券商做市商机制的发展不够，目前尚未有券商编制的债券指数，我国目前的债券指数主要由专门的指数编制机构提供，价格来源主要综合了市场双边报价，成交价格以及模型定价三方面来确定，价格采集制度不够完善。

5.3 如何挑选债券指数基金

债券 ETF 是指以债券指数为跟踪标的的 ETF，但由于市场中债券 ETF 数量太少，投资者在学习挑选合适的债券 ETF 的方法前，可以先学习如何挑选债券指数基金。老罗认为，挑选债券指数基金主要受到四个方面的影响：（1）宏观经济的影响；（2）要考虑不同债券指数类型的影响；（3）要考虑债券指数基金的规模，如果是场内债券指数基金，则还需要考虑其流动性的影响；（4）要考虑投资的成本，如申购/赎回费率的影响。

5.3.1 宏观经济周期和货币政策

按照工业增加值同比和 CPI 同比进行划分，我国的经济表现可以分为衰退、复苏、过热、滞胀到衰退五个周期，宏观经济周期和人民银行的货币政策是影响债市收益率的重要因素。

利率是影响债券市场收益最主要的因素，债券价格与利率之间呈反比。这意味着随着利率上升，债券价格将会下跌；而随着利率下降，债券价格将会上涨。简单来说，因为债券有固定收益率这个特点，所以债市的行情和社会上的利率密切相关。利率相对上升，拥有固定收益的债券吸引力下降，行情就不好；反之，利率相对下降，拥有固定收益的债券吸引力提高，债市行情就更好。具体来说，政府和企业筹集资金的方式之一就是发行债券，如果利率上升，则借贷成本变得更昂贵了；如果利率下降，则借贷将变得更容易，许多公司将发行新的债券来融资，这将导致对相对高收益率债券的需求增加，迫使债券价格上涨。

也就是说，在我们的经济体系中，利率高一点或者低一点，都意味着借贷的成本，从而影响着人们借贷的能力和意愿，进而影响着社会上流动资金的多少。因此，央行通过“加息”和“降息”对经济进行调控时将会影响债券市场的收益率表现。

一般而言，当宏观经济进入衰退阶段时，市场信心不振，企业不愿投资，政府通过推出宽松的货币政策，降低利率水平从而降低企业借款成本，以刺激经济增长。此时，利率相对下降，债券市场的固定收益特征也变得更加具有吸引力，且由于宽松的货币政策使得借贷活跃、社会资金充足，债券市场进入了普遍上涨的阶段，这时投资债券指数基金也自然而然可以获得较好的收益。如 2013 年底，国内经济增速放缓，人民银行逐步推行了宽松的货币政策，债券市场从此开始了长达三年的牛市。

当宏观经济进入复苏周期后期或过热周期时，政府为了防止物价过快上涨和通货膨胀等问题的出现，通常会推行紧缩的货币政策，提高利率水平，收紧信贷，让社会上的借贷成本更高。此时，利率相对上升，债券市场的固定收益逐渐缺乏吸引力，又因为借贷成本高导致社会活跃资金减少，债券市场进入了普遍下跌的阶段。比如 2016 年到 2017 年期间原材料涨价，经济企稳复苏，央行收紧信贷，债市马上由牛转熊，开始下跌。

由此可以看出，债券市场行情和国内宏观周期与相应的货币政策密切相关。在经济衰退阶段，宽松的货币政策很可能会导致债券的大牛市；在经济复苏后期和过热时期时，伴随着紧缩型货币政策，债券市场可能会迎来熊市。

5.3.2　债券指数的品种

在一般债券中，根据发行主体、担保情况、付息方式、募集方式、债券形态等不同，债券的种类可以有多种划分方式。由于发行主体的不同对于债券的性质影响较大，且为便于归类分析债券情况，这里主要采用发行主体分类。

根据发行主体的信用程度，一般把债券分为利率债和信用债。利率债的发行人为国家或信用等级与国家相当的机构，因而债券信用风险极低，收益率变动主要受到利率变动影响，因此称为利率债。另一类是信用债，即发行人没有国家信用背书，发行人信用情况是影响债券收益率的重要因素。具体地，利率债包括国债、地方债、金融债等，信用债则包含城投债、产业债等，如图 5.13 所示。

这里老罗挑选几个比较常见的介绍一下。

国债是由中央政府发行的债券，它由一个国家政府的信用作担保，因此其信用最好。国债也因其信誉好、利率优、风险小而又被称为“金边债券”。

地方债，是地方政府发行的债券，发行债券的资金一般用于地方性公共基础设施的建设。地方债的安全性较高，被认为是安全性仅次于“金边债券”的一种债券。

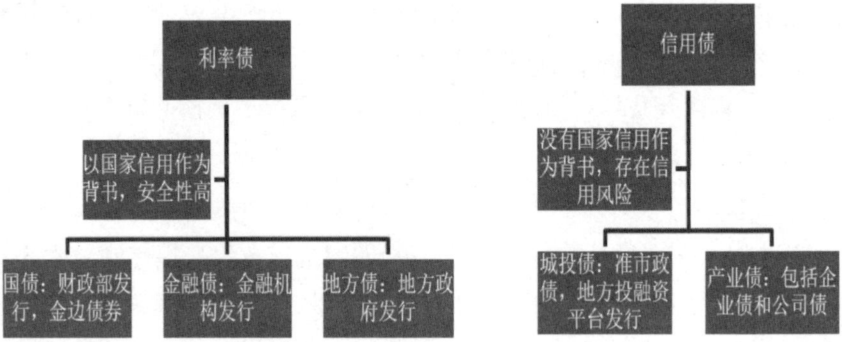

图 5.13　利率债和信用债的区别

金融债是指由银行或非银行金融机构发行，其背后的担保是银行信用，等级高于商业信用，但低于国家信用。其中国开行、农发行、进出口行三家政策性银行发行的债券，称为政策性金融债/政策性银行债，这三家虽名为银行，却执行国家产业政策，支持国家重点项目建设的重要职能。在政策性银行债的发行说明书中，也会提到“当出现头寸短缺时，人民银行将通过再贷款等方式提供资金支持”，说明政策性银行债具有央行信用支撑，同样是风险极低的债券。

市场上除了利率债，其他所有的债券都是信用债，也就是没有国家信用作为背书，所以信用债的风险就是违约概率大，也就需要以比利率债更高的利率，即“信用利差”来作为风险补偿。根据发行主体是否属于城投平台类公司，信用债可以细分为城投债和产业债，产业债又可以分为企业债和公司债，利率债和产业债的主要区别是发行主体不同、监管机构不同和流通渠道不同，信用债风险和收益率通常高于利率债。

目前债券指数基金主要投资类别包括：国债、信用债、政策性金融债、地方政府债、可质押城投债等，期限上囊括了短期、中期及长期，信用评级包含了高等级、中高等级。

投资者在选择债券指数基金时应充分考虑自己的风险承受能力，在风险和收益率中做好权衡取舍，尽量选择适合自己的产品。对于企业债和公司债等相对高风险的债券品种，投资者在投资前最好对所投资的公司或企业做充足的了解，以免不幸踩雷。

这里还要提到久期的概念，久期代表了债券价格对利率变动的敏感性，简单来说就是在同样程度的利率变化下，久期越短，债券价格的波动越小，风险越小，久期越长，债券价格的波动越大，风险越大。债券指数的久期构成了我们挑选债券指数的一项衡量标准。债券指数的久期通常在指数名字中可以看出，比如看到“中短债、短债、超短债、1～3 年、5 年期、7～10 年”字眼，从这些大致分辨出其久期长短。

因此，在预期收益率下行时，通过选择久期长的品种，在市场未来发生变化时，就可能获得更高的收益率。当然，在选择债券指数基金时，还应考虑个人的风险承受能力。厌恶损失，不喜欢冒风险的投资者更适合久期短的债券指数基金，反之，想要博得长期稳定收益率，又可以忍受短期债市波动的投资者可以考虑久期较长的基金。总之，不论是债市还是股市，风险和收益率都是成正比的，久期长的债券指数基金收益率相对较高，久期短的债券指数基金收益率相对较低。

5.3.3　基金规模和流动性

虽然债券指数基金的规模不属于挑选基金时最重要的因素，而且历史上也存在小规模的债券指数基金由于机构大量赎回使得基金净值暴涨，但老罗还是认为在其他条件差不多时，尽量选择规模大的债券指数基金，不仅可以减少基金被清盘的风险，还可以减小个券选择对收益率的影响。与股票指数基金不同，债券指数基金很难完全规避个券选择带来的损益。债券的流动性差，交易单位大，所以债券指数基金大都采用一种叫作“抽样复制”的方法，通过持有一部分具有代表性的指数成份券来复制指数。这使得债券指数基金先天带有一定的“主动”的色彩，投资经理的个券选择的成败会给基金带来超额损益。如果基金规模过小，个券选择对收益率的影响就会越大。

截至 2018 年 10 月 31 日，我国开放式债券指数基金规模约 460 亿元，产品规模较大的有兴业中高等级信用债，基金规模为 77.42 亿元，占比 16.83%；海富通上证 10 年期地方政府债 ETF 规模 60.96%，占比 13.25%；华夏亚债中国 A、华夏亚债中国 C，规模均为 52.07 亿元，均占比 11.32%；广发中债 1～3 年农发行 A、广发中债 1～3 年农发行 C 规模均为 49.82 亿元，均占比 10.83%；中银中债 3～5 年期农发行规模为 44.35 亿元，占比 9.64%；海富通上证可质押城投债 ETF 规模为 23.88 亿元，占比 5.19%。可以看出，我国债券指数基金产品规模集中度较高，排名前 8 的债券指数基金规模占比高达 89.21%。在 61 只开放式债券指数基金中，有 43 只规模小于 1 亿元，可见基金之间规模差异较大，如表 5.7 所示。

表 5.7　债券指数基金规模情况

基金代码	基金简称	成立日期	基金规模（亿元）	规模占比
003429	兴业中高等级信用债	2016-11-04	77.42	16.83%
511270	海富通上证 10 年期地方政府债 ETF	2018-10-12	60.96	13.25%
001021	华夏亚债中国 A	2011-05-25	52.07	11.32%
001023	华夏亚债中国 C	2011-05-25	52.07	11.32%
005623	广发中债 1～3 年农发行 A	2018-04-24	49.82	10.83%
005624	广发中债 1～3 年农发行 C	2018-04-24	49.82	10.83%
006224	中银中债 3～5 年期农发行	2018-09-19	44.35	9.64%
511220	海富通上证可质押城投债 ETF	2014-11-13	23.88	5.19%

数据来源：Wind，截至 2018 年 10 月 31 日。

场内债券指数基金还应考虑流动性问题。通俗来说，流动性就是一类资产换成另一类资产的通畅程度，在流动性不足时，可能会导致基金难以变现，在市场中遭受损失。因此可以选择基金规模大、成交量大、换手率高的场内债券 ETF 进行投资。

5.3.4　交易费率

基金公司出于稳定产品运作的考虑，往往会用赎回费来限制短线操作，不同的债券指数基金有不同的申购/赎回费率。我国大多数债券指数基金在持有期限少于 7 天时，赎回费率达 1.5%，当期限在 7 天到 30 天期间，赎回费率在 0.1%～0.75%左右，在期限大于 30 天时，赎回费率为 0，当然许多的债券指数基金品种有特定的申赎费率，比如易方达 7～10 年国开债指数的赎回费率为 7 日以下 1.5%，7 日到 364 日为 0.1%，365 日到 729 日为 0.05%，730 日以上为 0%，申购费率为 500 万元以上为 1000 元/笔，100 万元以下为 0.8%，100 万元到 200 万元为 0.5%，200 万元到 500 万元为 0.3%，如图 5.14 所示。债券 ETF 的申购赎回费率非常低，而债券指数基金的 C 份额也是免赎回费的。所以在选择债券指数基金时，最好选择申购/赎回费率比较低并且方便进出的基金，而且在买进债券指数基金前，最好根据申赎费率来设定最短持有期限，如果频繁地进入，则费用会侵蚀收益，甚至还可能亏钱。

申购费率

申购金额M（元）（含申购费）	申购费率
M<100万	0.80%
100万≤M<200万	0.50%
200万≤M<500万	0.30%
M≥500万	按笔收取，1000.00元/笔

注：在申购费按金额分档的情况下，如果投资者多次申购，申购费适用单笔申购金额所对应的费率。

赎回费率

持有时间（天）	赎回费率
0-6	1.50%
7-364	0.10%
365-729	0.05%
730及以上	0.00%

图 5.14 易方达 7～10 年债国开债指数基金的交易费率情况

5.4 债券 ETF 的投资策略

讲了这么多，对于债券 ETF 产品如何去投资，可能还有很多投资者比较困惑。这里老罗抛砖引玉，分享三种投资策略，分别是：（1）买入/持有策略；（2）定投策略；（3）大类资产配置策略。这三种策略是最基础的债券投资策略，主要给大家提供些投资思路，帮助大家玩转债券 ETF 及债券指数产品。

5.4.1 买入/持有

由于债券 ETF 本身风险相对较低，所以对于风险偏好较低的投资者，可以将债券 ETF 作为一种配置工具，在利率下行周期长期持有收益率非常可观。海富通上证可质押城投债 ETF 自成立以来的收益率达 21.11%，国泰上证 5 年期国债 ETF 自成立以来的收益率达 17.68%，而嘉实中证中期国债 ETF 成立以来的收益率达 12.94%。就 2018 年全年来看，海富通上证可质押城投债 ETF 的收益率达 6.89%，国泰上证 10 年期国债 ETF 的收益率达 7.60%，嘉实中证中期国债 ETF 收益率达 4.86%，国泰上证 5 年期国债 ETF 的收益率达 5.74%，如表 5.8 所示。相比于货币基金 3%～4%的年化收益率，债券 ETF 持有的收益率更为可观。

表 5.8　2018 年成立的四只债券 ETF 回报率情况

代　码	名　称	成立日期	基金公司	成立以来收益率	2018 年收益率
159926	国债 ETF	2013-05-10	嘉实基金	12.94%	4.86%
511010	国债 ETF	2013-03-05	国泰基金	17.68%	5.74%
511220	城投 ETF	2014-11-13	海富通基金	21.11%	6.89%
511260	十年国债	2017-08-04	国泰基金	5.94%	7.60%

数据来源：Wind，截至 2018 年 12 月 31 日。

5.4.2　定投

对于许多的散户投资者来说，手中持有的现金较少，希望通过基金定投进行闲钱理财，那债券 ETF 是不是一个很好的选择呢？如果我们定投债券 ETF，收益率将会如何？这里我们运用成立最早的海富通上证城投债 ETF、国泰上证 5 年期国债 ETF、嘉实中证中期国债 ETF 进行定投测算。我们从 2014 年 12 月 31 日对三只债券 ETF 开始定投，按照周定投，截止到 2018 年 12 月 31 日，嘉实中证中期国债 ETF 的定投收益率为 3.82%，一次性投资益率为 8.69%。国泰上证 5 年期国债 ETF 的定投收益率为 5.47%，一次性投资收益率为 12.43%。海富通上证城投债 ETF 的定投收益率为 9.84%，一次性投资收益率为 24.15%，如表 5.9 所示。可见，债券基金定投收益率均不如一次性买入收益率，所以对于波动较小的债券基金，定投的方式不适合。老罗在《基金定投：让财富滚雪球》一书中提到，定投要选择“三高”的股票指数基金，即“高波动、高成长、高前景”的指数基金。

表 5.9　定投收益率测算结果（2014.12.31—2018.12.31）

	嘉实中证中期国债 ETF	国泰上证 5 年期国债 ETF	海富通上证城投债 ETF
定投收益率	3.82%	5.47%	9.84%
一次性投资收益率	8.69%	12.43%	24.15%

数据来源：Wind，截至 2018 年 12 月 31 日。

5.4.3　大类资产配置

除长期持有获利外，债券 ETF 还可以用来管理投资风险、平滑组合波动的作用，将债券 ETF 同其他类别资产进行组合，即大家常说的资产配置。资产配置是指投资者根据自身情况和投资目标，把投资分配在不同种类的资产上，在获取回报的同时，把风险减至最低，这意味着要结合各类型资产的收益率、波动率和相关性，进行均值-方差最优化，从而选择收益/风险比较佳的资产组合。投资者可以使用债券 ETF 进行大类资产配置，充分利用股票市场和债券 ETF 之间的“跷跷板”效应，降低组合的波动，从而达到最优的风险/收益比。

根据马科维茨的理论，资产配置实现收益/风险比最大化的关键在于投资组合中各类型资产的相关性要低。为了使模型简化，这里着重关注国内权益和债券类指数产品的配置策略，为了进一步简化分析和计算过程，此处采取用指数代替相关产品的方式，并选取了目前市场中较为主流的几只指数品种与债券指数，计算它们的相关性系数，相关系数可以反映两个资产变化时是同向的还是反向的，如果两类资产同向变化，则相关系数就是正数；如果两类资产反向变化，则相关系数就是负数，如表 5.10 所示。

表 5.10　权益类指数和债券指数相关性分析

	沪深 300	中证 500	创业板指	中债：7～10 年国开债
沪深 300	1.00	0.84	0.64	−0.02
中证 500		1.00	0.85	−0.02
创业板指			1.00	0.00
中债：7～10 年国开债				1.00

数据来源：Wind，截至 2018 年 10 月 24 日。

可以看到，作为境内不同类型市场指数代表的沪深 300、中证 500 以及创业板指数之间相关性相对较高，因为它们都属于相关性较高的权益资产，而与债券指数代表——7～10 年国开债指数的相关性很低甚至负相关，例如沪深 300 指数与 7～10 年国开债指数的相关系数为-0.02，又如创业板指数与 7～10 年国开债指数的相关系数接近 0。因此把权益指数和债券指数作为资产配置的标的符合马科维茨的现代资产组合理论中关于各资产相关性要尽量低的要求。

我们在回测时考虑了仓位再平衡，即每年 6 月底进行一次调整，将组合内各类投资标的的比例重新分配至期初的水平。这样做的好处是可以及时将上一阶段涨势较好的品种所取得的收益部分兑现，并利用这一部分资金去补充同时期表现相对较差的品种的仓位，这样一来，就相当于卖出了组合内相对高价的品种，同时又买入了组合内相对低价的品种，长期下来可以实现增强收益的效果。

在 2011 年 12 月 30 日到 2018 年 10 月 24 日这段时间内，境内权益指数、债券指数在不同比例下，资产组合的表现如表 5.11 所示。

表 5.11　各比例下资产组合表现（2011 年 12 月 30 日至 2018 年 10 月 24 日）

仓位比例	权益仓位	100%	90%	80%	60%	40%	20%	0%
	固收仓位	0%	10%	20%	40%	60%	80%	100%
风险收益特征	累计收益率	53%	55%	56%	54%	50%	41%	28%
	年化收益率	7%	7%	7%	7%	6%	5%	4%
	年化波动率	26%	23%	21%	16%	11%	6%	3%
	夏普比率	0.16	0.19	0.22	0.28	0.35	0.47	0.42

数据来源：Wind，统计数据区间为 2011 年 12 月 30 日至 2018 年 8 月 24 日此处境内权益仓位比例分配为沪深 300：中证 500：创业板指数=1∶1∶1。组合每年 6 月底对仓位进行再平衡。无风险利率为 2.5%。

从表 5.11 可以看出，只投资债券指数时，年化收益率和累计收益率都仅有资产配置以后的收益率的一半左右，也就是说相较于单单投资债券品种，资产配置显著地改善了收益率；同时相较于投资单一权益品种，采取资产配置策略较大幅度地控制了波动率，从上表可以看出，随着债券指数的配置比例的提高，年化波动率越小；综合来看，资产配置在改善夏普比率方面效果不错。

5.5　国债 ETF

截至 2018 年 10 月，我国共有债券 ETF 产品 8 只，其中 5 只为国债 ETF，分别为嘉实中证中期国债 ETF、国泰上证 5 年期国债 ETF、国泰上证 10 年期国债 ETF、广发上证 10 年期国债 ETF 和富国中证 10 年期国债 ETF。

国债 ETF 的推出具有深远的意义，有利于促进跨市场投资者在银行间和交易所两个市场买卖国债并进行转托管，从而起到有效连接两个市场的作用。跨市场投资者还可以利用银行间国债、交易所国债、国债 ETF 三者之间的定价差异进行套利活动，有助于抹平两个市场间的定价差异，提升交易所债券市场的活跃度。国债 ETF 还在国债现货和期货市场间架起桥梁，促进国债期货的基差交易，提升流动性。由于个人投资者的投资意愿等信息也是市场信息的重要组成部分，国债 ETF 的推出可以促进个人投资者参与国债市场，使国债市场更好地反映市场需求。在打通交易所市场和银行间市场的基础上，国债 ETF 有助于国债定价综合反映市场所有信息。

目前我国的国债 ETF 都是以机构投资者为主的，根据 2018 年上半年年报数据显示，国泰上证 10 年期国债 ETF 持有人结构中 86.44%为机构投资者，占比较 2017 年年末有所增长，个人投资者仅为 13.44%，占比较 2017 年年末有所减少；而嘉实中证中期国债 ETF 个人投资者的比例不超过 12%，比 2015 年年末和 2016 年有较大的提高（2016 年期间个人投资者占比不超过 2%，2015 年年末的个人投资者仅为 0.46%）。个人投资者比例低的原因主要是我国债券 ETF 规模较小，个人投资者对其不了解；另外国债 ETF 的收益率较低，对个人投资者的吸引力也较小。

10 年期国债 ETF 和 5 年期国债 ETF 两者最大的区别就是债券的期限，债券的期限越长，那么其波动越大，更适合股债轮动以及分享债市行情。无论是上涨还是下跌，波动率变大意味着行情上行的时候收益更大，行情下行的时候损失也更大，也因此带来了更多的交易性机会。且 10 年期国债是中长端中流动性最好的品种，跟踪长端国债收益率，能够在一定程度上减小市场短期流动性冲击对收益率变动带来的影响，更加纯粹地表现经济预期，反映市场利率情况。这里老罗主要以 10 年期国债 ETF 为例向大家介绍国债 ETF。

5.5.1　国债的配置价值

首先，全球政治不确定风险增加，风险偏好持续回升。2018 年世界经济持续复苏，我国外需旺盛，但是全球加息减税、美欧日潜在经济金融风险、贸易摩擦升级以及地缘政治的不稳定，使我国外部环境不确定性增加，从而对债市形成一定支撑。

其次，去杠杆基调未改，但监管节奏有所放缓，利率债或仍是配置首选。去产能、环保升级、房地产调控、稳杠杆等使中国经济下行压力犹存，同时，虽然防风险成效显著，宏观杠杆率上升势头得到遏制，但经济金融风险仍没完全消除，稳杠杆仍是重要经济工作。当前利率债价值显现，性价比高于房贷，随着地产政策收紧、经济逐步回落、资金从非银回归银行，利率债仍是银行配置首选，长久期资金可关注。

最后，债券与传统资产相关性低，可组合配置分散风险。对比全球主要大类资产的相关性，债券与其他资产都呈现出低相关甚至负相关性，通过配置债券可以大幅降低组合的波动性，有利于长期资金作为战略配置。

5.5.2 国债 ETF 交易规则

与股票 ETF 类似，国债 ETF 可实现 T+0 回转交易。具体来看，T 日一级市场申购的份额在 T+1 日可在一级市场赎回，T 日即可在 ETF 二级市场卖出；T 日一级市场赎回的份额在 T 日即可获得相应申赎篮子成份额券，成份券在 T 日即可在债券二级市场卖出；T 日在 ETF 二级市场买入的份额在 T 日即可在一级市场进行赎回，T 日即可在二级市场卖出；T 日在 ETF 二级市场卖出的份额所获得的资金在 T 日即可使用，T+1 日可取，如表 5.12 所示。

表 5.12 国债 ETF 的买卖和申购/赎回

操作	份额可用	资金可用	交易价格
买入	T 日可赎、可卖	—	市价
卖出	—	即时可用，T+1 日可取	市价
申购	T 日可卖、T+1 日可赎	—	市价
赎回	成份券 T 日可卖	—	市价

5.5.3 国债 ETF 的投资优势

（1）参与门槛低：银行间债市仅向机构投资者开放，最小交易单位至少在 1000 万元以上，个人投资者和小额投资者无法参与，另一方面也不利于资金规模不大的账户进行动态资产调整。而国债 ETF 在二级市场 1 手（等于 100 基金份额）即可交易，门槛很低，几乎所有人都能参与。即使在一级市场进行申购/赎回，起点也只 10,000 份额，相比银行间市场仍是天壤之别。

（2）风险小：国债是债券市场的定价基准，利率虽然处于低层，但信用风险几乎为零，是非常优质的固收和避险投资品种，风险较股票要小得多，比一般债券也要小。

（3）实现 T+0 交易，资金利用率高：银行间市场的国债交易都是 T+0 模式，为了与银行间债市实现交收统一，国债 ETF 也实行二级市场 T+0 交易制度。在权益类市场不景气时，投资者可以用闲置资金买入国债 ETF，当权益类市场好转时，即可迅速卖出，并实时买入权益产品，提高资金使用效率。

（4）交易成本低：与股票不同，ETF 二级市场交易不收取印花税，因此，国债 ETF 二级市场交易成本主要由券商佣金组成。具体每家券商会有不同，国债 ETF 的交易佣金比股票要低得多，佣金多为零或十万分之一，反复交易成本很低。

5.5.4　国债 ETF 的投资策略

国债 ETF 是追踪债券指数的债券 ETF，其投资策略与前面老罗介绍的债券 ETF 相类似，包括长期持有、大类资产配置和套利策略等，这里老罗就简单向大家介绍国债 ETF 的套利策略。

一、二级市场套利：债券 ETF 既可以在二级市场交易买卖，又可以在一级市场申购/赎回，所以当债券 ETF 的二级市场价格受供需等因素影响，与一级市场的净值产生较大偏差时，投资者就可以在一、二级市场间进行套利。对于国债 ETF 来说，这种套利机会同样存在。当国债 ETF 二级市场价格高于一级市场净值，且一、二级市场间价格和净值的偏差覆盖申购/赎回等费用成本后仍有一定空间时，溢价套利的机会就会出现。这时投资者在场内买入一篮子成份券，到一级市场向基金公司申购国债 ETF 份额，再到二级市场卖出，完成套利获取差价。反之，如果国债 ETF 二级市场的价格低于一级市场净值，那么投资者就可以进行折价套利。在折价套利过程中，投资者需先在二级市场买入国债 ETF 份额，然后到一级市场赎回国债 ETF，并将赎回所得的成份券在二级市场卖出，由此完成套利获取差价，如图 5.15 所示。

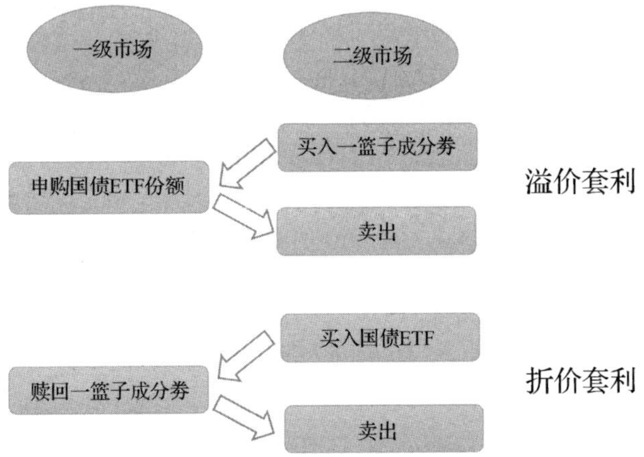

图 5.15　国债 ETF 一、二级市场套利情况

日内价差套利：由于国债 ETF 实现了 T+0 回转，即可实现 T 日买入、T 日即可卖出，若交易日当天振幅较大，则投资者可以进行日内价差套利。可以在低点时买入、高点时卖出，再在低下来时再买入、回升时卖出，一天可以做多个来回，提高资金使用效率。

跨市场套利：由于国债在交易所和银行间两个市场长期分隔，且交易所国债流动性较差，因此造成同一只国债在两个市场出现价差，可以利用十年国债 ETF 跨市场的特性进行套利。当十年国债 ETF 成份券在银行间价格低于 ETF 价格时，投资者可以在银行间买入成份券，并将成份券托管至交易所，申购 ETF 份额，在交易所市场卖出。当成份券在银行间价格高于 ETF 价格时，投资者可在二级市场买入 ETF 份额、赎回并将赎回的券转托管至银行间市场，卖出成份券，如图 5.16 所示。

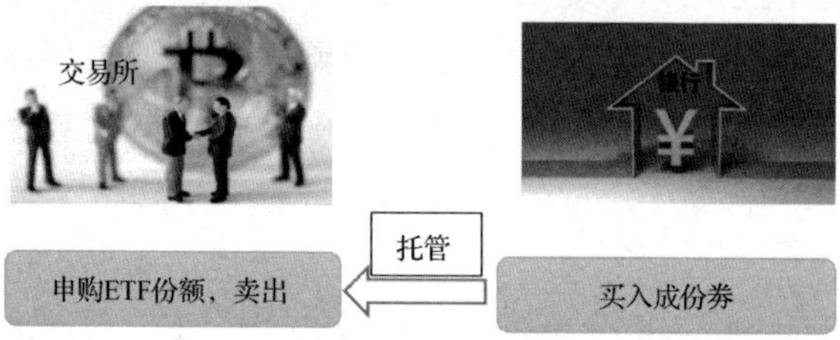

图 5.16　债券 ETF 跨市场套利

期现套利：通过比较最便宜可交割券（或其他可交割券）与经转换因子调整后国债期货价格间的差异（基差），利用到期日两者价格趋于收敛的规律，进行相应的买入基差/卖出基差操作以获取无风险收益。当国债 ETF 作为一个组合的基差为负时，买入国债 ETF 现货，同时卖空相应数量国债期货合约，锁定负基差，当组合持有到期时基差上升趋于 0，获取收益。当基差为正时，融券卖空国债 ETF 现货，同时买入国债期货，锁定正基差，当组合持有到期时基差下降至趋于零，获取收益，如图 5.17 所示。

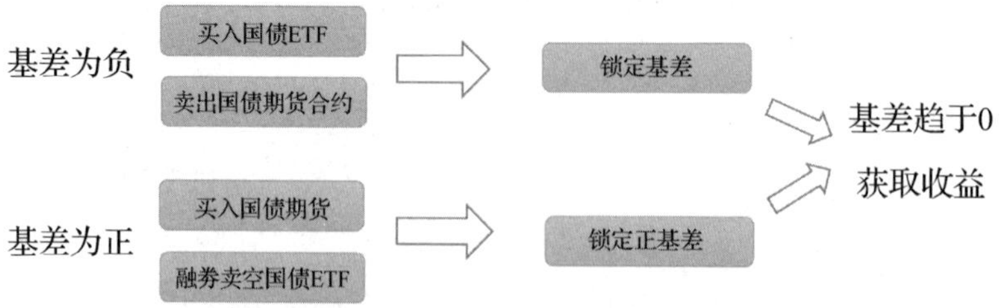

图 5.17　债券 ETF 基差套利

第 6 章　货币 ETF

6.1　货币 ETF 的概况介绍

货币 ETF，全称交易型货币市场基金，是指既可以在交易所场内申购/赎回，也可以在交易所二级市场买入/卖出的货币市场基金。该基金资产主要投资于短期货币工具，如国库券、商业票据、银行定期存单、银行承兑汇票、政府短期债券、企业债券等短期有价证券。货币 ETF 本质是在货币基金基础上，增加了在证券市场交易买卖的功能。

货币 ETF 的自身定位是场内保证金的现金管理工具，被称为场内交易投资者的“好伙伴”。如果股市不存在投资机会，则可买入 ETF 赚取超过活期利息的货币基金收益；如果股市出现机会，则可以立即卖出货币 ETF，投资股票，从而实现货币 ETF 和股票投资的无缝对接。

自 2012 年年底 A 股首只货币 ETF 诞生至今，该类品种的规模不断膨胀，截至 2018 年 9 月 28 日，已超过 2500 亿元水平，俨然成为货币基金中的新秀，ETF 中的“战斗基”。货币 ETF 作为场内现金管理工具，主要有以下五大优势。

1. 投资便捷——像买卖股票一样买卖货币 ETF

与买卖股票操作一样，交易型货币 ETF 可通过券商的交易终端直接买卖，无须另外开户或签约。交易型货币基金可以像股票一样按市价买卖交易，操作起来非常简单。只要查询到货币 ETF 的代码，在券商股票交易软件中输入，填写买入数量买入即可，卖出也和股票操作一样，操作起来比股票 ETF 简单灵活。

最为重要的是，无缝对接股票投资。现在各种宝宝类的理财产品也很多，可是当股票行情突然来时，想用钱取不出来或者转到证券账户用时较长怎么办？投资货币 ETF 则完全不用考虑这个问题。因为货币 ETF 当日卖出后的资金当时就可以用。

2. 假期也赚钱——假期理财、人闲钱不闲

在春节、五一、国庆等假期前买入货币 ETF，通过货币 ETF 打理资金可以实现“人闲钱不闲”，让投资者在假期也能安享收益。由于假期交易所会暂停市场交易，许多投资者要么担心“黑天鹅”事件的发生使得假后开盘时出现跳水，同时又担心资金闲置没有收益，而买入场内货币 ETF 不仅可以充分利用资金规避“黑天鹅”事件的发生，还可以享有收益，其收益不受节假日停止交易的影响。

3. T+0 交易——交易效率高 玩法更多样

和股票不同的是，货币 ETF 在 2013 年 12 月 9 日实现了日内“T+0”回转交易，即投资者当日买入基金份额后，当天交易时间内可以随时卖出基金份额，随时把握市场行情。货币 ETF 是目前国内少数几个可以实现 T＋0 买卖的交易品种，也就是说，在“T+0”回转推出之前，投资者当天买入货币 ETF 当天不能卖出，可能会错过盘中出现的机会。当“T+0”货币 ETF 回转交易机制推出后，更多投资者加入货币 ETF 的日内交易，货币 ETF 成交活跃度显著增加。另外，套利交易投资者，通过日内短线交易以及一二级市场申购/赎回套利等方式来增加场内流动性。

4. 低成本——门槛超低 交易费用低

一般来说，交易所对货币 ETF 免收交易费用，大部分券商对货币 ETF 都免收佣金，且货币 ETF 都不收取申购/赎回费用，但一般存在三类费用，第一是销售服务费，一般为 0.25%；第二是管理费，一般在 0.15%～0.35%间，其中嘉实快线、场内货币、广发宝 A 管理费较低；第三是托管费，则在 0.08%～0.1%之间，场内货币的托管费率仅为 0.05%，嘉实快线的托管费率为 0.06%。

此外，在申购/赎回门槛方面，货币 ETF 相对于股票型 ETF 动辄上百万的申购/赎回门槛降低了很多，目前大部分的货币 ETF 的最小申购金额为 100 元，银华日利最小申购份金额为 1000 元；在买卖门槛方面，货币基金 ETF 在二级市场

买入最低限额多数是 1 万元起。

5. 收益高——收益完胜活期存款

货币 ETF 与传统货币基金一样，是账户闲置资金实现稳健增值的现金管理工具，其收益完胜银行活期存款。货币 ETF 的年化收益约为 3%～4%，而活期存款年化利率约为 0.35%。除了基金每日的分红收益以外，投资者还可以利用货币 ETF 的一二级市场价差或日内价差进行套利，收益又进一步增强。

老罗有话说：

一般券商对接股票账户自己公司的货币基金，一般会低于市场上货币 ETF 收益率，最好自己通过购买场内的货币 ETF 去获取货币基金收益，而且交易也方便，选取货币 ETF 需要流动性和货币收益率综合考虑。

6.2　货币 ETF 发展史及申购/赎回模式

6.2.1　货币 ETF 市场概况

截至 2019 年一季度，A 股市场共计有 33 只货币 ETF 产品，总计规模为 1773 亿元，其中上交所有 30 只，深交所有 3 只。最大的两只货币 ETF 分别是华宝添益和银华日利，规模分别约为 839 亿元和 509 亿元，如表 6.1 所示。

表 6.1　2019 年一季度货币 ETF 概况

代　码	名　称	类　型	基金成立时间	上市地点	2019 一季度规模(亿元)
519898	现金宝 A	申赎型	2013-03-27	上海	3.59
519888	添富快线 A	申赎型	2012-12-21	上海	89.63
519878	国保 A	申赎型	2014-10-20	上海	2.45
519858	广发宝 A	申赎型	2013-12-02	上海	3.47
519808	嘉实宝 A	申赎型	2013-12-11	上海	1.14
519800	保证金 A	申赎型	2013-02-04	上海	1.83
511990	华宝添益	交易型	2012-12-27	上海	838.60
511980	现金添富	交易型	2015-10-16	上海	2.66

续表

代　　码	名　　称	类　　型	基金成立时间	上市地点	2019一季度规模（亿元）
511970	国寿货币	交易型	2016-07-04	上海	0.09
511960	嘉实快线	交易型	2015-12-28	上海	0.33
511950	广发添利	交易型	2016-11-22	上海	0.11
511930	中融日盈	交易型	2015-11-30	上海	2.13
511920	广发货币	交易型	2016-03-09	上海	0.62
511910	融通货币	交易型	2016-06-20	上海	0.42
511900	富国货币	交易型	2015-11-24	上海	9.62
511880	银华日利	交易型	2013-04-01	上海	509.42
511860	博时货币	交易型	2014-11-25	上海	3.39
511850	财富宝 E	交易型	2016-06-30	上海	29.27
511830	华泰货币	交易型	2015-07-14	上海	9.42
511820	鹏华添利	交易型	2016-01-29	上海	4.09
511810	理财金 H	交易型	2014-12-05	上海	60.64
511800	易货币	交易型	2014-11-21	上海	6.57
511770	金鹰增益	交易型	2017-03-20	上海	0.34
511700	场内货币	交易型	2016-09-23	上海	1.86
511690	交易货币	交易型	2016-09-29	上海	29.37
511670	华泰天金	交易型	2017-08-11	上海	1.27
511660	建信添益	交易型	2016-09-02	上海	152.43
511650	华夏快线	交易型	2016-12-29	上海	1.84
511620	货币基金	交易型	2017-08-04	上海	0.56
511600	货币 ETF	交易型	2016-08-30	上海	1.39
159005	添富快钱	交易兼申赎型	2014-12-23	深圳	0.68
159003	招商快线	交易兼申赎型	2013-05-17	深圳	2.21
159001	保证金	交易兼申赎型	2013-03-29	深圳	1.84

数据来源：Wind，截至 2019 年 3 月 31 日。

从货币 ETF 规模变化来看，整个货币 ETF 在 2015 年规模达到峰值，达到 2998 亿元，最近三年货币 ETF 场内规模整体维持在 2000 亿元左右。货币 ETF 的总份额和股市点位有着此消彼长的关系。货币 ETF 总份额的快速增长发生在 2015 年的下半年，即股市出现断崖式下跌时；而 2016 年到 2017 年间，在上证综指稳步上升期间，货币 ETF 总份额却在大幅降低；而在 2018 年股市“跌跌不休”期间，货币 ETF 总份额却开始出现较快的增长。这是因为随着 A 股市场经历的大幅调整，场内货基逐渐成为投资者的避风港，导致货币 ETF 的规模也大幅增长。再者，市场不好时，大盘未来走势阴晴难猜，选择观望的投资者不在少数，如果让资金白白躺在证券账户上，那就太可惜了，所以投资者这时可以选择货币 ETF，不仅可以获取货币基金的收益，而且 T+0 回转交易使得投资者可以及时抓住盘中出现的机会。而在市场较好时，资金会更倾向于涌入股市以获取相对更高的收益，从而导致货币 ETF 份额的回落，如图 6.1 所示。

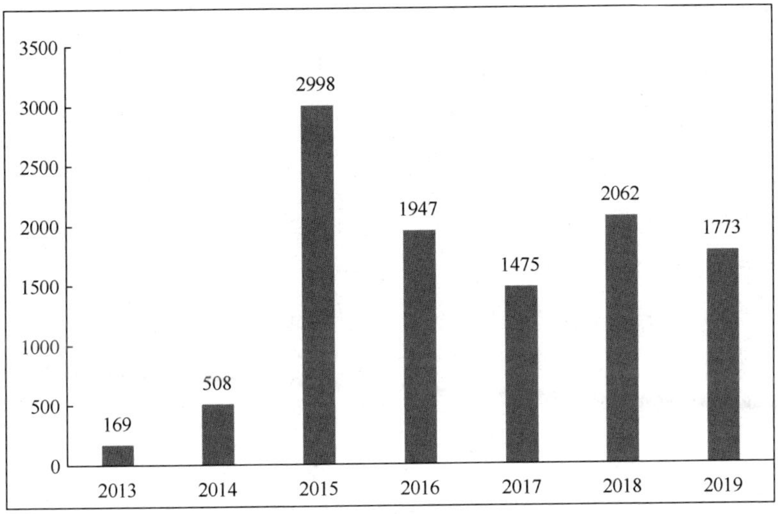

图 6.1　货币 ETF 历年规模变化

6.2.2 货币 ETF 发展史

自 2012 年 12 月首只只能交易所申购/赎回的货币 ETF 成立以来，货币 ETF 经过不断创新，以及逐步完善，并且在不断创新中，形成了两只超过 500 亿元的货币 ETF——华宝添益和银华日利，市场基金共经历了四个发展历程。

第一代是以汇添富收益快线为代表的申购/赎回型场内货币基金。这一代基金编码以“519”开头，只能在场内进行申购/赎回而无法进行交易。相对于普通货币基金，其申购/赎回的资金使用效率较高，但相对于后面几代的货币 ETF，由于其只可申购/赎回不可交易，其资金使用效率最低。

汇添富收益快线货币市场基金，简称“添富快线”，成立于 2012 年 12 月 21 日，是中国证券市场首只场内 T+0 理财产品，申购/赎回代码：519888。它是由上海证券交易所、中国证券登记结算公司与汇添富基金联手推出的重大创新产品。截至 2019 年 3 月 31 日，其规模为 89.63 亿元。

在保证金理财工具匮乏的历史时期，投资者存放在证券账户里的保证金是按照活期存款利息计息的。添富快线的出现彻底终结了这段历史，它首次实现中国货币基金的场内实时申购/赎回功能，也实现了与场内其他品种的 T+0 的无缝对接，即投资者赎回添富快线的所得资金可以立刻用于股票交易。T 日赎回可实现 T+0 日可用，T+1 日可取。而 T 日申购的份额，T+1 日可赎回，T 日可享受收益，赎回当天则不享有收益。

添富快线推出后，帮助投资者们将证券账户变为理财账户，保证金理财货基迅速发展，不过以添富快线的规模最大。但是这种模式的劣势也非常突出，由于每天有赎回额度上限，导致由于赎回的人过多，出现赎回失败的风险。

第二代是以银华日利和华宝添益为代表的交易型场内货币基金。这一代基金编码以“511”开头，不仅可以在场内申购赎回，也可以在二级市场买入卖出，并且可以实现 T+0 回转交易，当日买卖。其计息规则是买卖“算头不算尾”，买入当日有收益，卖出当日无收益，申购“算尾不算头”，申购当日无收益，赎回当日有收益。交易效率上，T 日买入，T 日可赎可卖，T 日卖出，资金 T 日可用，T+1 日可取；T 日申购，T+2 日可卖可赎，T 日赎回，资金 T+2 日可用可取。

交易型场内货币基金有 24 只，都在上交所上市。从场内货币基金规模占比来看，华宝添益规模占比约为 47%，而排名第二的银华日利规模占比也达到 29%（值得注意的是银华日利每日收益不结转，累计计入净值）。这两只货币 ETF 无疑是目前市场中最为成功的两只货币 ETF，我们将在 6.3 节和 6.4 节进行详细介绍。

第三代是易方达保证金和招商保证金快线为代表的交易兼申购/赎回型场内货币基金。基金编码以“159” 开头，结合了第一代的申赎和第二代的交易功能，既可以在市场上 T+0 交易，又可以 T+0 申购/赎回，其一二级市场均具有较高的交易效率，是目前市场上交易效率最高的场内货币基金。具体深交所的三只货币 ETF 产品我们将在 6.5 节进行详细介绍。

具体而言，T 日买入，T 日可赎可卖；T 日卖出，资金 T 日可用，T+1 日可取；T 日申购，T 日可卖可赎；T 日赎回，资金 T 日可用，T+1 日可取。存在一种特殊情况，即对于 T 日卖出或赎回，资金 T+1 日可取的情况，如果资金是 T 日转入的，那么 T 日就可用可取。比如，T 日转入资金，T 日买入，T 日卖出，则资金 T 日可用可取。但这一代的货币基金规模普遍较小，其流动性不如第二代。其计息规则为“算尾不算头”，即当日申购或买入当日不享受收益，当日赎回或卖出当日享受收益。

第四代是场内外双运作的模式，更有助于平滑冲击，使得货币基金受到短期资金赎回冲击的影响相对较小，资产配置更加稳定，有理财金 A 和理财金 H。理财金 A 只能在场外申赎，而南方理财金 H 于 2015 年 1 月 5 日在上交所上市，截止到 2019 年 3 月 31 日，其规模已达 60.64 亿元，它的交易机制和收益分配规则和第二代货币 ETF 一样，属于交易型场内货币基金，如图 6.2 所示。

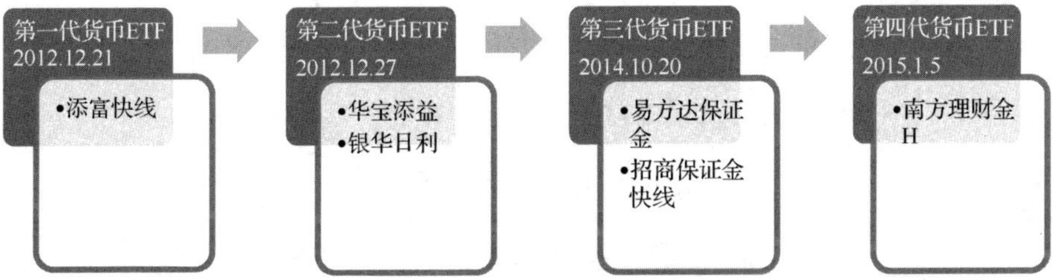

图 6.2　四代货币 ETF 的发展史

6.2.3　货币 ETF 申购/赎回机制

对比两个交易所申购/赎回规则，在申购/赎回门槛方面，货币 ETF 的门槛相对于股票型 ETF 动辄几十万元、上百万元的申赎门槛降低了不少，目前大部分的货币 ETF 的最小申购/赎回金额为 100 元，银华日利最小申购/赎回金额为 1000 元。在买卖门槛方面，货币 ETF 的买卖门槛一般为 10000 元起。

上交所货币 ETF 申购/赎回均不设上限，但是深交所货币 ETF 的净申购及净赎回均设有上限，上限的存在使得深交所货币 ETF 流动性和规模弱于上交所。以上交所规模最大的华宝添益和深交所的招商快线进行比较，前者的规模是后者的 380 倍左右。

在申购/赎回效率方面，深交所高于上交所。在深交所申购，T+0 日即可赎可卖；若赎回，资金则 T+0 日可用，T+1 日可取。但在上交所申购，T+2 日才可赎可卖；若赎回，T+2 日可用、可取资金；在买卖效率方面，上交所和深交所都实现了货币 ETF 的日内回转交易，即买入时，T+0 日可赎可卖；若卖出，T+0 日资金可用，T+1 日可取。

表 6.2　上交所和深交所申购/赎回机制

	上交所	深交所
申购	T 日申购货币 ETF，T+2 日场内可卖出，T+2 日场内可赎回	T+0 日申购货币 ETF，T+0 日场内可以卖出，T+0 日场内可赎回
赎回	T 日赎回货币 ETF，T+2 日可用、可取资金	T 日赎回货币 ETF，T+0 日可用资金，T+1 日可取资金

在收益确认方面，深交所的保证金、招商快线的收益确认方式一致，申购当日无收益，赎回当日有收益，而添富快线是申购当日有收益，赎回当日无收益。深交所 3 只货币 ETF 都是买入当日无收益，卖出当日有收益。而上交所除银华日利的收益分配方式有所不同之外，其余货币 ETF 均是申购当日无收益，赎回当日有收益，买入当日有收益，卖出当日无收益。

也可以总结比较四代货币 ETF，如表 6.3 所示。

表 6.3　四代货币 ETF 对比

	第一代	第二代		第三代		第四代
基金简称	汇添富收益快线	华宝添益	银华日利	易方达保证金	招商保证金快线	南方理财金 H
基金代码	519888	511990	511880	159001	159003	511810
上市时间	—	2013/1/28	2013/4/1	2014/10/20	2014/10/20	2015/1/5
上市地点	—	上交所	上交所	深交所	深交所	上交所
最新规模（亿元）	89.63	838.60	509.42	1.84	2.21	60.64
管理费率	0.20%	0.35%	0.30%	0.20%	0.20%	0.30%
参与门槛	申赎 1000 元	申赎 100 元，买卖 10000 元	申赎 1000 元，买卖 10000 元	申赎 100 元，买卖 10000 元	申赎 100 元，买卖 10000 元	申赎 100 元，买卖 10000 元
交易方式	仅可申赎	可申赎，可交易	可申赎，可交易	可申赎，可交易	可申赎，可交易	可申赎，可交易
计价方式	收益每日结转，净值保持 100 元不变	收益每日结转，净值保持 100 元不变	不结转，每日收益累计计入净值	收益每日结转，净值保持 100 元不变	收益每日结转，净值保持 100 元不变	收益每日结转，净值保持 100 元不变
收益分配规则	申购当日有收益，赎回当日无收益	申购当日无收益，赎回当日有收益，买入当日有收益，卖出当日无收益	现金分红方式，收益不结转，计入累计净值	申购/买入当日无收益，赎回/卖出当日有收益	申购/买入当日无收益，赎回/卖出当日有收益	申购当日无收益，赎回当日有收益，买入当日有收益，卖出当日无收益

数据来源：Wind，截至 2019 年 3 月 31 日。

四代场内货币 ETF 申购/赎回效率各有不同，如表 6.4 所示。

（1）第一代货币 ETF 不能交易，T 日申购，T+1 日可赎回；T 日赎回，当日资金可用，T+1 日资金可取。

（2）第二代货币 ETF，T 日买入，T 日可赎可卖；T 日卖出，T 日资金可用，T+1 日资金可取；T 日申购，T+2 日可卖可赎；T 日赎回，T+2 日资金可用可取。

（3）第三代货币 ETF，T 日买入，T 日可赎可卖；T 日卖出，T 日资金可用，T+1 日资金可取；T 日申购，T 日可赎可卖；T 日赎回，T 日资金可用，T+1 资金可取。

（4）第四代货币 ETF，场内交易效率与第二代货币 ETF 一样。

表 6.4　四代货币 ETF 申购/赎回以及买卖效率对比

	操作	T 日	T+1 日	T+2 日
第一代	申	——	可赎	——
	赎	资金可用	资金可取	——
第二代	买	可赎可卖	——	——
	卖	资金可用	资金可取	——
	申	——	——	可卖可赎
	赎	——	——	资金可用可取
第三代	买	可赎可卖	——	——
	卖	资金可用	资金可取	——
	申	可赎可卖	——	——
	赎	资金可用	资金可取	——
第四代	买	可赎可卖	——	——
	卖	资金可用	资金可取	——
	申	——	——	可卖可赎
	赎	——	——	资金可用可取

6.3　华宝添益

华宝添益成立于 2012 年 12 月 27 日，是国内首只上市交易型货币基金。该基金是华宝兴业联合上海证券交易所针对证券保证金推出的重大创新，货币基金首次被纳入证券市场交易范畴，可通过一级市场进行申购/赎回，也可通过二级市场买入、卖出。其二级市场买卖代码为 511990，简称“华宝添益”，通过券商的交易终端直接买卖，无须另外开户或签约，可以像股票一样按市价买卖交易，操作起来非常简单；申赎代码为 511991，简称“添益申赎”，申赎也需在上海证券交易所的交易时间内操作。

2013 年 1 月 28 日，华宝添益正式登陆上交所上市交易，凭借着其良好的流动性，极高的安全性及稳定的收益率立刻受到投资者的追捧，上市首日交易量就达到 6.1 亿元，一举成为每日成交量最大的交易所挂牌基金之一。同年 12 月 9 日，该基金实现了 T+0 回转交易，保证了交易快速、自由，投资效率远超场内申赎型货基，日内交易额再创新高，当日华宝添益成交 13.25 亿元，位列场内基金成交量第一，不仅远超同日开启“T+0 回转”的其他基金，甚至超过了沪深 300ETF、上证 50ETF 等主流权益类 ETF。

截至 2019 年 3 月 31 日，华宝添益规模已达 838.60 亿元，日成交额达 113.23 亿元，净申购份额也远远高于同类基金的平均水平，成为最具规模的货币市场基金之一，可谓“货基规模之王”，如表 6.5 所示。

表 6.5　华宝添益基本信息

基金全称	华宝现金添益交易型货币市场基金
基金运作方式	契约型开放式
基金管理人	华宝基金管理有限公司
基金托管人	中国建设银行股份有限公司
成立日期	2012-12-27
上市日期	2013-01-28
管理费率	0.35%
托管费率	0.09%
申购/赎回费	0
交易费用	大部分券商交易佣金设为 0
印花税	0
单笔买入下限（份）	100
单笔申购下限（份）	1
基金面值	100 元
基金规模	838.60 亿元（截至 2019 年 3 月 31 日）

6.3.1　产品投资优势

作为第二代货币 ETF 的代表，华宝添益拥有货币 ETF 的投资优势。它可以像买股票一样买入 ETF，可通过所有证券公司现有的交易系统进行投资，操作简单；作为一种场内现金管理好帮手，华宝添益投资门槛超低，费用低，买入华宝添益每 100 份为 1 手，最低仅需约 1 万元，最小申赎单位为 1 份，申赎价格固定为 100 元/份，申购最低仅需 100 元。此外，华宝添益的申购费、赎回费均为 0，其交易经手费、交易单元流量费、印花税等费用，也都不收取。华宝添益除拥有第二代货币 ETF 共有的优势以外，还拥有流动性高、安全性好、收益率稳定等产品特性。

1. 流动性高

华宝添益被称为场内货基“流动性之王”，这主要来源于三个途径：一是在买入、卖出途径上，华宝添益买卖金额无上限，二级市场成交额远超过同类产品，买卖提供的流动性是同类产品所无法比拟的；二是在申购途径上，华宝添益没有申购、赎回上限，有效避免了在申购达到上限后投资者提交的申赎申请形成“废单”或当日闲置资金空转的情形；三是华宝添益自 2013 年 12 月 9 日起享受上交所了“T+0”回转交易“特权”，买入的基金份额当天就能卖出，日内可以无限次地反复买入、卖出，资金还可以用于股票等其他品种的交易，一旦股票及其他品种出现交易机会，投资者在享受基金收益的同时还能随时参与，不错失良机。如果投资者的资金量较大，则还可以利用买卖之间的价差，博取日内套利收益，T+0 回转后使流动性又得以加强，买卖价差缩窄，投资者能以更稳定、合理的市场价格快速买卖。华宝添益买卖和申赎的主要规则如表 6.6 所示。

表 6.6　华宝添益货币基金的买卖和申赎

操作	当日收益	份额可用	资金可用	交易价格
买入	享受	T 日可赎、可卖	——	市价
卖出	不享受	——	即时可用，T+1 日可取	市价
申购	不享受	T+2 日可赎、可卖	——	100 元/份
赎回	享受	——	T+1 日到账，T+2 日可用	100 元/份

2. 收益稳定，安全性高

华宝添益以保持本金的安全性和基金财产的流动性、追求高于比较基准的稳定收益为主要的投资目标。从图 6.3 可以看出，近三年其业绩表现均高于比较基准（同期七天通知存款利率），且呈现较好的稳定上升态势。

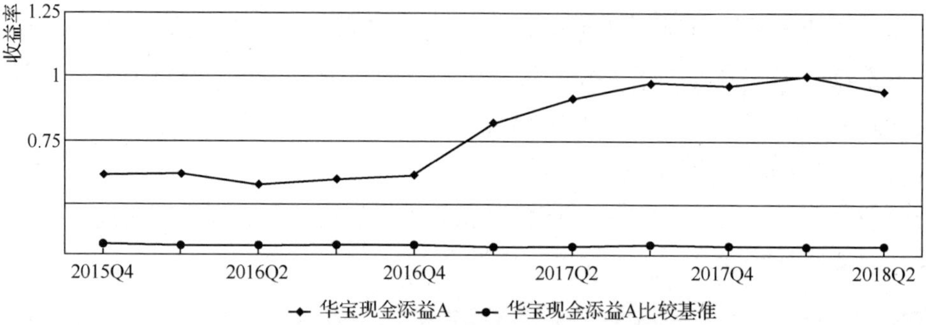

图 6.3　华宝添益业绩表现

一般情况下，华宝添益投资组合的平均剩余期限在每个交易日均不超过 120 天，平均剩余期限在每个交易日不得超过 240 天，且能够通过出售所持有的银行间同业市场债券应对流动性需求。华宝添益的投资范围包括现金、通知存款、短期融资券、剩余期限在 397 天以内（含 397 天）的债券、1 年以内（含 1 年）的银行定期存款、大额存单、期限在 1 年以内（含 1 年）的债券回购、剩余期限在 397 天以内（含 397 天）的资产支持证券、期限在 1 年以内（含 1 年）的中央银行票据（以下简称“央行票据”）、剩余期限在 397 天以内（含 397 天）中期票据、中国证监会、中国人民银行认可的其他具有良好流动性的货币市场工具。

6.3.2　投资策略

华宝添益的投资策略除了买入持有并赚取货币基金收益外，还有折溢价套利、日内价差套利、节假日套利以及计息方式套利、跨品种套利等投资策略。

1. 折溢价套利

折溢价套利都只有在开通申赎功能的一级交易券商才可以进行，而且要区别华宝添益的两个代码（二级市场买卖：511990，一级市场申赎：511991）。

折价套利：一般来说，在资本市场资金面相对紧张时，货币基金会遭大幅赎回或大幅卖出，普遍折价交易。当货币 ETF 二级市场价格低于基金净值时，在二级市场上以相对较低的市价买入基金，然后在一级市场上以相对较高的净值赎回，实现无风险套利收益。套利实际收益率 =（净值–买价+当日基金收益）/买价×100%。

华宝添益属于第二代的场内货币基金，场内申赎的单位净值为 100 元/份，买卖价格围绕净值上下波动，当二级市场的价格低于净值时，就可能存在折价套利的机会，可以在二级市场上折价买入华宝添益，并在一级市场上赎回。

假设在 2018 年 9 月 27 日时，小夏以当天的最低价 99.940 买入，当天的最高价没有超过 100 元，这时小夏在场内以净值 100 元赎回，轻松赚取 0.06 元的价差。同时，二级市场当天买入，当天还能享受单日的货币基金收益。当日百份基金收益为 0.7904，小夏操作了 100 份的话，可获取 0.06*100+0.79=6.79 元。需要注意的是，由于赎回资金 T+2 日才可用可取，因此实际上这一过程资金占用了两天，折合为年化收益率为 12.39%。

折价套利时间轴：T 日买入——T 日确认份额——T 日开始享受收益——T 日可赎回——T+1 日不再享受收益——T+2 日资金可用可取，如表 6.7 所示。

表 6.7　华宝添益折价套利的时间表

买　　入	买入确认（开始享受收益）	赎　　回	份额确认（不再享受收益）	资金可用可取
周一	周一	周一	周二	周三
周二	周二	周二	周三	周四
周三	周三	周三	周四	周五
周四	周四	周四	周五	下周一
周五	周五	周五	下周一	下周二

所以周五进行折价套利，也是可以享受到周末两天的收益的。

溢价套利：当货币 ETF 二级市场价格超过基金净值时，若投资者本身持有货币 ETF 份额，则可以在二级市场上卖出基金份额，同时在一级市场上以相对较低的基金净值申购基金份额，实现无风险套利收益。套利实际收益率=（卖价–净值）/卖价×100%。

2018 年 9 月 28 日，华宝添益二级市场的最高价格为 100.070。如果小夏当天在二级市场上以 100.070 溢价卖出基金份额同时在一级市场上以 100 元申购同样的基金份额，便能轻松赚取 0.07 元的价差，1 手即能赚取 7 元的套利收益，折合为年化收益率为 25.55%。需要注意的是这种套利方法前提需要你的股票账户里有华宝添益的份额，此外，溢价套利不仅仅赚取了价差收益，在不做任何操作的情况下，当天是有收益的，而卖出申购套利后，就不能享受当天的货币基金收益了。

溢价套利时间轴：T 日卖出——T 日确认份额——T 日不再享受收益——T 日可申购——T+1 日开始享受收益——T+2 日基金份额可卖可赎，如表 6.8 所示。

表 6.8 华宝添益溢价套利的时间表

卖 出	卖出确认（不再享受收益）	申 购	份额确认（开始享受收益）	资金可卖可赎
周一	周一	周一	周二	周三
周二	周二	周二	周三	周四
周三	周三	周三	周四	周五
周四	周四	周四	周五	下周一
周五	周五	周五	下周一	下周二

可以看出，周五并不适合溢价套利，因为周末两天是没有收益的。

总之，折价套利操作时买入并赎回，享受的收益是价差和当日货币基金的收益，反之，溢价套利操作是卖出并申购，享受的收益是价差，如表 6.9 所示。

表 6.9 华宝添益折溢价套利及收益组成

模 式	操 作	当日货币收益	套利收益组成
折价交易	买入并赎回	享受	价差+当日收益
溢价交易	卖出并申购	不享受	价差

2. 日内价差套利

华宝添益实现了 T+0 回转交易，可以随时捕捉盘中价格波动的机会，通过日内波段操作，赚取日内价差。操作得当的话，日内价差套利的收益也十分可观，而且，大部分的主流券商对华宝添益免佣交易，成本近乎可以忽略。套利实际收益率=（卖出价–买入价）/买入价×100%。

案例：

假设聪明的小夏在 2017 年 12 月 28 日进行日内价差套利，以低价 99.4690 元买入 1 手（100 份）华宝添益，在高价 99.8900 元卖出，成功赚取了 42.10 元的收益，不享受当天每百份 1.1343 元的基金收益。看到这里你可能会问，小夏折价买入华宝添益，但当天的最高价仍少于 100 元净值，他直接在一级市场赎回 100 元净值不是能赚（100−99.4690）×100+1.1343=54.2343 元吗？

如果在二级市场买入一级市场赎回，则资金将于 T+2 日才可用可取，不巧的是 2017 年 12 月 28 日是星期四，碰上了周末和元旦假期，资金将会被占用 5 天，而如果在当天买入、卖出套利，资金当天就可用，如表 6.10 所示。当然，日内盘中可能出现多次“V”字形的走势，每次都可能是套利的好机会！

表 6.10　华宝添益日内买入并卖出操作

操　　作	当日收益	资金可用	资金可取	交易价格
日内买入并卖出	不享受	即时	T+1 日	套利收益： 卖出价－买入价

3. 节假日套利

节假日效应套利指的是在节假日前的最后一个交易日，场外货币基金均暂停申购，回购市场利率也相对较低，因此很多闲置资金会涌入货币 ETF，以获得节假日期间多天的收益，从而推高货币 ETF 在节前最后一个交易日当天的二级市场价格。

在二级市场上，由于计息方式有“算头不算尾”和“算尾不算头”的差异，投资者可以周五卖出“算尾不算头”的基金，享受周五、六、日的收益，同时周五买入“算头不算尾”的基金，也可以享受周五、六、日的收益，如此一来，便可以多享受三天的收益。所以，“算尾不算头”的基金一般会在周五出现折价，而“算头不算尾”的基金一般会在周五出现溢价。

华宝添益在二级市场上属于“算头不算尾”的基金，通常在周五或者节假日前一个交易日出现溢价。老罗统计了近 5 年（2013 年 9 月 28—2018 年 9 月 27 日）每周的最后一个交易日的最高价，共 258 个交易日，有 245 个交易日的最高价大于 100 元净值，如图 6.4 所示。

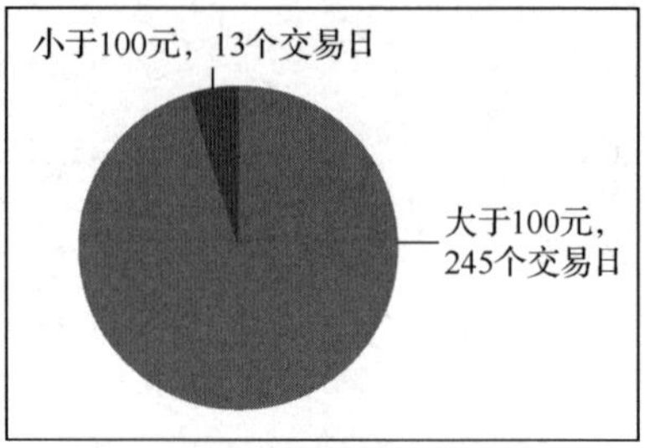

图 6.4　华宝添益周五溢价情况

投资者可根据这种节假日效应，在节假日前几个交易日买入或申购华宝添益，享受节假日前溢价的收益。但是投资者在节假日前进行溢价套利时，需要考虑套利收益是否大于假期的基金受益。

4. 跨品种套利

货币 ETF 不仅可以与债券回购无缝对接，相比隔夜回购还具有参与门槛更低、预期收益更高、操作更便利等优势，其推出后吸引了越来越多隔夜回购的活跃客户参与。从经验来看，隔夜回购（GC001）和华宝添益的日内价格走势形成较明显的“跷跷板”效应，这可能是因为隔夜回购利率走低时，往往流动性较为宽松，市场资金充裕，这也相应会造成资金池子水满时，部分流溢进货币基金，而由于买盘较多，会推动华宝添益价格上扬；反之亦然，市场钱紧，GC001 利率上扬时，华宝添益多呈现折价状态。

因此，货币 ETF 与隔夜回购存在一定替代性，其二级市场价格受到隔夜回购利率影响，当隔夜回购利率走低，投资者将从隔夜回购转向货币 ETF，并将进一步提高交易价格。图 6.5 显示华宝添益和隔夜回购涨跌的负相关性，投资者可以利用替代性进行跨品种套利。

隔夜回购 10 万元起步，单笔收取费用一元钱，而华宝添益在二级市场买卖每笔只要一万元左右，门槛大大降低，而且几乎所有的主流券商处“0”佣金。更重要的是，GC001 一旦下单就不能“反悔”，不能撤单，而华宝添益“T＋0”，日内可以无限次交易，买了华宝添益后，如果发现股市又有更好的机会，完全可以卖掉华宝添益再投资股票。

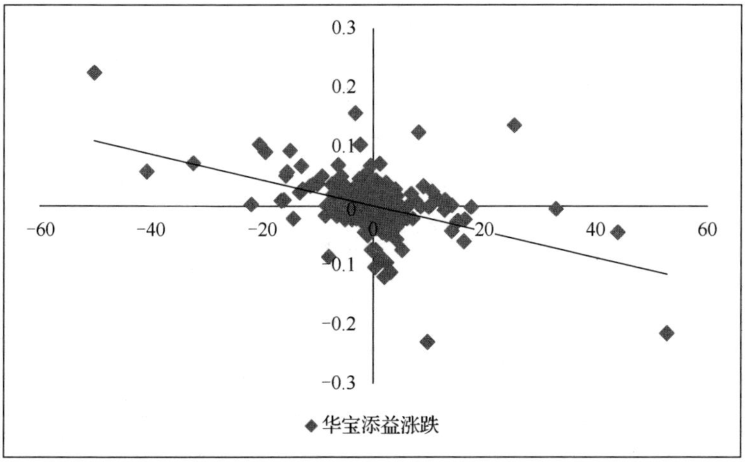

图 6.5　华宝添益和隔夜回购涨跌相关性（2013 年 9 月 28—2018 年 9 月 27 日）

最后，老罗再提醒一下大家，华宝添益买卖、申赎代码不同，要注意区分，买卖代码为 511990，申赎代码为 511991。另外，投资者在套利时，要提前确认好自己用的券商是否支持场内申赎，交易是否免佣金，差之毫厘失之千里。

6.4　银华日利

银华交易型货币市场基金（简称：银华日利，申赎代码：511881，交易代码：511880）是银华基金发行的中国境内的第二只交易型货币基金。该基金成立于 2013 年 4 月 1 日，是业内首只也是唯一一只以净值体现收益的货币 ETF。银华日利 2013 年 4 月 18 日在上海证券交易所挂牌交易，不仅可以在不影响投资者正常交易证券的前提下，将其闲余资金投资于货币市场工具获得超过活期存款利率的回报，为投资者场内闲余保证金提供理财服务，而且可在交易所实现高效的 T+0 回转交易。这也让银华日利得到了投资者的追捧，不仅成交金额持续放大，收益率也稳步提升。截至 2019 年 3 月 31 日，银华日利的规模达 509.42 亿元，在同类产品中排名第二，仅次于华宝添益，如表 6.11 所示。

表 6.11　银华日利基本信息

基金全称	银华交易型货币市场基金
基金主代码	511880
基金运作方式	契约型开放式
基金管理人	银华基金管理股份有限公司
基金托管人	中国建设银行股份有限公司
成立日期	2013-04-01
上市日期	2013-04-18
基金份额上市的证券交易所	上海证券交易所
管理费率	0.30%
托管费率	0.09%
申购赎回费	0
交易费用	大部分券商交易佣金设为 0
印花税	0
单笔买入下限（份）	100
单笔申购下限（份）	10
基金面值	100 元
基金规模	509.42 亿元（截至 2019 年 3 月 31 日）

数据来源：Wind，老罗话指数投资整理，截至 2019 年 3 月 31 日。

6.4.1　产品特点

与之前介绍的华宝添益类似，银华日利具有普通货币 ETF 共有的投资优势，其资金交收效率高，管理及交易费用低廉，流动性有保障，收益稳定，是场内机构投资者管理闲散现金的有效工具。

1. 资金交收效率高

与华宝添益相似，银华日利是一种近乎无风险的现金管理工具，是一种场内交易型货币基金，不仅可以申赎，而且可以进行买卖。自 2013 年 12 月 9 日起，银华日利实现了 T+0 日内回转交易，T 日在二级市场买入的基金份额，当日就可以卖出，卖出后的资金 T 日可用，T+1 日可取。资金进出的效率较高，有利于保障二级市场投资者抓住股市中瞬息万变的投资机会，如表 6.12 所示。

表 6.12　银华日利资金使用效率

操　作	T	T+1	T+2
买入	可赎回可卖出	——	——
卖出	资金可用	资金可取	——
申购	——	——	可卖出可赎回
赎回	——	——	资金可用可取
买入并赎回	——	——	资金可用可取
卖出并申购	——	——	份额可用
买入并卖出	资金可用	资金可取	——

2. 流动性有保障

与华宝添益相似，以下三点保障了银华日利有较高的流动性。银华日利在买卖金额上无上限，二级市场上有较高的成交额；其申赎无上限有效地避免了在申购达到上限后投资者提交的申赎申请形成“废单”或当日闲置资金空转的情形；T+0 回转交易可以实现日内无限次地反复买入、卖出，在享受基金收益的同时还能随时参与，不错失良机。

流动性非常好，数据显示，2018 年 3 月 29 日至 2019 年 3 月 29 日，日均成交额为 80.97 亿元，如图 6.6 所示。

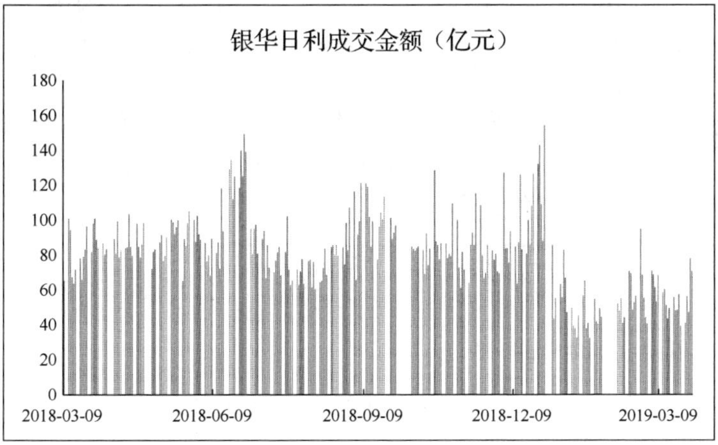

图 6.6　银华日利日成交额（2018.3.29—2019.3.29）

3. 交易成本低廉

银华日利的申购、赎回费率为 0，二级市场几乎所有的主流券商买卖银华日利免佣金，交易费用接近 0。该基金管理费率为 0.3%，低于华宝添益的 0.35%，同时也低于普通货币市场基金的 0.33%；托管费率是 0.09%，而普通货币基金是 0.1%；销售服务费率为 0.25%，无增值服务费，总费率为每年 0.64%，明显低于目前已有 T+0 产品每年的总费用，更利于投资者节省成本。此外，零佣金和低管理费大大增加了银华日利的套利空间，使得把握银华日利的套利机会也更方便、操作空间更大。

4. 收益稳定

银华日利自 2014 年 4 月 1 日成立以来，各年净值增长率稳定，分别为 2013 年 3.23%，2014 年 4.42%，2015 年 3.24%，2016 年 2.51%，2017 年 3.63%，2018 年，远高于比较基准活期存款利率。图 6.7 所示为银华日利阶段表现，完胜一年期定期存款利率和同期业绩比较基准收益率。

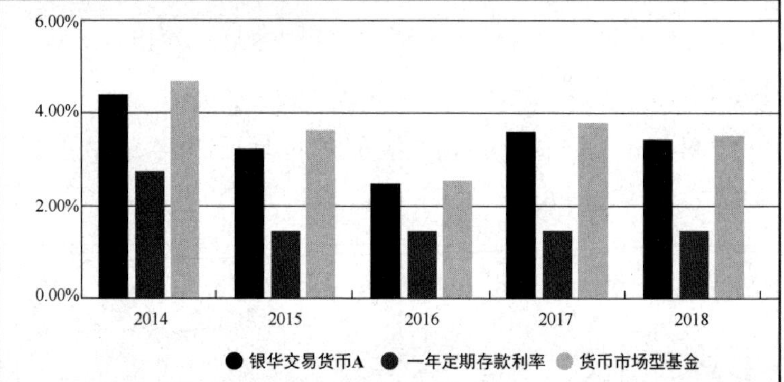

	2014	2015	2016	2017	2018
●银华交易货币A	4.42%	3.24%	2.51%	3.63%	3.46%
●一年定期存款利率	2.75%	1.50%	1.50%	1.50%	1.50%

图 6.7　银华日利阶段表现比较

5. 充作两融抵押物优势多

与华宝添益类似，银华日利也可以作为融券抵押物，即买入银华日利，以银华日利充抵保证金，融券卖出获得资金。以银华日利作为两融抵押物，首先，银华日利的折算率高，可达 90%。其次，银华日利主要投资于央行票据等货币市场工具，流动性好、安全性高。最后，银华日利具有较好的业绩表现，其基金收益又可以充抵融资成本。

6.4.2　银华日利 VS 华宝添益

银华日利与华宝添益最大的区别是计价方式的不同，即收益和净值的表现形式不同。华宝添益的净值始终保持 100 元不变，每天的收益通过增加的份额来体现。而银华日利采用不结转收益的全价计价方式，每天的收益都反映在净值之中，投资者持有的份额永远是不变的。银华日利每年采取“新年红包”形式发放现金红利，以每年的 12 月 15 日为收益分配基准日（如该日为非工作日，则提前到最近一个工作日），次年年初将基准日基金份额净值超过基金份额面值（100 元）的部分以现金形式分配给投资者，对于重视定期收入的投资者来说，现金分红可使其每年得到一笔现金收入，以应付各项支出。

因此，华宝添益的 K 线图呈围绕 100 元净值上下小幅波动的走势，而银华日利则呈线性上涨的走势，如图 6.8、图 6.9 所示。

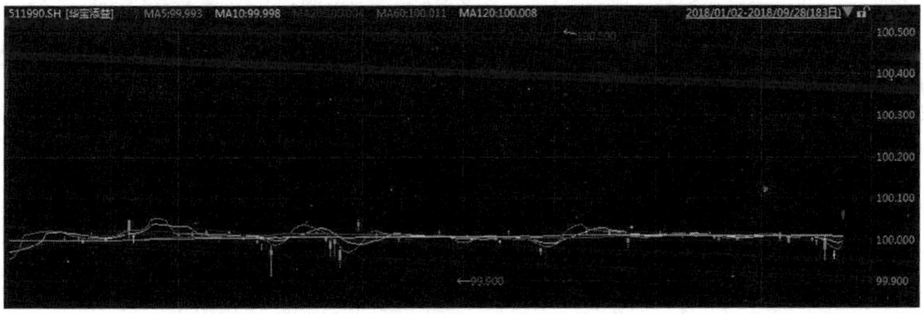

图 6.8　华宝添益 K 线图

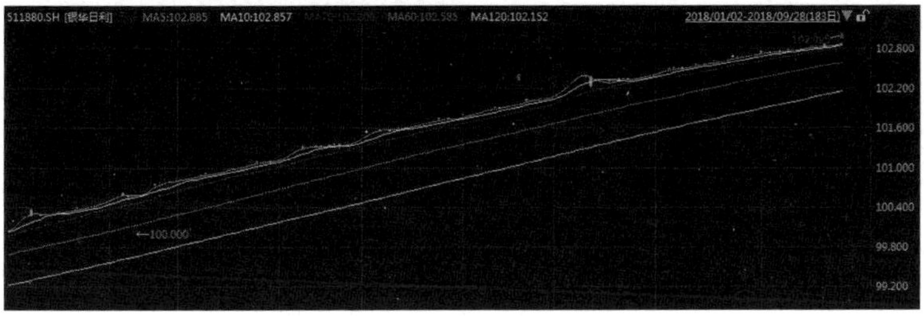

图 6.9　银华日利 K 线图

许多投资者又心生疑问，两种计价方式孰优孰劣？老罗只能说，这个问题没有确切的答案。

银华日利是唯一一只收益累加算入净值的货币基金，与固定净值的货基相比，两者各有千秋。像华宝添益这类固定净值的基金，容易判断其折溢价率，高于 100 元为溢价，低于 100 元为折价；而银华日利则需要去查看其净值并与市价进行比较，投资者可以到银华基金官网查看每日公布的净值，当日净值当天傍晚公布，投资者可根据上一交易日公布的净值和每日收益情况进行预测。

6.4.3 套利策略

与华宝添益相似，投资者除了可以买入或申购银华日利并持有以赚取基金收益外，还可以进行折溢价套利、日内价差套利、跨品种套利等，进一步增强投资收益，如表 6.13 所示。

表 6.13 银华日利套利策略

套利类型	套利条件	操作方法	出现时间
折价套利	二级市场价格<当日净值	买入并赎回相同数量银华日利	季末或隔夜回购利率较高时
溢价套利	二级市场价格>当日净值	卖出并申购相同数量银华日利	隔夜回购利率较低，资金面宽松时
日内价差套利	当日卖出价>当日买入价	低价买入当天高价卖出，并购买其他品种	每个交易日
跨品种套利	隔夜回购利率<银华日利收益率	通过隔夜回购融入资金购买银华日利	资金面宽松时

1. 折溢价套利

作为交易型货基，无论是华宝添益还是银华日利，都会伴随市场对于资金的渴求程度出现折价或者溢价，比如市场资金紧张，逆回购利率飙升的时段，两只货基往往都会折价交易，因为持有者会选择抛售然后通过其他手法锁定更高的收益；而当市场资金宽裕、逆回购大跌时，两只货基则会溢价交易，因为手头有资金忙不迭要找无风险收益的投资者会炒高价格。

举个例子，敏锐的小夏嗅到 2018 年 4 月 24 日存在今年以来较好的折价套利机会，当天的最低价为 101.307 元，净值为 101.405 元。那天小夏没有以最低价买进银华日利，而是以 101.344 元在二级市场上买入 100 份基金，折价率也高达 0.60%，并在一级市场上赎回。套利收益为（101.405-101.344）×100=6.1 元，由于资金占用两天，折合为年化收益率为 11.13%。

聪明的投资者这时可能已经意识到，当利用华宝添益进行折价套利时，套利收益还加上了基金当天的收益，而银华日利由于当日的收益已经累计计入基金净值中，所以无须重复加入当日基金收益。另外在折价套利时还要注意当天是否是假期的前一天或者前两天，否则资金实际占用的时间又要延长。

与华宝添益类似，在进行溢价套利时要求投资者的账户中有银华日利的份额，在二级市场卖出同时在一级市场申购相同的份额。比如小夏在今年的 7 月 9 日在二级市场卖出持有的 100 份银华日利并在一级市场申购相同份额的银华日利，当天的最高价为 102.435 元，而小夏的成交价为 102.408 元，净值为 102.203 元。则小夏的 100 份套利收益为=（102.408-102.203）×100=20.5 元，折合为年化收益率竟达 37%！

2. 日内价差套利

与华宝添益类似，银华日利实现了 T+0 回转交易，当日买入当日就可以卖出，且资金当日就可以使用，因此投资者可以利用盘中价格波动的机会，低买高卖，赚取价差。可想而知，如果操作得当，则日内价差套利的收益也十分可观。套利收益率=（卖出价–买入价）/买入价×100%。

特别是在长假前，银华日利在二级市场通常呈现溢价状态，更是实现无风险套利的好时机。一般在节假日和双休日前的最后一个交易日，场外货币基金都暂停申购，回购市场利率也相对较低，所以更多的闲置资金会涌向场内货币基金，以获得节假日期间多天的收益，从而推高当天二级市场价格。对于投资者来说，就可以在节假日前的几个交易日买入或者申购银华日利，在节假日前一天卖出，获取价差套利收益。

此外，从二级市场的交易量情况也可以看出，几乎在长假前，银华日利的二级市场成交量及申购量都会出现明显放大，除投资者对场内保证金假期理财的需求外，套利资金趁机寻求获取超额收益因素也较为明显。据悉银华日利申购费率为零，同时，几乎全部的主流券商买卖银华日利免佣金，低廉的交易费用大大降低了银华日利的套利成本，增加了其套利空间。

3. 跨品种套利

股市阴晴不定，不少保证金处于闲置状态，隔夜回购、交易型货币基金成为投资者提高资金利用率的有效工具。然而，前者 10 万元的高门槛、近期持续走低的收益率使其逊色不少。此时，具有高收益、高便捷、低门槛的银华日利等交易型货币基金成其绝佳替代品。图 6.10 显示银华日利和隔夜回购涨跌负相关，投资者可以根据替代性进行跨品种套利。

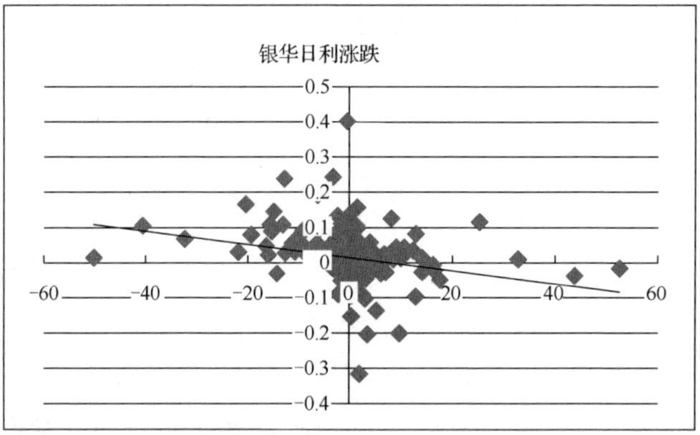

图 6.10　银华日利和隔夜回购涨跌相关性（2013 年 9 月 28—2018 年 9 月 27 日）

老罗在介绍华宝添益时讲过，当隔夜回购利率走低时，往往流动性较为宽松，市场资金充裕，这也相应会造成资金池子水满时，部分流溢进货币基金，而由于买盘较多，会推动华宝添益价格上扬；反之亦然，当市场钱紧，GC001 利率上扬时，华宝添益多呈现折价状态。因此，货币 ETF 与隔夜回购存在一定替代性，其二级市场价格受到隔夜回购利率影响，当隔夜回购利率走低，投资者将从隔夜回购转向货币 ETF，并将进一步提高交易价格。

最后，大家需要注意的是，在进行套利时，首先一定要确保套利标的的流动性，然后要查看自己的券商，尽量选择 0 佣金的券商。在银华基金管理股份有限公司官网上查询银华日历的销售渠道，可以查询到 0 佣金的代销机构。老罗了解到这些数据更新到 2015 年，为了保险起见，大家在投资前可以充分了解一下所选择的券商是否零佣金，如图 6.11 所示。

图 6.11　银华日利 0 佣金代销机构

6.5　深交所的三只货币 ETF

货币 ETF 具有流动性强、风险低、收益稳健、交易成本低等特征，是场内投资者理想的保证金管理工具。投资者不仅可以像过去一样通过赎回获取资金，还可以将其持有的货币基金份额通过二级市场卖出，成交后资金可立即用于买入股票等资产，把握住转瞬即逝的投资机会；同时投资者仍可享受货币型基金稳定投资回报，且避免了极端市场情况下因触发赎回上限导致投资者无法赎回的流动性风险。

自 2013 年 12 月 9 日上交所场内货币基金华宝添益 ETF 开启“T+0”回转交易以来，该只基金成交量爆棚，被誉为场内“余额宝”。2014 年 10 月 20 日，深交所首批货币 ETF 即易方达保证金收益货基、招商保证金快线货基也挂牌上市，标志第三代场内货币基金已成为市场上创新型的现金管理工具的代表。上市当日，招商保证金快线货基的交易金额为 1.94 亿元，总手为 1.94 万手。而易方达保证金收益货基的交易金额为 4.76 亿元，总手为 4.76 万手。2015 年 1 月 13 日，深交所第三只货币 ETF 也正式挂牌上市，三只货基均可实现“T+0”交易，如表 6.14 所示。

表 6.14　深交所三只货币 ETF 基本信息

	易方达保证金	招商快线	添富快钱
基金全称	易方达保证金收益货币市场基金	招商保证金快线货币市场基金	汇添富收益快钱货币市场基金
基金代码	159001	159003	159005
基金运作方式	契约型开放式	契约型开放式	契约型开放式
基金管理人	易方达基金管理有限公司	招商基金管理有限公司	汇添富基金管理股份有限公司
基金托管人	交通银行股份有限公司	平安银行股份有限公司	中国工商银行股份有限公司
成立日期	2013-03-29	2013-05-17	2014-12-23
上市日期	2014-10-20	2014-10-20	2015-01-13
管理费率	0.20%	0.20%	0.20%
托管费率	0.08%	0.08%	0.08%
申购赎回费	0	0	0

续表

	易方达保证金	招商快线	添富快钱
交易费用	大部分主流券商免佣金	大部分主流券商免佣金	大部分主流券商免佣金
印花税	0	0	0
单笔申购金额下限	100 元	100 元	100 元
单一投资者持有份额上限	3,000,000 份	3,000,000 份	3,000,000 份
基金面值	100 元	100 元	100 元

6.5.1 深交所三只货币 ETF 产品特性

1. 极高的交易效率

深交所的三只货币 ETF 是交易兼申赎型场内货币基金，编码均以“159”开头，其一二级市场均具有较高的交易效率，是目前市场上交易效率最高的场内货币基金。它们结合了第一代的申赎和第二代的交易功能，既可以在二级市场上 T+0 交易，又可以在一级市场上 T+0 申赎。具体而言，当日买入的货基，当日就可赎可卖，资金当日就可用，T+1 日便可取；当日申购的份额，当日就可卖可赎，资金当日就可用，T+1 日便可取。两市交易效率比较如表 6.15 所示。

表 6.15　两市交易效率比较

	操作	份额可用	资金可用	资金可取
深市	买入	当日可赎回/卖出	--	--
	申购	当日可赎回/卖出	--	--
	卖出	--	当日即时可用	T+1
	赎回	--	当日即时可用	T+1
沪市	买入	当日可赎回/卖出	--	--
	申购	T+2 日可赎回/卖出	--	--
	卖出	--	当日即时可用	T+1
	赎回	--	T+2	T+2

2. 较低的折溢价率

由于深交所的货币 ETF 实现了买卖 T+0，申赎 T+0 交易，有极高的交易效率，因此它们的折溢价率很低。如果市场上出现折价或溢价，投资者会瞬时从中套利，使得价格回到净值水平。从图 6.12 可以明显看出，深交所三只货币 ETF 的折溢价率显著低于华宝添益。

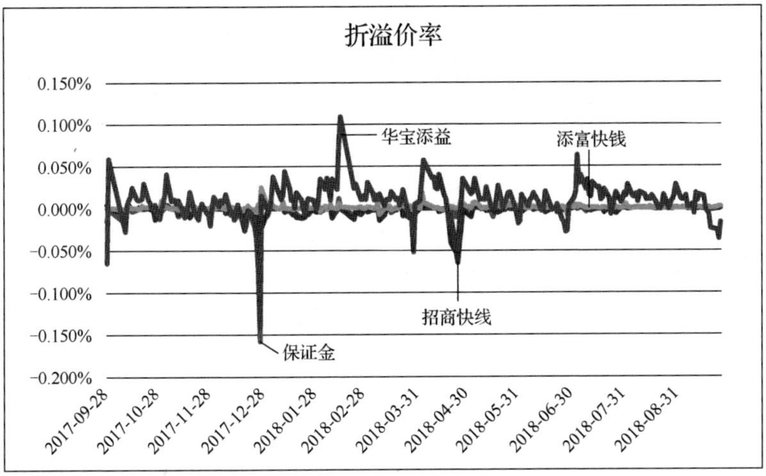

图 6.12　深交所货币 ETF 折溢价率

由于深交所货币 ETF 拥有极高的交易效率，一出现折溢价马上就被市场中的投资者进行套利，因此折溢价率一般情况下较低，套利的机会也相对较少。套利原理与华宝添益和银华日利类似，老罗就不再细讲，如表 6.16 所示，给大家列出基础的套利操作表供大家学习和回忆！

表 6.16　四种套利交易与收益汇总表

T 日交易操作	份额可用	资金可用	资金可取
买入并赎回	--	T 日即时可用	T+1 日
申购并卖出	--	T 日即时可用	T+1 日
卖出并申购	T 日即时可赎回 T 日即时可卖出	--	--
买入并卖出	--	T 日即时可用	T+1 日

但大家需要注意的是，与第三代货币 ETF 华宝添益和银华日利不同的是，由于深交所三只货币 ETF 实现了买卖 T+0 和申赎 T+0，因此在进行折价套利时资金的占用时间只占用一天，而进行溢价套利时，不再需要投资者的账户中持有基金份额。

3. 收益确认规则

易方达保证金和招商快线的计息规则为“算尾不算头”，即当日申购或买入当日不享受收益，当日赎回或卖出当日享受收益。而添富快线是申购当日有收益，赎回当日无收益，买入当日无收益，卖出当日有收益，如表 6.17 所示。

表 6.17　深交所收益确认规则

	易方达保证金	招商快线	添富快钱
买入	不享受	不享受	不享受
卖出	享受	享受	享受
申购	不享受	不享受	享受
赎回	享受	享受	不享受

采用“算尾不算头”的计息方式，我们可以利用这一特点进行短线交易。以易方达保证金货币基金为例，我们今日买入该基金，然后在下一个交易日卖出，我们的收益获取方式是从下一个交易日开始，并且卖出时也是从下一个交易日开始不享有，因此特别是在节假日前的交易日，我们可以在节假日前的倒数第二个工作日买入基金份额，然后在节假日前的倒数第一个工作日卖出，这样就是持有基金份额一天，但获取的利息收益却是多日。例如我们周四买入易方达保证金货基，然后在周五卖出，卖出资金还是实时可用，可以买入其他证券品种，我们持有该基金一天，但却可以获取周五、周六、周日三天的利息收益。

6.5.2　深交所成立货币 ETF 的意义

（1）填补了深交所货币 ETF 基金的空白领域。易方达保证金和招商快线作为深交所首批货币 ETF，对深市场内货币基金体系来说，是一个补充和完善，既保证了流动性，又保持货币基金稳定收益。

（2）是对场内货币基金的一种需求性“升级”，提高资金利用效率。在第三代货币 ETF 问世之前，场内货币基金主要分为申赎型和交易型货币 ETF 两种类型。而深交所的三只货币 ETF 是“升级版”的场内货基，结合了“申赎”和“交易”两者的特点，且无论二级市场交易还是一级市场赎回，均可实现 T+0 资金可用，资金效率最高。

（3）相比于上市之前，基金规模将更为稳定。上市后基金的主要交易渠道将从一级市场转向二级市场，由于二级市场交易并不影响基金的规模，因此，基金的净赎回风险也将大大降低，从而有助于基金经理配置更多的高收益资产，提高整体收益能力。

第 7 章　商品 ETF

7.1　黄金 ETF 的概况介绍

7.1.1　黄金 ETF 的概况

黄金 ETF 基金是指绝大部分基金财产以黄金为基础资产进行投资，紧密跟踪黄金价格，并在证券交易所上市的开放式基金。

黄金 ETF 运作机制与股票 ETF 总体上类似，除实物黄金在交易、保管、交割、估值等方面有一定差异外，黄金 ETF 与股票 ETF 的区别主要在于标的指数从股票价格指数变为单一商品价格，成份股从一篮子股票组合变为单一实物商品。

黄金 ETF 的运行原理为：由基金公司以实物黄金为依托，在交易所内公开发行基金份额，销售给各类投资者，商业银行分别担任基金托管行和实物保管行，投资者在基金存续期间内可以自由赎回。黄金 ETF 在证券交易所上市，投资者可像买卖股票一样方便地交易黄金 ETF。交易费用低廉是黄金 ETF 的一大优势，投资者购买黄金 ETF 可免去黄金的保管费、储藏费和保险费等费用，费用少，交易佣金与股票 ETF 等同，占比约在 0.03%～0.08%之间，优势十分突出。

由于黄金价格较高，黄金 ETF 与一般基金不同的另一个重要特点是，其一般以 1 克作为一份基金单位，每份基金单位的净资产价格就是 1 克现货黄金价格减去应计的管理费用。黄金 ETF 在证券市场的交易价格或二级市场的交易价格以每股净资产价格为基准。

在中国，黄金的需求量逐年增加。中国的黄金需求量从 2013 年起超越印度，一直稳居全球第一。扣除工业需求和黄金储备需求，中国的珠宝首饰加工需求和投资需求就占了 2017 年全年全球黄金总需求的 23%。

黄金在中国不仅受到机构投资者的关注，也越来越受到大众的关注。投资黄金的渠道有多种，比如银行的纸黄金、黄金基金、实物金、黄金饰品、熊猫金币等。这些品种各有特点，而黄金 ETF 作为一个不太被普通投资者了解的品种，其投资优势非常明显。

（1）投资起点低。几元至几十元即可投资黄金 ETF，类似纸黄金。相对于黄金饰品，黄金 ETF 没有那么显著的溢价，跟踪金价非常紧密，误差较小。相比实物金，其交易及变现也都非常方便，不用担心遗失及储存问题。

（2）交易成本低。对于投资者，特别是个人投资者来说，买卖黄金 ETF 所发生的成本要远低于在传统指定黄金账户下买卖、保管和保险的成本。特别是其 1/10 盎司，即 3 克左右的交易门槛对于个人投资者来说更具吸引力。

（3）操作便捷。黄金 ETF 在证券交易所中交易，机构或个人投资者可直接购买或通过经纪商购买以黄金为基础的黄金 ETF 产品，使黄金可以和股票及债券等传统资产类别在投资组合中混合。

（4）安全性高。黄金 ETF 代表了基金部分的、不可分割的受益权和所有权，其背后依托的实物黄金由具有优良信誉的商业银行负责保管。由于黄金 ETF 在证券交易所交易，受到交易所严格的监管，并依托交易所先进的交易系统，交易安全可靠。

（5）透明度高。黄金在全球范围内 24 小时进行交易，黄金价格公开透明。基金托管人则每天计算净资产价值和其他相关的财务信息，并及时在其网站上向投资者披露。

（6）表现稳定。从相关性看，黄金与传统的股票和债券具有很弱的相关性。并且，黄金在动荡的市场环境里，表现尤为稳定。回顾历史上几次金融危机，可以看到，黄金在金融危机中各种大类资产价格巨幅波动的情况下，表现尤为突出。正是由于这一弱相关特点，在大规模的资产配置中，黄金成为越来越被关注的品种。

7.1.2 黄金 ETF 海外市场概况

世界主要金融市场如纽约、伦敦、巴黎、东京等均推出了黄金 ETF。根据世界黄金协会统计数据，截至 2018 年 3 月 31 日全球共有 76 只黄金 ETF 产品，市场总规模为 1028 亿美元，黄金持有量为 2415.3 吨。美国及英国的黄金 ETF 产品数量最多、规模最大，是黄金 ETF 的主要市场。其中，美国黄金 ETF 规模为 516 亿美元，占据全球市场的 50%，其次为英国，总规模约为 187 亿美元，瑞士为 102 亿美元，德国为 102 亿美元。

2003 年，全球第一只黄金 ETF 产品于澳大利亚诞生；2004 年，全球最大的黄金 ETF 产品 SPDR Gold Shares，由世界黄金信托服务公司及道富环球投资管理公司联合推出，在纽约证券交易所上市。

在随后的 8 年时间里，全球黄金 ETF 的黄金持有量持续上升，2012 年 12 月，在黄金实物价格经历一年零三个月的熊市之后，黄金 ETF 的黄金持有量开始下降，直到 2015 年 12 月黄金价格重新开始上涨，黄金 ETF 的黄金持有量也随即恢复上涨趋势。

但是同产品规模的上升趋势不同，产品数量直到 2009 年才出现暴发式增长，2012 年随着黄金熊市的到来，产品数量增长又退回到个位数量级，甚至出现负增长。

7.1.3 黄金 ETF 国内市场概况

1. 主要品种

截至 2018 年 10 月，中国黄金 ETF 资产规模为 145.1 亿元，我国黄金 ETF 规模已经达到亚洲最大，但和欧美等国家相比，我国黄金 ETF 存量规模仍然较小。目前，我国市场共有 4 只黄金 ETF 产品在沪深交易所上市交易，产品情况如表 7.1 及图 7.1 所示。

表 7.1 黄金 ETF 市场情况

证券简称	基金成立日	发行规模（亿元）	2014 年规模（亿元）	2015 年规模（亿元）	2016 年规模（亿元）	2017 年规模（亿元）	2018 年规模（亿元）	成立以来回报率（%）
易方达黄金 ETF	2013-11-29	5.00	0.11	1.08	19.72	11.45	10.7	7.49
博时黄金 ETF	2014-08-13	2.92	0.23	14.03	48.70	72.85	81.5	4.28
国泰黄金 ETF	2013-07-18	4.10	0.51	0.39	8.62	2.40	2.1	-0.33
华安黄金 ETF	2013-07-18	12.08	1.62	7.16	63.57	50.67	50.8	0.22
合计			2.47	22.65	140.61	137.38	145.1	-

数据来源：Wind，数据截至 2018 年 10 月。

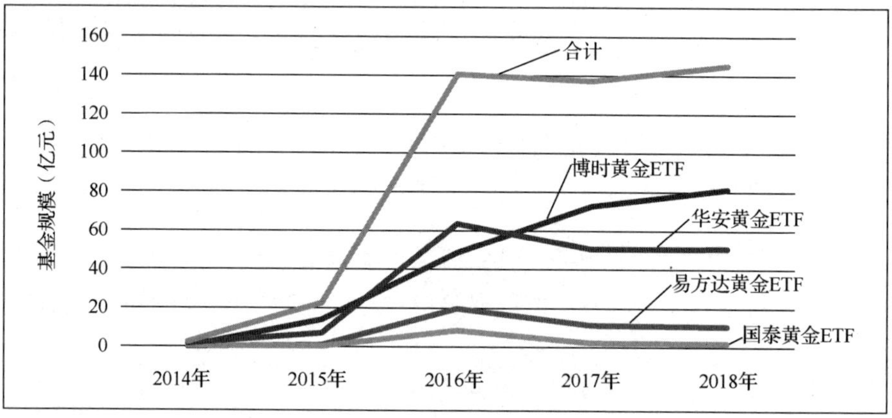

图 7.1 黄金 ETF 市场规模

（1）华安黄金 ETF。在这 4 个产品中，华安黄金 ETF 场内份额最大，该基金成立于 2013 年 7 月 18 日，于 2013 年 7 月 29 日在上海证券交易所成功上市。基金管理人为华安基金管理有限公司，基金托管人为中国建设银行股份有限公司。作为中国最早的两只黄金 ETF 产品之一，经过 4 年时间的发展壮大，截至 2018 年 10 月基金资产净值为 50.81 亿元。

投资人办理黄金现货合约申购/赎回业务的开放日为上海证券交易所和上海黄金交易所的共同交易日，应同时持有并使用证券账户和黄金账户。投资者申购/赎回的基金份额需为最小申购/赎回单位的整数倍，最小申购/赎回单位为

30 万份。

该基金紧密跟踪国内黄金现货价格，将 90%以上的基金资产投资于黄金现货合约（Au9999、Au9995）。为更好地实现投资目标，基金可以适当参与流动性好、交易活跃的黄金现货延期交收合约 Au（T+D）和黄金远期。

根据基金的 2018 年半年报显示，从 2013 年 7 月 24 日至 2018 年 6 月 30 日数据计算所得，平均日跟踪误差为-0.0002%，标准差为 0.00062；平均年跟踪误差为-0.03%，标准差为 0.0033。标准化的基金份额净值和 Au9999 收盘价的相关系数高达 0.9998，如表 7.2 所示。

表 7.2　2018 年半年报公布基金资产组合

	项　目	金额（元）	占基金总资产的比例（%）
1	贵金属投资	5,070,451,746.60	98.92
	其中：Au9999	5,054,436,546.60	98.60
	Au9995	16,015,200.00	0.32
2	银行存款和结算备付金合计	52,352,636.87	1.02
3	其他资产	3,162,241.82	0.06
4	合计	5,125,966,625.29	100.00

数据来源：华安基金。

（2）博时黄金 ETF。目前我国市场最大的黄金 ETF 是博时黄金 ETF，截至 2018 年 10 月，该基金总规模为 81.5 亿元，占市场总规模的 56.17%，如表 7.3 所示。

博时黄金 ETF 将 90%以上的基金资产投资于黄金现货合约（Au9999），该基金下设三类分级基金，分别是博时黄金 ETF（159937）、博时黄金 ETF 场外 D 类（000929）、博时黄金 ETF 场外 I 类（000930），三者主要区别在于最低投资额以及申购费率。其中博时黄金 ETF 场外 I 类曾为支付宝上架的存金宝产品，但已于 2018 年 1 月起暂停申购，目前支付宝上架的为博时黄金 ETF 联接基金的 C 类份额。另外，目前博时黄金 ETF 联接基金规模高达 88.5 亿元，联接基金 90%的资产投资于 ETF，因此 ETF 中 80%的规模来源于联接基金。

2. 沪深交易所黄金 ETF 交易及申赎效率比较

在上述 4 个产品中，华安黄金 ETF 和国泰黄金 ETF 在上交所上市，博时黄金 ETF 和易方达黄金 ETF 在深交所上市。不同交易所的交易效率有所差别。具体规则如表 7.4 和表 7.5 所示。

表 7.3 博时黄金 ETF 基本情况

类 型	博时黄金 ETF（159937）（场内）	博时黄金 ETF 场外 D 类（000929）	博时黄金 ETF 场外 I 类（000930）
最低投资额（元）	300,000	100	1
申购费率	-	0.05%（前端收费）	-
赎回费率	-	0.05%	-
成立日期	2014-8-13	2014-12-17	2014-12-17
基金规模（亿元）	81.5	0.36	20.49
最新净值（元）	2.6557	2.6952	2.6491

数据来源：Wind，截至 2018 年 10 月。

表 7.4 上交所黄金 ETF 交易、申赎效率

上交所	卖出	T 日现金赎回	T 日实物赎回
T 日持有份额	T	T	T
T 日买入份额	T	T	T+1
T 日现金申购份额	T+1	T+1	T+1
T 日实物申购份额	T	T	T

表 7.5 深交所黄金 ETF 交易、申赎效率

深交所	卖出	T 日现金赎回	T 日实物赎回
T 日持有份额	T	T	T
T 日买入份额	T	T+1	T+1
T 日现金申购份额	T+1	T+1	T+1
T 日实物申购份额	T	T	T

从表 7.4 和表 7.5 可以看出，两大交易所的区别在于，在上交所当日买入份额当日就可以现金赎回，而在深交所要次日才可以现金赎回。如果想利用黄金 ETF 进行套利，就要注意在深交所是当日买入份额，在 T+1 日现金赎回。需要说明的是，深交所目前在做 ETF 交易模式的升级，升级完成后，深交所的黄金 ETF 交易效率与上交所一样，可以实现当日买入份额，当日现金赎回。

无论是在上交所还是在深交所，当日持有或以黄金现货合约申购的黄金 ETF 份额，当日可以卖出、现金赎回或黄金现货合约赎回；当日以现金申购的黄金 ETF 份额，当日清算交收完成后，可于次一交易日卖出、现金赎回或黄金现货

合约赎回；当日买入的黄金 ETF 份额可于当日卖出，于次一交易日黄金现货合约赎回。

小贴士：

黄金 ETF 联接基金主要通过对目标 ETF 基金份额的投资，紧密跟踪中国黄金现货价格的表现。基金主要投资于目标 ETF 基金份额以及上海黄金交易所挂盘交易的黄金现货合约等黄金品种。此外，基金还可以投资于固定收益类证券、货币市场工具以及法律法规或中国证监会允许基金投资的其他金融工具。在正常情况下，本基金投资于目标 ETF 的比例不低于基金资产净值的 90%，现金或者到期日在一年以内的政府债券不低于基金资产净值的 5%。此类基金可以理解成一个专注投资黄金 ETF 的 FOF 基金，而这个 FOF 基金投资黄金 ETF 的仓位最高可达到 95%。

3. 黄金 ETF 交易方式

黄金 ETF 必须在证券交易平台进行交易，其交易时间和股票一样，为周一至周五的 9:30-11:30、13:00-15:00。黄金 ETF 单位是按一手含 100 份计算的，每手对应 1 克黄金，约合人民币 320 元。

黄金 ETF 采用 T+0 交易机制，当日买入的份额当日立马可以卖出，投资者可以不用冒着风险持仓过夜，它也具有涨跌幅限制，一般限制为 10%左右。

交易成本主要包括券商收取的交易佣金，一般占 0.03%～0.08%。黄金 ETF 产品买卖差价即产品上市交易时买价和卖价中间的差价，以及黄金 ETF 基金的管理费用，黄金 ETF 的年管理费率为 0.5%，如表 7.6 所示。

表 7.6　黄金 ETF 交易规则

交易场所	沪深交易所
开通账户	A 股账户
交易时间	交易日 9:30-11:30，13:00-15:00
交易方向	双向（融券卖空）
交易起点	约 1 克（320 元左右）
资金效率	T+0

续表

交易场所	沪深交易所
交易方式	二级市场交易、现金申赎、黄金现货合约申赎
认购方式	网上、网下现金认购、黄金现货实盘合约认购、A 股账户
申赎方式	现金申赎、黄金现货合约申赎

投资者可以通过以下三种方式进行黄金 ETF 交易。

（1）二级市场交易。投资者可以用自己的证券账户（A 股或基金账户），像买卖股票一样在二级市场交易黄金 ETF。

（2）现金申赎。投资者可以直接用现金申购 ETF，或者赎回 ETF 份额获得现金。

（3）黄金现货合约申赎。投资者可以用黄金现货实盘合约申购 ETF 份额，或者赎回 ETF 份额获得黄金现货实盘合约。

投资者可以通过线上现金认购、线下现金认购、黄金现货实盘合约认购这三种方式投资黄金 ETF。黄金 ETF 上市交易后，投资者还可以通过证券账户（A 股账户或基金账户）进行投资。

黄金 ETF 的申赎方式有：现金申赎、黄金现货合约申赎。其中现金申赎要通过申赎代理机构（代办券商）与证券交易所办理。黄金现货合约申赎需要通过申赎代理机构（金交会会员单位）办理，申赎开放日为上交所和黄金交易所的共同交易日，申赎开放时间为 9:30–11:30、13:30–15:00（周一至周五），最小申赎单位以基金招募说明书为准。

通过黄金现货合约申赎黄金 ETF，投资者需要同时具备上海证券市场证券账户（A 股或基金账户）和上海黄金交易所黄金账户，并提前向基金管理人提交申请（将证券账户与黄金账户的账户信息进行绑定并申请业务开通），且获得基金管理人同意与确认后，投资者才可以通过代办证券公司进行黄金现货合约申赎业务。需要注意的是，通过这种方式申赎黄金 ETF，投资者可能会牵涉到多重费率，主要有过户费、仓储费及申购/赎回登记结算费等，具体情况还需参考黄金交易所有关规定。

（4）黄金 ETF 与其他黄金投资品种的区别

随着社会历史的发展，黄金从单一的货币属性、饰品功能衍生出各种投资品。其中包括实物黄金、纸黄金、黄金股票、黄金期货、黄金 T+D，黄金现货、黄金 ETF、黄金 QDII 等。

下面老罗主要跟大家讲讲黄金 ETF、纸黄金、实物黄金和黄金期货的区别。

实物黄金又分为工艺金和金条，工艺金价格比金条价格要高很多，所以工艺金更适合收藏，金条多用来投资避险。购买银行的实物金条，不管是买还是卖都是很不划算的，买入价格比实时金价要高，卖出时又比实时金价低，（每克成本价格高出 15～30 元不等），这个价格指的是买入银行的回收价格，如果卖给他人或者典当行，价格会被压得更低。从一个银行买的金条，如果卖给其他银行，其他银行是不会买的。如果将黄金存放在银行，可能还会带来高昂的仓储费。

“纸黄金”是一种个人凭证式黄金，与国际金价挂钩，投资者按银行报价在账面上买卖“虚拟”黄金，因为不能提取实物，所以又叫“账户金”，购买纸黄金只能通过银行购买。从交易形式来看，现货黄金和纸黄金有相似之处，但两者区别还是很大的，主要有以下几点：

（1）现货黄金可以提取黄金，但纸黄金不能；

（2）现货黄金是保证金交易，可以以小搏大（收益高，风险也大），纸黄金是全额交易，需要的资金比现货黄金高（风险低，收益也低）；

（3）现货黄金既可以买涨，也可以买空，纸黄金只能买涨；

黄金期货以实物黄金（金锭）为标的，约定在未来某一时刻买卖双方进行交割的合约，一般采用保证金交易。黄金期货风险比较高，门槛也比较高，每手为 1000 克，所以黄金期货作为一种纯粹的投资工具，高杠杆，不适宜普通民众购买，更不适用于避险，如表 7.7 所示。

表 7.7　黄金投资品种的区别

投资品种	交易场所	开通账户	交易时间	交易起点	交易成本
黄金 ETF	沪深交易所	A 股账户	交易日 9:30—11:30，13:00—15:00	约 1 克（300 元左右）	交易佣金在万 3 左右买卖价差视流动性不同
纸黄金	银行（以工行为例）	通过网上银行或手机银行自助开通	周一早上 7:00 至周六早上 4:00 连续	1 克（人民币账户）	单边价差：0.35 元/克数量大后成本稍降

续表

投资品种	交易场所	开通账户	交易时间	交易起点	交易成本
实物黄金	银行、金店等	--	银行、金店等营业时间	黄金首饰较低，金条一般10g 以上	回购时折价较大
黄金期货	上海期货交易所	期货交易账户	周一至周五：夜盘 21:00—次日 2:30 日盘：9:00—11:30；1:30—3:00	1kg（约 270,000）×6%的保证金≈1.6 万元（最低）	双边均为 10 元/手(约万分之 6)

与上述黄金投资品种相比，黄金 ETF 更适合普通投资者进行投资，原因如下：

（1）纸黄金与黄金 ETF 的投资风险较低，黄金 T+D 与黄金期货均是杠杆式的投资，风险稍大，适合专业性的投资者。

（2）在投资门槛上，部分银行的纸黄金业务 1 克就能投资，相当于 330 元，而黄金 ETF 以基金份额计算，海外的黄金 ETF 每份额基金代表 1/10 盎司（约 3.1 克）黄金，门槛也比实物黄金、黄金期货、黄金 T+D 等投资方式要低。

（3）在收费上，纸黄金以点差计算，某大型国有银行的人民币纸黄金交易点差（双边）是 0.8 元/克，按照市场价格 330 元/克左右的金价计算，每次买卖纸黄金的手续费率约为 0.24%；而海外的黄金 ETF 需每年交纳约 0.40%的费用。这两种方式均不用担心实物金的储藏、运输、保管、安全等问题，申购及赎回均较便捷。

（4）与纸黄金相比，黄金 ETF 还有两个明显的优势。黄金 ETF 有实物黄金做支撑，海外的黄金 ETF 产品在满足一定条件下可以变成相应的实物金。此外，黄金 ETF 允许用股票账户参与黄金投资，也大大地便利了投资者。

7.2 黄金 ETF 的投资策略

7.2.1 影响黄金价格的因素

为了更好地做好黄金资产投资，需要了解影响黄金价格的因素。对黄金的价格走势进行预测，有利于对黄金资产的合理投资。以下罗列了影响黄金价格的主要因素。

1. 美元走势

一说到黄金，很多人首先联想到的是美元，为什么呢？这要从历史说起，二战后建立了“布雷顿森林体系”，规定美元与黄金挂钩，其他国家货币与美元挂钩，这奠定了美元在国际上的霸权地位。目前黄金的市场价格是以美元标价的，使得黄金与美元具有十分强的相关性，美元升值会促使黄金价格下跌，相反美元贬值又会推动黄金价格上涨。

如图 7.2 所示是从 1971 年开始的黄金价格与美元指数每日收盘价对比，可以看到当美元指数上升时，黄金价格在下降，美元与金价大致是负相关的。

图 7.2　黄金价格与美元指数每日收盘价对比

美元走势与黄金走势通常呈负相关关系，即人们在抢购黄金的同时就会抛售美元，在抢购美元的同时就会抛售黄金。黄金因其稀缺等特性，始终会有价值，被视作储备保值的好资产，而美元的价值虽然没有黄金稳定，但是其流动性要好得多，因此美元和黄金都受到投资者的喜爱。美元指数表现坚挺，会在一定程度上削弱黄金作为储备资产和保值功能的地位。当美元走势强劲时，人们认为投资美元升值机会大，自然会追逐美元。相反，当美元在外汇市场上表现较弱时，黄金价格就会走强。

因此，美元强弱对黄金价格会产生非常重大的影响。

2. 战乱与政局动荡时期

黄金是受国际公认的交易媒介，具有公认的特性，且价值稳定，因此一直被视为避险投资品种。当出现战乱时或在政局动荡时期，每个国家的经济发展或多或少都会受到限制，任何当地的货币都有可能由于通货膨胀而贬值。黄金，不是任何一个国家的货币，其正是在这个时候发挥它无可替代的作用，人们对黄金的需求增加，刺激黄金价格上涨。

通常而言，如果出现战争或社会动荡，那么出于避险需求黄金价格很容易上涨，但是不可以一味地觉得动荡时黄金价格必定上扬，还需结合影响黄金价格的其他因素，如美元等。例如，在 1989 至 1992 年间，世界上出现了许多的政局动荡和零星战乱，但黄金价格却没有因此而上升，原因就是当时人人持有美元，舍弃黄金。

因此，当发生战乱或在政局动荡时期，趋于避险原则买入黄金是考虑黄金价格变化的一个方面，还需结合其他影响黄金价格的因素判断黄金价格的走势。

3. 世界金融危机

在金融危机中，如果世界级的银行倒闭，那么黄金价格会有什么反应？

当出现危机时，人们自然会想将钱保留在自己手上，因此银行将会出现大量的挤兑或破产倒闭，国家为了保留最后的投资机会，会收紧银根，人们拿不到钱，导致骚乱不断，全国陷入恐慌之中。

当美国等西方大国的金融体系不稳定时，人们同样出于避险的缘由，会投向黄金，对黄金的需求增加引发黄金价格上涨。当金融体系趋于稳定时，人们投资的目光又从黄金投向别处，导致黄金被卖出从而造成金价下跌。

4. 通货膨胀

通货膨胀简单来说就是物价上涨，相同的货币能购买的东西越少，这种货币就越缺乏吸引力。如果物价保持稳定，那么持有的现金既不会贬值，又有利息收入，那么人们自然不会选择黄金。当通胀剧烈，持有现金容易贬值时，人们就会采购黄金，使得黄金价格随通胀而上升。

美国的通胀率最容易引起黄金价格的变动。而一些较小的国家，如智利、乌拉圭等，即使通胀率再高，对金价的影响也是微乎其微的。

通货膨胀几乎总是经济增长和扩张的信号。当经济增长和扩张时，货币供应量扩大是很普遍的。扩大货币供应量会稀释流通中的每一种货币的价值，使得购买那些具有储存价值的资产变得更加昂贵，如黄金。因此货币供应量迅速扩张的量化宽松计划常被认为对实物黄金价格有利。

5. 石油价格

黄金是通胀中的保值品，与美国的通胀息息相关。若石油价格上升，则通货膨胀会紧随其后，于是黄金价格也随之上涨。

为什么石油价格上升就意味着通胀呢？因为世界主要国家的原油现货与期货市场的价格都以美元标价，原油价格的涨落既反映了世界原油的供需情况，又反映了美元汇率的变化，而美元的汇率又隐含了美元通胀的信息。

例如，如果原油价格上涨，则可能反映出美元汇率下跌，即美国通胀上涨，黄金价格会随通胀上涨，因此，原油价格间接影响了黄金价格。

6. 本地利率

黄金的投资收益来源于价格的溢价，不会获得利息，因此利率的高低就是投资黄金的机会成本。当利率较低时，因投资黄金而损失的利率收益较少，机会成本较低，权衡之下，投资黄金的益处更大；当利率升高时，收取利息更吸引人，黄金的机会成本增加，从而黄金的投资价值下降。

因此当美国的利息升高时，美元会被大量吸纳，黄金价格势必受挫。利率与黄金有着密切的联系，如果本国利率较高，就要权衡利息收入与投资黄金的收入哪个更好了。

7. 经济状况

当经济欣欣向荣时，一方面，人们的投资欲望与投资闲钱增加，民间购买黄金的能力提高，金价也会得到一定的支持；另一方面，国家怕经济过热会采取紧缩的政策，从而导致金价下跌。

例如，美国经济增长强劲——失业率低、就业增长、制造业扩张、GDP 增长超过 2%，就有推动金价走低的趋势。强劲的经济增长意味着美联储可以采取措施收紧货币政策，提高利率，使得金价下跌。

8. 黄金供需关系

决定黄金价格的最直接因素是黄金的供求关系。如果黄金产量由于新采金技术的应用、新矿的发现等原因而大幅增加，供大于求，则金价下跌。相反，如果黄金产量由于矿工长时间的罢工等原因而停止增加，供小于求，则金价上涨。

对于黄金走势的基本分析有许多方面，在利用这些不同因素时，需要考虑每个因素的作用有多大，从而得到黄金价格的综合变动。黄金的特别之处在于，其开采成本远低于其价格，产量随价格的波动不大，较为稳定，因此短期的黄金实物需求对金价影响更大。

黄金的基本分析在时间段上分为短期（通常是三个月）因素和长期因素，表 7.8 罗列了供需两方短期与长期的基本分析因素，短期与长期的作用效果也需要分开来分析。

表 7.8　黄金供需两方短期与长期的基本分析因素

	短期基本分析因素	长期基本分析因素
供给	劳工纠纷 回收情况 生产国外汇情况 中央银行买卖行为	贮存成本 新开采技术 新矿藏的发现 预期生产成本和利润 政府扶持政策
需求	代用金属的价格 政治事件和局势 外汇汇率 国家储备需求 预期价格水平 利率水平	工业用金消费趋势 电子及化工业情况 珠宝业情况 政府铸币用金 收入水平 年龄分布 社会习惯 通胀率走势

7.2.2　投资黄金 ETF 的策略

了解了黄金价格的影响因素，接下来就可以进行下一步——了解黄金 ETF 投资策略了。

1. 波段操作

黄金 ETF 采用 T+0 交易机制，当日买入基金份额，当日就可卖出，在二级市场上买卖可以完全当成股票来操作。

在进行黄金波段操作时，可以结合基本面分析与技术面分析，遵循“基本面判断大势，技术面指导操作”的原则。

基本面分析是对影响黄金价格的基本层面进行研究。通过市场上的信息，从黄金价格的影响因素入手，研究黄金的供需，从而预测黄金未来的价格走势。然而，由于受到现实中海量信息和信息不对称等因素的影响，基本面分析更适合机构投资者。影响黄金价格的因素有很多，且错综复杂，普通投资者很难搜集完整的信息，并进行准确的判断。

技术分析是利用黄金过去和现在的成交价、成交量以及各种其他指标等资料，结合各种能够反映市场变化动态的理论，来分析黄金的价格走势。普通投资者更容易上手技术分析，然而技术分析也有其局限性。技术分析只是一种概率事件，而且有些指标具有滞后性，导致投资者总是追在金价涨跌之后，另外技术分析是基于历史数据的，而未来的走势不一定是历史的重复。

图 7.3 是近两年上海黄金交易所的黄金价格走势，时间从 2017 年 1 月 3 日至 2018 年 12 月 28 日。初始，黄金价格呈上涨态势，在 2017 年 1 月 3 日，黄金价格为 263.65 元/克，在 2017 年 4 月 19 日，黄金价格为 285.75 元/克，如果在低点买入、高点抛出，则收益率为 8.38%。

错误的波段操作是在 2018 年 2 月 9 日时，黄金价格为 269.55 元/克，误以为是低点买入，判断未来黄金价格上涨，然而现实是黄金价格盘整后下跌，于是在 2018 年 5 月 22 日卖出，黄金价格为 266.01 元/克，其间收益率为-1.31%。

可见当对黄金价格走势判断不明确时，波段操作很难发挥作用。波段操作可能更多地靠事件驱动，需要把握好机会，如图 7.3 所示。

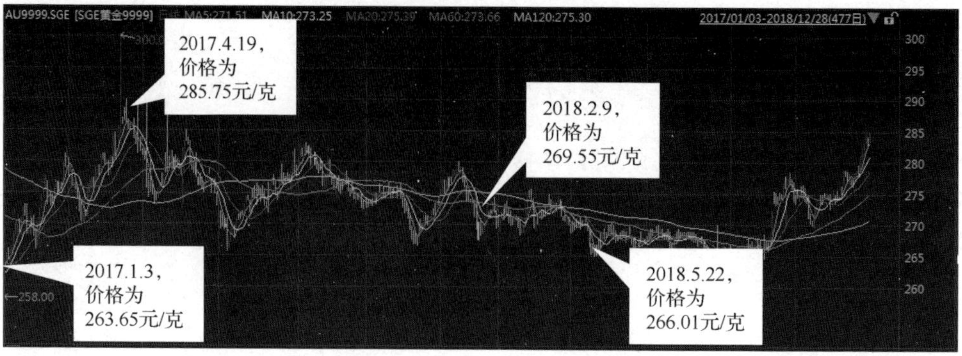

图 7.3　2016—2018 年黄金价格走势图

对于普通投资者而言，无论是基本面分析还是技术分析都有局限性，因此普通投资者准确把握黄金走势的难度很大。建议利用黄金 ETF 做波段操作的投资者，最好是自身对黄金价格影响因素有一定的了解和研究，不能仅凭他人的一面之词就去操作。

2. 定投策略

黄金 ETF 作为基金定投的标的，既可以单独定投黄金 ETF，也可将黄金 ETF 作为资产组合的一部分进行定投。

如表 7.9 所示是华安黄金 ETF 与沪深 300 指数 2014 年至 2018 年每年收益对比，沪深 300 指数的表现大多数时间优于黄金 ETF，累计收益率和年化收益率都更高，但是可以看到的是黄金 ETF 的整体表现较为平稳，而沪深 300 指数的波动更大，当行情上涨时收益率会很高，例如 2014 年达到 51.66%，但下跌时也很惨，如 2018 年亏损了 25.31%。

表 7.9　华安黄金 ETF 与沪深 300 指数收益对比

	2014 年	2015 年	2016 年	2017 年	2018 年	累计收益率	年化收益率
华安黄金 ETF	2.29%	-7.57%	18.15%	3.31%	3.64%	19.6%	3.64%
沪深 300	51.66%	5.58%	-11.28%	21.78%	-25.31%	29.21%	5.26%

数据来源：Wind。

图 7.4 是从 2016 年年初开始分别定投沪深 300 指数与黄金 ETF 的累计收益率的对比，定投沪深 300 指数的收益率大多在黄金 ETF 之上，并且定投沪深 300

指数能获取更高的累计收益率，最高超过 25%，而黄金 ETF 最高的累计收益率还不足 15%。

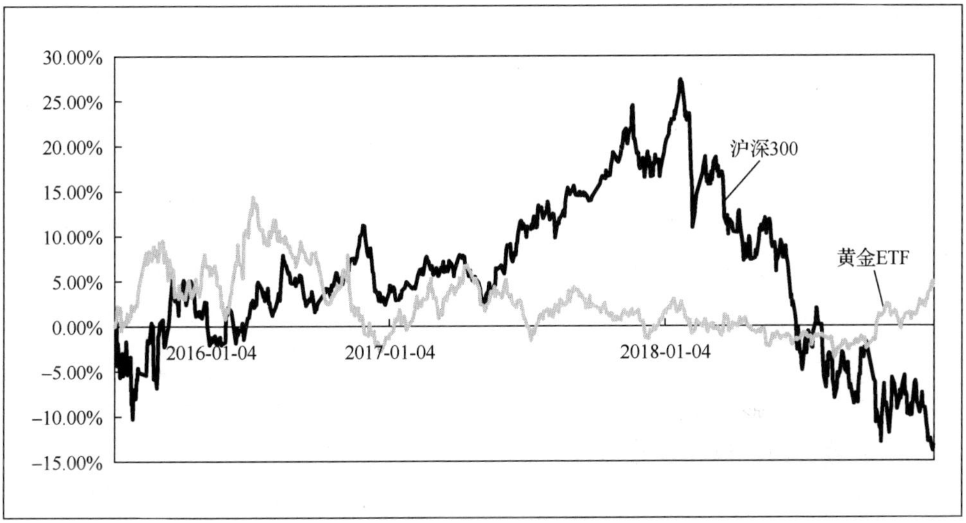

图 7.4　沪深 300 与黄金 ETF 定投收益率对比（2016 年 1 月 4 日至 2018 年 12 月 28 日）

在选择基金进行定投时，波动其实是定投的好朋友，高波动基金的平滑成本效果更好，能取得更好的收益，这就是直接定投黄金 ETF 的收益率不如定投宽基指数的原因。

如果想要定投黄金 ETF，则可将其作为资产组合的一部分，而不是全部。黄金资产的核心功能是在整体资产组合中作为“稳定器”存在，通过长期配置起到平滑波动的作用，投资比例不用很高，相当于控制整体资产的回撤水平。

7.3　原油 ETF 的概况介绍

7.3.1　原油 ETF 简介

原油 ETF 主要分为以原油期货为投资标的和以油企股票为投资标的两类。它属于非实物支持的商品 ETF，在运作中少了实物资产的流动。投资者不持有石油实物资产，转而投资于相关大宗商品的金融衍生品，间接复制与石油相关的价格走势变动。目前来看，非实物支持商品 ETF 主要持有大宗商品的期货、远期、互换等金融衍生品。

通过比较全球主要交易所的 ETF 产品费率，能源类 ETF 的平均费率水平最高，为 1.00%。非实物支持商品 ETF 的平均费率要高于实物支持商品 ETF。原油类 ETF 费率高是因为为了跟踪原油期货价格，管理人要不断进行换仓操作，所以提高了的成本。

原油 ETF 主要跟踪原油期货价格或者特定的原油指数。

如果原油 ETF 跟踪原油期货价格，则在管理原油 ETF 时，需要经常考虑原油期货主力合约移仓、换月对原油 ETF 自身的影响。当持有的原油期货合约到期时，管理人要进行平仓操作，然后开仓买入期货远期合约。由于期货市场存在正价差和逆价差现象，因此除了原油期货价格会影响原油 ETF 的表现外，正逆价差现象也会影响原油 ETF 表现。当出现正价差时，ETF 就要以相对较低价格卖出近期合约，以相对较高价格买入远期合约，将不利于基金的表现；当出现逆价差时，将有利于基金表现。

有部分原油 ETF 跟踪某一个特定指数，即 ETF 的“标的指数”。一般 ETF 的“标的指数”市场代表性较强、知名度较高、流动性较好，具有编制稳定、客观和透明等特点。

在一级市场中，授权参与者以现金进行 ETF 份额的申购，申购金额由商品基金经理或商品交易顾问角色的投资管理人投资于原油期货合约中，以间接达到跟踪原油价格走势的目的。

在二级市场中，原油 ETF 的运作模式与实物支持 ETF 的运作模式较为一致。授权参与机构在一级市场中申购的 ETF 份额，在二级市场中卖出，并提供持续的做市商服务。普通投资者可以像买卖股票一样自由交易 ETF 份额。

7.3.2 原油 ETF 发展概况

美国是当前 ETF 数量最多、规模最大的国家。美国 ETF 规模占全球 ETF 规模的 70%以上。在美国市场交易的原油 ETF 有 33 只，资产规模达到 94.2 亿美元。

2005 年，全球第一只原油期货 ETF 诞生，是 ETF Securities 推出的 ETFS Brent 1 Month Oil Securities，该 ETF 注册地为泽西岛，以美元进行定价和结算，在

London Stock Exchange、NYSE Euronext、Deutsche Borse 等交易所上市交易。当时世界经济强劲复苏，全球原油需求明显增长，原油价格开始快速上涨。在这种情况下，投资者希望能有一种较为便捷、成本较低的方式投资原油资产，因此第一只原油 ETF 应运而生。

2006 年 4 月 10 日，United States Oil（USO）原油期货 ETF 成立，当时全球经济持续快速增长，国际原油价格仍处于较高水平，吸引了大批投机者进入石油等大宗商品市场。在 USO 推出之前，市场上就已经出现多只原油期货 ETF，此类 ETF 投资方式逐渐得到市场认可。在这种背景下，USO 逐渐发展成当时全球规模最大的原油 ETF。USO 主要跟踪美国商品交易所（NYMEX）西德克萨斯州（WTI）原油期货价格，该基金组合的构建基于持有短期原油期货合约的投资策略，当基准期货合约改变或到期时，该 ETF 将会卖出近期合约并买入下一月份合约。合约展期通常会在每月的第 4 个交易日开始，并在 4 个交易日内完成。

USO 自成立以来在追踪标的物价格上取得了较好的表现，平均追踪误差不超过 1%，是当前市场持有 WTI 原油期货最多的石油基金。且申购 USO 的总费率仅为 0.84%，在市场上极具竞争力，从而使得 USO 成为当前市场上最受欢迎的石油基金，如表 7.10 所示。

表 7.10 美国石油基金（USO）收益率

	1 个月	3 个月	1 年	5 年	10 年	累计收益（成立至今）	年化收益（成立至今）
净值收益率	-11.04%	-38.01%	-20.61%	-22.97%	-11.97%	-85.77%	-14.20%
市价收益率	-9.97%	-37.76%	-19.57%	-22.84%	-11.59%	-85.67%	-14.15%
基准油价收益率	-11.18%	-38.27%	-21.51%	-22.62%	-11.51%	-85.85%	-14.24%

资料来源：USCF 广发期货发展研究中心，截至 2018/12/31。

小贴士：

中国是世界第二大原油消费国、第八大原油生产国。2016 年原油表观消费量约为 5.78 亿吨，对外依存度超过 65%。2017 年进口原油约 4.2 亿吨，已成为世界第一大原油进口国。基于这个原因，国内原油期货于 2018 年 3 月 26 日，在上海期货交易所子公司——上海国际能源交易中心（以下简称上期能源）挂牌交易。

作为中国首个国际化期货品种，在原油期货上市运行一周年时，其交出了“令人满意的答卷”，累计成交量 3670.03 万手（单边）、累计成交金额 17.12 万亿元（单边），全市场保证金总额 76.01 亿元；吸收会员 157 个，其中包含期货公司会员 149 个，非期货公司会员 8 个，总开户数已超 40000 户，半数以上客户参与了交易。市场人士认为，上海原油期货价格走势与美国西德克萨斯轻质原油期货（WTI）和布伦特原油期货（Brent）形成了良好的互动关系。

同时，上海期货交易所将正式对外发布原油期货价格指数。未来，上期所将深化与证券交易所的合作。在不久的将来，A 股市场就要跟踪国内原油期货的 ETF 上市，这样更有利于丰富投资者的投资品种。

7.3.3 原油投资方式比较

普通投资者进入石油行业比较困难，投资者投资原油的途径主要有：（1）原油期货。（2）原油开采、运输和加工企业上市的股票。（3）ETF 基金。其中最直接的途径是通过石油期货的方式投资石油行业。然而石油期货由于存在杠杆，所以价格波动性很大，且要求具有较多的初始资金，对于普通投资者而言，不是一种很好的投资方式。如果通过油股投资，则相当于买入了上市公司，相关度较差。这个时候，原油 ETF 就成了普通投资者参与石油市场的一种较好方式。

7.3.4 国内原油投资主题基金情况

我国目前暂时还没有推出原油 ETF 产品，但市场上存在与原油投资主题相关的基金。目前，国内有 7 只原油投资主题的基金，其中有 3 只基金直接跟踪原油价格走势（嘉实原油、南方原油、易方达原油），另外 4 只为股票基金与油气主题有关。规模最大的是华宝兴业公司的华宝兴业标普石油天然气上游股票指数证券投资基金。这 7 只基金的基本情况如表 7.11 所示。

表 7.11 国内原油投资主题基金基本情况

基金名称	成立日期	比较基准
嘉实原油	2017 年 04 月 20 日	WTI 原油价格收益率×100%
南方原油 A	2016 年 06 月 15 日	WTI 原油价格收益率×60%+BRENT 原油价格收益率×40%

续表

基金名称	成立日期	比较基准
易方达原油 A 人民币	2016 年 12 月 19 日	标普高盛原油商品指数（S&P GSCI Crude Oil Index ER）收益率
工银瑞信国际原油人民币	2013 年 05 月 28 日	Brent 原油期货主力合约收益率（汇率调整后）×45%+WTI 原油期货主力合约收益率（汇率调整后）×45%+人民币活期存款收益率（税后）×10%
广发道琼斯美国石油 A	2017 年 02 月 28 日	人民币计价的道琼斯美国石油开发与生产指数收益率×95%+人民币活期存款收益率（税后）×5%
华安标普全球石油	2012 年 03 月 29 日	标普全球石油净总收益指数收益率
华宝标普油气人民币	2011 年 09 月 29 日	标普石油天然气上游股票指数（全收益指数）

数据来源：Wind。

小贴士：

WTI 即 West Texas Intermediate(Crude Oil)，美国西德克萨斯轻质原油，是北美地区较为通用的一类原油。由于美国在全球的军事及经济能力，WTI 原油已经成为全球原油定价的基准。美国为统一国内原油定价体系，以 NYMEX（纽约商业交易所）上市的 WTI 原油合约为定价基准。

Brent oil 即我们常说的布伦特原油，出产于北大西洋北海布伦特地区。伦敦洲际交易所和纽约商品交易所有它的期货交易，是市场油价的标杆。布伦特是出产于北海的布伦特和尼尼安油田的轻质低硫原油，在期货、场外掉期、远期和即期现货市场上被广泛交易。现在全球 65%以上的实货原油挂靠布伦特体系定价。布伦特原油的装运港为北海设得兰群岛的索伦佛（Sullom Voe）。主要用户是位于西北欧和美国东海岸的炼油厂。

接着我们来看看自 2018 年以来，国内原油类基金的流动性情况。华宝油气作为规模最大的原油基金日均成交额最大，成交活跃，流动性最高。嘉实原油的日均成交量最小，流动性较差。如表 7.12 所示。

表 7.12　2018 年国内原油基金日均成交额

基金名称	日均成交额（万元）
嘉实原油	25.83
南方原油 A	137.17

续表

基金名称	日均成交额（万元）
易方达原油 A 人民币	45.12
工银瑞信国际原油人民币	/
广发道琼斯美国石油 A	26.00
华安标普全球石油	75.08
华宝标普油气人民币	2393.84

数据来源：Wind，测算日期从 2018 年 1 月 2 日至 2018 年 10 月 25 日。

由于国内原油基金的成立日期较晚，成立时间不长，因此利用这些基金的比较基准中的原油价格、原油指数来进行收益情况的比较。从表 7.13 和图 7.5 可以看出原油价格、原油指数的收益波动率较大，这与原油行业周期性强的特点有关。其中标普全球石油指数的年化波动率最小，道琼斯美国石油开发与生产指数的年化收益率最高，且夏普比率最大。

通过这些数据，老罗想告诉大家的是，原油行业周期性强，价格波动比较大，投资原油行业要注意投资周期的选择。

表 7.13　比较基准中原油价格、原油指数的收益情况

年　　份	WTI	Brent 原油	标普高盛原油商品指数	道琼斯美国石油开发与生产指数	标普全球石油指数	标普石油天然气上游股票指数
2011 年	8.15%	12.79%	-1.37%	-3.60%	-4.12%	1.05%
2012 年	-5.52%	3.97%	-11.60%	3.61%	0.96%	3.95%
2013 年	-0.70%	-0.28%	5.95%	29.57%	11.75%	28.25%
2014 年	-35.54%	-47.46%	-42.58%	-13.23%	-19.01%	-29.42%
2015 年	-36.14%	-35.29%	-45.37%	-25.86%	-23.54%	-36.05%
2016 年	43.20%	50.84%	7.68%	23.85%	25.49%	38.82%
2017 年	6.24%	17.69%	3.11%	-0.78%	2.14%	-9.07%
2018 年以来	15.95%	14.97%	15.47%	-2.05%	-1.79%	-3.36%
累积收益率	-26.32%	-18.86%	-62.84%	0.19%	-15.69%	-25.83%
年化收益率	-3.83%	-2.63%	-11.88%	0.02%	-2.16%	-3.74%
年化波动率	33.09%	30.09%	31.49%	26.72%	18.84%	32.94%
夏普比率	-0.19	-0.17	-0.45	-0.09	-0.25	-0.19

数据来源：Bloomberg, Wind。测算日期从 2010 年 12 月 31 日至 2018 年 10 月 25 日，无风险收益率为 1.5%。

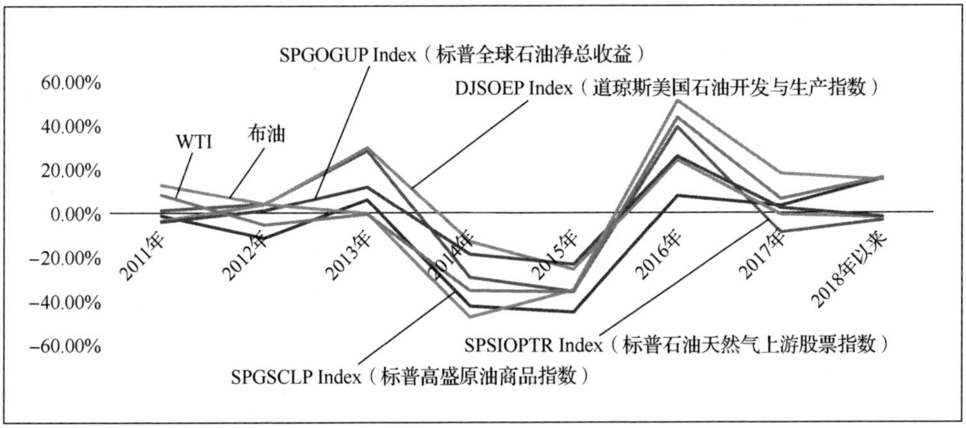

图 7.5　比较原油价格、原油指数的年度收益情况
（2010 年 12 月 31 日至 2018 年 10 月 25 日）

从以上 7 只原油基金的比较基准中挑选出 4 个原油类指数。接着我们来看看原油价格与标普高盛原油商品指数、道琼斯美国石油开发与生产指数、标普全球石油指数、标普石油天然气上游股票指数的相关性。

其中标普高盛原油商品指数与原油价格的相关性最强。其余 3 个原油类指数与原油价格的相关性较弱。综合来看，以原油类指数作为比较基准的原油基金对原油相关价格走势变动的跟踪效果一般。如表 7.14 所示。

表 7.14　原油价格与原油类指数的相关系数

	WTI	布伦特原油	标普高盛原油商品指数	标普石油天然气上游股票指数	道琼斯美国石油开发与生产指数	标普全球石油指数
WTI	1					
布伦特原油	0.80	1				
标普高盛原油商品指数	0.84	0.86	1			
标普石油天然气上游股票指数	0.59	0.62	0.67	1		
道琼斯美国石油开发与生产指数	0.57	0.60	0.65	0.97	1	
标普全球石油指数	0.59	0.61	0.66	0.86	0.89	1

数据来源：Bloomberg, Wind。测算日期从 2011 年 1 月 3 日至 2018 年 10 月 25 日。

目前业内开发商品期货基金，主要分为 ETF 模式和 LOF 模式。国内的 7 只原油投资主题基金基本上属于 LOF 类型。商品期货 LOF 的基本情况如表 7.15 所示。

表 7.15 商品期货 LOF 基本情况

	商品期货 LOF
基本特征	投资者用现金申购基金份额（赎回时也获得现金）；管理人汇集各投资者的资金，按照既定的投资目标或策略进行交易
申赎方式	金额申购、份额赎回
申赎确认时间	T+1
最小申赎单位	可 10 元起售
模式简述	投资者按照所需提交自定义金额的资金申购基金，管理人汇集各投资者的资金后，根据特定的投资目标及对应策略进行期货交易
优点	模式简单、申赎便捷、门槛低、销售渠道广
缺点	跟踪误差比 ETF 高

7.4 原油 ETF 的投资策略

7.4.1 资产配置策略

资产配置是指投资者根据自身情况和投资目标，把投资分配在不同种类的资产上，在获取回报的同时，把风险降至最低。对于熟知马科维茨的现代资产组合理论的专业投资者而言，资产配置通常意味着要结合各类型资产的收益率、波动率和相关性，进行均值-方差最优化，从而选择风险比较佳的资产组合。

现在我们以 WTI、布伦特原油、黄金、白银、沪深 300、中证 500、恒生中国企业指数、上证国债这几个标的为例，看看这几类资产之间的相关性。

通过表 7.16 可以看出，原油类相关标的（WTI、布伦特原油）与贵金属类（黄金、白银），宽基指数（沪深 300、中证 500），港股指数（恒生中国企业指数），国债指数（上证国债）的相关性都非常低。这说明这几类资产的联动性弱，投资者可以考虑将原油类资产与这几类资产进行资产配置组合，从而降低投资风险。

表 7.16　各类资产的相关系数

	WTI	布伦特原油	黄金	白银	沪深 300	中证 500	恒生中国企业指数	上证国债
WTI	1							
布伦特原油	0.80	1						
黄金	0.10	0.10	1					
白银	0.20	0.20	0.80	1				
沪深 300	0.10	0.10	0.02	0.10	1			
中证 500	0.09	0.08	0.02	0.09	0.85	1		
恒生中国企业指数	0.13	0.10	0.03	0.15	0.58	0.45	1	
上证国债	−0.04	−0.04	0.01	0.01	0.01	0.03	−0.03	1

注：数据来源：Wind，测算日期：2011 年 1 月 3 日至 2018 年 10 月 25 日。

7.4.2　LOF 基金套利策略

LOF 基金即上市型开放式基金，与传统的开放式场外指数基金相比，LOF 的主要特点为增加了一种交易方式，即除了能申购或者赎回外，还可以买入或者卖出，即 LOF 基金同时拥有二级市场交易价格和一级市场基金净值价格。对投资者来说，交易更加便利，成本更加低廉。同一样东西、两个价格。这其中的套利机会原理解释起来很简单：低价买进，高价卖出。这里以 LOF 基金的基金净值作为参照。

但需要注意的一点是，深交所和上交所 LOF 基金的申购/赎回效率并不是完全相同的。两个交易所 LOF 申购/赎回效率对比如表 7.17 所示。

表 7.17　深交所和上交所 LOF 申购/赎回效率对比

	深　交　所	上　交　所
当日申购的基金份额	T+2 日可以场内卖出	T+2 日可以场内卖出
当日买入的基金份额	T+1 日可以赎回	T+0 日可以赎回

凭老罗的经验，LOF 套利一般发生在以下两种情况：（1）在产品转型或者新品种上市不久，套利者较少时出现的套利机会；（2）场内的价格出现较大折价和溢价给投资者带来的套利机会。

下面以华宝原油为例，向投资者展示 LOF 套利。

华宝油气是在深交所上市的跨境 LOF，自 2015 年 1 月 19 日开始可 T+0 交易，即买入当日即可卖出，流动性大大提高。在此之前，由于流动性的原因，华宝油气的场内价格比实际基金净值高达 10%以上，但是日均成交量只有 1 千万元左右，流动性成问题，可是在日内回转出现后，日均成交量达到几亿元，流动性的提高帮助大家进行 LOF 溢价套利，即 T 日交易时间申购华宝油气基金，QDII 基金，以 T 日净值确认，在 T+2 日申购确认，在 T+3 日场内卖出，如图 7.6 所示。

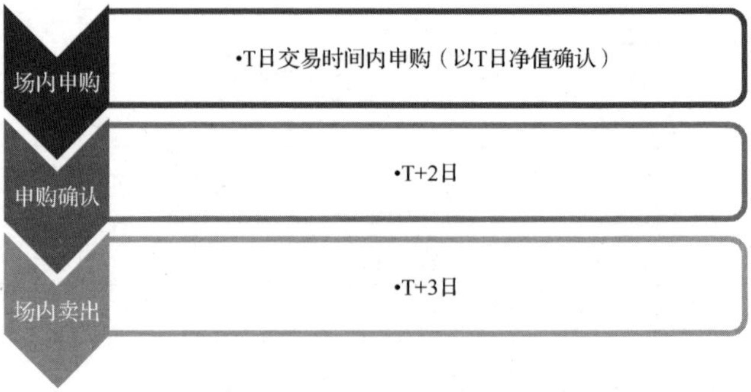

图 7.6　QDII 基金套利效率

在 2015 年 1 月 19 日前，华宝油气场内长期保持高溢价，1 月 19 日的日内回转制度能帮助增加场内流动性，投资者可通过申购华宝油气基金，于 T+3 日在场内卖出，获得溢价收益，当然这几天场内价格会受到油气股票价格波动的影响。从表 7.18 可以看出，在 1 月 19 日至 1 月 26 日期间内进行申购，都可以通过套利方式获得溢价正收益，假定以当天的净值申购，在 T+3 日以收盘价卖出，最高的套利收益率为 12.22%。

表 7.18　华宝油气净值变化及套利折溢价

日　期	华宝油气净值（元）	华宝油气收盘价（元）	折溢价率	套利收益率（T+3 收盘价/T 日净值-1）
2015 年 1 月 19 日	0.704	0.77	9.38%	12.22%
2015 年 1 月 20 日	0.695	0.748	7.63%	5.18%
2015 年 1 月 21 日	0.707	0.727	2.83%	4.24%
2015 年 1 月 22 日	0.707	0.79	11.74%	3.68%
2015 年 1 月 23 日	0.703	0.731	3.98%	5.69%
2015 年 1 月 26 日	0.72	0.737	2.36%	1.25%
2015 年 1 月 27 日	0.732	0.733	0.14%	-1.50%

7.4.3　基金定投策略

提到基金定投，投资者一般都会想到定投股票基金，实际上除股票基金外，基金的品种还有很多。在这里老罗将以国内的南方原油和华宝油气为例，为大家介绍一下原油基金定投。

南方原油的比较基准为 WTI 原油价格收益率×60%+BRENT 原油价格×40%，所以该基金的走势跟国际原油差不多。根据该基金上市情况，举例计算其定投收益率情况。从 2016 年 12 月 30 日开始定投，每周定投 1000 元，于 2018 年 9 月 28 日结束定投。定投收益情况如表 7.19 和图 7.7 所示。可以看出定投收益率非常可观。

表 7.19　南方原油定投收益率

定投标的	代　　码	区　　间	累计收益率	年化收益率
南方原油	501018	2016-12-30 至 2018-09-28	34.54%	18.48%

数据来源：Wind。

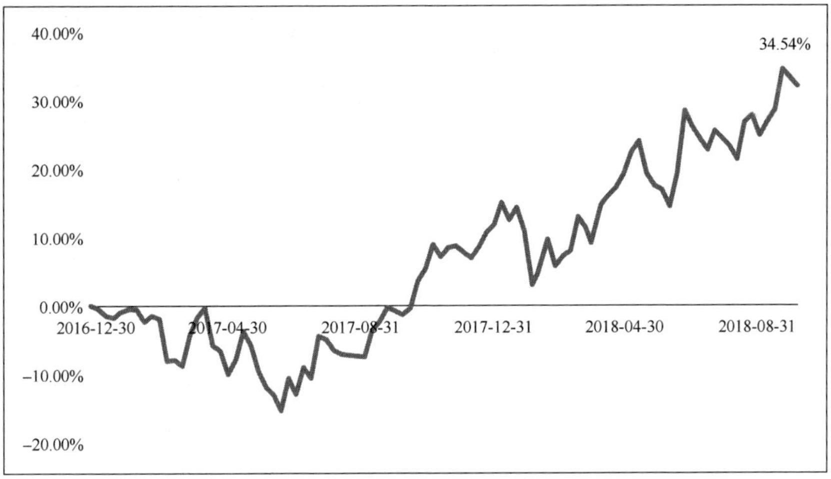

图 7.7　南方原油定投累计收益率（2016-12-30 至 2018-09-28）

华宝油气的比较基准为标普石油天然气上游股票指数（全收益指数），根据该基金的上市情况，举例计算其定投收益率情况。结果如表 7.20 和图 7.8 所示。从图 7.9 可以看出原油基金定投收益率可观。

表 7.20　华宝标普油气人民币定投收益率

定投标的	代码	区　　间	累计收益率	年化收益率
华宝标普油气人民币	162411	2014-11-21 至 2016-12-09	20.83%	9.71%
华宝标普油气人民币	162411	2016-12-09 至 2018-09-28	21.27%	11.36%

数据来源：Wind。

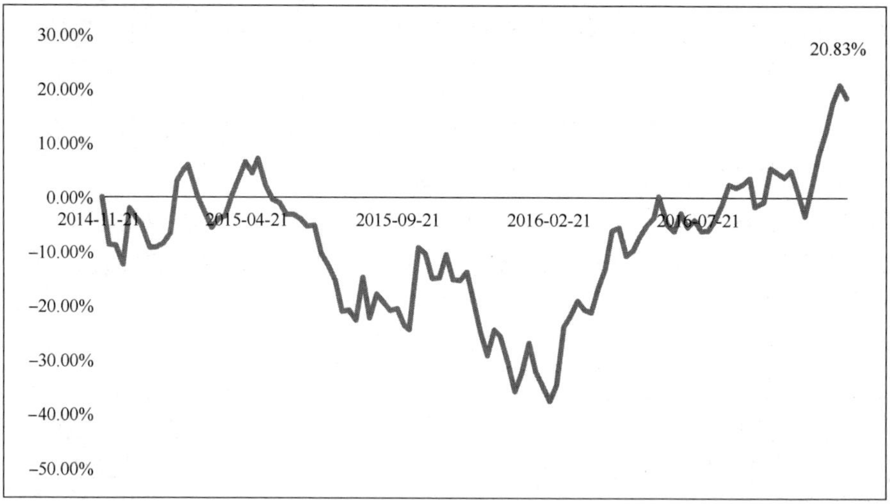

图 7.8　华宝标普油气人民币定投累计收益率（2014-11-21 至 2016-12-09）

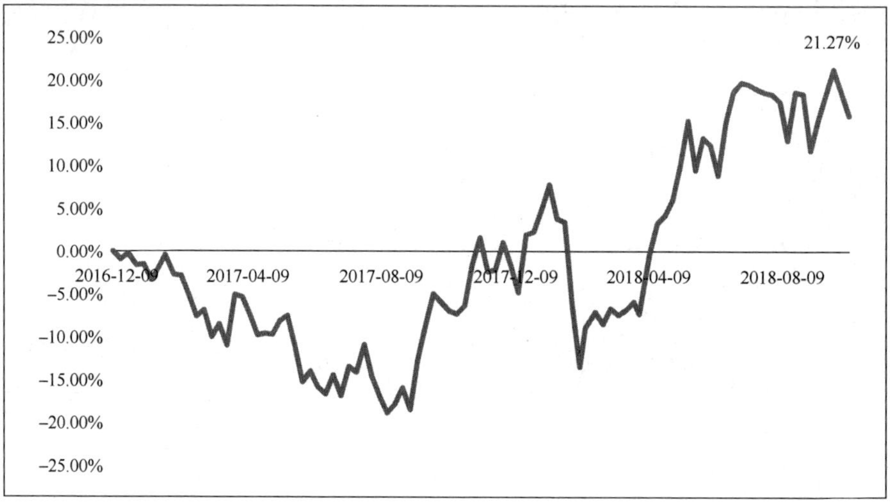

图 7.9　华宝标普油气人民币定投累积收益率（2016-12-09 至 2018-09-28）

7.4.4　波段操作策略

波段操作是指投资者在价位高时卖出资产，在价位低时买入资产的投资方法。主要针对具有波段性运行特征的市场。原油行业具有周期性强的特点，因此是具有波段性运行特征的市场，可以考虑采用波段操作策略投资原油行业。

接着我们来看看布油价格的走势，如图 7.10 所示，布油价格的中位数是 81.26

美元/桶，最低达到 27.9 美元/桶，以 40 美元/桶买入大概率都能赚钱，投资者们可以逢低买入，图 7.10 展示了三个绝对低位买点的情况。波段操作要求投资者要适可而止，逢高卖出，这种方法的核心是获利，如果没有获利，则无法滚动，就变成了频繁的买进、卖出，得不偿失。从图 7.10 可以看出，近五年原油市场存在三轮波段操作，三轮波段操作的收益率如表 7.21 所示。可以看出收益率非常可观。

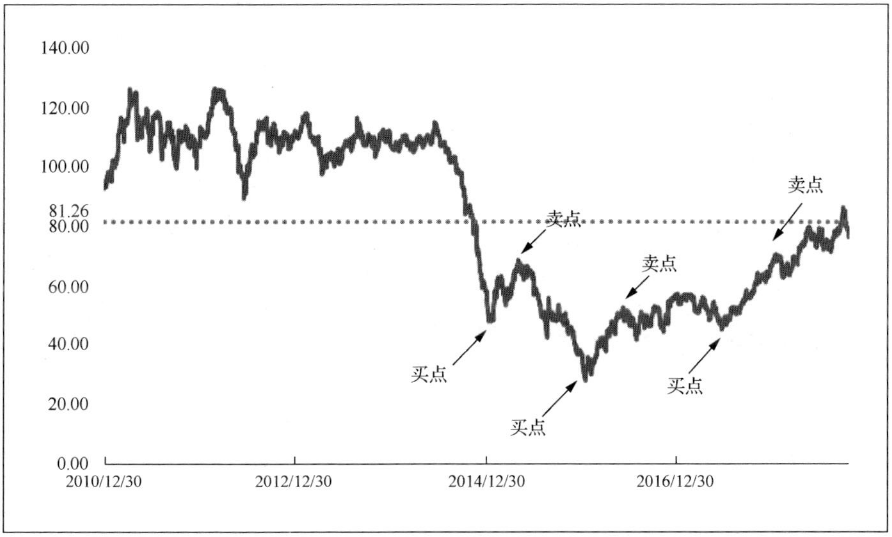

图 7.10　布油价格走势图

表 7.21　布油波段操作收益率情况

	累计收益率（%）
第一次波段操作	40.90
第二次波段操作	88.34
第三次波段操作	53.61

波段操作只抓上涨行情，回避市场调整带来的风险，可以让资金发挥最大的效能。当市场大幅下跌，价格偏离中位数一定程度时，投资者就可以逢低买入了，等到行情上涨资产获得利润时，立即卖出获得高额收益。它的缺点是对于技术分析水平要求较高，要求投资者有较强的心理和严格的执行纪律，以及较强的综合分析能力。

在执行波段操作策略时要牢记美国股市投机大王安德烈·米耶的名言：获利卖出，永不会输。

第 8 章　跨境 ETF

8.1　跨境 ETF 的概况介绍

8.1.1　跨境 ETF 的概念

跨境 ETF 是指以境外资本市场证券构成的境外市场指数为跟踪标的、在国内证券交易所上市的 ETF。简单而言，跨境 ETF 就是“跟踪境外指数，境内上市交易”的 ETF 产品。跨境 ETF 是境内投资者投资境外市场的有效途径，深受投资者欢迎。

国内跨境 ETF 发展较晚，在 2012 年 7 月 9 日，才首次发行了跨境 ETF 产品，即华夏恒生 ETF 和易方达恒生中国企业 ETF，两只产品于 2012 年 10 月 22 日分别在深交所、上交所上市交易，且两者也是目前国内跨境 ETF 规模较大的产品，规模最大的是易方达恒生 H 股 ETF，其次是华夏恒生 ETF。

截至 2019 年一季度，沪深两市总计有 13 只跨境 ETF，其中深市有 4 只，沪市有 9 只。截至 2019 年一季度，上交所跨境 ETF 总规模约为 117.04 亿元，深交所跨境 ETF 总规模约为 58.78 亿元，13 只跨境 ETF 的基金资产净值总计 175.81 亿元。

从跟踪标的来看，在上海证券交易所上市交易的产品主要跟踪中国香港、美国、德国市场的主要指数，其中有 8 只产品跟踪境外主流宽基指数，1 只跟踪行业指数。4 只在深圳证券交易上市的产品分别跟踪的是中国香港指数和美国市场主要指数，均为主流宽基指数，如表 8.1 所示。

表 8.1　截至 2019 年一季度国内跨境 ETF 基本情况

证券代码	证券简称	基金成立日	基金管理人	2019 年一季度规模（亿元）
510900	H 股 ETF	2012-08-09	易方达基金管理有限公司	83.30
159920	恒生 ETF	2012-08-09	华夏基金管理有限公司	51.98
513100	纳指 ETF	2013-04-25	国泰基金管理有限公司	5.26
513500	标普 500	2013-12-05	博时基金管理有限公司	8.02
513030	德国 30	2014-08-08	华安基金管理有限公司	3.67
513660	恒生通	2014-12-23	华夏基金管理有限公司	7.30
513600	恒指 ETF	2014-12-23	南方基金管理股份有限公司	0.73
159941	纳指 ETF	2015-06-10	广发基金管理有限公司	0.24
513050	中概互联	2017-01-04	易方达基金管理有限公司	8.03
159954	H 股 ETF	2018-02-08	南方基金管理股份有限公司	1.37
513900	港股 100	2018-04-27	华安基金管理有限公司	0.66
159960	恒生国企	2018-09-21	平安基金管理有限公司	5.18
513680	建信 H 股	2018-12-13	建信基金管理有限责任公司	0.07

数据来源：Wind，截至 2019 年 3 月 31 日。

8.1.2　跨境 ETF 的优势

跨境 ETF 具有以下独特的优势，如图 8.1 所示。

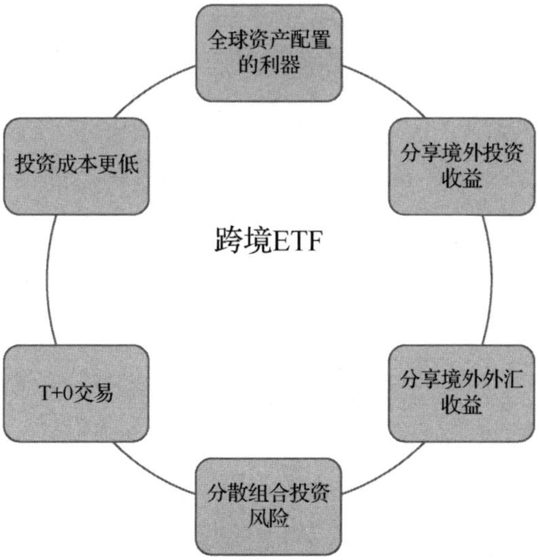

图 8.1　跨境 ETF 的优势

1. 分享境外投资收益

跨境 ETF 的出现，使得投资美股、港股、德股，与投资 A 股一样简单。中国 A 股只是全球市场的一部分，还有很多国家和地区的资本市场投资回报胜于国内 A 股市场。将目光延展至全球，投资境外，享受世界各区域的经济成长红利。

我们可以不用再看着美股的超长牛市而眼红，也不再用“只可远观而不可亵玩焉”，而是能从中分一杯羹，操作起来也十分简单快捷，只需在证券交易所上买卖跨境 ETF，就可以对境外资产进行投资，跨境 ETF 在场内以较低门槛为境内普通投资者提供便捷的投资境外市场的渠道。

跨境 ETF 的跟踪标的是境外市场指数，解决了普通投资者难以深入研究境外股票市场的难题，通过跟踪境外权威的市场指数，开展被动投资，指数成份股及行业的构成清晰透明，投资者可以轻松地获取与境外指数基本一致的收益率，有效抵御镜外投资存在的潜在风险。

2. 分享境外外汇收益

我国实行外汇管制政策，每年每人有 5 万美元的购汇限制，这 5 万美元的限制是指通过银行购汇或者结汇，例如你在出国之前到银行换了 1 万美元，在回国后还剩下 1 千美元，再去银行换回人民币，那么你就用掉了 1.1 万美元的额度。由于外汇管制的存在，个人很难通过自由地兑换外币来获得外汇收益。

跨境 ETF 可以用人民币进行申购、赎回和交易，申购资金由基金管理人换汇后投资于境外资本市场，占用的是基金公司的额度。当前中国资本账户尚未实现完全可兑换，资本项下个人对外投资只能通过规定的渠道（如 QDII（合格境内机构投资者）等）实现，基金公司正是通过 QDII 投资境外资产的，因此跨境 ETF 隐含的一层风险是基金公司 QDII 额度用完，一般会暂停对跨境 ETF 的申购。

跨境 ETF 以人民币计价，外币升值有益于基金净值，相反，人民币升值不利于基金净值。在申购/赎回跨境 ETF 时，需要视情况进行本币与外币的兑换，在申购时投资者的资金会被兑换成跨境 ETF 跟踪标的所在地区的货币，在赎回时，跨境 ETF 跟踪标的所在地区的货币又被兑换为本国货币。由于涉及货币兑换，如果本国货币在申赎期间升值，则投资者的实际投资收益将会缩水，反之则受益。

举个例子，你用人民币申购跨境 ETF，在赎回时，基金公司帮你在境外市场卖出股票，得到的是欧元或美元，还需要兑换成人民币给你，汇率是 24 小时交易变化的，当美元或欧元汇率走强，即人民币贬值时，所能兑换的人民币增加，投资者就可以从汇率中受益，享受境外外汇收益。

3. 分散组合投资风险

风险分散是唯一的午餐，“不要把所有的鸡蛋放在一个篮子里”是现代资产组合理论最通俗易懂的比喻。现代资产组合理论最初由美国经济学家哈里·马科维茨提出，该理论在传统投资回报的基础上第一次提出了风险的概念，认为风险而非回报是整个投资过程中的重心，证明了当组合中的资产类别相关性不大时，在保持原有预期收益的情况下，风险将会大幅降低。马科维茨因此获得了 1990 年诺贝尔经济学奖。

除了通过对国内的各种权益类资产、固定收益率资产的配置外，在资产组合中加入境外资产亦是分散风险的有效途径。不同的国家及地区都是独立的经济体，虽然随着全球化进程的发展，每个经济体间的关联性正在加强，投资界开始有人认为世界范围内不同股票市场的关联度也在逐渐加强，从而降低了在全球范围内进行分散投资的有效性，但是经济发展的紧密关联性并不一定就意味着股票市场之间的走向完全同步，影响股票市场的因素不仅只有经济发展，还包括诸多的因素。因此只要相关性不是 100%，通过跨境 ETF 将资产的一部分投资于境外市场就仍然能够提供有效的风险分散。

4. T+0 交易

2015 年年初，跨境 ETF 开始实施场内 T+0 交易，显著改善了相关产品的流动性，且相比传统的开放式 QDII 基金，投资者的资金运用效率得到大幅提升。

不同于股票 ETF 的变相 T+0 是通过当日申购 ETF 份额，申购得到的份额当日可以卖出，跨境 ETF 是真正实现了 T+0 交易，投资者们可以在收盘前多次买入、卖出，在波动较大的市场中获取盘中价差。

跨境 ETF 在二级市场的 T+0 交易，可以免去传统的开放式 QDII 基金等待赎回资金到账的漫长时间，大大提高了投资效率。

5. 投资成本更低

跨境 ETF 还具有低费率、高效率的特点，与普通 QDII 基金相比，跨境 ETF 不仅交易更加便利，而且交易成本更低。

从表 8.2 可以看出，投资者如果参与场内现金申赎，申赎费一般暂免，管理费和托管费的费率低廉，普通的 QDII 基金管理费率在 1.0%到 1.85%之间，托管费率在 0.25%到 0.35%之间，而跨境 ETF 的管理费率在 0.5%到 0.8%之间，托管费率在 0.10%到 0.25%之间，跨境 ETF 最高的管理费率和托管费率都不超过普通 QDII 基金。

表 8.2 跨境 ETF 和普通 QDII 基金投资成本比较

	跨境 ETF	普通 QDII 基金
申购费率	交易所暂免	100 万元以下一般为 1%～1.5%
赎回费率	交易所暂免	持有一年以下一般为 0.5%
交易费率	不超过 0.1%	/
管理费率	0.5%～0.8%	1%～1.85%
托管费率	0.1%～0.25%	0.25%～0.35%

6. 全球资产配置的利器

随着国内金融市场的开放，全球化资产配置受到国内投资者的广泛关注。进行全球化资产配置的关键逻辑是扩大投资者的投资机会，降低投资组合受国内资产收益情况变化的影响，降低集中投资于某国或某地区资产所导致的系统性风险，同时还可能因为境外资产而获取超额收益。

目前，全球资产配置的主要渠道包括直接开立境外账户、QDII 基金与跨境 ETF 等，综合考虑成本及投资便利性等因素，跨境 ETF 是现阶段投资境外股市的最便利的工具。结合前文提到的跨境 ETF 的优势，相信读者能够很快明白个中原因。首先，与直接境外开户投资个股相比，跨境 ETF 无外汇管制，资金进出相对自由。其次，与投资一般 QDII 基金相比，跨境 ETF 投资效率更高，投资更加便利，交易成本更低。

全球化资产配置的需求日益强烈，跨境 ETF 也将在其中发挥越来越重要的作用。

小贴士：

如果场内流动性不足，则可以考虑场外，广发基金有跟踪纳斯达克 100 指数的场外 QDII 基金，C 份额的费率低廉，无需申购费，持有超过 7 天不需要赎回费，每年收取 0.2%的销售服务费，且赎回效率高，为 T+4 日，正常的 QDII 基金赎回需要 T+7 日。

8.2 跨境 ETF 的交易机制及注意事项

对我国资本市场而言，跨境 ETF 的发展不仅能够丰富 ETF 产品的种类，为投资者提供更多境外投资、资产配置、分散风险的途径，同时，跨境 ETF 产品还能够帮助国内的跨境 ETF 管理公司提升国际知名度，提升中国资本市场的国际地位，为国内金融市场的发展打开新的大门。但是跨境 ETF 交易模式与 A 股 ETF 差异较大，下面老罗详细和大家讲讲跨境 ETF 交易机制及注意事项。

8.2.1 跨境 ETF 的交易机制

跨境 ETF 和普通的 ETF 一样，既可以申赎，也可以买卖。其交易机制如下。

（1）T+0 回转交易：跨境 ETF 全部可以实现二级市场的 T+0 交易，即当日买入当日即可卖出，这大大提高了基金的交易效率，投资者可以在一天内多次买卖赚取价差。在二级市场上购买的最小单位都是 100 份。可见参与这类跨境 ETF 的二级市场交易的资金门槛非常低。

而跟踪 A 股标的指数的 ETF，由于底层资产的股票不能 T+0，导致 A 股的 ETF 不能 T+0 回转，只能间接 T+0，即“当日申购，当日卖出。当日买入，当日赎回”。

（2）申购赎回机制：T 日买入的 ETF，当日可赎回。

QDII 跨境 ETF 的申购时效是 T+2，即 T 日申购，T+2 日可以赎回或者卖出。沪港通 ETF 是 T 日申购，T+1 日份额可卖出或赎回。

小贴士：

深交所的 RTGS 申购模式，是 Real Time Gross Settlement 的缩写，中文即实时逐笔全额交收，用于跨境 ETF 品种的现金申购。这意味着投资者下达现金申购委托之后，中国结算公司可对这笔申购实施交收，申购款实时进入基金管理人账户，基金管理人可及时安排运用，而基金份额也能实时到账，供投资者卖出或者赎回。目前深交所上市的跨境 ETF（恒生 ETF 和纳指 ETF）均能够实现 RTGS。简单来说，当然用现金申购（RTGS 模式）深交所的跨境 ETF，当日就可以在场内卖出 ETF 份额，从而实现当日场内有 ETF 产品有溢价，通过 RTGS 现金申购 ETF 产品，当日场内卖出，实现 T+0 套利。

跨境 ETF 的申购均采用现金替代形式。按当日的净值进行申购。赎回的资金到账效率较慢，为 4～7 个工作日。德国 30ETF 的最小申购/赎回单位为 50 万份，广发纳指 100ETF 的最低申购金额为 100 万份，而博时标普 500ETF 的最小申购份额为 100 万份。易方达恒生 H 股 ETF 的最小申购单位是 100 万份。

8.2.2 跨境 ETF 的净值计算

这些跨境 ETF 的净值主要受两个因素的影响，其跟踪指数的涨跌及汇率的变化。由于基金投资的是海外资产，外币升值即人民币贬值对其净值有正面的影响。

由于欧美股市开盘的时间和国内不一样，国外当日收盘时国内已经是第二日早上。跨境 ETF 无法及时公布前一交易日的净值。所以 T 日公布的是 T-2 日收盘净值，是按照 T-2 日收盘数据及 T-2 日汇率计算出来的。

为了估算 T 日交易时的实时净值，我们要在公布的 T-2 日净值的基础上加上 T-1 日的指数变动因素及 T-1 日和 T 日的汇率变动因素。

图 8.2 给出跨境美股 ETF 的净值计算及公布机制。

公式：T+2 预估净值=T 日净值+（T+1 指数涨幅+1）×（T+1 汇率涨幅+1）×（T+2 日汇率涨幅+1）

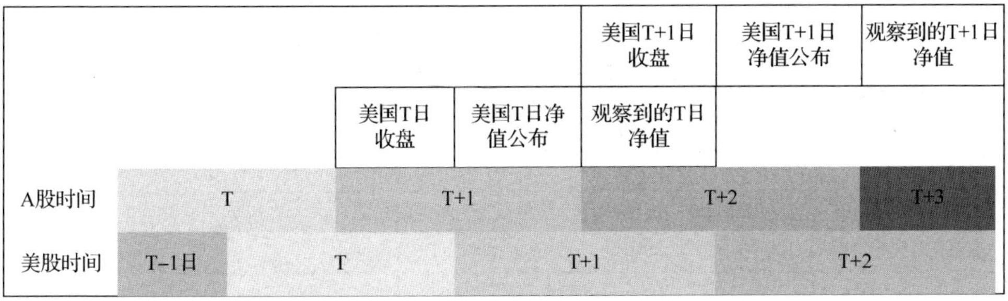

资料来源：Wind 资讯，华宝证券研究所。

图 8.2　跨境美股 ETF 的净值计算及公布机制

比如广发纳斯达克 100ETF 在 2015 年 11 月 19 日公布的净值是 0.9866 元，这实际上是 2015 年 11 月 17 日的收盘净值。为了估算当前的实际净值，必须考虑 11 月 18 日纳斯达克 100 指数的涨跌（+1.92%）以及 11 月 18 日和 19 日美元对人民币的汇率变化（合计+0.08%），这样当前的预估净值为 1.006 元。当日的价格为 1.000 元，其实际溢价率约为−0.60%，如表 8.3 所示。

表 8.3　QDII ETF 预估净值及预估折溢价率

名　　称	代　　码	公布净值（元）	净值日期	预估净值（元）	预估折溢价率
广发纳指 ETF	159941	0.9866	2015-11-17	1.006	−0.60%
华安德国 30ETF	513030	1.20	2015-11-17	0.893	0.52%
博时标普 500ETF	513500	1.01	2015-11-17	1.22	0.42%

根据实际的折溢价率，可以判断当前的价格是否合理。如果溢价率过大，则可进行溢价套利，即申购后卖出。由于申购是按照当天外盘收盘后的净值来计算，且 T+2 日才能拿到券，溢价套利需承担两日的市场及汇率风险。

如果申请赎回，则资金到账的日期约为 7 个工作日。从这个角度来看，占用资金期限比较长，这是做跨境 ETF 折价套利的风险。

总体上，这类产品均不会出现太大的折溢价。比如 2015 年 11 月 17 日，德国 DAX 指数大涨 2.41%。不过 11 月 18 日，德国 30ETF 涨幅为 0.56%。一方面是因为欧元汇率下跌，另一方面前一日溢价率是 1.4%，溢价回调使涨幅变小。

跨境 ETF 由于涉及境外市场，不同市场的交易时间不同，这是需要注意的地方。表 8.4 是中国 A 股、中国港股、美股及欧洲市场的交易时间，境外市场的交易时间均转换为对应的北京时间，交易日一般为周一至周五，法定假日及周末不交易。

表 8.4　不同股票市场的交易时间

股票市场	交易时间（北京时间）
中国 A 股	上午：9:30-11:30，下午：13:00-15:00
中国港股	上午：9:30-12:00，下午：13:00-16:00
美股	夏令时间：21:30-4:00，冬令时间：22:30-5:00
德股	夏令时间：15:00-23:30，冬令时间：16:00-0:30

由于交易时间的不同，跨境 ETF 的净值公布十分滞后。跨境 ETF 在 T 日的净值无法在当天公布，因为欧美市场一般在 T 日的晚上或 T+1 日凌晨才交易，所以 T 日的净值要在 T+1 日才能公布，而且遇上我们的节假日，欧美市场是不放假的，交易仍然在进行中，但是基金公司放假，所以当天也是不公布前一交易日净值的，这就导致了跨境 ETF 的净值公布十分滞后。

交易时间的不同，还会让跨境 ETF 的套利存在时差风险。A 股与港股的交易时间重叠较多，跨境 ETF 仍可进行实时套利，时差风险较小。但是 A 股与美股、德股的交易时间不重叠，投资者只能进行延时套利，这导致投资者面临的收益不确定性增加。

小贴士：

跨境 ETF 的诞生与产品演变。1996 年 3 月，第一只跨境 ETF，WEBS，由摩根士丹利、巴克莱全球投资银行与美国证券交易所联合推出。WEBS（World Equity Benchmark Shares），全称为“世界权益基准份额”，在美国股票交易所（AMEX）上市。开始发行后，WEBS 仅有 17 只基金，其中有 14 只是跟踪摩根士丹利资本国际（MSCI）提供的诸如欧洲、澳大利亚、远东等国家与地区的市场指数。随着新的跨境 ETF 在美国股票交易所（AMEX）上市，基金公司逐渐提升它们在国际 ETF 方面的业务。伴随 ETF 市场的大扩张，地区指数以及跨越广泛国际区域的指数也加入进来。2000 年 5 月，WEBS 发展成为著名的 MSCI 市场指数系列产品。这一系列跨境 ETF 在当时就包含了投资于澳大利亚、英国、加拿大、法国、德国、意大利、荷兰、瑞典、瑞士、奥地利、西班牙、比利时、日本、马来西亚、墨西哥等单个海外市场的产品。

8.2.3　投资海外 ETF 的风险

海外 ETF 的风险主要有以下几点：

（1）市场风险。虽然海外市场体系发展较为成熟，涉及的金融衍生工具较多，但是国外的市场也有波动风险，并且市场更容易出现牵一发而动全身的情况。由于 ETF 产品存在满仓操作、可控性低的特性，所以在金融市场大幅波动期间，ETF 产品的风险有时会超过主动型投资的基金。

（2）汇率风险。由于境外 ETF 产品以投资海外市场为主，而在海外市场的金融凭证均以外币计价，投资海外资产会受到汇率波动的风险，若外币贬值，则 ETF 净值会变低。跨境 ETF 的持有人面临了境外证券价格波动和汇率波动的风险，境内投资者需要对潜在的波动风险有充分认识。

（3）跟踪误差。由于交易制度、结算模式、汇率等方面的因素，我国与国外市场存在一定的差异，基金投资海外资产不可能完全复制指数的涨跌，因此存在一定的跟踪误差。我国实行 10%价格涨跌停制度，这与海外市场，如美国、欧洲，存在差异，跨境 ETF 在运行中可能存在境外标的指数涨跌超过境内涨跌限制。

（4）国内外交易日期不同的风险。由于全球市场存在时间差异，对于海外市场在国内市场收盘后发生的变动，国内 ETF 市场不能够及时反映出来；同样，国内市场交易时，海外市场也不能及时反应。交易的时差性使投资者不能同时根据两边市场的运行特点做出决策，加大了投资收益的不确定性。例如，在中国的长假期间，海外市场正常交易，这时如果海外指数连续下跌，持有的海外 ETF 品种在国内开盘后有价格大跌的风险。

8.3　影响海外 QDII 跟踪误差的主要因素

对于喜欢做被动投资，又看好海外市场的投资者而言，指数型 QDII 基金是不二之选。指数型 QDII 基金直接投资于海外证券市场，投资范围广阔，既包括纳斯达克 100 指数，标普 500 指数，道琼斯工业指数等知名海外宽基指数，也包括纳斯达克生物科技，全球医疗保健、美国房地产等具有各色风格的行业指数。

投资指数型 QDII 基金不仅可以分散风险，还可以分享海外市场的收益，完善自己的资产配置组合。可是，细心的投资者会发现，有时候自己持有的 QDII 基金的收益跑不赢基金的标的指数收益。

QDII 基金净值增长有一部分是由汇率因素贡献的。以投资于美股市场的 QDII 基金为例，2018 年以来，受人民币贬值，美元兑人民币汇率不断走高的影响，QDII 基金净值增长成绩颇为亮眼。

为此，我们测算了市场上较为热门的两只追踪纳斯达克 100 指数的产品净值增长率，以及两只追踪标普 500 指数的产品的净值增长率，在剔除了汇率影响之后，可以看到 QDII 基金净值增长高于标的指数增长的天数较少，指数的表现要优于 QDII 基金的表现，如表 8.5 及表 8.6 所示。

表 8.5　纳指 QDII 产品与纳指指数比较

	纳指 100 QDII 产品 A		纳指 100 QDII 产品 B	
	近一年	近两年	近一年	近两年
QDII 优于纳指 100（天）	111	233	125	248
纳指优于 QDII（天）	141	271	127	256

数据来源：Wind，统计区间：2016.9.6—2018.9.6。

表 8.6　标普 500 QDII 产品与标普 500 指数比较

	标普 500 QDII 产品 A		标普 500 QDII 产品 B	
	近一年	近两年	近一年	近两年
QDII 优于标普 500（天）	124	247	124	244
标普 500 优于 QDII（天）	128	257	128	260

数据来源：Wind，统计区间：2016.9.6—2018.9.6。

那么，为什么海外 QDII 基金产品容易跑输对应的海外指数呢？这部分被“偷吃”的收益去了哪里呢？

1. 指数收益处理方式问题

海外指数跟踪的基准大部分是全收益指数，把成份股公司派发的红利在除息日收盘后再投资回组合，考虑了上市公司分红的因素，跟踪难度更大。而 A 股的跟踪基准都是价格指数，仅计算股票价格的波动，股票分红导致指数价格会下跌，相对更容易跟踪。

由于比较基准不一样，QDII 的比较基准是全收益率指数，考虑了分红后的再投资，相当于指数做了复权处理，所以跟踪难度较大。

小贴士：

价格指数（Price Return Index），以某个时期为基期，用价格变动反映一篮子股票变化水平的指数。顾名思义，价格指数仅计算股票价格的波动，不考虑上市公司分红因素的影响，即如果指数内一篮子股票价格变了，则指数能直接反映出来。

全收益指数（Total Return Index），也称“总回报指数”“总收益指数”，全收益指数就考虑得更全面了，我们知道，上市公司的股票会有分红，如果将现金分红所得再投资到原组合中，就得到了比较全面的收益即“全收益”。所以呢，全收益指数除了反映股价波动外，还包含了所有股票分红再投资所产生的收益，相比较而言，其更能准确反映指数内一篮子股票组合的真实表现。

在全球范围内，上市公司的分红形式多种多样，包括股票分红、以股代息、现金分红等，全收益指数主要考虑了现金分红这种形式，以原组合成份股所得到的现金分红再投资到原有组合，分红再投收益+原收益一起，构成了全收益指数的收益。

2. 仓位问题

由于股票组合最高仓位限制的存在和申购/赎回冲击的存在，QDII 指数基金与基准指数存在一定的跟踪误差。

以广发纳斯达克 100 指数 QDII（270042）为例，为了为申购/赎回准备必要的头寸，该基金规定对纳斯达克 100 指数成份股的投资比例不低于基金资产净值的 85%，现金或者到期日在一年以内的政府债券不低于基金资产净值的 5%。所以通常指数仓位最大只能达到 95%，还有 5%的仓位作为现金应对投资者赎回，仓位没达到 100%，所以，导致跑不赢跟踪的指数，尤其是近年来美股市场一路飘红，投资者也不断申购，导致股票仓位下降。这样，QDII 净值增长不及指数增长的原因就不难理解了。

3. 费率问题

一般而言，QDII 基金的管理费率和托管费率比普通指数基金更高。在基础费率方面，QDII 基金的年托管费率比普通指数基金高出 0.15%，年管理费率更是比普通指数基金高出 0.30%。在交易成本和费率的压力下，QDII 基金的实际收益难免受到影响，出现比指数收益差的情况，具体费率比较见表 8.7。

表 8.7　QDII 指数基金与普通指数基金

	QDII 指数基金	普通指数基金
管理费率	0.8%	0.5%
托管费率	0.25%	0.1%
总费率	1.05%	0.6%

数据来源：Wind。

4. 汇率成本问题

在购买 QDII 基金时，投资者用人民币购买基金份额进行申购，基金公司利用其外汇额度把人民币换算成外币进行投资；当投资者赎回基金时，基金公司再以当天的汇率换算成人民币返还。那么在持有 QDII 基金的这一段时间内，汇率的走向对 QDII 的实际收益就有很大的影响。

外汇是把“双刃剑”。如果在持有期内外币升值，那么上升部分的汇率差价会反映在基金净值中。但如果在持有期内外币贬值，则投资者要承受汇率压力，实际收益率将有所降低。当遇到不利的外汇情况时，QDII 基金的实际收益率低于指数收益率也就不足为怪了。

QDII 指数基金承受了指数收益处理方式、仓位、费率和汇率成本等多种综合因素的外在压力，遇到 QDII 指数基金收益率跑输其追踪指数收益率的情况，并不能说明 QDII 产品有缺陷。

我们应该更加关注海外具有成长价值的指数，以及能为我们创造符合预期的收益的优秀 QDII 产品，以实现最终的投资目标。

8.4 跨境 ETF 的投资策略

不要把鸡蛋放在一个篮子里

在 A 股市场整体遇冷期间，无论你投资什么指数、什么行业，乃至于个股，大概率结果都是亏损，差别就仅仅在于亏损的多与少罢了。在各种趋势类投资策略纷纷失灵的情况下，报纸新闻上却在报道某海外市场形势一片大好，印度市场遭热捧”“美股攀上新高峰”等，冰火两重天的背后，其实你只是犯了一个小小的常识性错误——把鸡蛋放在了同一个篮子里。

分散 A 股市场风险最重要的途径，就是放眼全球，突破市场界限！且慢，听到这里已经摩拳擦掌的你，面对海外市场琳琅满目的顶尖公司，该如何选择呢？如果你没有过多的精力、经验去逐一遴选优秀的公司，又想获得海外市场的整体收益，那么 ETF 无疑是你最佳的选择，它可以让你在享受到市场的整体收益的同时做到分散风险。比如标普 500 指数，它就是把美国流通市值最大的 500 只股票组成的一个指数，运用最简单的优胜劣汰机制使得其成份股始终是美国市场出色的公司，另外 500 只成份股也分散了单只股票表现不佳的风险。

所谓 QDII（Qualified Domestic Institutional Investor）基金就是指在中国成立的，针对中国投资者，投资海外市场股票的基金，通过投资 QDII 最大的一个优势就是可以参与海外市场，达到多元化资产配置的目的。跨境 ETF 是 QDII 基金的一种，是以严格跟踪境外指数为投资目的的被动基金，比如广发纳斯达克 100 ETF 追踪的就是纳斯达克 100 指数，属于被动型基金。

熟悉 A 股市场，有多年 A 股基金投资经验的读者，肯定对于估值、定投、分批买入、分散配置的投资方法很熟悉，但是对于海外市场是否可以一样运用这些方法呢？又该怎么去运用呢？“授人以鱼不如授人以渔”，今天老罗就来为大家推开海外投资的大门。

策略一：估值法

不同于国内市场，美股市场不设涨跌停制度。在没有涨跌幅限制的情况下，可能出现某只或某几只股票股价在一天之内翻番的现象；反过来，也会出现某只或某几只股票股价在一天之内暴跌 90%的情况。

事实上，美股市场并没有因为涨跌停的松绑让投资者犹如坐上了过山车，上述情形只是少数、个别或偶然现象，并不会经常发生。因为在美国市场投资者中机构投资者占绝大多数，市场信息效率高，市场监管到位，使放开涨跌停的市场真实反映市场状况，成为价值投资者的圣地，估值法也得以在美股市场大展拳脚。

以标普 500 为例，如图 8.3 所示，纵观近 25 年标普 500 的走势，可见美股“牛长熊短”特点显著，市场长期处于稳步向上增长的阶段，经历了 2008 年次贷危机引起的金融风暴后，标普 500 经历了 10 年的稳步上涨。运用估值法判断股价是否合理有很强的规律可循，图 8.3 可见 PE 值在 10～30 的范围波动，对于标普 500 来说一般来说，当 PE 低于 15 时认为指数被低估，是低价买入时机，当 PE 值接近 25 时，市场处于高估状态，投资者应该卖出手上份额。

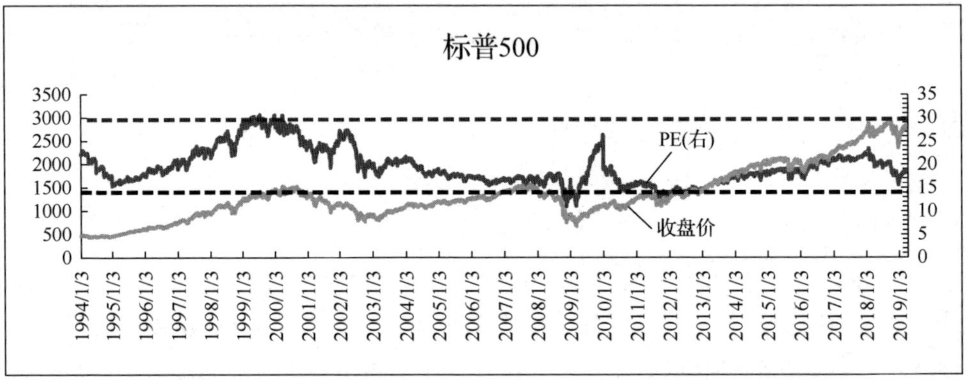

图 8.3　标普 500 PE 和指数点位走势（1994.01.3—2019.03.19）

此外留意到，对于海外成熟市场而言，PB（市净率）比 PE（市盈率）在分析市场动态上更具参考意义，如图 8.4 及表 8.8 所示。

表 8.8　各指数收盘价与 PE/PB 的相关系数

指　　数	PE 与收盘价相关系数	PB 与收盘价相关系数
标普 500	0.63	0.87
纳斯达克 100	-0.02	0.78
德国 30	0.02	0.50

相关系数用来衡量两个变量之间线性相关程度，取值范围在-1 到 1 之间，-1 表示两者完全线性负相关，1 代表两者完全线性正相关，0 代表两者非线性相

关。由表 8.8 中的数据可以看出，相对于 PE 来说，指数的价格变动与 PB 值更呈线性正相关关系，其中标普 500 指数与 PB 值的相关系数高达 0.87，非常接近 1，可以认为两者高度正相关，表示 PB 的变动更加紧贴大盘的波动，因此在我们要考察大盘变动的时候，不妨多多参考 PB 值的变动情况，如图 8.9 所示。

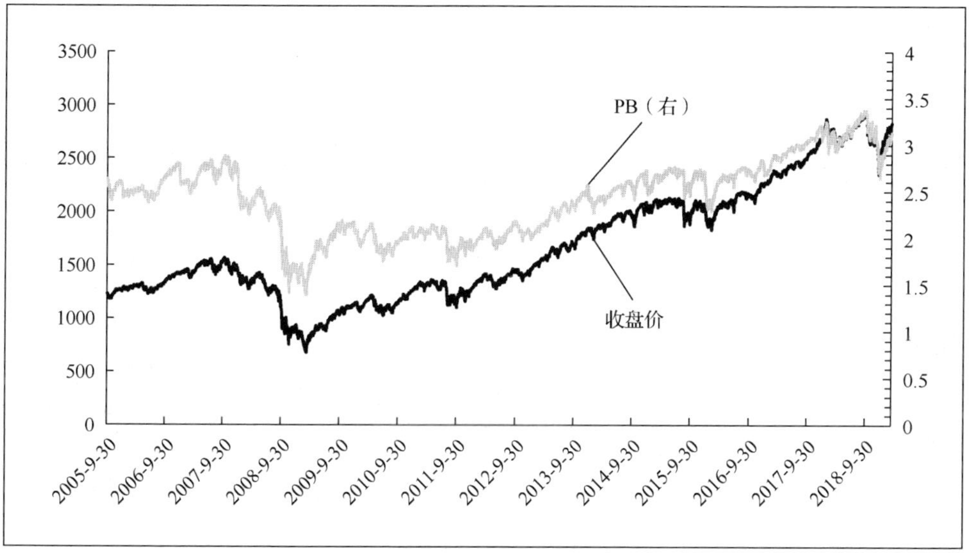

图 8.4　标普 500 PB 和指数点位走势（2005.9.30—2019.03.19）

表 8.9　标普 500 估值情况

指　　标	市盈率（PE）	市净率（PB）
当前值	18.73	3.13
历史分位	73.70%	95.40%
最大值	26.29	3.38
最小值	10.99	1.39

数据来源：Bloomberg，统计时间：2005.09.30—2019.03.19。

当前标普 500 的 PB 值为 3.13，处于 95.40%百分位，接近历史最高位；PE 值为 18.73，处于 73.70%百分位，均处于高估位置，所以现在绝不是一个买美股的时间点，等美股跌下来之后，长期投资 QDII ETF 基金倒是一个很好的选择，因为美国股市的特点是牛市长熊市短，赚钱机会比较大。

策略二：定投法

定投的最佳拍档是“微笑曲线”，因为单边下跌市场没人会进场，单边上涨的市场只要一次性买入就高枕无忧，只有市场先下跌后反弹情形下，定投的威力才不容小觑。我们选取标普 500 从 1993 年到 2019 年期间出现的两个微笑曲线进行分析，如表 8.10 所示。

表 8.10　标普 500 定投策略收益

定投起始日	定投结束日	周定投次数	累计投入金额	定投止盈金额	收益率	一次性收益率
2001/1/5	2007/6/1	307	307,000	416,764	35.75%	16.12%
2008/1/4	2012/3/30	222	222,000	277,520	25.01%	-0.22%

数据来源：Bloomberg，统计时间：2001.01. 05—2012.03.30。

在美股市场进入短暂熊市的时候，定投策略依然奏效。在市场下跌时进场布局，趁低持续小金额吸入份额，待价而沽，避免了牛市来临之时踏空的风险，收益比一次性投入要可观。

策略三：分批买卖法

除了定投，还有分批买入法，也是很多投资者喜欢采用的策略。定投和分批买入的共同点是均在市场跌的时候买入，定投是一旦开始后就一直重复操作直到止盈离场，它有不择时、强纪律性的特点，分批买入则是越跌越买，跌得越深买得越多，有一定的择时规则，两个策略都可以有效避免踏空，其中定投适合有长期稳定现金流的投资者，分批买入适合有笔固定较大金额需要投资的投资者。当然这两者并不互斥，资金充足的投资者可以考虑两者同时运用。

如表 8.11 所示，运用金字塔法分批买入、卖出的方法，按照每跌 10%，依次按照 10%、20%、30%和 40%加仓，反弹 10%依次卖出。在 2008—2011 年，在标普 500 受到金融危机影响尚未复苏之际，分批买入法已经获得了 19.17%的正收益，对比市场同期 10.40%的下跌幅度，可以说表现抢眼。

表 8.11　标普 500 分批买入策略收益率

操作时间	指数点位	涨跌幅	加减仓	交易金额（元）	一次性投入累计收益率	分批买入收益率
2008-01-02	1447.16	-	-	-	-	-
2008-03-07	1293.37	-10.63%	10%	10,000	-10.63%	-
2008-09-17	1156.39	-10.59%	20%	20,000	-20.09%	-3.53%
2008-10-07	996.23	-13.85%	30%	30,000	-31.16%	-21.52%

续表

操作时间	指数点位	涨跌幅	加减仓	交易金额（元）	一次性投入累计收益率	分批买入收益率
2008-10-24	876.77	-11.99%	40%	40,000	-39.41%	-11.65%
2008-10-31	968.75	10.49%	-10%	-9,761	-33.06%	-2.39%
2009-09-16	1068.76	10.32%	-20%	-21,538	-26.15%	6.68%
2010-04-01	1178.1	10.23%	-30%	-35,612	-18.59%	14.40%
2011-01-26	1296.63	10.06%	-40%	-52,260	-10.40%	19.17%

数据来源：Bloomberg，统计时间：2008.01.02—2011.01.26。

策略四：资产配置法

分散配置的策略出发点在于利用相关性低的不同市场发散投资，这不难理解，如市场相关性高，那就处于“一荣俱荣，一损俱损”的状态，根本无法分散投资风险，只有市场相关性低或者呈负相关的时候，分散投资才具有价值，如表 8.12 所示。

表 8.12　海内外市场主要指数日收益相关系数

	沪深 300	标普 500	纳斯达克 100	德国 30	H 股指数
沪深 300	1				
标普 500	0.10	1			
纳斯达克 100	0.11	0.92	1		
德国 30	0.13	0.01	0.02	1	
H 股指数	0.55	0.25	0.24	0.31	1

数据来源：Bloomberg，统计时间：2005.04.08—2019.03.15。

通过分析沪深 300、标普 500、纳斯达克 100、德国 30 与 H 股指数的日收益的相关系数发现，标普 500 与德国 30 之间相关系数最低，仅为 0.01，两者近似不相关，沪深 300 与标普 500、纳斯达克 100、德国 30 的相关性也较低；纳斯达克 100 与德国 30 指数相关性也较低。纳斯达克 100 和标普 500 的相关系数最高，为 0.92，两者为高度正相关关系。

考虑分散投资的组合，以相关系数低为选取原则，分散风险，选取沪深 300、标普 500、纳斯达克 100 和德国 30 构建如表 8.13 所示投资组合。

表 8.13 海内外投资组合构建

指　　数	组合 1	组合 2
沪深 300	30%	30%
标普 500	40%	0%
纳斯达克 100	0%	40%
德国 30	30%	30%

表 8.14 分散投资组合与沪深 300 收益率对比

年　　度	沪深 300	标普 500	纳指	德国 30	组合 1	组合 2
2010	-13.90%	11.67%	18.47%	16.37%	5.41%	8.13%
2011	-23.44%	-0.02%	2.34%	-16.39%	-11.96%	-11.01%
2012	5.73%	11.52%	14.42%	30.90%	15.59%	16.76%
2013	-7.28%	31.28%	36.98%	25.26%	17.90%	20.18%
2014	50.36%	13.00%	19.95%	3.52%	21.36%	24.15%
2015	8.90%	-0.82%	8.63%	9.40%	5.16%	8.94%
2016	-12.09%	8.50%	4.55%	5.44%	1.41%	-0.17%
2017	21.78%	19.42%	31.52%	13.35%	18.31%	23.14%
2018	-25.31%	-7.03%	-1.74%	-20.02%	-16.41%	-14.29%

数据来源：Bloomberg，统计时间：2009.12.30—2018.12.28。

近 9 年沪深 300 市场表现一般，横向对比各市场主要指数平均收益率，其平均收益率最低，且有 5 年出现负收益。反观美股，表现最好的是纳指，连续 8 年实现正收益，标普 500 次之，有 6 个年份收益为正，如表 8.14 所示。海外市场行情表现亮眼，因此有必要配置海外资产，分散投资风险。

构建的投资组合 1 和组合 2 年度收益数据明显要优于沪深 300 单独表现，其中组合 1 有 6 个年份表现超越沪深 300，共实现 7 年正收益；组合 2 有 8 个年份表现超越沪深 300，共实现 6 年正收益。

可见分散投资，“不把鸡蛋放在一个篮子里”可以有效避免投资单一市场的高风险。

最后，老罗需要提醒大家一个对于海外投资而言不可忽视的风险，就是汇率风险，分散投资虽好，但是在使用的时候也需要结合当时的汇率波动状况来综合考虑。国内投资只需用到人民币单一货币，无须考虑汇率风险。但是海外投资，比如投资纳斯达克 100ETF，你用人民币申购，最后基金公司要兑换成美元进行海外投资，同理在赎回的时候也需要把你购买的美元份额，兑换成人民币返回你的账户。这里面涉及本/外币的兑换，汇率风险就显现了，一旦人民币升值，美元贬值，你在美股的投资收益部分会被汇率变动部分侵蚀。

综上所述，老罗简单介绍了海外 QDII ETF 基金常用的一些投资方法，希望能对大家进行海外投资有帮助。

8.5　跨境 ETF 产品介绍

8.5.1　德国 DAX30 产品介绍

DAX30 指数是德国最重要的股票指数，其成份股为 30 家主要的德国公司，反映了德国股市的总收益情况。该指数由德意志交易所集团（Deutsche Börse Group）于 1987 年推出，1988 年 7 月 1 日起开始正式交易。截至 2019 年 3 月 22 日，指数总市值为 12,054 亿欧元，个股平均市值为 401 亿欧元，属大盘股范畴。

根据 GICS 行业分类，指数成份中前五大行业分别为汽车（14.52%）、化学制造（12.90%）、软件（10.24%）、保险（9.60%）及制药（8.33%），合计权重为 55.59%，如图 8.5 所示。

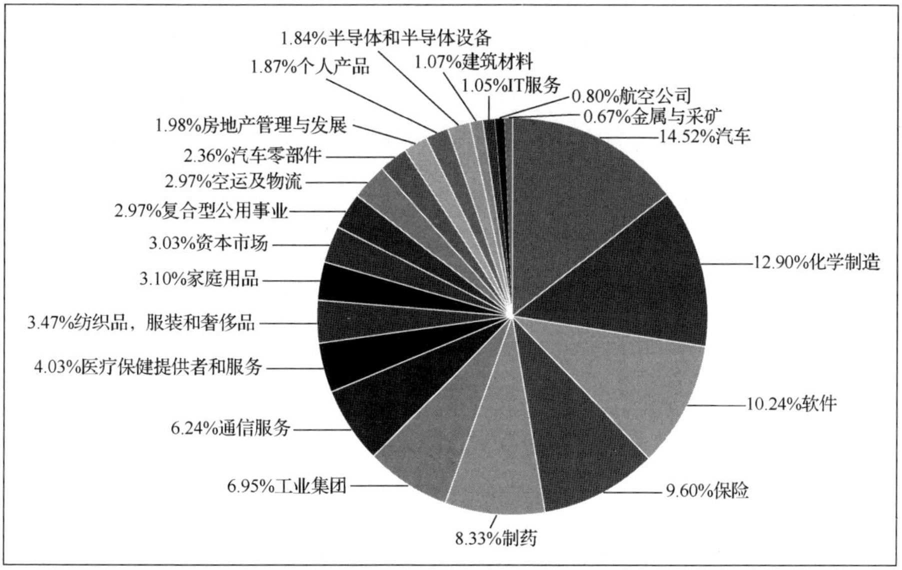

图 8.5　DAX30 指数行业权重分布（2019 年 3 月 22 日）

DAX30 前十大成份股占比合计为 61.84%，如表 8.15 所示。其中，第一大成份股 SAP 公司占比为 10.24%，该公司是世界第三大独立软件供应商，核心业务是销售其研发的商业软件解决方案及其服务的用户许可证；第二大成份股 Linde PLC 占比为 7.05%，该公司是世界上最大的工业气体公司，集团主要有两个业务领域：供应气体（工业气体和医用气体），设计和建造大型化工厂。

表 8.15　DAX30 前十大成份股

排　名	证券名称	GIS 行业名	权　重
1	SAP 公司	软件	10.24%
2	Linde PLC	化学制造	7.05%
3	安联保险有限公司	保险	6.98%
4	西门子	工业集团	6.95%
5	德国电信	通信服务	6.24%
6	大众汽车股份公司	汽车	6.08%
7	巴斯夫欧洲公司	化学制造	5.13%
8	拜耳股份公司	制药	4.73%
9	戴姆勒股份公司	汽车	4.60%
10	宝马汽车股份公司	汽车	3.84%
合计			61.84%

数据来源：Bloomberg，截止日期：2019 年 3 月 22 日。

从历史表现来看，德国 DAX30 指数具有高收益和高波动的特征。自 2009 年 1 月 2 日起至 2019 年 3 月 20 日，其累计收益率为 133.33%，年化收益率为 8.58%，大幅超越了同期法国 CAC40 和伦敦富时 100 的表现。DAX30 的年化波动率为 20.24%，略高于同期 CAC40 和富时 100 的年化波动率。综合收益率和波动率，DAX30 指数的信息比率表现也大幅超越欧洲市场主要指数，如表 8.16 所示。

表 8.16　德国 DAX30 指数与欧洲市场主要指数表现比较

统计项目	DAX30	CAC40	富时 100
累计收益	133.33%	60.69%	59.83%
年化收益率	8.58%	4.74%	4.68%
年化波动率	20.24%	20.61%	15.99%
信息比率	0.42	0.23	0.29

数据来源：Bloomberg，统计区间：2009 年 1 月 2 日至 2019 年 3 月 20 日。

分年度数据来看，自 2009 年 1 月 1 日起至今的 11 年以来，DAX30 指数有 9 年取得正收益，胜率高达 82%，优于同期 CAC40 和富时 100 的表现。同时，该指数没有出现过连续两年下跌的情况，说明其抗跌性较强，如表 8.17 所示。

表 8.17　DAX30 指数与市场主要指数分年度收益率比较

年　份	DAX30	CAC40	富时 100
2009	23.85%	22.32%	22.07%
2010	16.06%	-3.34%	9.00%
2011	-14.69%	-16.95%	-5.55%
2012	29.06%	15.23%	5.84%
2013	25.48%	17.99%	14.43%
2014	2.65%	-0.54%	-2.71%
2015	9.56%	8.53%	-4.93%
2016	6.87%	4.86%	14.43%
2017	12.51%	9.26%	7.63%
2018	-18.26%	-10.95%	-12.48%
2019	9.90%	13.78%	8.37%

数据来源：Bloomberg，统计区间：2008 年 12 月 31 日至 2019 年 3 月 20 日。

跟踪 DAX30 的基金产品有华安德国 30（DAX）ETF（513030），目前规模为 2.91 亿美元，该基金于 2014 年 9 月 5 日上市；此外还配套发行了场外联接基金（000614），规模为 2.17 亿美元。

2014 年 9 月 5 日至 2019 年 20 日，德国 30ETF 的累计收益为-2.40%，年化收益率为-0.55%，年化波动率为 18.89%；同期 DAX30 指数的累计收益为 19.05%，年化收益为 3.91%，波动率为 18.29%。尽管二者波动率相近，然而，德国 30ETF 收益与标的指数差异较大，连续 4 年跑输标的指数，如表 8.18 所示。

表 8.18　德国 30ETF 与业绩基准的比较

年　份	德国 30ETF	业绩比较基准（DAX30 全收益指数）	超额收益率（基金收益率-业绩比较基准）
2015	-4.71%	4.26%	-8.97%
2016	7.46%	10.06%	-2.6%
2017	17.16%	20.14%	-2.98%
2018	-19.53%	-17.79%	-1.74%

数据来源：Bloomberg、Wind，统计区间：2014 年 9 月 5 日至 2019 年 3 月 20 日。

由表 8.18 可知，在 2015 年至 2018 年，DAX30 指数的累计收益率达到 13.33%，而德国 30ETF 累计收益率却为-3.46%，德国 30ETF 跑输 DAX30 指数累计达到 16.79%。究其跟踪误差较大的原因，大致可以归结为以下几点。

（1）指数收益处理方式：德国 30ETF 属 QDII，其比较基准是全收益率指数，该类指数把成份股公司派发的红利在除息日收盘后再投资回组合，考虑了分红后的再投资，相当于指数做了复权处理，从而加大了跟踪难度。

（2）汇率因素：DAX 使用欧元作为本币计价，德国 30ETF 的净值则以人民币为计价单位。由于德国 30ETF 属国内 QDII 基金，其净值计算不是按国际市场汇率收盘价，而是按中国人民银行与外管局的汇率中间价进行折算，因此，德国 30ETF 的跟踪误差不仅受到央行公布的汇率变化的影响，还受到买卖过程中汇兑损失的影响。

（3）管理费用：德国 30ETF 的管理费率为 0.80%/年，托管费率为 0.20%/年。此外，基金还包含审计费用、信息披露费、指数使用费等其他费用，如图 8.6 所示。

单位：人民币元

项目	本期 2017年1月1日至2017年12月31日	上年度可比期间 2016年1月1日至2016年12月31日
审计费用	60,000.00	67,000.00
信息披露费	240,000.00	280,000.00
上市费	60,000.00	60,000.00
银行汇划费用	26,890.32	23,419.31
指数使用费	269,038.89	258,133.75
合计	655,929.21	688,553.06

注：指数使用费为支付标的指数供应商的标的指数使用许可费，按前一日基金资产净值及指数使用许可费年费率每日计提，按季度支付。计算方法如下：

1. 当前一日的基金资产净值<1.5 亿欧元时：

每日应计提的指数使用许可费=前一日的基金资产净值×0.05% / 365；

2. 当前一日的基金资产净值≥1.5 亿欧元时：每日应计提的指数使用许可费＝1.5 亿欧元×0.05% / 365+（前一日的基金资产净值-1.5 亿欧元）×0.045% / 365；

图 8.6　2017 年度华安德国 30ETF 报告

（4）申购/赎回仓位：德国 30ETF 投资对象为德国股票，不能使用一篮子股票申购/赎回 ETF 份额，只能使用现金申购/赎回。因此，投资者总申购/赎回份额将会改变现金头寸在基金资产中的比例，进而影响 ETF 的跟踪误差。

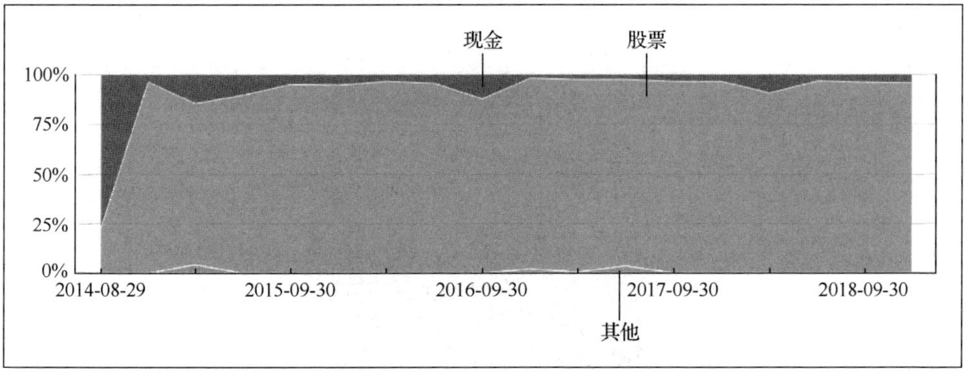

图 8.7　德国 30（DAX）ETF 资产配置（2018 年 12 月 31 日）

综上所述，德国 30ETF 作为一只 QDII 指数基金，承受了指数收益处理方式、汇率、费率成本和申购/赎回仓位等多种综合因素的外在压力，该基金收益率跑输追踪指数收益率的情况，并不能说明产品存在缺陷。投资者在进行海外指数投资时，应更加关注标的指数的成长价值，选择能创造符合预期收益率的优秀基金产品，以实现最终的投资目标。

8.5.2　中国互联网 50ETF

中国互联网 50 指数，全称为中证海外中国互联网 50 指数，该指数选取海外交易所上市的 52 家中国互联网企业作为样本股，采用自由流通市值加权计算，反映在海外交易所上市的知名中国互联网企业的投资机会。该指数由中证指数公司于 2014 年 12 月 29 日发布，2007 年 6 月 29 日为基期，截至 2019 年 3 月 19 日，中国互联网 50 指数总市值为 48165 亿元，个股平均市值为 926 亿元，如图 8.19 所示。

表 8.19　中国互联网 50 指数基本信息

证券代码	证券简称	基　　期	成份数	总市值（亿元）	平均市值（亿元）
H30533.CSI	中国互联网 50	2007-6-29	52	48,165	926

数据来源：Wind、广发基金指数投资部，截至 2019 年 3 月 19 日。

从指数成份来看，其成份股行业主要覆盖工业、可选消费、金融地产和信息技术四个行业，其中，信息技术行业占比最多，达 74.76%，其次是可选消费，占比 23.70%，工业和金融地产行业成份股相对较少，二者合计权重仅为 1.54%。

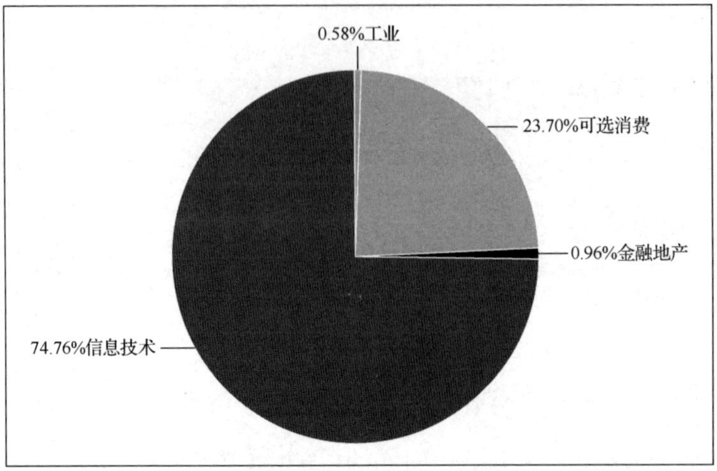

图 8.8　中国互联网 50 指数行业权重分布

前十大成份股占比合计 84.09%，主要分布在信息技术及可选消费行业，其中，前三大成份股合计占比达到 53.33%，具有一定的龙头效应，如表 8.20 所示。第一大成份股阿里巴巴占比达 19.95%，该公司是中国最大的电子商务企业，集团经营多个领先的网上及移动平台，旗下业务 9 个、关联企业 2 个，业务覆盖零售和批发贸易及云计算等。第二大成份股腾讯控股占比 19.84%，腾讯是目前中国最大的互联网综合服务提供商之一，也是中国服务用户最多的互联网企业之一，其把为用户提供"一站式在线生活服务"作为战略目标，提供互联网增值服务、网络广告服务和电子商务服务，打造了中国最大的网络社区，满足互联网用户沟通、资讯、娱乐和电子商务等方面的需求。

表 8.20　中国互联网 50 指数前十大个股

排　名	证券代码	证券名称	Wind 一级行业	权重（%）
1	BABA	阿里巴巴	信息技术	19.95
2	700	腾讯控股	信息技术	19.84
3	BIDU	百度	信息技术	13.54
4	3690	美团点评-W	可选消费	5.79
5	JD	京东商城	可选消费	5.54
6	CTRIP	携程网	可选消费	5.20
7	NTES	网易	信息技术	4.32
8	TME	腾讯音乐		4.15
9	TAL	好未来	可选消费	3.21
10	PDD	拼多多		2.55
合计				84.09

数据来源：中证指数公司、广发基金指数投资部，截至 2019 年 3 月 19 日。

从收益率情况来看，中国互联网 50 指数具有高收益率的特征，自基日起至 2019 年 3 月 19 日，累计收益率为 726.95%，年化收益率为 20.51%，累计收益率远高于同期中国互联网指数（全称：中证海外中国互联网指数，H11136.CSI）以及中证全指的表现。就波动性而言，互联网指数具有高波动率的特征，统计区间内，互联网指数的波动率均高于 30%，略高于同期宽基指数的波动水平，如表 8.21 所示。

表 8.21　中国互联网 50 指数与市场主要指数表现比较

统计项目	中国互联网 50	中国互联网	中证全指
累计收益率	726.95%	480.52%	23.34%
年化收益率	20.51%	16.81%	1.87%
年化波动率	30.83%	31.62%	28.54%
夏普比	61.67%	48.40%	1.30%

数据来源：Wind、广发基金指数投资部，统计区间：2007 年 6 月 29 日至 2019 年 3 月 19 日。

此外，从如图 8.9 所示的收益率情况比较图中，我们可以看到，从 2012 年开始整体呈现上涨趋势，特别是从 2015 年至 2018 年年初，中国互联网 50 指数收益大幅增长，之后虽然稍有回落，但从 2018 年年底又开始强势反弹，具有较大的发展潜力。

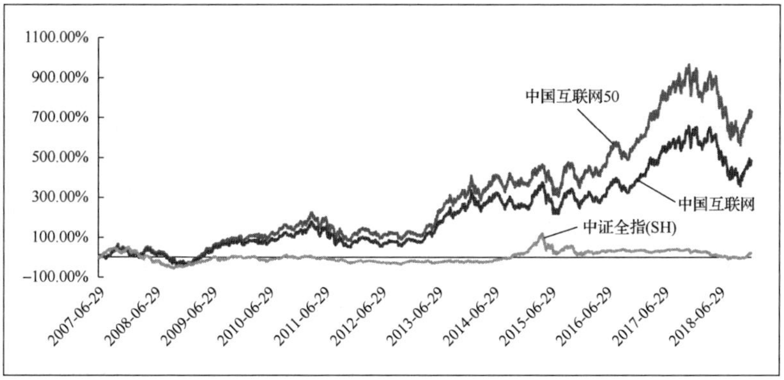

图 8.9　中国互联网 50 指数与市场主要指数收益率情况比较

目前，市场中跟踪中国互联网 50 指数的基金产品主要是易方达中证海外互联 ETF，该产品是易方达基金管理公司旗下的一只被动型指数基金，主要通过采用组合复制策略和适当的替代性策略实现对于中证海外中国互联网 50 指数的紧密跟踪，具有与标的指数相似的风险/收益率特征。

第 9 章　ETF 投资策略

9.1　大小盘指数轮动策略

近期大小盘轮动策略很火，不少互联网平台相继推出了大小盘轮动策略组合。那么大小盘轮动策略的本质是什么？如何操作？隐含的原理又是什么？策略最终实证效果如何？今天老罗就为大家一一揭秘大小盘轮动背后的秘密。

9.1.1　何谓大小盘轮动策略

“二八轮动”一词你可能有所耳闻，但你了解过具体什么是“二八轮动策略”吗？

常规二八轮动策略是根据沪深 300 和中证 500 指数的价格判断趋势来进行大小盘轮动的择时策略。其中“二”代表数量占比在 20%左右的大盘权重股（对应沪深 300 指数），“八”代表数量占比在 80%左右的中小盘股票（对应中证 500 指数）。本策略会在每周五（或每周最后一个交易日）判断最近四周沪深 300 和中证 500 指数的涨幅，满仓配置上涨较多的指数。若均下跌，则切换到货币基金躲避风险。总结来说，二八轮动策略就是“大小轮动，骑牛躲熊”。基于动量效应的量化模型，在大盘股与小盘股中间不断切换，轮流持有，市场表现低迷时，转入货币基金。

二八轮动与以价值投资为核心指导的投资策略不同，它的本质是趋势交易。趋势交易简而言之就是在投资标的涨的时候买入，跌的时候卖出，赚取利润。趋势交易在 A 股散户占绝大多数，机构投资者占少数的交易市场上是可行的，因为这种市场结构会导致“羊群效应”经常出现。

另外，纵观 A 股多年牛熊交替走势，可见 A 股市场的一大特征是大小盘风格轮动。所谓“大小盘风格轮动”，就是 A 股市场中的大盘股和小盘股往往表现出涨跌趋势不一致的规律，通常当大盘股涨时小盘股不涨，或者当小盘股涨时大盘股不涨。

9.1.2　二八轮动策略具体操作方法

以雪球蛋卷二八轮动指数为例，该指数按照趋势跟随策略编制，成份标的包含沪深 300 指数、中证 500 指数和国债指数。具体为：

（1）在每日收盘后对比当日收盘数据与 20 个交易日前的收盘数据，选择沪深 300 指数和中证 500 指数中涨幅较大的一个，于下一个交易日收盘时切换为持有该指数；

（2）若两个指数均为下跌，则于下一个交易日收盘时切换为持有国债指数。

说明白点就是：当判断市场好的时候，在大、小盘股票上进行轮动，持有涨势较好的指数。当判断市场不好的时候，就卖掉股票指数，转入风险较小的国债产品。

再以且慢平台为例，二八轮动策略通过判断沪深 300 和中证 500 指数的趋势寻找上涨行情中的市场热点，满仓配置近 20 个交易日上涨较多的指数。若均下跌，则落袋为安。为减少调仓带来的手续费，限制两次调仓至少间隔 10 个交易日。

当然，目前上线二八轮动策略的平台有很多，方法大同小异，只是个别参数会有差别，本书后续以广发二八轮动为例，分析二八策略的特点和适用环境。

9.1.3　二八轮动策略的原理

二八轮动策略实质是一种“动量效应”。动量效应（Momentum Effect）又称“惯性效应”，是由 Jegadeesh 和 Titman（1993）提出的，是指股票的收益率有延续原来运动方向的趋势，即过去一段时间收益率较高的股票在未来收益率仍会高于过去收益率较低的股票。总的来说，二八轮动是根据动量效应设计的一种“追涨杀跌”的趋势投资方法，解决了投资者面临的“买什么，什么时候买”等一系列投资痛点。

9.1.4 二八轮动策略在 A 股是否有效

1. A 股市场大小盘轮动效应显著

从图 9.1 可知，A 股市场历年大、小盘的收益率差异还是很大的，也就是大小盘轮动风格比较显著。因此，理论上基于 A 股市场的二八轮动策略应该是相对有效的。

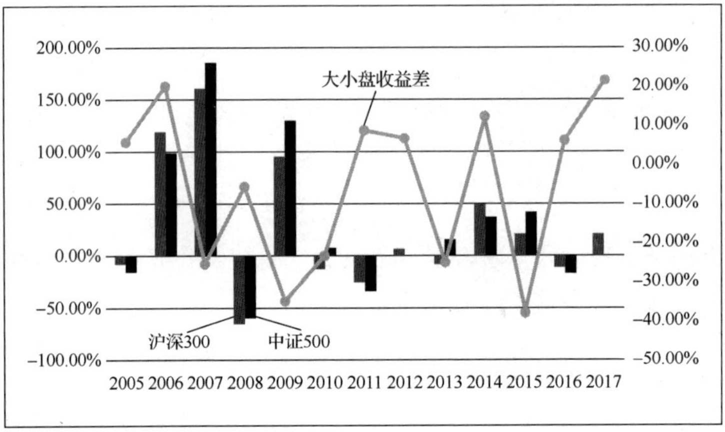

图 9.1 A 股历年沪深 300（大盘）、中证 500（小盘）指数收益率（2017.12.31）

2. 广发二八轮动策略实证效果

（1）策略要素说明（如表 9.1 所示）

表 9.1 广发二八轮动策略说明

方案理念	动量效应，追涨杀跌。大盘为沪深 300 指数，小盘为中证 500 指数，在市场呈弱势的时候，转入债券基金避险
具体操作	每日收盘后比较中证 500 和沪深 300 指数的 20 日涨跌幅：如果都下跌，则转入债券；如果中证 500 大于沪深 300，则转入中证 500；如果中证 500 小于沪深 300，则转入沪深 300
底层产品	广发沪深 300ETF 联接 C 份额（002987.OF）、广发中证 500ETF 联接 C 份额（002903.OF）、广发纯债 C（270049.OF）
回测及业绩基准	回测区间为 2013.1.1—2016.10.21，业绩基准为中证 800 指数
费率说明	• 广发沪深 300ETF 联接 C 份额（002987.OF）免申购费、持有 7 天及以上免赎回费，小于 7 天收取 0.125%赎回费 • 广发中证 500ETF 联接 C 份额（002903.OF）免申购费、持有 7 天以上免赎回费，小于等于 7 天收取 0.5%赎回费 • 广发纯债 C（270049.OF）免申购费、持有 30 天及以上免赎回费，小于 30 天收取 0.75%赎回费

（2）策略实证效果评价

从二八轮动策略的实证数据看，自 2013 年至 2017 年年底二八轮动策略整体有效，累计收益率为 142%，超越同期中证 800 指数 76%的累计收益率，如图 9.2 所示。

图 9.2　广发二八轮动组合与中证 800 指数走势（2017.12.31）

在收益率提升的同时，组合年化波动率相比中证 800 指数又有所下降，实现了比中证 800 指数更好的风险调整收益率，如表 9.2 所示。

表 9.2　广发二八轮动组合与中证 800 风险收益率比较

统计指标	广发二八轮动组合	中证 800 指数
累计收益率	142.32%	66.68%
年化收益率	12.93%	7.27%
年化波动率	21.31%	24.69%
年化夏普比率	53.63%	23.37%

数据来源：老罗话指数投资微信公众号，截至 2017 年 12 月 31 日。

从策略分年度超额收益来看，在市场波动比较大、趋势较强的 2014 年、2015 年，轮动策略实现超额收益，但在 2016 年这种震荡市场，二八轮动策略则跑输业绩基准，如表 9.3 所示。

表 9.3　广发二八轮动组合与中证 800 风险收益率比较

统计项目	广发二八轮动组合	中证 800 指数	二八轮动超额收益
回测期间收益率	142.32%	66.68%	75.64%
2017 年收益率	2.61%	15.16%	-12.55%
2016 年收益率	-16.71%	-13.27%	-3.44%
2015 年收益率	71.62%	14.91%	56.71%
2014 年收益率	56.95%	48.28%	8.67%
2013 年收益率	5.26%	-2.06%	7.32%

数据来源：老罗话指数投资微信公众号，截至 2017 年 12 月 31 日。

从最大回撤数据来看，除了 2014 年二八轮动组合最大回撤大于业绩基准外，其他年份最大回撤都小于业绩基准，特别在市场剧烈波动的 2015 年，二八轮动策略回撤大幅小于业绩基准，如图 9.3 所示。

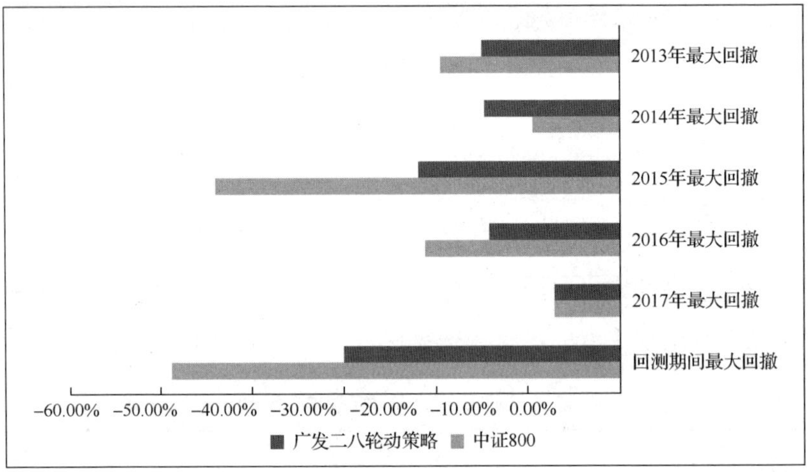

图 9.3　广发二八轮动组合与中证 800 最大回撤对比

从分年度组合波动率来看，二八轮动组合基本实现了降低组合波动的目标，如图 9.4 所示。

从二八轮动策略的调仓频率来看，1215 个交易日调仓 113 次，换手率大概 9.30%左右，平均 11 天调仓一次，属于可接受范围，如表 9.4 所示。

表 9.4　广发二八轮动组合调仓频率

组合名称	换手次数	期间交易日	换手率	平均换手天数
广发二八轮动组合	113	1215	9.30%	11

数据来源：广发基金，截至 2017 年 12 月 31 日。

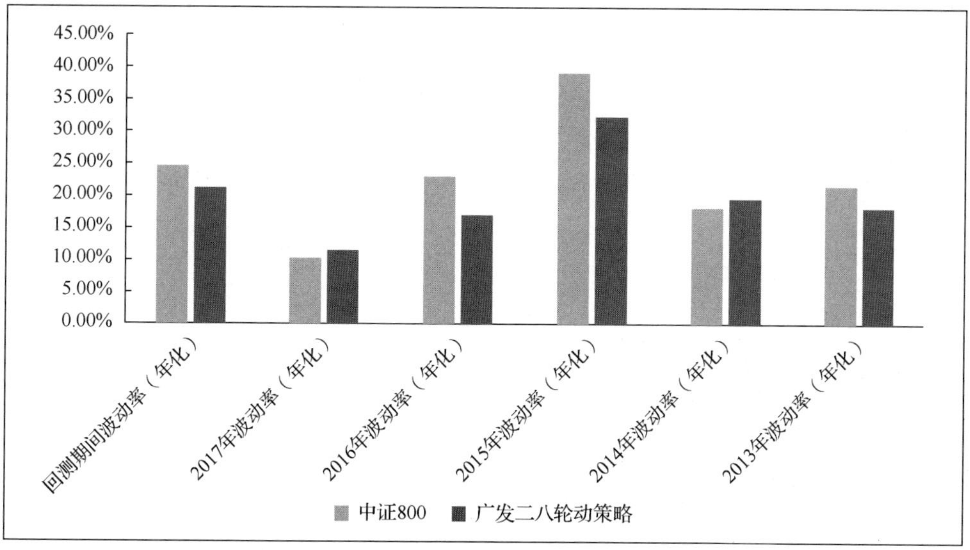

图 9.4　广发二八轮动组合与中证 800 指数波动率比较

9.1.5　二八轮动策略是否有优化空间

事实上，市场上早有大量的应用二八轮动的策略的产品推出，选用的都是沪深 300 和中证 500 作为大小盘标的。但这是否就是最佳方案呢？

沪深 300 指数成分平均市值为 1200 亿元，属于大市值范畴，中证 500 指数成份股平均市值为 165 亿元，符合小市值范畴。中证 100 指数由沪深 300 指数成份股中规模最大的 100 只股票组成，综合反映中国 A 股市场中最具市场影响力的一批超大市值公司的股票价格表现，被称为“中国核心蓝筹”，成份股平均市值是 2555 亿元，为沪深 300 指数的两倍有余，更具大盘代表性。而创业板指在 2019 年本轮中小盘行情复苏以来，表现亮眼，截至 2019 年 3 月 21 日涨幅达到 36.25%，超过中证 500 指数 34.10%涨幅，是“中小盘风向标”，更具有中小盘行情代表性。

看在常规二八轮动策略的基础上（每日收盘后比较中证 500 和沪深 300 指数的 20 日涨跌幅：如果都下跌，则转入货币基金；如果中证 500 大于沪深 300，则转入中证 500；如果中证 500 小于沪深 300，则转入沪深 300），我们考虑改进版的二八轮动策略，用中证 100 代表大盘蓝筹风格，用创业板指代表小盘成长风格，如图 9.5 所示。

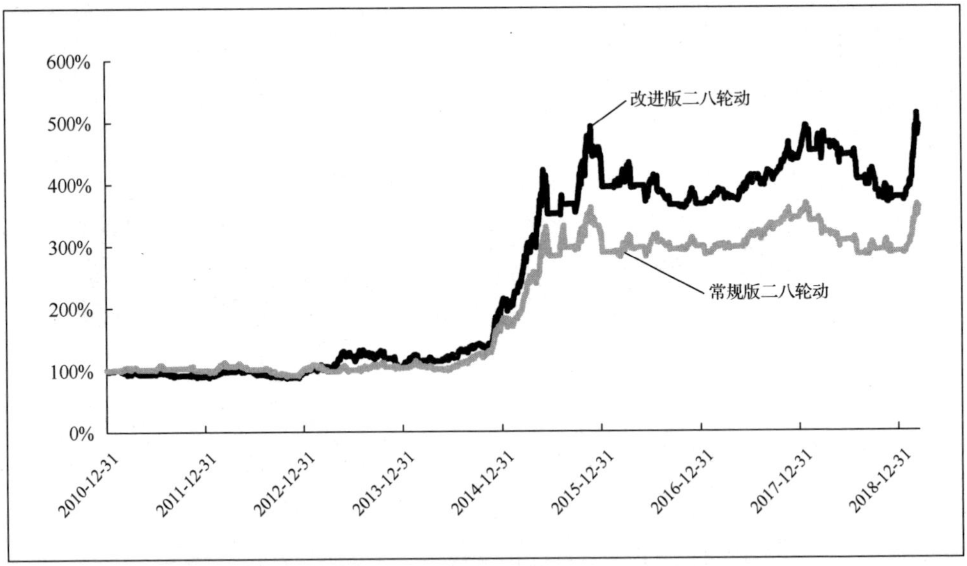

图 9.5　两种二八轮动策略业绩回测（2010.12.31—2019.03.21）

通过对比 2011 年以来的两种二八轮动策略收益率我们可以发现，在 2011—2019 年改进版的二八轮动策略的累计收益率比常规版二八轮动策略更高，改进版本的二八轮动策略年化收益率达 21.12%，常规版二八轮动策略只有 15.37%，年化超额收益率达 5.75%，如表 9.5 所示。

表 9.5　两种二八轮动策略收益率比较

	改进版二八轮动	常规版二八轮动
2011	-9.78%	-0.22%
2012	7.27%	2.30%
2013	8.82%	0.83%
2014	94.84%	71.02%
2015	106.73%	74.79%
2016	-9.81%	2.05%
2017	20.66%	15.37%
2018	-16.13%	-17.16%
2019	30.67%	24.91%
总收益率	392.47%	261.44%
年化收益率	21.12%	16.70%
年化波动率	22.59%	18.12%
最大回撤	-26.70%	-22.83%

数据来源：Wind，统计时间：2010.12.31—2019.03。

在统计的 9 年中，改进版策略有 7 年跑赢常规版策略，胜率高达 77.78%，2014 年和 2015 年连续两年大幅跑赢常规版策略，收益率分别为 23.82%、31.94%，优势明显。从年化波动率看改进版策略高于常规版，更具有高弹性、高波动、高成长，这也印证了我们前面所说的创业板指更具小盘代表性，而中证 100 也比沪深 300 更具备大盘代表性的说法。

你还在用沪深 300 和中证 500 做二八轮动策略吗？数据显示随着指数日新月异的更迭，一成不变的二八轮动已经过时了，中证 100 与创业板指的搭配，会是更佳的选择！

9.1.6　对二八轮动策略的整体评价

1. 轮动策略整体有效，但不能对其抱有过高期望

实证数据表明二八轮动在 A 股近几年整体是有效的，能够取得比业绩基准更高的风险调整收益率，但超额收益率并没有非常显著。目前网络上一些二八轮动策略以指数为标的，没有考虑交易费率以及指数产品本身的跟踪误差，测算出来的收益高达数十倍，实际上有一定的误导性。

2. 轮动策略在波动大、趋势强的市场更有效

二八轮动策略在震荡市中的表现不如业绩基准，这也是二八轮动策略的特点：优势体现在大涨或者大跌的市场里，但在震荡市里优势并不明显。投资者需要蛰伏，等待市场单边大涨的时刻到来，才会有比较丰厚的收益。

3. 底层产品交易费率很重要，指数基金 C 类份额是最佳选择

二八轮动策略的平均调仓周期 11 天左右，如果底层资产的申购/赎回费率较高，则会对策略的效果产生非常不利的影响，甚至导致策略失效。因此，选择合适的底层资产对于二八轮动策略是重中之重。

目前广发基金开发的指数基金 C 类份额是最适合轮动的低成本工具，免申购费，持有大于等于 7 天免赎回费，11 天的平均周期刚好跨过最低持有期限，C 类份额是投资者二八轮动策略不可或缺的工具。

4. 二八轮动策略存在优化空间

目前市场的二八轮动策略主要用沪深 300 和中证 500，这两个指数并不能完全反映大盘和小盘，实际操作中，我们可以进一步优化，用中证 100ETF 替代沪深 300ETF，用创业板 ETF 替代中证 500ETF，会发现实际操作效果更佳。

> **老罗有话说：**
>
> 老罗认为，大小盘轮动模型适合单边市场，在单边上涨或者下跌市场比较有效，尤其是在牛市到来时，能够帮助大家抓住大牛市，缺点就是在窄幅震荡市场中不占优势，容易反复“打脸”，导致收益率被不断损耗。

9.2 揭秘行业指数轮动策略

在上一节中老罗为大家揭秘了二八轮动策略（又称大小盘轮动），下面继续为大家介绍另一个常见的策略——行业轮动策略。

通常行业轮动有两种方法，一种按照经济周期来轮动不同行业，一种按照量化技术指标的方法来轮动行业。

9.2.1 何谓行业轮动策略

所谓行业轮动策略，是利用市场趋势获利的一种主动交易策略，其本质是利用不同投资品种强势时间的错位对行业品种进行切换以达到投资收益最大化的目的。通俗点讲就是根据不同行业的区间表现差异性进行轮动配置，力求能够抓住区间内表现较好的行业、剔除表现不佳的行业，在判断市场不佳的时候，降低权益类仓位，提升债券或货币的比例。

9.2.2 行业轮动策略在 A 股真的有效吗

行业轮动在 A 股能不能有效主要看两点：（1）A 股行业轮动的空间大不大，也就是有没有行业轮动策略施展的理论基础；（2）策略提供方的策略是否有效，是否能有效抓住 A 股行业轮动的变化。

我们先来看第一点，A 股投资者都知道，A 股是行业、主题、热点驱动的市场，在同一区间段内行业之间的收益率的差异可能非常大。我们从中证全指一级行业两周的涨跌幅情况来看，可以发现行业之间收益率的差异还是非常大的，也就是说，A 股是一个非常适合运用行业轮动策略的基础市场。

进一步来看，老罗统计 2009 年以来每月收益率最好跟最差的两个中证全指一级行业指数的收益率差异，发现差异普遍集中于 10%～15%这个区间，最高的月度差异甚至超过 40%，如图 9.6 所示。

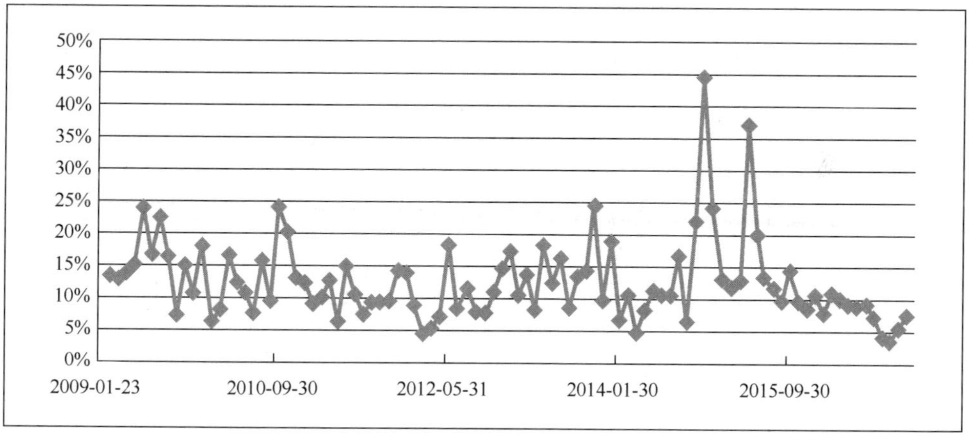

图 9.6　每月收益最高行业与最低行业涨跌幅差异

至于策略是否有效，就见仁见智了，而且任何策略都有一定的适用范围与局限性。我们来假定一个非常理想的情况，假设有一个“理想的行业轮动策略”，每个月都能配置到全指 10 个一级行业中收益最佳的行业，那么这个策略从 2009 年一直使用到 2016 年 11 月，就可以实现近 1400 倍的收益，如图 9.7 所示。但请记住，这是一个最理想的状态，实际上“理想很丰满，现实很骨感”，如果有人告诉你他能够实现这个轮动效果，那么他不是上帝就是骗子。

目前，对于行业轮动大家通常采用的方法主要有以下两种，第一种是通过经济周期研究，以及行业基本面分析，找到当前看好的行业进行投资。第二种就是运用量化模型的方法，运用动量策略、技术分析均线等指标构建行业轮动模型，如图 9.8 所示。

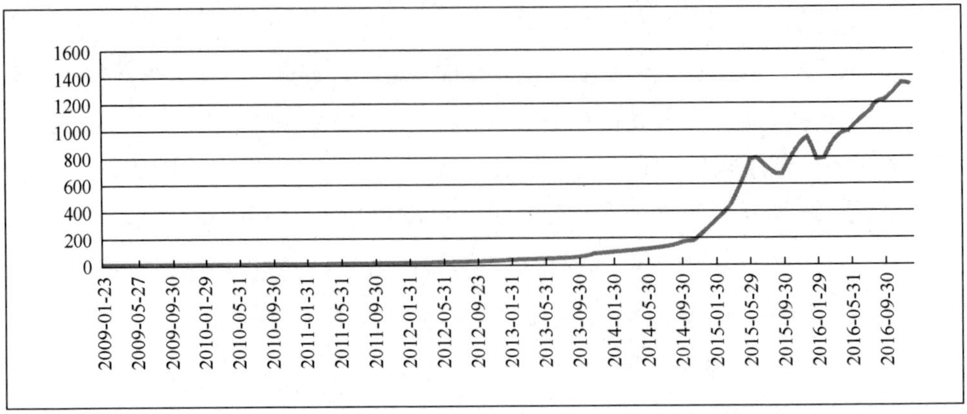

图 9.7　某理想策略——假设每月都能选到表现最好的中证全指一级行业指数

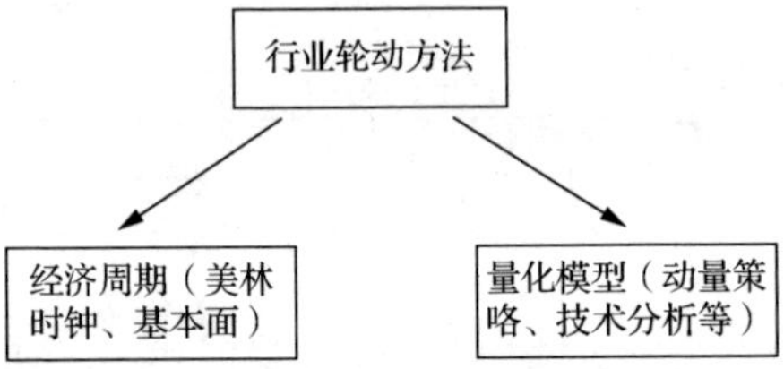

图 9.8　行业轮动的主要两种方法

9.2.3　经济周期的方法

大部分机构投资者在使用行业轮动的方法时围绕行业基本面和经济周期去配置行业。在一个完整的经济周期中，有些是先行行业，有些是跟随行业。例如，对某个地方基础设施的投资，钢铁、水泥、机械属于先导行业，投资完后会带动房地产、消费、文化行业的发展，这些行业就属于跟随行业。研究在一个经济周期中的行业轮动顺序，从而在轮动开始前进行配置，在轮动结束后进行调整，则可以获取超额收益。

另外，行业轮动策略的中心思想是根据宏观经济周期的变化，把握不同经济周期下行业轮动规律，配置表现超越市场平均水平，从而获取超额收益。各基金公司应用的模型不尽相同，主要以美林证券在 2004 年 11 月提出的投资时钟模型为理论依据，具体内容在 10.4 节有详细介绍。

简单说，通常经济周期分为在衰退、复苏、过热、滞胀这几个阶段，各阶段特征非常明显，配置的资产类型也不同。具体请参考 10.4 节的相关介绍。

当然，美林时钟模型在 A 股市场也不能完全套用，需要根据当时市场环境和经济周期进行综合判断。

9.2.4　量化模型的方法

量化模型的方法有很多，大部分用的是动量模型的方法，也就是“追趋势”。

这里老罗举两个行业轮动的例子，帮助大家了解这种类型的投资策略。

1. 雪球蛋卷斗牛八仙过海策略

雪球蛋卷斗牛八仙过海策略判断逻辑为以上证 50 指数 K 线与修正后的 40 日均线（MA40）走势关系作为判断基础，来发出信号。

买入信号：若某交易日（T 日）上证 50 指数 K 线上穿修正的 MA40 均线，如果在 T+1 个交易日依旧站稳，且交易日 K 线不被 T 日 K 线包含，则于 T+2 日收盘后选择买入进场；

卖出信号：若某交易日（T 日）上证 50 指数 K 线下穿修正的 MA40 均线，如果在 T+1 个交易日依旧位于 MA40 均线之下，且交易日 K 线不被 T 日 K 线包含，则于 T+2 日收盘后选择卖出离场。

该策略在出现买入信号时，卖出企债指数，买入资产池中近 10 个交易日涨幅较大的 3 个主题指数；在出现卖出信号时，卖出当前持有的所有标的，改为持有企债指数。

策略资产池由地产等权指数、沪深 300 高贝塔指数、中证银行指数、大宗商品指数、中证白酒指数、中证煤炭指数、生物医药指数、证券公司指数组成。

这个策略是追趋势的策略，也是适合单边市场的策略，历史回溯业绩不错。缺点是底层资产都是分级基金，费率会高一些，另外底层资产中缺少成长性的行业。

2. 广发量化行业轮动策略

广发量化行业轮动策略是基于量化的方法，开发出围绕广发旗下指数基金的行业轮动策略，下面简单介绍一下。

策略原理：广发基金指数周报行业轮动策略以“动量效应”为基本原理，

策略开发者认为虽然影响行业轮动的因素众多，但行业的上涨最终是通过行业内上市公司的价格以及成交量来表现的。因此，基于“量与价”这两个客观变量的策略是相对稳定的。采用轮动的方式，根据近期走势和交易量等因子优选强势行业指数。如果市场整体走势疲软，则增持买入固定收益类资产进行避险。

策略操作：该策略以广发基金旗下的 10 个行业（主题）指数基金对应的标的指数、债券指数为回测基础，实际组合构建可基于广发的 10 个行业（主题）指数基金场外 C 份额，如表 9.6 所示。调仓周期为 1 周，每周五用模型对该 10 个行业（主题）指数量、价走势进行判断，从中选出满足条件的两个最优行业指数基金，并按照模型计算的比例进行配置；若模型判断市场处于弱势格局，则相应调减权益类基金的仓位，增加低风险的债券与货币基金的仓位。也就是说，该策略不但带有行业优选的机制，还带有择时的功能。

表 9.6 广发基金行业轮动策略拟对应的底层资产

备选基金产品	
002973 广发中证全指能源 ETF 联接 C	002979 广发中证全指金融地产 ETF 联接 C
002974 广发中证全指信息技术 ETF 联接 C	002982 广发中证养老产业 C
002975 广发中证全指原材料 ETF 联接 C	002984 广发中证环保产业 C
002976 广发中证全指主要消费 ETF 联接 C	003017 广发中证军工 ETF 联接
002977 广发中证全指可选消费 ETF 联接 C	000509 广发钱袋子货币基金
002978 广发中证全指医药卫生 ETF 联接 C	270048 广发纯债基金

策略历史表现：策略以 2008 年 12 月末为基日，截至 2016 年 12 月末，行业轮动策略累计收益率达到 475%，年化收益率为 24.06%，同期中证全指（基准）累计收益率与年化收益率分别为 160%、12.52%，策略收益率大幅领先中证全指。策略在相较基准收益率提升的同时，波动率显著降低，风险调整的收益率——年化夏普比率达到 107.87%，大幅优于基准，如表 9.7 所示。

表 9.7 行业轮动策略与中证全指历史收益率指标比较

统计项目	行业轮动策略	基准（中证全指）
累计收益率	475%	160%
年化收益率	24.06%	12.52%
年化波动率	20.98%	26.75%
年化夏普比率	107.87%	51.71%

数据来源：广发基金，2008 年 12 月 31 日至 2016 年 12 月 31 日。

行业轮动策略的超额收益主要来源于 2013 年之后，特别是 2014 年、2015 年的牛市是行业轮动策略超额收益率最显著的时候，也就是在趋势比较明显的市场，行业轮动策略更加有效，如果是在震荡市，则效果有可能减弱。

这个策略优点是在提高组合收益率的同时，降低了波动率，底层资产费率低且大部分指数基金是 C 份额，适合做行业轮动。缺点是调仓频率为一周，调仓频率有点短，如果将调仓频率延长到两周，累计收益率会下降到 306%。

对行业轮动策略的整体评价如下。

（1）轮动策略整体有效，但不能对其抱有过高期望。回测数据表明行业轮动策略在 A 股近几年整体是有效的，能够取得比业绩基准更好的风险调整收益率，但超额收益率并没有非常显著，而且考虑成本后收益率将进一步降低。对任何宣传历史收益率高达几十倍的行业轮动策略，投资者都应该保持警惕。

（2）产品费率很重要，指数基金 C 类份额是行业轮动最佳选择。行业轮动策略整体调仓频率较为频繁，而对于底层的基金，如果交易费率过高，则会损耗非常大比例的收益。目前广发基金发行的指数基金 C 类份额是最适合轮动的低成本工具，其免申购费，持有大于或等于 7 天免赎回费也能节省不少成本。因此，指数基金 C 类份额是投资者进行行业轮动不可或缺的工具。

（3）行业轮动组合目前主要以量化行业轮动为主。市场的行业轮动模型主要是参照动量指标，在行业上涨能够维持较长时间的情况下会更加有效。

老罗有话说：

要选择行业轮动模型，最好看看底层资产的构成及模型历史的回溯数据，了解模型在什么环境下有效，目前大部分行业轮动模型基本以动量策略为主。因此，如果市场热点轮动频率过快，则该策略容易失效，而在行业持续性较长的市场环境中，行业轮动模型策略的效果会比较好。在选择量化模型策略时需要投资者先了解策略适合的环境，基于对市场环境的判断，选择适合的量化策略。

9.3　金字塔法买入/卖出策略

金字塔投资法最早是由被称为史上最成功的投机客——利文摩尔最早提出

的。作为投机高手，利文摩尔也从来不会奢望在最低点买入，在最高点卖出。"如果你每次都能吃到中间这段最肥的利润，那么几年下来你就是市场大鳄了。"

金字塔操作法基于一个投机常识：没人能够 100%地预测市场的趋势。好在即使无法预测，我们也可以通过某些投机纪律来绕开这个问题，这个纪律就是金字塔投资法。

9.3.1 金字塔投资法简介

金字塔投资法是一种实用简单的加减仓方法，简单总结它的操作方法就是：正金字塔买进，倒金字塔卖出。

对于资金实力比较雄厚的投资者来说，如果判断本次调整是牛市中的结构性调整，则可采取此法。

金字塔买入法：正金字塔形，在投资时应在低价位时买进较大数量，下跌幅度越大，投入金额越多；在价位上升时，买进数量逐渐减少，从而降低投资风险，也为后面市场反弹时提供更多的获利空间。

倒金字塔卖出法：与正金字塔形相反，随着价位的上升，卖出数量逐渐增多，以赚取更多的差价收益，如图 9.9 所示。

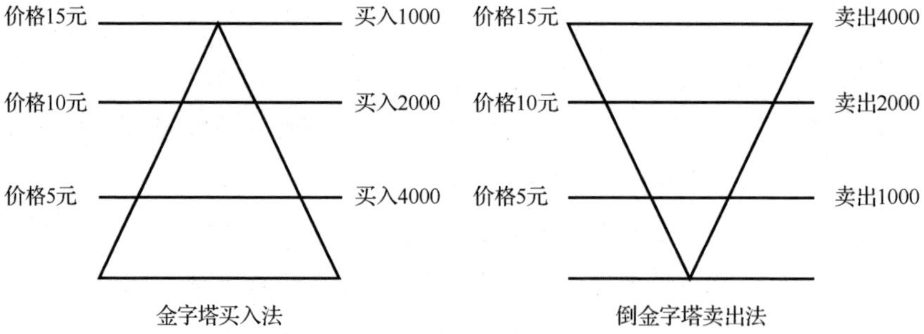

图 9.9 金字塔投资法示意图

这里老罗给大家介绍如何运用金字塔投资法分批买卖，按照这个方法，在下跌过程中也有赚钱机会。这个策略的特点是适合熊市，让你在弱市里面也能赚钱。

以沪深 300 指数为例，选取 2011 年 1 月 4 日到 2014 年 12 月 26 日的交易情况进行模拟，我们把资金分成 4 份，分别是 10%、20%、30%和 40%，逐层递进，形成一个金字塔。采取正金塔分 4 次买进、倒金字塔分 4 次卖出的策略。

投资策略 1：跌幅 10%加仓、涨幅 10%减仓

将“指数涨跌发生 10%的变化”作为买卖的信号，即在加仓时，与上一次加仓相比，若指数下跌了 10%及以上，就进行下一次的加仓；在减仓时，与上一次加仓相比，若指数上涨了 10%，就进行下一次减仓，如图 9.10 所示。

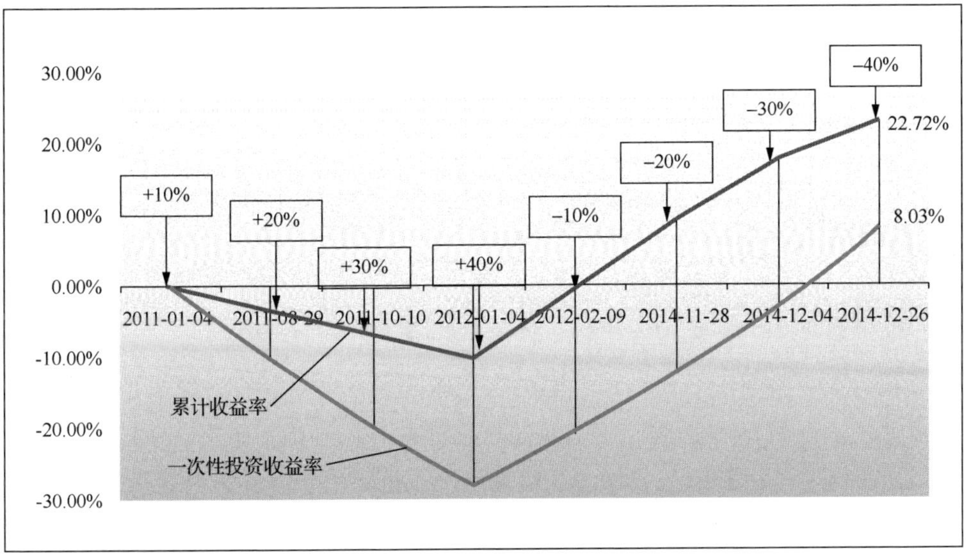

图 9.10　金字塔投资策略 1 业绩比较（2011.1.4—2014.12.26）

采取 10%作为加建仓信号的金字塔投资方法在 2011—2014 年的弱市中，累计收益率为 22.72%，远远高于一次性投资的 8.03%的收益率，可以看出最简单的金字塔操作法就可以获得超过市场表现的收益率。

采用 10%的加减仓幅度，主要是 2011 年 1 月 4 日开始建仓，当时的 PE 值为 15.80，历史分位为 30.7%，当市场处于震荡状态时，把要加仓的跌幅设为-10%左右是适中的。

如果加仓跌幅设置过大，则会导致迟迟无法加仓，若设置过小，则又会使总体成本升高，降低获利空间。经历四轮加仓下来，市场基本摸底，触底反弹的上升空间巨大，这时候如果将要减仓的涨幅也设为+10%，会显得相对保守，将导致早早清仓离场，错过“大牛”。

小贴士：

投资者需根据当前指数的点位水平调整加仓操作。在一般情况下，投资者可在 5%～20%范围内，调整触发下一批加仓的下跌幅度，具体可分为以下三种。

（1）指数点位较高，通常是牛市高点的情况：每下跌 15%～20%，买入下一批指数基金；

（2）指数点位居中，通常是震荡市场，但是估值偏高的情况：每下跌 8%～15%，买入下一批；

（3）指数点位较低：通常是弱市，估值已经比较低的情况：每下跌 5%～8%，买入下一批

投资策略 2：跌幅 10%加仓、涨幅 15%减仓

我们不难发现一个问题，上面的这种做法虽然简单易行，只需把加减仓的信号都统一设为±10%即可，但这种做法往往会导致“止于小牛，错过大牛”的结果。2014 年 12 月 26 日，沪深 300 指数 PE 值为 12.45，历史分位值为 34.4%，估值处于中低位置，这时候选择全部减仓，为时过早。

这里我们继续以沪深 300 指数为例，加仓跌幅设为-10%，减仓涨幅设为 15%。具体的加减仓操作同上。

调整减仓涨幅至 15%后，可以看到整个投资周期延长了 4 个月，但带来了 44.63%的收益率，是策略 1（减仓涨幅 10%）收益的整整两倍，如图 9.11 所示。

也就是说，如果对市场上升后劲有足够的信心，可以再增大减仓涨幅，延后减仓时间点。

投资策略 3：跌幅 10%加仓、涨幅 20%减仓

我们都知道 2014 年 6 月到 2015 年 6 月是一个大牛市，理论上越接近 2015 年 6 月减仓，收益就会越丰厚。

我们还以沪深 300 指数为例，加仓跌幅保持为-10%不变，减仓涨幅设为 20%。具体的加减仓操作同上。

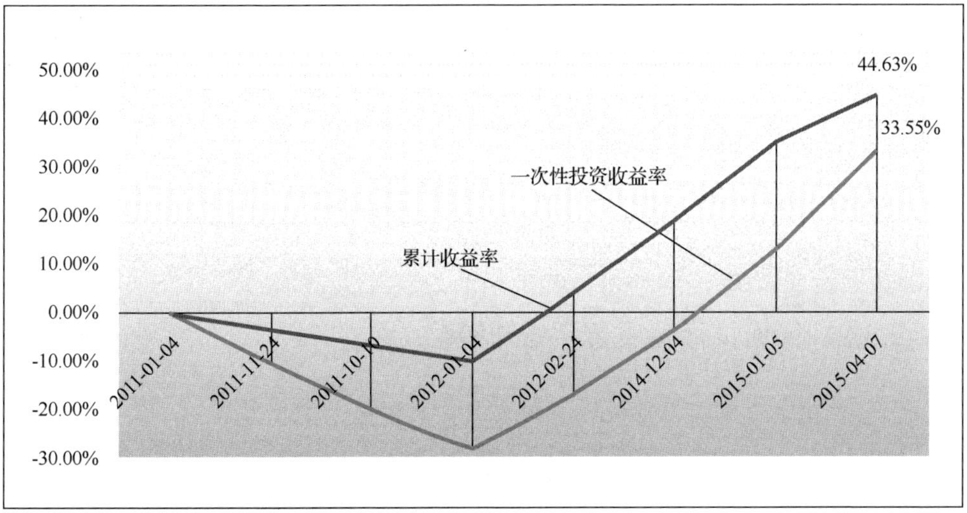

图 9.11　金字塔投资策略 2 业绩比较（2011.1.4—2015.4.7）

本轮金字塔操作法所获得的累计收益率为 63.25%，投资周期比减仓涨幅设置为 15%的金字塔投资法延长了 45 天，收益率增加了 18.62%；比减仓涨幅设置为 10%的金字塔投资法延长了 5 个月时间，收益率增加了 40.53%，是它的 3 倍，如图 9.12 所示。另外也跑赢同期一次性投资收益率 8.03%，如表 9.8 所示。

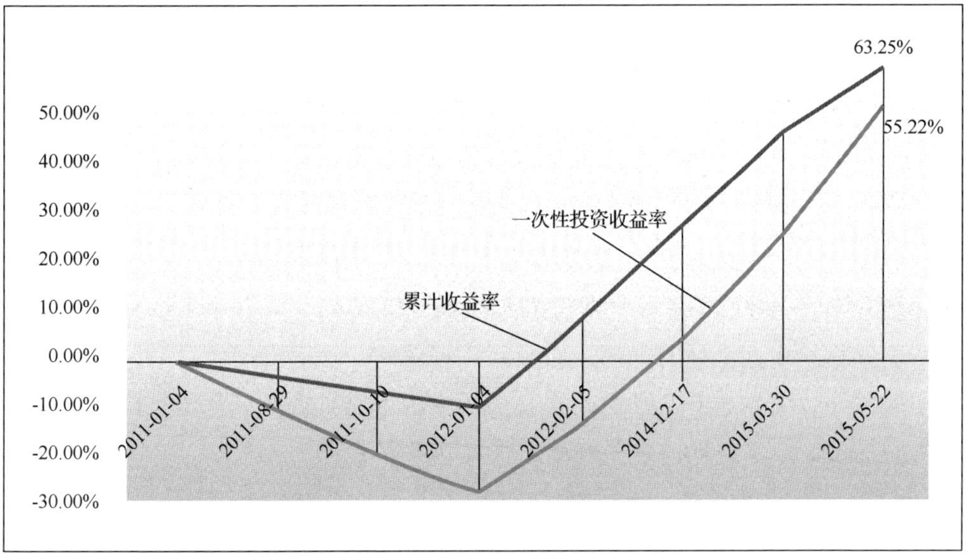

图 9.12　金字塔投资策略 3 业绩比较（2011.1.4—2015.5.22）

表 9.8　不同加减仓设置操作对比

日期	加仓跌幅（%）	减仓涨幅（%）	累计收益率（%）	一次性投资收益率（%）
2011/1/4—2014/12/26	10%	10%	22.72%	8.03%
2011/1/4—2015/04/07	10%	15%	44.63%	33.55%
2011/1/4—2015/5/22	10%	20%	63.25%	55.22%

注：例子中设计的数字不一定是最优选择，需要投资者根据自身的实际情况进行调整。

9.3.2　如何灵活运用金字塔法策略

（1）运用金字塔投资法本身就包含了你对市场未来的看法。

你如果看好未来市场，就会直接满仓操作，正是因为你对未来的市场整体不看好，而又怕市场上涨踏空，所以用 10%的底仓，如果市场上涨，你不至于完全踏空，万一市场下跌，跌得越多，你补得越多，所以你是更希望跌的。

（2）金字塔投资法交易频率更多的和设置的跌幅空间有关系。

假定你设置达到 15%的跌幅时再去补仓，指数要跌 15%的话需要较长的时间。若设置较低的跌幅再去补仓，则交易频率会增加，但是风险也增大了。所以幅度设置越大会越安全，但是也容易错过短线的反弹机会，因为跌幅没达到自己之前设置的位置。

（3）卖点很关键。

卖点的设置，也包含了你对市场未来的看法。如果你认为即将到来的牛市是一个“小牛市”，则可以采取保守策略，调低减仓涨幅，如果你认为即将到来的会是一个“大牛市”，不妨调高建仓涨幅，提升收益空间。

（4）金字塔投资法更多的是一种纪律化的操作。

金字塔投资法不是万能的，它只是一种策略，在弱市比较有效，更多的是要求你按照“越跌越补”的思路去投资，你的逻辑是跌多了肯定有反弹，跌到后面补的资金成本更低，只要有反弹就可以出货，赚取收益。

（5）动态调整加减仓阈值

参透了金字塔投资法的各位，还可以采取更加灵活的用法，比如设置“动态加减仓阈值”，不用遵循固定的阈值，基于你对市场下跌幅度和上升空间的判断，灵活调整加建仓阈值。例如，基于对当前市场情绪的判断，你预计市场下跌幅度或上升空间会较大的时候，就可以把阈值设高。

最后，如果你觉得金字塔投资法不适合你，那就选择适合你的方法，比如分批买入、网格交易策略、指数基金定投等。总之，找到一个适合自己的方法和策略很重要。

9.4 网格交易法策略

如果 A 股市场在某个区间波动，整体都是窄幅震荡，波动空间有限，在这种震荡的市场，无论是左侧交易还是右侧交易都没有多少施展空间，老罗前面推荐过定投方式是一种不错的应对震荡市场的长期投资方式，但是很多投资者把握不住，等不到牛市去定投止盈，那么是否有一种适合震荡市短线投资波段投资的方法呢？本节老罗给大家介绍网格交易法投资策略。

9.4.1 网格交易法

设定价值中枢，利用“档位”的模式对投资标的进行机械式操作，在下跌时，进行分档买入，在上涨时，进行分档卖出。网格法不依赖人为的思考，完全是一种程序行为。该方法像渔网一样，利用行情的波动在网格区间内低买高卖，可以使投资者合理控制仓位，避免追涨杀跌，拥有较强的抗风险能力。

例如国外一个经典的仓位管理系统，某只蓝筹股现价 10 元，本金是 20 万元。则第一次买入 10 万元，另外每下跌 1 元买入 1 万元，每上涨 1 元卖出 1 万元。这就是经典的网格交易，只要股票不退市，就一直有获利的机会，如图 9.13 所示。

网格交易法的具体操作步骤可以分成三步。

第一步：制定网格计划。假设总资金为 10 万元，每格仓位为 1 万元，那么可以建立 10 个格子的网格系统；10 元开始建仓，每个格子 10%的密度，那么可以覆盖从 10 元到 3.87 元的价格空间。

第二步：买入股票。按照网格交易法操作，从起始价位开始，价格每下跌一格，就买入相应的资金量。但因为 A 股有整数买的限制，所以该价格只能买到整数的数量，使用大部分的资金。以表格为例，从 10 元开始，买入 1000 股，当股票价格从 10 元跌到 9 元时，买入 1100 股，当从 9 元跌到 8.1 元时，买入 1200 股，依此类推。

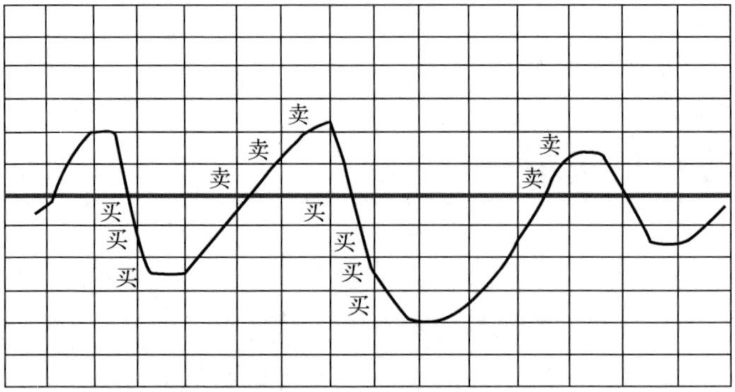

图 9.13 网格交易图

第三步：卖出股票。从买入价位开始，价格上升一格，就卖掉买入的仓位。以表 9.9 为例，以 8.1 元买入 1200 股，当价格回升到 9 元时，就卖掉 1200 股。以 9 元买入 1100 股，当价格回升到 10 元时，就卖掉 1100 股，依此类推。

表 9.9 网格交易法具体操作情况

网格序号	股票价格（元）	每档涨跌幅	网格资金（元）	该价格买入股数	买入资金（元）	该价卖出股数	总资金（元）
0	11					1000	11,000
1	10	10%	10,000	1000	10,000	1100	11,000
2	9	10%	10,000	1100	9900	1200	10,800
3	8.1	10%	10,000	1200	9720	1300	10,530
4	7.29	10%	10,000	1300	9477	1500	10,935
5	6.65	10%	10,000	1500	9975	1600	10,640
6	5.9	10%	10,000	1600	9440	1800	10,620
7	5.31	10%	10,000	1800	9558	2000	10,620
8	4.78	10%	10,000	2000	9560	2300	10,994
9	4.2	10%	10,000	2300	9660	2500	10,500
10	3.87	10%	10,000	2500	9675		
合计					96,965		107,639
总体收益率	11.01%						

以上就是基本的网格交易法，定好起始价位，定好网格密度，定好每格资金量，然后开始执行就可以了。我们根据上面的模拟数据，来计算一下收益率。表格中模拟准备 10 万元资金，价格从 10 元下跌到 3.87 元，然后从 3.87 元回升到 10 元的操作过程。总计买入 96,965 元，卖出后总计收回为 107,639 元，总体收益率为 11%，远高于你在 11 元满仓持有最后只有 0%的收益率。实际情况不会这么完美，直接跌下来，直接涨回去。

9.4.2　网格交易法存在的问题

（1）跌破最低价，会出现亏损。这个方法在底部震荡区域使用的效果最好，安全度更高。市场都是不可预测的，往往会出现令人意想不到的情况，如果不幸真的跌破最低价，那就只能死扛了。这里老罗建议大家，如果还有闲钱，则可以抽调过来继续定投，等反弹后将定投那部分收益卖出，继续进行网格操作。

（2）突破最高价后仓位空仓，若开始牛市行情则收益不高。为了应对这种情况，我们只能在低位多买点，长期持有着。留有底仓不卖出，即将表 9.9 中 10 万元里面的 3 万元留作底仓，其余钱做网格交易。除非在市场牛市来临后，涨幅疯狂到你觉得收益高得离谱的时候，就可以卖出，用小额资金定投的方法重新积累原始资金作为底仓。

（3）资金使用效率不高。若市场不进入你设置的档位，那么一年下来资金的利用率可能只有 20%～30%。对于这个问题，你可以通过用闲置资金购买国债逆回购、场内货币 ETF 等来提高闲置资金收益率；网格交易法本来就是逐步买入、分散风险的操作方式。如果你想提高资金利用率，就得单笔大额买入，但是那样做的话，当价格下跌时你将没有资金进行操作。所以如果采用网格交易操作简单的方式，就要接受它的这个缺点。

（4）不适合上班族。上班族没那么多时间做如此频繁的交易，否则工作做不好，“饭碗”就丢了，得不偿失。上班族就安心选择定投或者分批买入的策略吧。

9.4.3　如何选择网格交易品种及策略

（1）判断近期市场是震荡市场。由于网格交易法主要适合的市场环境就是震荡市场，单边上涨容易网格卖光，单边下跌容易网格击穿，所以，使用网格交易法的一个前提是判断“目前是个箱体震荡的市场”，这样策略才会非常有效。

（2）选择 ETF 品种好于选择股票。因为个股容易出现“黑天鹅”的风险，大部分个股都是不适合做网格的。个股的随机性十分强，行业周期爆发、政策利好、公司业绩增长等都是难以预测的数据，尤其近年来存在上市公司业绩造假现象频出，建议大家选择 ETF，因为 ETF 是指数基金，分散了个股“黑天鹅”的风险。

（3）选择有低估值为底部的品种。选择低估值有安全边际的产品，是为了防止投资标的的品种不断下跌，将网格跌穿，无资金补仓的风险。关于如何判断是相对底部，投资者可以通过 ETF 跟踪标的指数的绝对估值水平及历史估值分位数等，来判断目前的估值在历史水平中是不是处于相对低位。

（4）波动率过低的品种不适合网格交易。网格交易的收益率取决于品种的波动率。大家直接看一张图就明白了，如图 9.14 所示。波动越强，触及买入/卖出线的可能性就越大，卖出次数越多，兑现出的利润就越多。

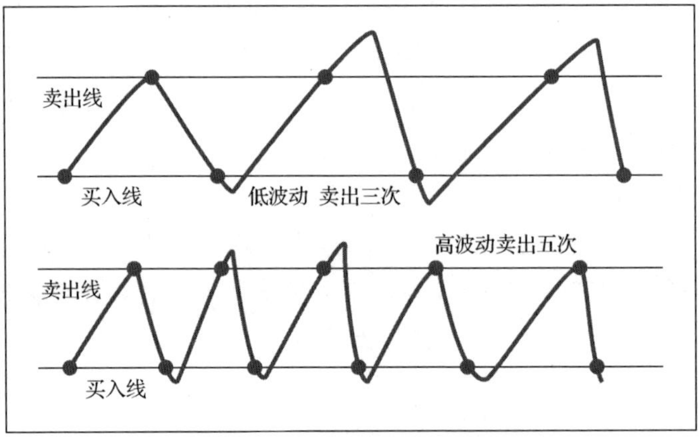

图 9.14　网格交易适合波动次数频繁品种

（5）选择策略底仓+网格。这样的好处是防止出现踏空的风险，因为有底仓，所以即使对市场环境判断错误，也有底仓能够享受牛市的收益，若市场判断正确，是震荡市场，则剩下用来做网格交易的钱能够降低成本，帮助你更加长期地持有。持有底仓的规模也与你对当前市场判断有关，当前点位离市场大底越近，你的底仓规模也越大，反之，当前市场点位离市场大底越远，你的底仓规模越小。

案例：我们以广发中证传媒 ETF（基金代码 512980）为例，具体分析网格投资法的操作和收益情况。广发中证传媒 ETF 主要投资于标的指数（即中证传媒指数）的成份股、备选成份股，为股票型基金，风险与收益高于混合型基金、债券型基金与货币市场基金。传媒 ETF 采用完全复制法跟踪标的指数的表现，具有与标的指数、以及标的指数所代表的股票市场相似的风险收益特征。

我们先来回顾一下中证传媒指数的近期表现。

中证传媒指数由中证指数公司于 2014 年 4 月发布，基期为 2010 年 12 月 31 日。该指数聚焦传媒行业，从可选消费、金融、信息技术等行业中选取不超过 50 只与传媒相关的公司股票，构成中证传媒指数样本股。截至 2019 年 5 月 7 日，中证传媒指数总市值为 11,133.95 亿元，个股平均市值 222.68 亿元

首先，从估值情况来看，截至 2019 年 5 月 7 日中证传媒指数市盈率 PE（TTM）为 57.36，市净率 PB（LF）为 2.66。市净率所处历史分位比例为 7.50%，位于历史市净率的较低水平。市盈率处在一个较高的历史分位，这主要是因为今年很多传媒行业上市公司计提商誉，预计以后年度估值会回归到一个较低的区间，因此中证传媒指数仍然具备长期投资价值，如表 9.10 所示。

表 9.10　中证传媒指数估值

指标	PE（TTM）	PB(LF)
当前值	57.36	2.66
历史分位	82.10%	7.50%
最大值	121.61	10.43
四分之三分位	51.49	5.16
平均值	45.85	4.59
中位数	45.68	4.52
四分之一分位	33.46	3.51
最小值	20.15	2.29

数据来源：Wind，2010.12.31—2019.5.7。

此外，中证传媒指数年化波动率为 31.15%，累计收益率达 25.42%，远高于同期沪深 300 以及中证全指等宽基指数的表现，因此具有高波动、高收益的特征，适合采用网格投资法，如表 9.11 所示。

表 9.11　中证传媒指数与市场主要指数比较

	中证传媒	沪深 300	中证全指(SH)
累计收益率	25.42%	18.94%	14.33%
年化收益率	2.86%	2.18%	1.68%
年化波动率	31.15%	23.37%	24.23%
夏普比	0.04	0.03	0.01

数据来源：Wind、广发基金指数投资部，统计区间：2010.12.31—2019.5.7（此处无风险收益率为 1.5%）。

下面，我们来看一看传媒 ETF 网格投资法的具体操作。

制定网格计划。我们假设总资金为 10 万元，起始买入 50%底仓，即买入 5 万元底仓，并设置每档涨跌幅为 3%，即每涨 3%卖出 1 万份额，每下跌 3%加仓买入 1 万元（此处设置 3%涨跌幅并非固定，可以根据实际情况自行选择），如图 9.15 所示。

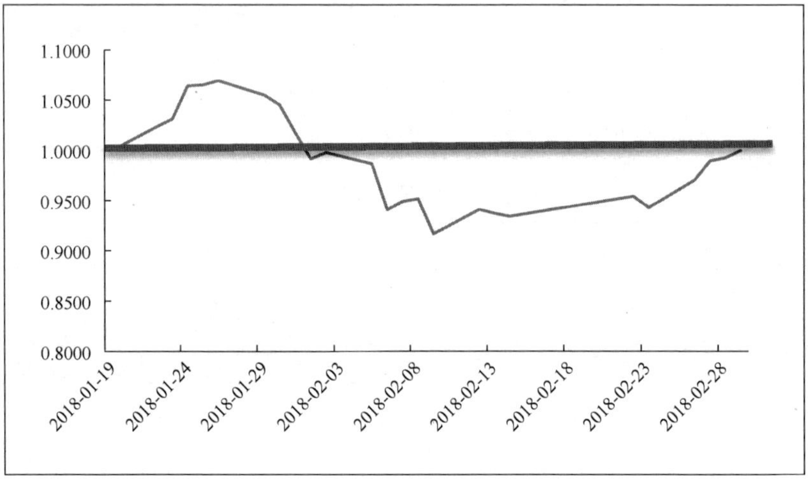

图 9.15　传媒 ETF 区间走势（2018.1.19—2018.3.1）

按照这个方法，我们选取从传媒上市日期 2018 年 1 月 19 日至 2018 年 3 月 1 日这个区间，共交易 9 次，传媒 ETF 涨幅为 0%，运用网格投资法的具体操作（如表 9.12 所示），采用网格法最终收益率能够达到 1.40%，高于一次性投资收益率。

需要注意的是，在实际交易过程中，由于 ETF 一手需要以整数 100 份为单位，因此此处我们为了更好地计算，没有对买入份额四舍五入成 100 份为单位，但对整体收益率计算的影响可以忽略。

表9.12 传媒ETF网格交易策略

日期	传媒ETF价格（元）	买入金额（元）	买入份额	卖出份额	卖出金额（元）	总金额（元）
2018-01-19	1.0	50,000	50,000	0	0	100,000
2018-01-23	1.031	0	0	10,000	10,313	101,565
2018-01-24	1.064	0	0	10,000	10,641	102,877
2018-01-31	1.018	10,000	9,825	0	0	101,488
2018-02-05	0.987	10,000	10,134	0	0	100,253
2018-02-08	0.952	10,000	10,506	0	0	98,505
2018-02-09	0.917	10,000	10,906	0	0	96,395
2018-02-23	0.943	0	0	10,906	10,286	98,265
2018-02-26	0.971	0	0	10,506	10,201	99,945
2018-03-01	1.0	0	0	10,134	10,134	101,399
总收益率						1.40%

数据来源：Wind，2018.1.19—2018.3.1。

按照上述网格交易策略，起始买入50%的仓位，每涨3%减少10%仓位，若传媒ETF从建仓开始大涨40%，就会在15.93%最后一档击穿传媒ETF最后一档网格，导致后市有踏空的风险，为了防止这种风险的发生，投资者也可以设置20%～30%的底仓，不到市场疯狂的情况坚决不卖，这样防止卖光网格踏空的风险，影响最终收益率。

总体来看，网格投资法在震荡环境中比较有效，在市场持续下跌的情况下不如空仓投资者，在市场持续上涨的情况下不如满仓投资者。这种投资方法最大的优点是能够帮助投资者降低震荡市场环境中的持仓成本，从而更好地长期持有。

老罗有话说：

网格交易策略只是一种交易策略，只有在区间震荡环境中的效果会比较好，其在市场持续下跌的情况下不如空仓投资者，在市场持续上涨的情况下不如满仓投资者，但是这种策略能帮助你在震荡市降低持仓成本，更好地长期持有。该策略的最关键一点是要坚持纪律操作，按照金额买入、份额卖出的原则进行操作。若你担心踏空，则可以留20%左右的底仓做长期持有资金，用其余资金进行网格交易，除非大趋势改变，比如牛市到达了疯狂的顶部。

9.5 分批买入策略

分批买入法是一种比较保守的投资方式，在对当前市场没有较大把握或没有持续现金流来源的情况下，最好不要一次买入，可以采用分批买入的策略，对于不具备精准择时能力的大多数投资者而言，这是一种很好的选择。我们来讨论一下在 A 股市场上涨、下跌及震荡环境中，分批买入法和满仓买入法的收益情况。

我们以中证 100 指数为例进行测算。假定在满仓策略下，我们的投入金额为 10,000 元，那么根据分批买入的原则，我们第一次买入 3000 元，在下跌 15%时，再买入 3000 元，在下跌 15%时，再买入 4000 元。

9.5.1 上涨市场

我们选取 2014 年 5 月 30 日至 2015 年 5 月 31 日这一区间，在这一段时间范围内，中证 100 指数以上涨为主，涨幅高达 115.82%，由最初的 1997.90 点上涨至 4311.77 点，如图 9.16 所示。那么在这段区间内，采用分批买入策略，最

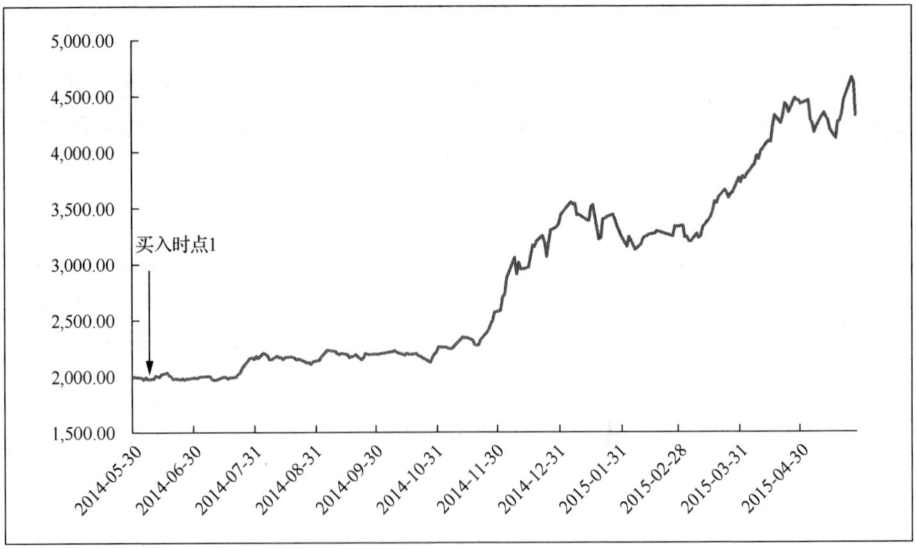

图 9.16 中证 100 走势（2014.5.30—2015.5.31）

初投入金额为 3000 元，由于没有触及 15%的下跌点，因此，仅有 30%的仓位，止盈时，收益金额为 3475 元，总收益率为 34.74%。而采用满仓策略，则在最初投入 10,000 元，止盈时收益金额可以达到 11,582 元，如表 9.13、表 9.14 所示。

表 9.13　具体的买入操作及买入时间点的收益情况

操作	日期	中证 100 指数点位	涨跌幅（相对前一买入时点）	分批买入		满仓买入	
				投资总金额（元）	收益金额（元）	投资总金额（元）	收益金额（元）
买入时点 1,+3000	2014-05-30	1997.90	0.00%	3000	0	10000	0
止盈	2017-12-29	4311.77	115.82%	3000	3475	10000	11582

数据来源：Wind、老罗话指数投资微信公众号，2014.5.30—2015.5.31。

表 9.14　两种策略在上涨市场期末收益率情况比较

区间	2014.5.30—2015.5.31		上涨市场
策略	初始金额（元）	期末金额（元）	收益率
分批买入	3000	3474.46	34.74%
满仓投资	10,000	21,581.54	115.82%

数据来源：Wind，老罗话指数投资微信公众号，2014.5.30—2015.5.31。

9.5.2　下跌市场

我们来看下跌的市场环境的两种投资方法的收益比较。在这里，我们选取了 2018 年 1 月 1 日至 2018 年 12 月 31 日这一区间，中证 100 指数跌幅为 21.94%，从 4081 点下跌到 3186 点，如图 9.17 所示。

首先，我们在 2017 年最后一天买入 30%的仓位，在 2018 年 7 月 4 日，跌幅达到 15.82%，触及第一个下跌点，增加 30%的仓位，此后未触及下跌点，因此分批买入法总投资金额 6000 元，其余 4000 元为现金资产。

由于在这一段时间内，市场环境整体低迷，指数持续下跌，没有上涨趋势，因此，我们在 2018 年年底及时止损。通过数据的对比，我们可以看到，采用分批买入方式投资，在 2018 年 12 月 28 日止损的时候，损失为 8.76%，而如果我们在最初阶段采用一次性投资策略，则损失会达到 21.94%，满仓的损失为分批买入法损失的 2 倍还多。因此在整体处于下跌状态的市场环境中，分批买入法虽然不能够帮助我们扭亏为盈，但是可以在一定程度上分散下跌风险，减少损失的程度，如表 9.15、表 9.16 所示。

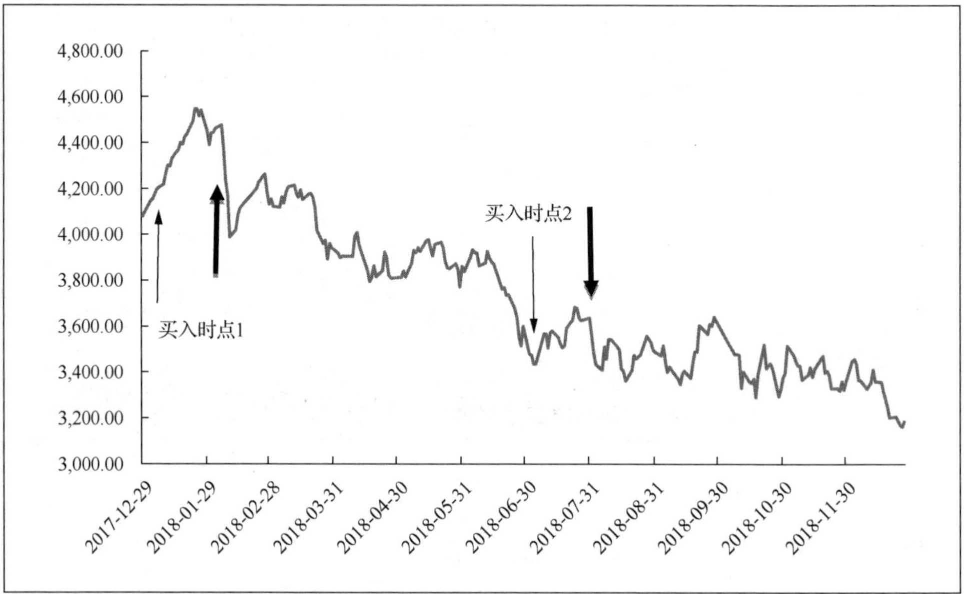

图 9.17　中证 100 走势（2018.1.1—2018.12.31）

表 9.15　具体的买入操作及买入时间点的收益情况

操作	日期	中证 100 指数点位	涨跌幅（相对前一买入时点）	分批买入		满仓买入	
				投资总金额（元）	收益金额（元）	投资总金额（元）	收益金额（元）
买入时点 1，+3000	2017-12-29	4081.25	0.00%	3000	0	10,000	0
买入时点 2，+3000	2018-07-04	3435.60	-15.82%	6000	-475	10,000	-1582
止损	2018-12-28	3185.83	-7.27%	6000	-876	10,000	-2194

数据来源：Wind、老罗话指数投资微信公众号，2018.1.1—2018.12.31。

表 9.16　两种策略在下跌市场期末收益情况比较

区间	2018.1.1—2018.12.31		下跌市场
策略	初始金额（元）	期末金额（元）	收益率
分批买入	10,000	9124	-8.76%
满仓投资	10,000	7806	-21.94%

数据来源：Wind、老罗话指数投资微信公众号，2018.1.1—2018.12.31。

9.5.3　震荡市场

在震荡行情中，分批买入策略的收益情况到底如何呢？

首先，我们先来分析在“上涨-震荡”市场行情下，分批买入与满仓投资的收益率情况。

我们以 2015 年为例，当年中证 100 指数先呈现上涨趋势，但总体上以震荡行情为主，2015 年累计跌幅为 1.52%。采用分批买入策略，我们在 2014 年 12 月 31 日第一次投入 3000 元，至 2015 年 8 月 24 日，累计跌幅达到 15.24%，触及下跌点，加仓 30%，此后未触及下跌点，因此分批买入共投资 6000 元，其余 4000 元为现金资产，如图 9.18 所示。到 2015 年 12 月 31 日，收益率为 4.40%。而采取满仓投资策略，则会亏损 1.52%，如表 9.17 及表 9.18 所示。

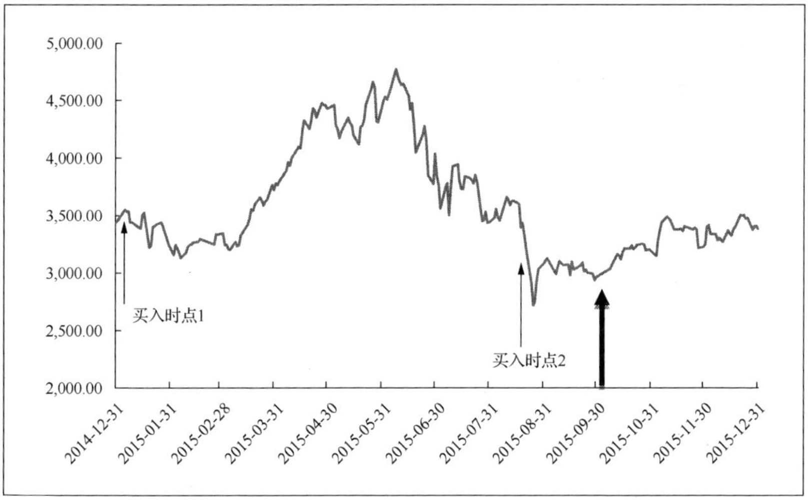

图 9.18　中证 100 走势（2015.1.1—2015.12.31）

表 9.17　具体的买入操作及买入时间点的收益情况

操作	日期	指数点位	涨跌幅（相对前一买入时点）	分批买入		满仓买入	
				投资总金额（元）	收益金额（元）	投资总金额（元）	收益金额（元）
买入时点 1，3000	2014-12-31	3440.60	0.00%	3000	0	10,000	0
买入时点 2，3000	2015-08-24	2916.39	-15.24%	6000	-457	10,000	-1524
止盈	2015-12-31	3388.42	16.19%	6000	440	10,000	-152

数据来源：Wind，老罗话指数投资微信公众号，统计区间：2015.1.1—2015.12.31。

表 9.18 两种策略在“上涨-震荡”市场期末收益率情况比较

区间	2015.1.1—2015.12.31		下跌市场
策略	初始金额（元）	期末金额（元）	收益率
分批买入	10,000	10,440	4.40%
满仓投资	10,000	9848	-1.52%

数据来源：Wind、老罗话指数投资微信公众号，2015.1.1—2015.12.31。

然后，我们再来看一下“下跌-震荡”市场分批买入和满仓投资收益率情况的比较。从走势图中，我们看到，中证 100 在这段区间内先经历了一段快速下跌过程，从 2015 年 12 月 1 日的 3252 点下跌至 2750 点左右，跌幅最大达到 17%，此后，从 2016 年 2 月开始直到 11 月，中证 100 一直在 3000 点附近震荡徘徊，在 2016 年 11 月 15 日，回到 3209 点，区间累计跌幅为 1.32%，如图 9.19 所示。

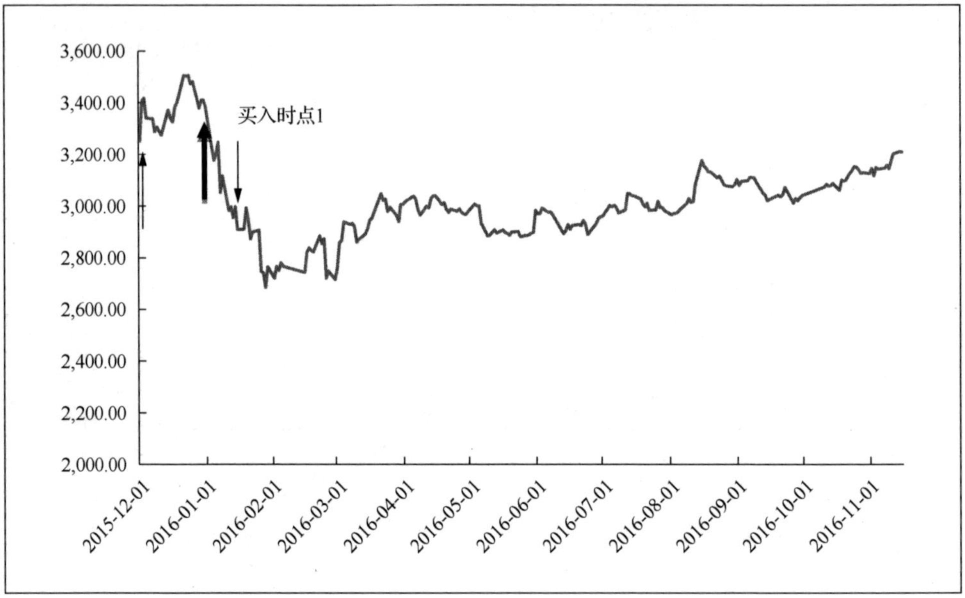

图 9.19 中证 100 走势（2015.12.1—2016.11.30）

如果我们采用满仓投资的策略，那么在 11 月 15 日止盈的时候，累计跌幅为 1.32%，亏损 131.98 元。而如果我们采用分批买入的策略，在 2015 年 12 月 1 日，买入 3000 元，则在 2016 年 1 月 26 日首次触及下跌点的时候加仓 30%，此后未触及下跌点，因此总投入金额为 6000 元，其余 4000 元为现金资产。按照上述操作方法，到止盈时，投资收率益可以到达 9.30%，如表 9.19 所示。

表 9.19　具体的买入操作及买入时间点的收益率情况

操作	日期	指数点位	涨跌幅（相对前一买入时点）	分批买入		满仓买入	
				投资总金额（元）	收益金额（元）	投资总金额（元）	收益金额（元）
买入时点 1，3000	2015-12-01	3252.33	0.00%	3000	0	10,000	0
买入时点 2，3000	2016-01-26	2747.63	-15.52%	6000	-466	10,000	-1053
止盈	2016-11-15	3209.40	16.81%	6000	930	10,000	-132

数据来源：Wind、老罗话指数投资微信公众号，2015.12.1—2016.11.15。

结合前面的下跌市场来看，在先下跌后震荡的行情下，最终止盈的时候指数点位仍位于初始投资点位以下，采用满仓投资仍无法避免出现亏损，但是分批买入法能够帮助我们扭亏为盈，获得收益。因此，我们可以得出结论，分批买入法在震荡市场是有效的。

震荡市场升跌不定，分批买入策略在市场下跌的时候能够进行低成本吸纳，分摊成本，在较低点的时候能够领先满仓买入，获得更高的收益率，如表 9.20 所示。

表 9.20　两种策略在“下跌-震荡”市场期末收益率情况比较

区间	2015.12.1—2016.11.15		下跌市场
策略	初始金额（元）	期末金额（元）	收益率
分批买入	10,000	10,465	4.65%
满仓投资	10,000	9868	-1.32%

数据来源：Wind、老罗话指数投资微信公众号，2015.12.1—2016.11.15。

表 9.21 总结了 2011 年至 2018 年两种投资方式分别买入中证 100 指数的收益率情况。可以看出，在这 8 年中，分批买入策略在下跌市场和震荡市场中的收益率情况都好于满仓投资策略，而在上涨市场环境中，满仓策略收益率更高。

表 9.21　2011 年至 2018 年分批买入策略与满仓买入测算收益率

年度	分批买入中证 100 收益率	满仓买入中证 100 收益率	市场环境
2011	-8.22%	-20.78%	下跌市场
2012	3.23%	10.77%	上涨市场
2013	-2.96%	-13.12%	下跌市场
2014	41.49%	59.64%	上涨市场
2015	4.40%	-1.52%	震荡市场
2016	0.47%	-7.50%	震荡市场
2017	9.06%	30.21%	上涨市场
2018	-9.03%	-21.94%	下跌市场

数据来源：Wind，统计区间：2011.1.1—2018.12.31。

对于不同的市场环境，我们要采取不同的投资策略。虽然满仓买入的方法能够在持续上涨的市场环境下获得最大的收益，但是这种方式就像是一场赌博，风险也较大。大多数投资者可能都不具备精准的判断能力，对选择何时进场、何时止盈可能并不明确，因此，为了更好地化解这种风险，我们可以采取分批买入的策略，分摊成本，谨慎投资。

9.6 定投策略

华尔街流传着一句话："要在市场中准确地踩点入市比在空中接住一把飞刀更难。"如果我们能够克服这种只选择一个时间点进行买进和卖出的缺陷，就能均衡成本，降低高进低出的风险，使自己在投资中立于不败之地。这种投资方法就是定投法。

基金定投，即定期定额投资，是指在固定的时间、以固定的金额自动扣款到指定的开放式基金中，这是一个积少成多的过程，可以更好地分散风险、平摊成本，因此，越是高波动、高成长、较景气的指数基金，在市场上涨过程中越容易获得更好的收益率，也就越适合做定投。

9.6.1 关于定投，你该知道的那些事

基金定投最大的特点在于分批进场，使长期投资简单化，能够抹平基金净值的高峰和低估，还能够大大降低投资失误所带来的风险。

设置定投金额的方式通常有以下三种。

（1）长期投资目标确定法。这种方法的基本思路是首先确定投资期限和目标，然后按照这个目标来确定每期定投的金额。

（2）每月闲钱计算法。正如字面意思，在满足自己的基本生活需求后，用余下的闲钱进行投资。那么每月的闲钱大致该如何估算呢？老罗这里给大家一个参考计算公式：

每月闲钱=(月收入−月支出)/2

（3）存款估计法。一般来说，家庭储蓄要保证 6～12 个月的生活支出，这样才能够有保障应付突发事件。存款估计法就是在留有存款储蓄的基础上，用

剩余资金进行定投，为未来积累财富，从而将闲钱的价值发挥得恰到好处。

如今市面上的指数品种越来越多，令人眼花缭乱，不知道该选择哪一种进行投资。那么，如何选择才有可能会收获更高的收益率呢？我们先看几组测算的数据，如表 9.22 所示。

表 9.22　创业板指与沪深 300 收益及波动比较

	创业板指	沪深 300
累计收益率	−7.33%	2.24%
年化收益率	−7.59%	2.32%
年化波动率	29.04%	23.26%
夏普比率	−0.31	0.04

数据来源：Wind，2018.4.1—2019.4.1。

我们对创业板指数和沪深 300 指数进行比较，在 2018 年 4 月 1 日至 2019 年 4 月 1 日这一段区间内，创业板指数的累计收益率为-7.33%，而沪深 300 指数的累计收益率为 2.24%，也就是说，如果我们采用一次性投资的策略，那么在上述期间内，投资创业板指数是会亏损的，而投资沪深 300 指数虽然不会亏损，但是也只是微利。我们再看两个指数的年化波动率，创业板指数的年化波动率达到 29.04%，而沪深 300 则为 23.26%，因此创业板波动性更高。

如果我们在这段区间内采用定投的策略，收益率会是什么情况呢？我们以每周定投 1000 元为例，在这段区间内，创业板指数的定投收益率达到 18.81%，沪深 300 定投收益率则为 15.79%，创业板指数更胜一筹，如图 9.20 所示。

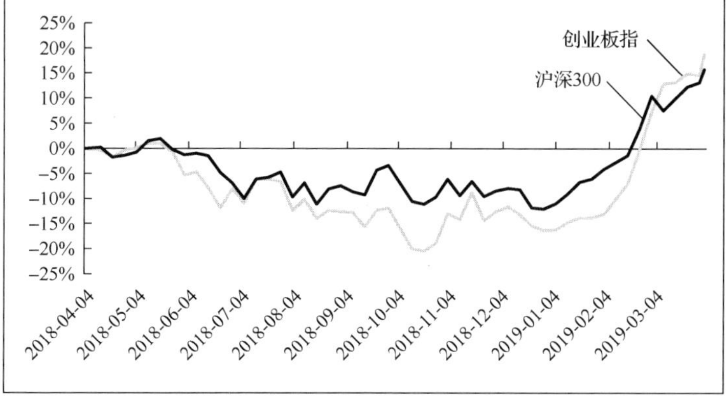

图 9.20　创业板指与沪深 300 指数定投比较（2018.4.1—2019.4.1）

一般而言，波动率越大、市值越小的指数，等到牛市卖出时所获得的定投收益率越高。波动率越高，指数的弹性就越强，而市值越小，则说明指数未来的发展空间越大，也就具有更高的成长价值。因此，在选择定投产品的时候，不妨尝试一些高弹性、高成长性的指数。

1. 定投的微笑曲线

基金定投往往按照“开始-亏损-收益-赎回收获”这样的规律进行，我们把这一过程的收益率连成一条线，这段弧线就是我们通常说的“微笑曲线”。与一次性投资相比，定投之所以会出现这种神秘的微笑曲线，原因就在于“定投”二字，它意味着分散、平摊风险，投资者在市场低迷的时候持续投入，从而获取低成本的筹码、摊薄成本，并在市场回升时获利。

下面，我们以中证 100 指数为例进行测算，来看神秘的定投微笑曲线的出现是怎样的一段过程。从 2006 年起，中证 100 指数收益率共出现了三段完整的微笑曲线，从 2018 年 6 月至 2019 年 4 月，第四段微笑曲线已经初具形态，如表 9.23 及图 9.21 所示。

表 9.23　四段微笑曲线的定投收益率与一次性投资收益率比较

微笑曲线	开始时点	结束时点	定投收益率	一次性投资收益率
1	2008.7.10	2009.7.30	52.93%	21.41%
2	2009.9.4	2015.6.15	78.17%	48.74%
3	2015.7.17	2018.1.30	32.87%	14.33%
4	2018.6.1	2019.4.19	21.76%	12.99%

数据来源：Wind、老罗话指数投资微信公众号，2005.12.30—2019.4.19。

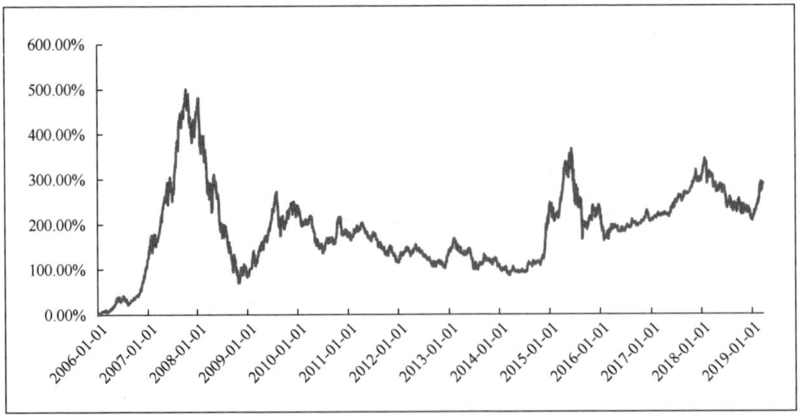

图 9.21　中证 100 指数出现的定投微笑曲线（2006 年 1 月 1 日至 2019 年 4 月 19 日）

我们以每周定投 200 元为例，将定投和一次性投资的收益率进行比较，从数据结果可以明显看出，定投的收益率要明显好于同时期内采取的一次性投资的收益率。我们以 2008 年 7 月 10 日为第一个微笑曲线的起点时间，至 2009 年 7 月 30 日结束，历时 1 年，定投收益率为 52.93%，一次性投资收益率为 21.74%，与定投收益率相比相差 31.19%，如图 9.22 所示。

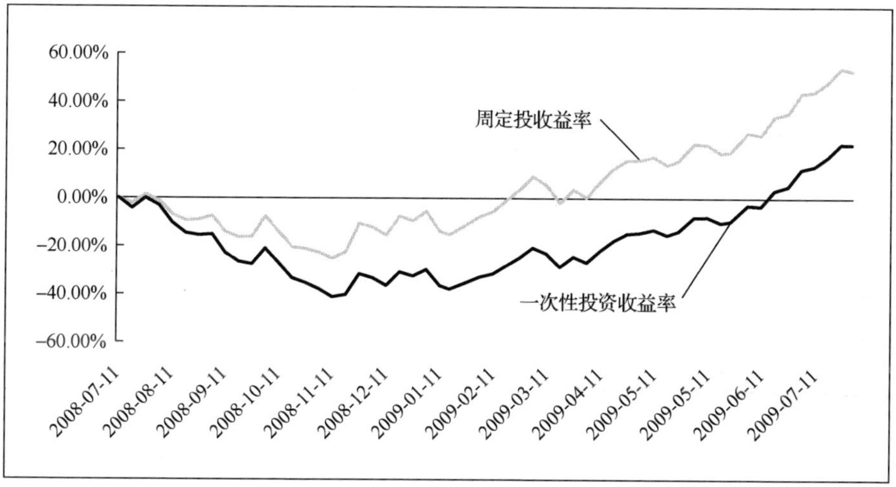

图 9.22　中证 100 定投收益率与一次性投资收益率比较（2008.7.10—2009.7.30）

第二段微笑曲线从 2009 年 9 月 4 日至 2015 年 6 月 15 日，经历了近 6 年的时间，这个微笑曲线的定投收益率为 78.17%，一次性投资的收益率为 48.74%，如图 9.23 所示。

图 9.23　中证 100 定投收益率与一次性投资收益率比较（2009.9.4—2015.6.15）

第三段微笑曲线从 2015 年 7 月 17 日开始，至 2018 年 1 月 30 日结束，时间较短，仅经历半年的时间，但是在这段区间内，定投的收益率为 32.87%，远高于一次性投资收益率 14.33%，如图 9.24 所示。

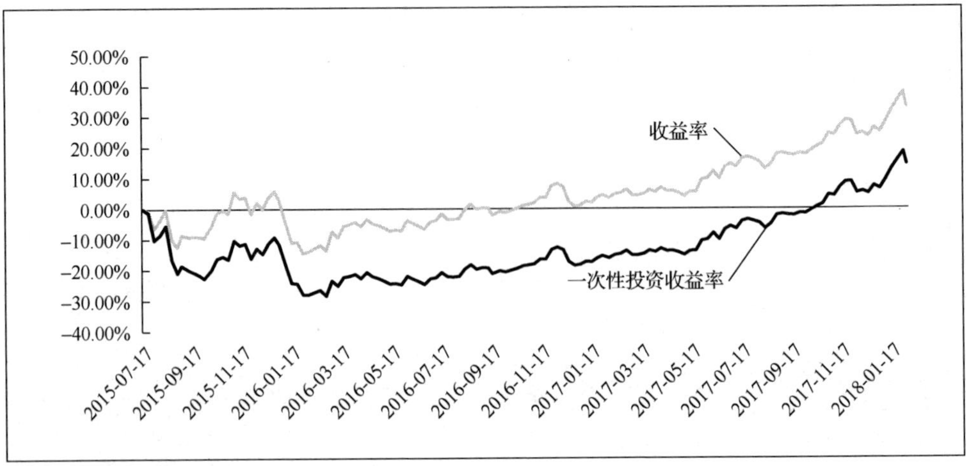

图 9.24 中证 100 定投收益率与一次性投资收益率比较（2015.7.17—2018.1.30）

最后一段微笑曲线从 2018 年 6 月开始，直至 2019 年 4 月 19 日，定投的收益率已经达到了 21.76%，而如果采用一次性投资，其收益率仅有 12.99%，微笑曲线已经形成，如图 9.25 所示。

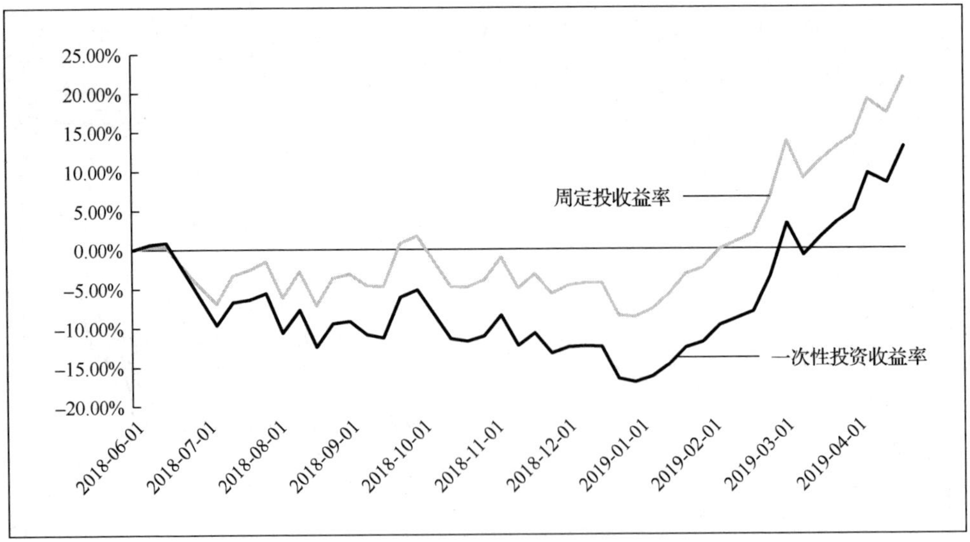

图 9.25 中证 100 定投收益率与一次性投资收益率比较（2018.6.1—2019.4.19）

通过对以上几段定投微笑曲线的分析，我们可以看出，虽然每段微笑曲线出现的时间长度有所不同，最长的一次时间间隔约 6 年，最短的还不到 1 年，同时还伴随着期间经历的大大小小的震荡调整，但是微笑曲线从不缺席，只要耐心等待，微笑曲线一定会如期而至。

蒙娜丽莎的笑容之美来自于她的端庄稳重，而定投微笑曲线之美在于完成这一过程的背后需要耐心坚持。定投的过程需要一颗平常心。在“熊长牛短”的市场行情里，谁都无法预测未来会是怎样的走势，很多时候，我们一遇到下跌就坐立不安，常常想着赶紧退场以避免更大的损失，对亏损的恐惧已远远超过了坚持下去的决心。

但仔细想想，市场的这种不确定性让未来充满了挑战和刺激，也让我们对未来充满了期待和憧憬，虽然这一过程可能很漫长，也可能要备受心理上的考验和折磨，可能会有各种不如意的事情发生，可能许多次想过要放弃，但当我们坚持着度过这段时光，走过所有的沟壑坎坷，战胜一次次的磨难，就终会看到定投迷人的微笑曲线，因为我们知道，微笑曲线虽然有可能会迟到，但它从不缺席，只要坚持，就会有收获。

2. 该选择周定投还是月定投

那么，对于中证 100 指数，投资者该如何设置定投频率？

我们对月定投和周定投的收益率情况进行了比较分析，仍然假定每周定投 200 元，每月定投金额即为 800 元。结果显示，在定投期限为 1 至 3 年的情况下，周定投的收益率高于月定投收益率，而当投资期限长于 5 年时，月定投的收益率会略高于周定投收益率，但两者相差并不明显。对于中证 100 指数来说，在相对较短的投资期间内，选择周定投更好，尤其是在 2 年左右的时间，两者的差值达到了 6.52%，这是因为周定投的频率更高，更加分散，有利于投资者用相同的基金买到更多的基金份额。在较长的投资期间内，月定投的收益率会稍高一些，结合上文中对定投收益率和一次性投资收益率的比较分析，投资时间间隔越长，定投收益率和一次性投资收益率之间的相对差距越小，月定投与周定投的差距不大。

这里需要提醒大家注意的是，由于每个指数所具有的特征都不尽相同，因此，周定投和月定投收益的情况也存在差异，如表 9.24 所示。在通常情况下，周定投的收益情况会好于月定投，但也不能一概而论，具体情况还是要具体分析。

表 9.24 中证 100 指数周定投与月定投收益率比较

定投期限	周定投收益率	月定投收益率	收益率差值
1 年	70.44%	66.05%	4.39%
2 年	181.09%	174.56%	6.52%
3 年	-15.85%	-16.13%	0.28%
5 年	15.91%	16.24%	-0.33%
7 年	0.96%	1.40%	-0.44%
11 年	24.32%	24.71%	-0.40%

数据来源：Wind，统计区间：2005 年 12 月 31 日至 2016 年 12 月 31 日。

9.6.2 ETF 定投的优与劣

ETF，又叫交易型开放式指数基金，更通俗地说，就是既可以向基金管理公司申购/赎回又可以像股票一样在交易所买卖的一种指数基金。前文有介绍过 ETF 指数基金的优点，例如透明度高、能够有效地跟踪指数、费率低廉、仓位高、流动性好等。那么，ETF 指数基金适合定投吗？

首先，从交易费率上来看，ETF 基金的费率较低，且免收印花税，在费用成本上要低于一般的场外指数基金。但是，在通过某些证券账户买卖 ETF 时，有每笔最低的交易费限制，比如某些券商要求，即便是只投资 1000 元，也需要交纳最低 5 元的佣金。这种时候，交易 ETF 基金的费率并不占优势。

其次，从交易便捷程度来看，场外基金更容易进行定投操作，实现每月自动扣款，长期投资比较方便，但 ETF 是没法自动定投的，只能手动在每个月的某一天去购买一定金额，操作起来相对烦琐。

再次，从仓位来看，一般的指数基金都会有一定的仓位限制，最高可以达到 95%，还有 5%的资金基金合同要求做流动性管理，用来应对客户的赎回。但是 ETF 的仓位较高，几乎可以达到 100%的仓位，资金利用效率更高。因此，在上涨期间，ETF 的涨幅应该高于指数基金的涨幅。

我们用广发中证 500ETF 联接 A 份额（基金代码：162711）与广发中证 500ETF（基金代码：510510）进行了具体的测算。在 2018 年 5 月至 2019 年 4

月这一区间内，采用每周五定投，发现在微笑曲线过程中定投收益率高于一次性投资收益率，具体如表 9.25 所示。另外，更为重要的是，ETF 周定投的收益率为 19.43%，而场外的 ETF 联接基金收益率为 17.50%，这主要原因是 ETF 仓位接近 100%，而仓位指数基金仓位最高只能达到 95%。

表 9.25　2018 年 5 月—2019 年 5 月 ETF 与指数基金定投比较

	周定投收益率	一次性投资收益率
广发中证 500ETF 联接 A	17.50%	-0.41%
广发中证 500ETF	19.43%	-0.09%

数据来源：Wind，统计区间：2018 年 5 月 1 日至 2019 年 4 月 19 日。

9.6.3　定投如何止盈

股市里常说："会买的是徒弟，会卖的才是师傅"，不少投资者因为不会止盈，错过了最佳的止盈时间，在股市里坐了一趟"过山车"。对于定投而言，卖比买更重要！那么定投该如何止盈呢？老罗给大家提供三种方法。

1. 市场情绪法

巴菲特曾说："在别人恐惧的时候贪婪，在别人贪婪的时候恐惧"，市场情绪法的实质与这句话不谋而合。也就是说，根据市场情绪实施逆向操作，避开追涨杀跌，完成低买高卖。当市场过热，所有人都想要买股票，对股市热情高涨、雄心勃勃的时候，有可能就是牛市高点，这时，需要冷静下来考虑止盈了。

市场情绪法的优点在于：容易观测、不需要掌握太多财务和金融方面的知识，适合初入市场的新手。但是这种方法往往过于主观，对于市场的判断并不具有太强的说服力。

2. 目标收益率法

这种方法也是一种操作简单的止盈方法，投资者只需要确定一个目标收益率，当定投收益率达到目标时，就可以止盈。

那么这个目标收益率该如何确定呢？这时我们需要提及"机会成本"的概念，也就是如果不用这些钱去定投，换成投资其他无风险或者风险较小的理财产品，而且我们将能够获得的收益，作为一个参考依据。具体一点，老罗给大家提供一个参考计算公式：

最小目标收益率（机会成本）=(1+通货膨胀率+理财产品的年化收益率)^{定投年限}−1

虽然目标止盈法简单、易于执行，但是如果目标收益率设定得不合理，止盈的效果可能也并不理想，过高则会错过最佳止盈时期，而过低则不能实现更高收益率。因此，一种更好的方法就是分批止盈。

3. 估值止盈法

指数的估值水平是反映一个指数被低估或高估的重要指标，尽管估值过高也包含市场情绪过高及对未来看好的因素，但是从长期角度来看，估值过高都存在着估值回归的过程，因此我们可以根据指数的估值水平进行止盈。同时，还可以利用分批估值止盈法，例如中证 500 指数估值达到 60 时，赎回 60%的金额，当 PE 达到 70 时，赎回 30%的金额，当 PE 超过 80 的时候，赎回剩余金额，其间任何时候 PE 回落到 60，都将剩余基金份额全部赎回。

估值止盈法是上述三种止盈方法中最靠谱的一种方法，但是这种方法也有一定的缺陷，即不能保证未来的规律和历史一致，并且估值止盈的方法也不能够一概而论，对于不同类型的行业适用的估值指标可能不同。此外，不同的指数基金选择的止盈线也有所差异，具体的选择还要结合投资者个人的风险偏好才能决定。

上述三种止盈方法各有利弊，这些方法不是独立的，在实际投资过程中，可以将三种方法结合使用，灵活选择最佳止盈方法。

9.7 波段操作策略

作为投资者，你是否常常对“我该在何时买入，何时卖出”这个问题充满疑思？

确实何时进场买入，何时清仓合理止盈的抉择会直接影响到我们最终的收益，而均线波段操作的方法就是为投资者决策买入、卖出时间点的一种策略。

老罗就跟大家来讨论一下移动平均线操作法的简单原理和实操方法，丰富一下大家 ETF 投资的方法。

9.7.1　移动平均线含义

移动平均线操作法中的均值就是我们平常所说的 MA，Moving Average。它是指一定交易时间内指数价格的平均值。常用的均线有 MA5、MA10、MA30、MA60、MA120、MA250 等。

举个例子，MA5 就是 5 日移动平均线。交易日 T 的 MA5 计算方法就是把在交易日 T 前 5 个交易日的指数收盘价加起来除以 5 得出来的平均值。同理我们可以得出每个交易日的 MA5 值，把这些数值连起来就得到了 5 日移动平均线。

9.7.2　如何选择合适的移动平均线

移动平均线的计算原理很简单，但是在投资买卖点的决策中是极其重要的参考指标，它常常被用于预测市场的趋势。

移动平均线最基本的思想是消除价格随机波动的影响，追踪价格波动的趋势。我们需要根据自己的投资目标来确定如何选择参考均线。比如制订一个短期投资计划，你可以选择短中期移动均线作为参考指标，中长期的投资计划就应该关注周期更长的均线。

移动平均线是跟踪行情的曲线，从本性上说就具有滞后性（其他的技术指标也是如此），也就是说，移动平均线对市场行情的反应总是落后的，移动平均线的时间周期越长，反应越滞后。

小贴士：

短期移动平均线：指一个月以下的移动平均线。MA5、MA10 是常用的短期移动平均线。用于反映市场价格短期内的波动趋势。短期均线通常波动起伏较大，过于敏感。

中期移动平均线：指一个月以上、半年以下的股价波动趋势。常用 20 日线、40 日线、60 日线。中期均线走势既不过于敏感，又有沉稳的一面，因此最常被投资人使用。

长期移动平均线：指半年以上的股价波动趋势。比较常用的是 120 日线与 240 日线。120 日线代表的是半年的股价波动趋势，又叫半年线；240 日线代表的是一年的股价波动趋势，又叫年线。总的来讲，长期均线走势过于稳重，不灵活。

9.7.3 均线法使用原则

既然均线可以用来预测趋势，短、中、长期的均线分别又代表了短、中、长期的市场走势。那么我们就可以简单地概括一下均线的使用方法。

- 当短期均线向上、价格在中、长期均线之上变动时，是上涨信号，是开仓买入与持仓阶段。
- 当短期均线向下、价格在中、长均线之下变动时，是下跌信号，是开仓卖出与持仓阶段。
- 当短线均线向上、价格在中、长均线之下变动，或均线向下，价格在均线之上变动时，是平仓观望阶段。

也就是说，当市场出现上涨信号时买入，反之则立刻卖出，赚取市场波动的差额收益。移动平均线的用法更像量化投资里面的动量原理，短期移动平均线指标走强，说明市场情绪高涨，未来大概率也会走强，这个时候选择买入，反之，短期移动平均线指标走强走弱，说明市场情绪悲观，未来大概率还会悲观，这个时候选择卖出。

以上所说的均值预判趋势原理你都了解了吗？

9.7.4 均线波段操作策略实操示例

接下来我们以中证 100 指数作为例子，后续大家可以先用指数按照类似方法测算，如果策略比较有效，则可使用移动平均线操作策略找到市场对应指数的 ETF 进行操作，看看效果如何。

1. 均线选取

短线：中证 100 指数每日收盘价。

长线：40 日均线（MA40）。

选取 40 日均线（MA40）作为观察长期市场波动趋势的参考，在这里 MA40 既是市场上升的阻力参考点，也是市场下跌幅度的支撑线。中证 100 指数每日收盘价作为短期市场波动趋势参考指标。

2. 策略说明

（1）策略 1

买入信号：由交易日 T 开始算起，若连续两个交易日（T，T+1）的收盘价（P）大于 MA40，则在 T+2 日开盘时以 T+1 日收盘价买入（此时收盘价上升击穿 40 日移动平均线，出现“金叉”）。

卖出信号：由交易日 T 开始算起，若连续两个交易日（T，T+1）的收盘价（P）小于 MA40，则在 T+2 日开盘时以 T+1 日收盘价卖出（此时收盘价下跌击穿 40 日移动平均线，出现“死叉”）。

策略效果：收益率表现非常惊人，如表 9.26 所示。

表 9.26　2006—2018 年移动平均线波段策略收益率情况

时间	累计收益率	年化收益率
2006/3/9—2018/12/28	803.74%	18.45%

数据来源：Wind。

若从中证 100 指数公布以来开始回测，累计收益率为 803.74%，年化收益率为 18.45%，而中证 100 指数自基日 1000 点到 2018 年 12 月 28 日以 3185 点收盘，涨幅仅为 218.5%，移动平均线策略收益率跑赢市场表现，17.57%的年化收益率在保证跑过通胀后还能保持持续正收益。

这个策略在牛市表现突出。数据显示，在牛市当中，移动平均线策略表现相当亮眼，交易频率低，胜率在 50%以上，基本上可以称得上是“踩准低点入场，警惕高点退场”，斩获颇丰，如表 9.27 所示。

表 9.27 牛市移动平均线策略收益率

时间	累计收益率	年化收益率	操作次数	操作胜率
2006/3/9—2007/11/6	393.19%	169.24%	3	100%
2014/7/3—2015/6/19	81.52%	88.50%	6	50%
2016/6/29—2017/12/28	29.71%	19.38%	7	85.71%

数据来源：Wind，买入、卖出算操作 1 次；操作胜率为单次操作为正收益率的操作比例。

震荡市表现尚可。市场在 2009—2013 年进入震荡摸底阶段，移动平均线策略累计收益率是一次性投入收益率的两倍，年化收益率为 11.64%，在震荡市依旧熬得住。但可以看到，震荡市中操作次数变多，胜率有所下降，在震荡市中均线的滞后性特性比较突出，如表 9.28 所示。

表 9.28 震荡市移动平均线策略收益率

时间	累计收益率	一次性买入收益率	操作次数	操作胜率
2009/1/19—2013/2/25	54.45%	23.07%	17	35.29%

数据来源：Wind。

熊市表现好于一次性投资。可以看到，尽管运用均值波段策略可以减少损失，但是仍然逃不出大盘下跌的阴影，操作胜率不高。这是因为均值波段操作属于趋势策略，强调的是“与趋势为友”，也就是说在整体上涨的时候买入，在出现下跌趋势时卖出。

在熊市中，移动平均线波段策略往往会失灵。因为这时候市场的整体是震荡下跌的，这时候出现的买入信号（上涨趋势）往往是“伪信号”，市场即将迎来的是小幅上调后的更大幅度下跌，这时候采取移动平均线策略作为买入参考，往往效果一般，如表 9.29 所示。

表 9.29 熊市移动平均线策略收益率

时间	累计收益率	一次性买入收益率	操作次数	操作胜率
2007/12/25—2008/12/25	−31.13%	−64.79%	4	0%
2015/10/13—2016/5/9	−7.30%	−8.39%	4	25%

数据来源：Wind。

在过去 2006—2018 年的 13 个年度中，采取移动平均线策略，有 7 个年度相比中证 100 指数有超额收益率，累计超额收益率达到 585.16%，最大年度跌幅为 35%，也小于单独持有中证 100 指数最大年度跌幅 66%。移动平均线策略有效控制了下跌的幅度，同时也能够分享牛市上涨的收益，如表 9.30 所示。

表 9.30　移动平均线策略年度收益率

年份	移动平均线策略收益率	中证 100 指数收益率	超额收益率
2006	121%	127.05%	-6.05%
2007	134.17%	145.69%	-11.52%
2008	-34.59%	-66.48%	31.89%
2009	72.60%	87.49%	-14.89%
2010	-9.27%	-19.28%	10.01%
2011	-6.63%	-20.87%	14.24%
2012	5.72%	10.77%	-5.05%
2013	-8.64%	-13.12%	4.48%
2014	45.18%	59.64%	-14.46%
2015	16.53%	-1.52%	18.05%
2016	2.76%	-7.50%	10.26%
2017	19.47%	30.21%	-10.74%
2018	-8.98%	-21.94%	12.96%
累计收益率	803.74%	218.58%	585.16%

数据来源：Wind。

3. 移动平均线策略的优化

当然以上只是移动平均线法在趋势预测的基础上决定买入、卖出时间点的简单运用，灵活使用效果会更佳。比如我们留意到，在震荡市中，交易频率明显要比趋势明显的牛熊市要高，这是由于震荡市中趋势未名，市场多空双方反复博弈导致。在这样的情况下，我们简单使用“黄金交叉”“死亡交叉”来作为买卖信号，会产生频繁的无效交易，这时可以设置更多的交易规则限制。

（2）策略 2

在策略 1 的基础上加上两次买卖之间时间间隔必须大于等于 3 个交易日的限制。即若 T 日买入，在 T+3 日前出现下跌趋势，卖出信号发出，但由于间隔不足 3 个交易日，则本次不进行交易。

设置了交易日限制之后可以看到，策略 2 比策略 1 的累计收益率提高了 6.36%，年化收益率增长 1.15%，操作胜率有所提高，如表 9.31 所示。

表 9.31　震荡市中不同策略收益率

策略	累计收益率	年化收益率	操作次数	操作胜率
策略 1	54.45%	11.64%	17	35.29%
策略 2	60.81%	12.79%	16	50.00%

数据来源：Wind，统计时间：2009.01.19—2013.02.25。

从上面这个稍作改进的策略可以看出，其实均值简简单单的原理，在参透之后大有可为。通过设置不同时间长度的均线搭配（如 MA10 为短线，MA60 为长线……）、设置交易时间间隔、借助乖离率辅助判断等方法都可以提高均线波段策略的效益。老罗在此先抛砖引玉，相信还有更多的用法等待我们去逐个破解。

老罗有话说：

任何策略都有适用环境，活学活用很重要。在不同的交易环境下，设置的指标可以更加灵活。本文所列举的指标选择在交易环境的变动下，不一定就是最佳的选择。重点还是在于大家吃透了长短线移动平均线操作的原理之后，才能定制出一套最适合自己的交易规则。

总之，并不存在一劳永逸的投资方法，投资决策需要我们基于对市场的判断来做出，理论方法只是我们参考的工具，并不能一成不变。移动平均线策略操作法教会我们的是“与趋势为友”，顺应涨势，当市场出现下跌时及时离场，赚取“鱼身部分”的收益。

9.8　ETF 多空策略

所谓多空策略，顾名思义，就是同时持有多头和空头部分的投资策略，一些避险基金公司通常使用的“配对交易”（也叫作价差交易）就使用的多空策略。

多空策略的起源，最早可以追溯到 1949 年阿尔弗雷德 · 温斯洛 · 琼斯所创立的世界上第一只对冲基金。当时琼斯在选择投资策略的时候，对自己的选股能力十分自信，所以他一边买入看涨股票，一边卖出看跌股票，多空策略自此诞生。

多空策略与传统只做单一方向的策略最大的差异就是可以降低波动率，而且希望有“不管市场是多抑或空的情况下，皆能获得绝对报酬”的机会。

9.8.1　多空策略的内在获利逻辑——买强卖弱

1. 强者恒强，弱者恒弱的投资逻辑

举个例子，假如你看好未来 A 股的表现会优于美股，这时你可以采用“做多 A 股+做空美股”的投资策略。在结果为“A 股涨得比美股多”或“A 股跌得比美股少”的情况下，用这种策略皆可获利，反之，在结果为“A 股涨得比美股少”或“A 股跌得比美股多”的情况下，用此策略就会产生亏损。

也就是说，如果看准了强弱，那么无论市场上涨还是下跌，你都可以获利。不论最后结果如何，这种策略的波动率都会低于单边做多或做空的投资策略。

2. 弱者转强，强者转弱的投资逻辑

例如：两个在过去相关性很强的标的（比如上证 50 和沪深 300），当两者的点位出现明显偏离的时候（涨跌不同步，差异较大），你认为这种偏离关系最终会收敛，两者会恢复一致（偏高的会下跌，偏低的会上涨），那么这时可以采取“做多相对弱势标的+做空相对强势标的”的投资策略。

当结果为两者关系如预期呈现收敛，此策略将获利，反之，若两者表现继续发散，则该策略就会产生亏损。

在上述多空策略中，做多比较容易理解，就是买入并持有该资产，那么做空实际上是怎么操作的呢？目前市场上投资者可以运用期权、期货、融资融券的方式来做空。下面老罗就跟大家科普一下，在 ETF 市场上，如何运用多空策略进行交易。

目前市场上有三种方式可以通过配合 ETF 使用多空策略：期权、股指期货、融资融券，下面进入正题。

9.8.2　“资本市场的后悔药”——期权

你或许不了解期权，但是在 2019 年可能会被“50ETF 购 2 月 2800 期权合约 1 天暴涨 192 倍”的新闻刷屏。这个 1 日之内上涨了 192 倍的“业界传奇”——期权合约到底是什么呢？

其实期权在国外已被广泛使用，但在国内仍是比较冷门的金融衍生工具，还处于起步阶段。目前国内正式上市的期权只有 50ETF 期权，标的为上证 50ETF。

下面我们就来揭开期权的神秘面纱。

考虑以下两种情况。

1. 又想赚钱又怕亏——期权的买入策略

情景一：我看好上证 50 指数上涨，但是指数点位正处于相对高位（比如 2.800 元/份），这时候我该不该买呢？

如果我买入，但事后上证 50 并没有上涨反而跌破了 2.800 元/份，那么我会后悔；如果我没买，事后价格果然飙升至 3.000 元/份，那么我也会后悔。

如果这时候市场有一份这样的合约，合约约定：我在 1 个月之后有权以 2.800 元/份的价格买入上证 50ETF（合约价格为 0.1 元/份）。

如果 1 个月后，价格果然高于 2.800 元，那么我就选择行使权利，仍然以 2.800 元/份价格买入 ETF；如果一个月之后价格低于 2.800 元，那么我就放弃行权。

这种约定未来以某个价格买入 ETF 的期权合约，叫作认购期权，如图 9.26 所示。

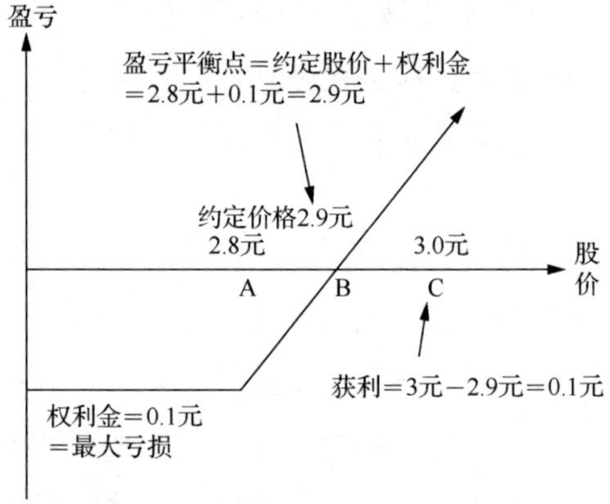

图 9.26　认购期权策盈亏收益情况

2. “给我的 ETF 买个保险”——期权的保险策略

情景二：我上个月以 2.600 元/份的价格买入了 10000 份上证 50ETF，一段时间之后基金的市价涨到了 2.700 元/份，此时我该抛出吗？如果我抛出之后，ETF 价格上涨到 2.800 元/份，那么我会后悔；如果我没抛出，事后 ETF 的价格又回落到 2.600 元/份甚至更低，那么我也会后悔。

如果这时候市场有一份这样的合约，合约约定：我在 1 个月之后有权以 2.700 元/份的价格卖出上证 50ETF。

如果一个月之后，ETF 价格下跌，低于 2.700 元/份，那么我行使权力，以 2.700 元/份的价格卖出上证 50ETF，反之，我就放弃合约中的权利。

这种约定未来以某个价格卖出 ETF 的期权合约，叫作认沽期权。

“世上没有后悔药”这句话大家可能都听过，但是在老罗看来，期权的存在就相当于“资本市场的后悔药”，市场上其实也早就有“期权，让这个世界又多了一种后悔药”的说法。

这个“后悔药”的标价就是期权合约价格。这不难理解，既然你获得了选择的权利，就需要付出一定的权利金。50ETF 期权合约方案如表 9.32 所示。

表 9.32　50ETF 期权合约方案

项　　目	方　　案
期权类型	认购期权、认沽期权
合约单位	10000 份
到期月份	当月、下月、下季、隔季共四个月份合同同时挂牌交易
最后交易日	到期月份的第四个星期三（遇法定节假日顺延）
行权日	同最后交易日
履约方式	欧式
行权价	根据行权价格间距确定，对于同一到期月份的合约，行权加格序列包括 1 个价平、4 个价内、4 个价外
最小报价单位	0.0001 元
交易最小单位	1 张
交割方式	实物交割、系统支持特殊情况下的现金交割

对于期权的买方来说，最大的亏损就是合约权利金，这个亏损是可控的。持有期权合约相当于把未来的风险在一定程度上转嫁到交易对手身上，同时又保留了获利的空间。

有买就有卖，在交易市场上你也可以做期权的卖方，也就是说你把未来交易与否选择权出售，获得了权利金，但与此同时你的最大收益也就是权利金，亏损的风险敞口极大，老罗不建议新手使用。

9.8.3　“指数未来的价值”——股指期货

目前在中国金融期货交易所上市的股指期货有三种：沪深 300 股指期货、中证 500 股指期货和上证 50 股指期货。股指期货交易的是指数未来的价值，以保证金形式交易，具有重要的杠杆效应，杠杆率在 10 倍左右，资金使用效率高。

在期现套利中，以中证 500 为例，由于它包含了 500 只成份股，因此投资者想采用完全复制的方法构建期货组合会比较困难，而 ETF 流动性好，交易成本低，跟踪误差小，是理想的现货组合替代品。

股指期货与 ETF 的期现套利

期现套利的基本原理是在股指期货合约被高估时，投资者可以卖出该期货合约，买入现货 ETF，进行风险对冲。由于股指期货是以到期日指数最后两小时指数点位算数平均的价格进行现金结算的，所以股指期货最终会收敛于现货，如图 9.27 所示。

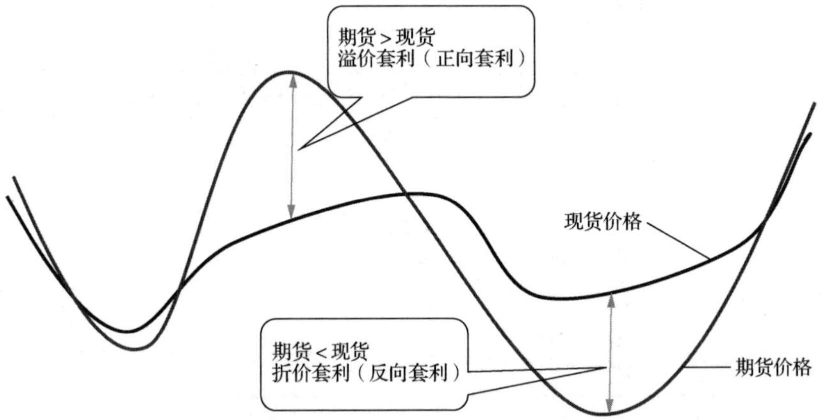

图 9.27　期货与现货套利情况

股指期货套利分为两种：正向套利和反向套利。

正向套利即买入现货，卖出期货。若股指期货价格明显高于现货价格时，突破无套利区间上边界时，套利者可以卖出股指期货，同时买入相同价值的指数现货。

反向套利即卖出现货，买入期货。若股指期货价格低于无套利区间下边界时，套利者可以买入股指期货，同时卖出相同价值的指数现货。

以中证 500 指为例，如图 9.28 所示。

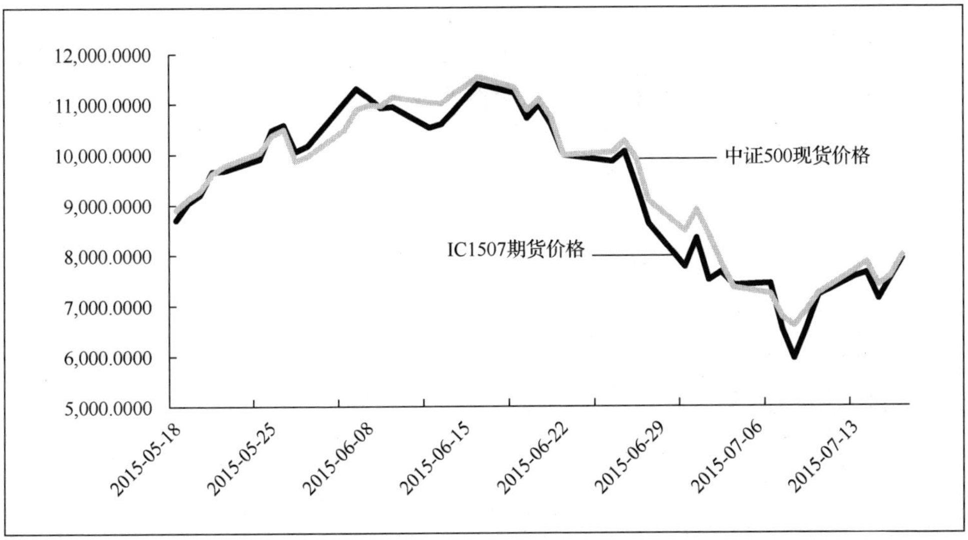

图 9.28　中证 500 指数与 中证 500 期货走势（2015.5.18—2015.7.17）

可以看到，期货价格在 5 月 26 日—6 月 3 日与现货价值存在较大的正偏差，6 月 5 日—6 月 18 日期货价格与现货价格又存在较大的负偏差，因此我们可以使用期现套利策略，如图 9.33 所示。

表 9.33　期现套利策略

日　期	期货收盘价（元）	现货收盘价（元）	基差（元）	500ETF（510510）
2015/6/1	11,025.6	10,488.31	537.29	2.976
2015/6/10	10,987.8	11,208.06	-220.26	3.149

（1）发现套利机会，2015 年 6 月 1 日中证 500 期货与现货基差为 537，有 5.12%的溢价。

（2）做空股指期货，做多股指现货对标的 ETF，比如广发中证 500ETF（510510）。

（3）2015 年 6 月，期货价格下跌，现货价格上升，基差为-220.26，卖出现货，平仓股指期货。

多空交易结果：股指期货平仓带来的收益率为（11025-10988）/11025=0.34%，ETF 现货收益率为（3.149-2.976）/2.976=5.81%，累计收益率为 6.15%。

何时可以使用股指期货期现套利？

一般而言，在以下几种情况下可能会出现期现套利机会。

（1）股指期货推出初期

股指期货在推出初期，由于市场效率较低，期货更容易偏离现货，待运行时间较长后，投资者理念更趋理性，套利机会大幅下降。同时，在股指期货推出初期，期现套利收益空间较大，甚至可以说具有暴利收益，但是随着市场的发展与成熟，期现套利的收益空间快速下降。

（2）利用大市值权重股发生特殊事件进行套利

当指数中的某大市值权重股发生重大利空事件而处于停牌期时，我们可以通过卖空期货，同时买入除此大市值权重股之外的指数成份股现货。待此大市值权重股复牌，股价下跌从而带动股指期货下跌后，平仓了结，完成套利。

当指数成份股中的大市值权重股因重大利好事件停牌时，因无法购买股票现货，可考虑通过指数期货和股票现货的组合模拟买入现货，通过买入期货，同时卖出除此大市值权重股之外的指数成份股现货。待此大市值权重股复牌，股价上涨推动股指期货上涨后，平仓了结，完成套利。

（3）指数成份股分红期进行套利

当投资者的一致预期低于实际分红时，股指期货容易被高估，产生正套利机会。当投资者的一致预期高于实际分红时，股指期货容易被低估，产生反向套利机会。

（4）市场牛市且投资者情绪疯狂的时候

在牛市的时候，投资者市场情绪疯狂，大家对后市市场极度乐观，指数期货由于有杠杆，大家愿意给股指期货偏离现货的价格买入，造成股指期货溢价，给市场提供了利用股指期货与 ETF 现货多空配合无风险套利的机会。

期现套利的风险比较低，理论上甚至通常将套利行为和获取无风险利润相匹配。但具体到实际操作层面，严格的假设条件在市场中并不能完全满足，因此在套利交易中也存在一定风险。而且尽管指数期货交易成本比 ETF 更低，但期现套利的杠杆率高，而且涉及的投资金额也一般较大，特别是无套利区间的计算涉及比较专业的知识，通常而言一般为机构投资者所运用。对中小投资者而言可以实现低成本分散投资，降低投资风险，低交易成本和低管理费的 ETF 更受追捧。

9.8.4　“资本市场的信用卡”——融资融券

讲到信用卡，大家应该都不陌生，是银行为信用良好的客户和企业提供的一种增值服务，帮助资金周转需要的客户群体解决“燃眉之急”。只要你有良好的信用记录和稳定的收入来源，都可以提供授信资金。同时，你需要支付一定的利息费用，大部分银行支持随借随还，不使用不收费。

而融资融券就是券商为投资者提供的一种“信用卡”——授信业务，专业用语是“证券信用交易”或者保证金交易。它为已经开立了“信用资金账户”和“信用证券账户”的二级账户投资者提供资金或证券的增值服务。投资者在融资融券交易中需要承担一定的成本。

除了证券交易的佣金、手续费、印花税等基本交易成本之外，还需要支付融资利息、融券费用等费用。相比之前的股指期货，融资融券杠杆率为 1.6～2.8 倍，远低于股指期货，涉及金额也没有那么庞大，因此更加为中小投资者所广泛使用。

下面要给大家介绍的是基于融资融券的 ETF“T+0”交易策略——日内多空交易。

策略原理：在日内高点融券卖出 ETF，在低点买回 ETF 锁定指数下跌的收益（或者是反向操作）。这种策略对于具有良好择时能力的投资者来说，无论是市场下跌还是上涨，都可以全天捕捉市场机会。

适用情形：这种交易模式主要适用于单边下跌市震荡市、日内个股震荡频繁和振幅较大的情形，如图 9.29 所示。

ETF 融资融券“T+0”交易规则提示

（1）当天了结负债不记利息；

（2）负债了结后，额度打开，可实现当日无数次 T+0 操作；

（3）现券还券和现金还款不收取交易费用；

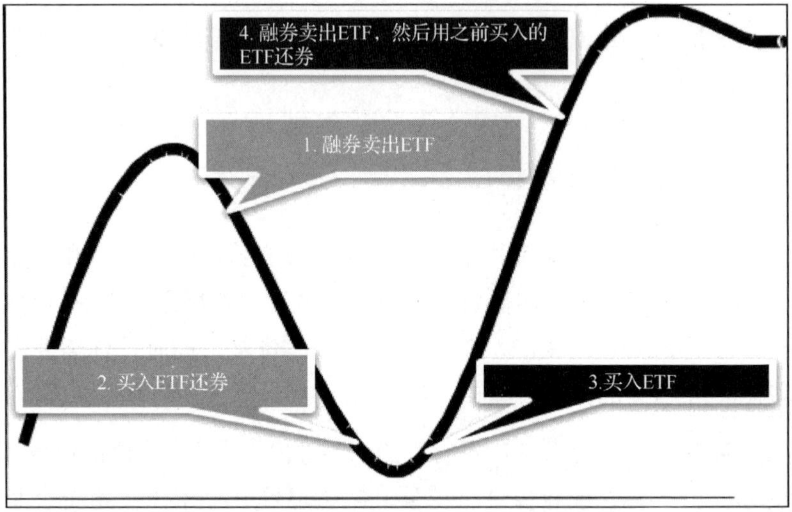

图 9.29　日内看跌（涨）融资融券操作图示

（4）ETF 交易时免收印花税，交易佣金在千分之三以下，互联网券商通常在万分之二左右；

（5）所融资金只能用于买券还券。

结合上述交易规则，接下来具体说明如何实现 T+0 操作步骤（佣金率设为 0.15%）。

（1）看涨后市，融资做多

当投资者判断指数 T 日具有上涨趋势，但不能确定下一个交易日的走势时，可以在当日低点买入 ETF，在高点卖出，锁定收益。

步骤一：融资买入操作价格为 3.600 元/份的沪深 300ETF 100 万份，那么融资账户负债为 360 万元；佣金为 360×0.15%=0.54 万元。

步骤二：融券卖出操作，当价格上涨为 3.700 元/份时，融券负债得到 100 万份沪深 300ETF，得到现金 370 万元，融券负债为 100 万份沪深 300ETF；佣金为 370×0.15%=0.56 万元。

步骤三：偿还负债操作。首先把第一步融资买入的 ETF 直接还券，偿还融券负债，释放 370 万元资金，再用 370 万元资金直接还款，偿还 360 万元融资负债（当日偿还无利息费用）。

交易结果：一次融资融券“T+0”盈利 8.9 万元，账户额度、保证金恢复操作前状态，即日内可进行重复操作获利。

（2）看跌后市，“T+0”做空

当投资者判断指数 T 日具有下跌趋势，但不能确定下一个交易日的走势时，可以在当日高点融券卖出 ETF，在低点买入还券，锁定收益。

步骤一：融券卖出操作，以当前 3.600 元/份融券卖出 100 万份沪深 300ETF，佣金为 360×0.15%=0.54 万元，融券卖出所得金额为 360−0.54=359.46 万元，融券账户负债 100 万份沪深 300ETF。

步骤二：在价格低点 3.500 元/份使用融券所得资金买入 100 万份沪深 300ETF，佣金为 350×0.15%=0.53 万元，所需金额为 350+0.53=350.53 万元。

步骤三: 投资者使用“直接还券”指令归还融券借入 300ETF，由于融券当日归还，不产生融券费用。

交易结果：一次融资融券“T+0”盈利 359.46−350.53=8.93 万元，账户额度、保证金恢复操作前状态。

通过上述例子，你可能不难发现 ETF 融资融券“T+0”交易模式的优势：

（1）ETF 交易方式刚性成本低，没有印花税和过户费，佣金成本低廉，投资者盈利空间较大。

（2）相比于利用股指期货对冲风险，ETF 融券做空不存在基差风险和展期风险，也不需要每日无负债结算，资金管理相对容易，更适合中小投资者。

（3）“T+0“交易操作灵活，不产生利息费用，可以赚取日内利润，积少成多。

（4）“T+0“与 ETF 结合做多或做空止损，避免选股麻烦。

看到最后，你是不是也觉得 ETF 是个大宝藏呢？ETF 由于得天独厚的规则设定，与其他金融衍生品结合运用可以实现单一市场上无法实现的“T+0”，也可以实现期现套利、一二级市场套利等。

在复杂的市场上，这个被誉为“20 世纪最重要的金融创新产品之一”的金融产品用最简单的投资哲学、最透明的投资思路，却能规避投资者所面临的诸多风险，使投资者轻松实现平均收益，另一方面也可以与金融衍生品碰撞出智慧的火花，熠熠生辉。随着市场的日益成熟，老罗坚信 ETF 产品及交易策略的创新与进步必是大势所趋！

第 10 章　ETF 配置策略

10.1　目标日期 FOF

10.1.1　目标日期基金产生的背景与概念

近些年，随着老龄化步步加剧，子女身上背负的养老压力越来越大。

虽然很多人会说："我有养老金怕什么！"对，养老金确实能够减轻个人养老的部分负担，目前来说我国养老保障体系由三方面构成：第一是基本养老保障，具体包括基础养老金和个人账户两部分；第二是补充养老保障，包括企业年金和职业年金等；第三是个人养老储蓄。简单说就是国家出钱、企业出钱、自己出钱，凑齐了由政府统一管理，政府每年一边收入当前职工交纳的养老金，一边支付已退休的养老保障，通过积累养老金收支盈余或财政补贴等方式应对老龄化挑战。

在养老问题上，世界所有国家早就在绞尽脑汁寻求解决方案。美国出了一个确定缴费型计划（Defined Contribution，DC），这个计划刚开始是这样的：员工和企业一起交钱，钱由员工自己管理投资。但是问题来了，员工拿到这个钱表示有点迷茫，投资这么复杂表示不懂！万一投资不慎失败了，那养老问题岂不是愈演愈烈？

令人惊喜的是，金融大佬们总能从困境中突围而出，1994 年，由富国银行和巴克莱共同创立了首只目标日期基金，专门为不想为养老计划而纠结投什么的人们提供一站式的资产配置解决方案，简单来说就是你用 DC 计划的养老金买这个目标日期基金，基金管理人将所募集的资金去投资不同种类的基金实现资产的配置。这就是传说中的 FOF（基金中的基金），其实也就是说，基金的投资对象是其他的基金。

但目标日期基金还是一类有态度的 FOF，它的态度就是把投资者按照退休年限分组，依据目标日期（退休的日期）设计在此时间点前后的投资组合。具体来说，按照随着年龄增长，能承受的风险降低的逻辑，随着退休日期临近，目标日期基金就会逐步降低权益类资产比例（例如少配股票等高风险资产），而增加固定收益类资产比例（例如适配债券等低风险资产），如此动态地调整资产配置比例，以适应风险偏好的变化，从而达成退休时财富最大化的目标。

总结看来，目标日期基金具有以下特点：

第一，目标日期基金的资产配置会随投资者年龄的增长而动态变化，离目标退休日期越近，基金的固定收益资产的配置越高，而离目标退休日越远，基金持有的权益类资产的比例也较高。

第二，目标日期基金假定投资者随着年龄增长，风险承受能力下降，因此目标日期基金有风险逐渐缩小的特征。

第三，在目标日期基金中，投资者不需要对资产进行主动调整，主要依靠基金管理人来完成生命周期内的资产配置调整，是懒人投资的一种简便方法。

小贴士：

尽管目标日期在国外规模做到很大，但是老罗对于目标日期 FOF 投资方式在国内能否做得很大存在疑虑。这种投资方式的好处是随着年龄增长，风险类别的资产比例下降，有点落袋为安的感觉，但是缺点也明显，如果在你年轻时期以及中年时期的风险资产尤其是股票市场处于熊市，而在退休早期或者晚期的时候，风险资产尤其是股票市场的牛市到来了，这个时候你的风险资产又要降低，是不是相当于在熊市买买买，熬到牛市来的时候，又要割肉以降低股票的仓位？从投资角度来看，这种投资方法不按照资产估值的高低决定超配或者低配，而是根据年龄来配置的，这样投资运气成分比较大。

10.1.2 目标日期 FOF 的资产配置逻辑

指数基金之父约翰·博格先生在其著作《聪明投资者的最初 50 年》中提到过投资者应该根据自己的年龄确定资产配置，如股票、债券、现金等资产类别的比例，如图 10.1 所示是随着年龄增长的资产配置的滑行路径。

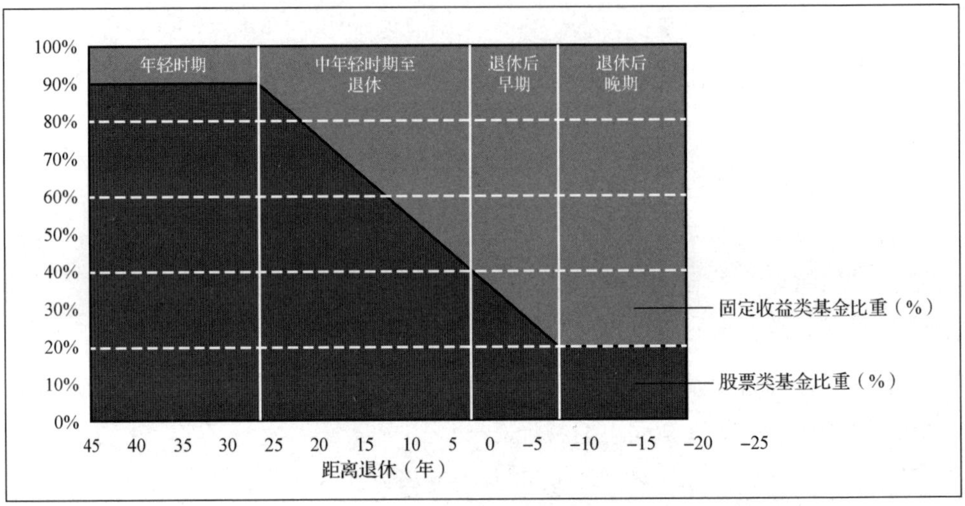

图 10.1 典型的美国目标日期型 FOF 资产配置路径

大部分目标日期型 FOF 采取费率低廉且产品透明的 ETF 形式运作，同时底层资产又是不同种类、不同比例的 ETF 资产，如图 10.2 所示。为了便于理解这个类似层层下达的指令，在这里举个例子：在距离退休年龄还有 25 年的时候，某目标日期 FOF 中确定投资股票类 ETF 占比为 90%，投资固定收益类 ETF 占比为 10%；而股票 ETF 的底层资产是各类股票组合，固定收益类 ETF 的底层资产是债券、货币基金等收益较稳定、风险较低的资产，目标日期 FOF 就是通过这样，间接投资了各类包括股票、债券、货币等在内的资产，做到风险与收益的调节。对于个人投资者来说，按照自己的退休年龄投资了目标日期 FOF，就相当于一键投资了一个随着自己年龄增长也在变化的投资组合，这个动态的投资组合是从你还是青丝时到已变成白发，由追求较高收益到追求较低风险，为你的养老做好了计划。

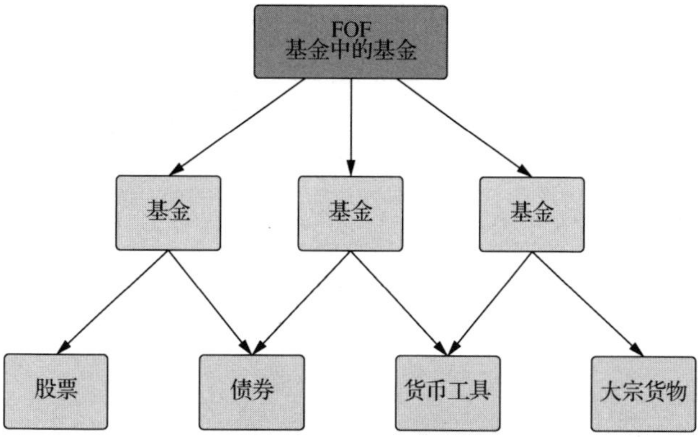

图 10.2　FOF 投资逻辑结构

通过以上内容可以知道，目标日期 FOF 投资策略的鲜明特点就是跟着投资者的年龄“动起来”：在随着目标日期的临近，逐步提高固定收益类资产的投资比例，降低股票类资产比例，以期在前期充分分享经济增长收益，后期逐步降低损失的概率，从而达成退休养老的目的。

下面分三部分阐述美国典型目标日期 FOF 资产配置与投资者年龄动态演化的一般路径。

1. 设定目标退休日期，年轻时期以股票类投资为主

美国目标日期 FOF 具有不同的目标退休日期，以满足不同年龄投资者的需求，例如最早发行的 Fidelity Freedom 2010 Fund 设定的目标退休日期为 2012 年左右，Fidelity Freedom 2025 Fund 设定的目标退休日期为 2027 年左右。在投资者年轻时期（距离目标退休年龄 25～45 年左右），基金中股票类资产配置比例保持在 90%左右，因为此时投资者的财务风险承受能力强，所以基金风格也较为激进。参考先锋基金和富达基金的美国目标日期 FOF，其股票资产以美国股票基金与全球股票基金组成，以达到分散风险的目的。

2. 中年时期至退休前后投资配置逐渐趋于保守

在投资者中年时期（距离目标退休年龄 20～25 年左右）至退休前后，基金中股票类资产配置比例由 90%左右逐步下调至 50%左右，而风险较低的固定收益类资产比重逐步上调至 50%左右，其中固定收益类资产一般由美国与全球债券基金、短期现金收益类基金组成。组合整体随着投资者财务风险承受能力下

降而趋于保守，但为了帮助投资者达到分散风险、保持增长的目的，在投资者退休时股票类资产比重一般仍在 50%左右。

3. 退休后投资配置逐步达到最为保守的固定配置模式

在投资者退休后的 5～10 年内，美国目标日期 FOF 中股票类资产配置比例将继续下降至 20%左右并保持不变，大部分资产配置在较为稳健的固定收益类基金，此时组合达到最为保守、稳健的配置状态，目标是为已退休的投资者提供稳定的养老金来源，保证其老年生活的品质。

小贴士：

Vanguard Target Retirement 2025 Fund 是全球规模领先的目标日期 FOF，成立于 2003 年 10 月，截至 2017 年 5 月 31 日，其净资产总额为 357 亿美元，其设计的目标退休日期为 2021—2025 年，目标投资者的年龄为 54～58 岁。目前其资产配置正在趋于保守，65%左右的资产配置于美国股票基金与全球股票基金，35%左右的资产配置于美国债券基金与全球债券基金。在具体的资产配置路径方面，在投资者距离退休 25 年及以上时，组合配置于股票基金的比重为 90%，10%为债券基金；在投资者距离退休 25 年及以下时，组合配置于股票基金的比重从 90%下降至 30%左右，债券基金占比相应上升；在投资者退休后 5 年左右，股票、债券基金比例基本保持不变，较保守的投资策略为投资者养老提供了稳定的资金来源。

10.1.3 设计自己的目标日期基金

目标日期 FOF 专门为养老而定制，凭借着简单易懂的投资逻辑，方便快捷的投资操作获得了美国市场的认可与追捧。到 2015 年年底，美国平衡型基金（FOF）规模近 3000 亿美元，而目标日期基金（FOF）规模达 7630 亿美元，其中 88%的目标日期基金资产来源于养老金账户，可见目标日期基金已成为美国养老产业的重要资产。

虽然美国的养老基金如火如荼，但我国个人养老金还处于起步阶段，还处在被市场认识并接受的过程，因此市场上的目标日期 FOF 较少，较难找到与自身情况相匹配的，那么作为聪明投资者的我们，明白了目标日期 FOF 的投资逻辑之后，可以给自己设计一款目标日期型的产品！

具体方法分为以下三步。

第一步，分析自身面临的风险。在设计目标日期基金策略时，投资者需要分析自己所面临的不断变化的风险。整体来看，投资者一生有三个重要的投资阶段。即 25 至 44 岁的资本积累期，45 至 65 岁资本积累转换期，66 至 100 岁的收入规划期。在资本积累及转换阶段，投资者主要面临消费风险、储蓄风险、死亡风险和市场风险。在收入规划期，投资者主要面临的风险有消费风险、长寿风险、遗赠风险和市场风险。虽然投资者终身面临的风险是不断变化的，且控制这些风险的方法也各有不同，但从这些风险的本质上来看，它们都与投资者财务资本和人力资本的大小密切相关。

第二步，考虑风险承受能力和风险偏好。不同个人的目标日期基金的滑行路径是不一样的，主要取决于其风险承受能力和风险偏好。个人的风险偏好决定了整体投资的风险水平，即决定了滑行路径曲线的纵坐标。举个例子来说，风险偏好较高的个人在年轻的时候配置股票类 ETF 占比可达 95%，而风险偏好较低的个人在自己定制计划时可能配置股票 ETF 为 85%；风险承受能力通过人力资本理论决定了股票类 ETF 下滑的速度：投资者的财富是由财务资本（当下收入）和人力资本（未来收入）两部分构成的，两者均会影响风险承受能力。年轻的时候，正是升职加薪的上升期，未来的预期收入较高，因而具有较高的风险承受能力，此时倾向于配置较高比例的股票 ETF；随着年龄的增长（到 40 岁左右），当下收入越来越高，未来预期收入增长放慢，此时仍然具有较高的风险承受能力，这一阶段的资产配置比例不会有太大的变化；在 40 岁之后，当下收入增长放缓，未来收入预期下滑或者不确定，风险承受能力逐渐减弱，此时股票 ETF 配置比例下降。

第三步，确定大类资产 ETF 的投资比例。投资者需要按照滑行路径来确定股票和债券中各细分资产类别的配置比例。对于大多数投资者而言，在退休期间维持当前的生活状态并能支付其日常开销是投资的主要目标之一。与资本积累期不同，在 66 至 100 岁大多数投资者缺乏稳定的收入来源以支付其日常开销。因此，在退休后，投资者更需要能提供稳定收入且具有抗通胀特点的资产类别。

总的来说，随着年龄增长，投资者财务资本上的配置应更多倾向于本国资产。另一方面，为了跑赢 GDP，跑赢通胀，保证生活质量不被降低，商品类、地产类资产类 ETF 的配置比例应不断升高。在债券类资产的配置上，应逐渐从长期、高收益、获取名义收益资产转向风险较小、短期、获取真实收益的资产。

10.2 目标风险 FOF

10.2.1 目标风险基金的概念

目标风险基金（Target Risk Fund，TRF），也称生活方式基金（Lifestyle Fund），是 20 世纪 90 年代早期产生于美国的一种创新型基金产品。随着 401 K 养老金计划在美国的普及和流行，大量的养老金投资者需要风险可控并且能实现资产保值增值的投资产品。在这样的背景下，目标风险基金应运而生。

目标风险基金的目标就是在不同时间上都保持资产组合的风险恒定，主要通过固定权益和债券资产在基金资产中的占比实现。这一类基金在成立时，就预先规定了不同的风险收益水平，投资过程中保持了相对稳定的风险水平控制，投资者只需依据自身的风险承受水平选择对应的产品，就可简单实现一站式产品投资，获得资产配置收益。

目标风险基金多以 FOF 的形式存在。根据基金的风险水平，目标风险 FOF 一般分为“激进型”“成长型”“稳健型”“平衡型”“保守型”和“收入型”，风险水平依次递减。风险水平较高的“激进型”“成长型”等类别的产品以投资股票等高风险资产为主；相对的，风险水平较低的“保守型”“收入型”等产品则以投资债券等低风险资产为主。

目标风险基金具有如下特点。

第一，目标风险基金在成立之初便预先设定了不同的风险收益水平，采用长期固定的策略型资产配置方式。投资者可以在自身风险所允许的范围内进行选择，即目标风险基金既可以是保守的，也可以是激进的，还可以是平衡的。

第二，目标风险基金能为投资者提示量化的风险水平。投资经理必须审查该基金拥有的所有证券，确保风险等级不会大于和小于基金预设的风险敞口。

第三，目标风险基金假设参加者会在其生命周期不同阶段根据需要自主地将资金分散投资于相应风险水平的基金。

10.2.2　目标风险基金产品设计

目标风险基金通过提前制定目标风险，根据预期的组合波动水平动态调整资产配置，实现目标风险控制并获得投资收益。目标风险基金需要提前预定好风险水平，因此其产品设计主要分为两部分，一是确定风险水平，二是根据风险水平构建投资组合。

1. 确定风险水平

风险水平的衡量指标有很多，一般常用的有标准差、在险价值、预期损失等。

（1）标准差（Standard Deviation）是方差的平方根。标准差是统计上的概念，计算的是数据偏离均值的分散程度。一般而言，标准差越大，表示数据越分散，意味着股票或基金净值的涨跌越剧烈，风险程度也就越大。标准差因其容易计算、含义明确、方便比较的特点，应用最为广泛。

（2）在险价值（Value-at-Risk）是指在既定概率水平下，某投资组合在某段时间内可能产生的最大损失，记作：$VAR_{1-\alpha}$，其中 $1-\alpha$ 为置信水平。若给定 $1-\alpha=95\%$，即表示投资组合的损失率不超过 $VAR_{95\%}$的概率为 95%，即组合有 95%的概率，最大损失是 $VAR_{95\%}$，或者换种说法，投资组合有 5%的概率损失率会超过 $VAR_{95\%}$，如图 10.3 所示。

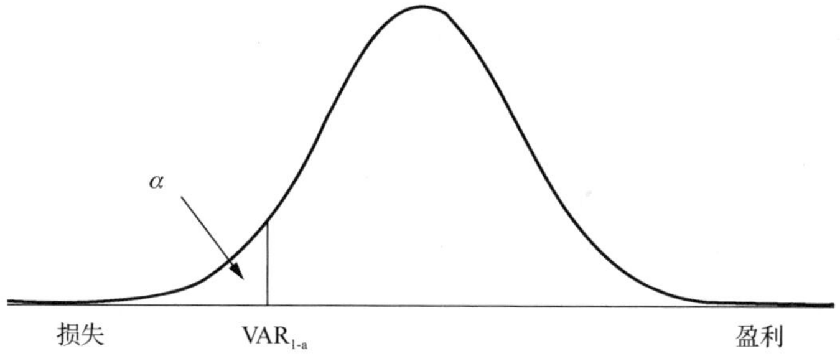

图 10.3　VAR 在险价值图

举个例子，α 为 5%，这是你给定的概率水平，计算得到的在险价值 $VAR_{95\%}$ 是 1000 元，表示你的组合有 95%的可能最大损失是 1000 元以内，或者说组合有 5%的可能损失超过 1000 元。在险价值从组合最大损失的角度衡量风险，其优势在于通过控制投资组合的损失来控制组合风险。

（3）预期损失（Expected Shortfall）的定义为当损失超过 $VAR_{1-\alpha}$ 时损失的期望，例如取 $1-\alpha=95\%$，预期损失即为：损失超过 $VAR_{95\%}$ 时的平均损失。取 α 为 5%，在险价值只能知道当发生 5%概率的损失时，损失的最小值，而预期损失计算了当发生 5%概率损失时，损失的平均值，将比 $VAR_{95\%}$ 要多的损失也考虑进去。预期损失指标也是通过控制损失来控制风险，但与在险值不同的是，预期损失考虑了超过在险价值 $VAR_{1-\alpha}$ 的所有可能损失。

这三个指标都是在收益分布比较贴近正态分布的假设前提下进行的。虽然标准差用得较多，但它的缺点是将上行波动和下行波动均视作风险，和大家期望的风险刻画有一定的偏差。在险价值和预期损失均从损失方面考虑风险，但是如果收益不服从正态分布，计算偏差会较大。预期损失相比在险价值的优点在于，如果出现极端事件，则在险价值趋向于低估实际损失，而预期损失可以提高风险评估效果，但计算也相对复杂，实际运作中难以迅速解出最优投资比例。

三种方式各有利弊，分别从不同方面刻画组合风险，投资者可以根据自己实际情况确定自己的风险水平，选择对应风险的目标风险基金产品。

2. 构建投资组合

当风险水平确定后，就可根据风险水平构建投资组合。目标风险基金通过分散投资、资产配置实现风险管理。目标风险基金分为两类，一类是跟踪目标风险指数的 ETF 类产品，另一类是通过静态资产配置而将风险维持在预先设定水平的生活方式基金。

目标风险基金的投资策略思想是在风险一定的情况下，选取适当的风险测度指标和方法，设定相应的风险目标值，并在此基础上，计算出在既定风险水平下使得收益最大的各类资产的最优配置权重，即以最大化收益为追求进行优化求解。

ETF 可以作为目标风险基金资产配置的标的。ETF 类目标风险基金费率显著低于一般开放式目标风险基金，且同一比例区间中 ETF 类业绩优于一般开放式业绩。

以下构建了一个模拟组合，将目标风险基金（TRF）真实持有的基金品种替换成同类型成本最低的 ETF 基金或指数基金，以检验用 ETF 代替 TRF 母基金选择的基金是否能改善组合表现，如表 10.1 所示。表中的数据是模拟组合相对原始目标风险基金的差值，*表示在 1%置信水平下显著。

表 10.1　目标风险基金与模拟组合的业绩比较

		激进	稳健	保守
模拟组合相对原始目标风险基金的差值	收益率	3.5%*	2.3%*	−1.5%*
	标准差	−3.5%*	−2.3%*	−7.7%*
	夏普比	0.011*	0.011*	0.003

数据来源：海通证券研究所，“*” 表示在 1%置信水平下显著。

图中的业绩比较结果表明，模拟组合的三种风格都取得了更小的波动，还有两种风格获得更高的收益，收益和波动的改善都十分显著。在没有改变资产配置比例的情况下，收益的提高有两种可能的原因，一是主动管理没能战胜被动跟踪，二是 ETF 或指数基金的费率更低。

10.2.3　目标风险基金的作用

从国内基金市场的发展情况来看，目标风险基金的出现有助于完善国内的基金品种，进一步丰富理财产品线。目标风险基金凭借其明确的收益风险特征和风险控制措施，成为养老金市场流行的投资标的，也为风险偏好明确的投资者提供了良好的资产配置工具。

从图 10.4 可以看出，其他投资者是目标风险基金的主要投资人群，在 2015 年占比达到 56.2%。目标风险基金有利于结合投资者的风险偏好、收入情况、财富规划等提供更加个性化的解决方案，适合对基金选择有困难、但又有意愿主动管理自己财产，进行自主投资的个人或机构投资者。

目标风险基金的主要投资人群并不是养老金计划投资者，主要原因是对于养老金计划投资者（机构）来说，目标日期 FOF 相比目标风险 FOF 是更优的选择：目标日期 FOF 对于不同时期的组合风险设定有既成的滑行路径，而选取目标风险 FOF，则需要养老金投资者在不同时期主动变更所投资的目标风险 FOF 的种类来实现风险水平的切换，提高了养老金管理的难度。

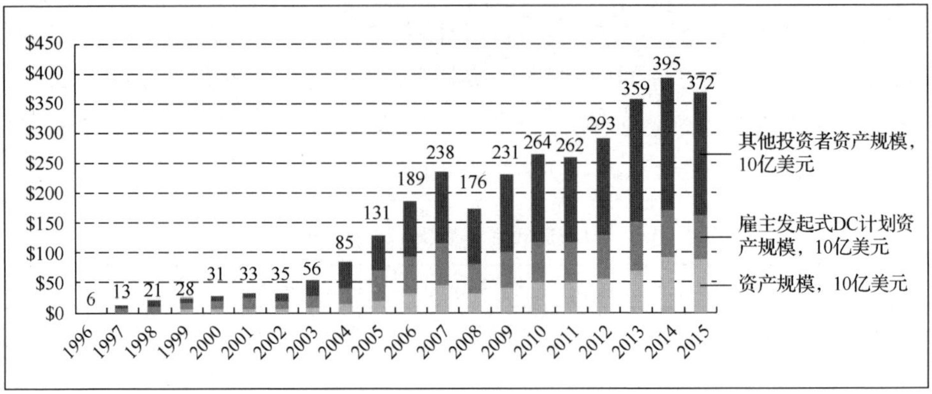

图 10.4　美国目标风险投资人群占比及资产规模

针对养老资金的长期投资需求，可以考虑将 ETF 纳入养老投资。与一站式的目标风险 FOF 代表的主动投资不同，ETF 代表的是被动的指数化投资，也有着适合养老投资的特点：一是高透明度使其不受基金经理投资风格切换的影响，适合养老产品的长期限投资；二是指数基金适合定投策略；三是 ETF 适合更熟悉市场的投资者，可以作为目标风险 FOF 的补充。

老罗有话说：

大类配置如同硬币的两面，它能够分散投资风险，也同时伴随收益率下降的风险。需要注意两点：（1）在某类资产长期处于牛市时，大类资产配置的表现会落后于集中投资；（2）大类资产间的相关性提高到同涨、同跌时，大类资产配置也难以分散风险。

10.3　核心-卫星策略

投资就像打仗，要讲究一定的策略方法，就像打仗之前的需要排兵布阵。很多投资者以为投资策略是神秘复杂的，是高难度以及需要强大的知识背景、技术硬件去支持的，但总有一些策略，偏偏就是通俗易懂、简单易学，效果还不错，比如定投策略，比如我们本章要讲的“核心-卫星策略”。

10.3.1　核心-卫星策略原理

核心-卫星策略（Core-Satellite Strategy）是资产配置的主流策略之一，其主要是基于分散化投资理念，将总资产分为“核心”和“卫星”两大类。

核心：核心的资产奠定了整个投资组合的基调，对于投资组合的安全和收益起到“保驾护航”的决定性作用，其目标是有效控制组合的风险水平，并获取较为稳健的回报。核心通常由指数基金、ETF、被动管理型基金等被动管理型证券组成，同时使用某一权威的大型指数作为其基准进行跟踪投资。

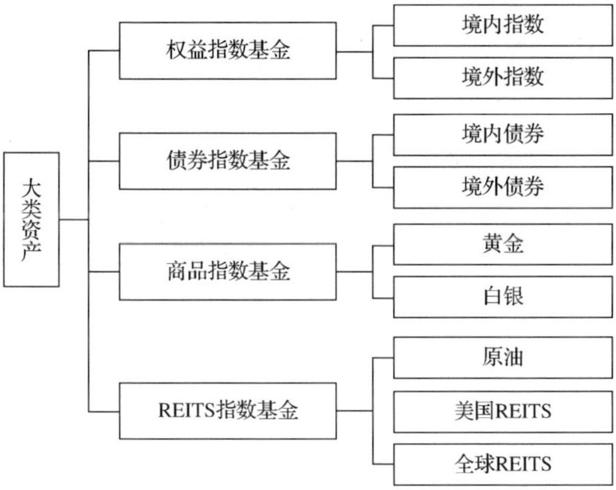

图 10.5　核心-卫星策略

卫星：卫星的资产权重较小，投资目标是增加绝对回报。就像一颗颗卫星围绕着大行星遨游太空一样，在一定条件的约束下，它可以有更加广阔的投资空间，投资更加主动、更加积极、更加灵活，往往能获得令人惊喜的收获。卫星部分的主要投资方向为行业指数基金、商品指数基金、QDII 或债券指数基金等作为超额收益的品种，如图 10.5 所示。

核心-卫星策略的精髓在于，核心部分和卫星部分相互配合，在集中精力守住核心大本营的时候，同时派出卫星部分去开疆拓土，其更像是一种“稳中求进”。因为卫星部分占比较少，即使出现大幅的波动，整个投资组合也能保持较稳定的收益。例如卫星部分 ETF 占整个组合的比例为 15%，若卫星上涨了，那么整个投资组合的收益也跟着涨；若卫星下跌了 20%，那么投资组合的总值仅下跌 3%。这种方法能够有效控制组合风险。

10.3.2　核心-卫星策略优势

核心-卫星策略最早出现于 20 世纪 90 年代，很快就为退休基金、年金及基金中的基金（Fund of Funds）等机构投资者广泛运用，全球知名的先锋集团（Vanguard Group）、巴克莱国际投资（Barclays Global Investors）等资产管理公司大都采用核心-卫星策略来管理投资者账户。因为它具有以下几个优势。

（1）成本较低：海外这个策略的基准主要是指数，所以购买资产的底仓以费率低廉的指数基金为主。

（2）组合构建的多样化：策略可以进行大类资产配置，配置 A 股、港股、债券及海外的 QDII，所以组合的 ETF 资产可以纳入多种资产类别，策略更加丰富。

（3）简单清晰：策略的原理简单易懂，而不是复杂的数学金融模型，易于机构及个人投资构建。

（4）风险控制：由于可以在不同类别的资产进行构建，能够降低组合的波动性，分散投资风险。

总结来说，核心-卫星策略可以简单总结为简单、安全、低成本，平衡风险收益，兼具保值增值。从资产配置长远的角度看，能实现“在保持预期收益水平的同时承担更小的风险”或“在承担同等风险水平的同时获取更高收益”。

10.3.3 在核心-卫星策略下如何选择 ETF

在核心-卫星策略下，核心只有一个，卫星却可以有很多个。核心是定调，卫星是守卫，不同的投资者由于目标不一致，在选择相应的 ETF 时会有差异，因此投资者首先要明确自己的目标是什么，再到大类资产里面去进行切分。

1. 核心-卫星 ETF 的选择

核心的选择主要看投资者当年看好什么大类资产。

就市场而言，看好 A 股就配 A 股作为核心资产，看好海外资产就配海外资产作为核心资产，比如你去年看好海外资产，就用 70%～80%资金买美股，少部分资金配置国内资产。反之，如果你今年看好国内资产，可以将 80%资金配在 A 股里面你看好的资产，剩下的配一些辅助资产，这就是资产配置策略。

就资产类别而言，很多投资者会将大盘蓝筹股作为“核心-卫星”策略中的核心资产，因为蓝筹股公司盈利能力稳定持续，具备可靠性、能把控性。单一的股票投资难免遇到“黑天鹅”，因此核心可以设置为宽基指数基金如中证

100ETF、沪深 300ETF、上证 50ETF 等，从而更加稳妥和安全。具体是哪个指数 ETF，那就需要依据投资者的目标偏好。例如国内保险公司定的基准就是跑赢中证 100 指数，基金经理操作就很简单了，将当年 70%～80%的仓位买中证 100 指数作为核心资产就可以了，卫星就是围绕这个资产做一些收益增强的资产跟收益分散的资产，比如环保、医药、传媒，或者海外的 ETF。

“卫星”部分作为组合战术型配置资产，更多的是对核心组合的一种补充，它多结合市场行情进行调整，重在把握阶段性投资机会，立足于提升组合超额收益能力，在选择的过程中更偏重于从产品资产、行业、风格属性等角度出发结合市场热点进行投资操作。

2. 资产类别配置

大多数的投资者都知道，现金、股票、债券、贵金属、大宗商品等均可以作为资产配置的品种，核心-卫星策略就是资产合理配置的一种方法，特别是在选择“卫星”的时候关注各类资产类别行情，搭配配置能起到更好的效果。

股票 ETF：“卫星”是负责攻城的，相较而言比“核心”更激进一点，因此股票 ETF 是“卫星”的主力品种，而且“卫星”的股票 ETF 往往跟踪最新具有重大持续影响力的主题表现，发现不同行业、风格热点，并与轮动策略结合一起。

商品类 ETF：黄金、石油、大宗商品 ETF 在市面上都存在。黄金、石油是不生息的资产，即持有期间不会产生持续的现金流入，黄金 ETF 收益相对而言风险较低，石油类 ETF 受国际经济形势、地缘政治，甚至民族宗教、军事冲突等影响很大。因此对资金量不大的普通投资者来说，在重大机会出现时，黄金、石油 ETF 适当配置就好。

债券 ETF：当前市场有丰富的指数型债券投资品种。适合普通投资者交易的债券品种主要有国债 ETF、政策性金融债 ETF、企业债 ETF。债券 ETF 可以提供相对长期、稳定且便于预测的收益。在通常情况下，债券与股票是弱相关品种，甚至存在一定的负相关性，但又不总是如此，“股债双牛”或“股债双杀”的情况也经常会出现。但是债券 ETF 之间相关性很强，基本来说“卫星”只配置一只债券 ETF 就好。

货币 ETF：货币 ETF 最重要的特点就是流动性很好，和现金有的一拼，但是收益远超现金。在核心-卫星策略里，货币 ETF 至少有两个作用：一是应对系统性风险，二是作为仓位动态再平衡的调节池。通俗来讲就是手中的货币 ETF 可以随时变现，有便宜货的时候才能够及时入手囤货。

综上，各类资产 ETF 的配置属性总结如表 10.2 所示。

表 10.2 各类 ETF 配置风险对比情况

	股票 ETF	商品类 ETF	债券 ETF	货币 ETF
风险特点	高	较高	较低	低

3. 行业配置

根据不同经济周期下不同的行业 ETF 的表现不一样，从而根据不同的经济周期配置不同的行业 ETF 的策略。这里老罗对于 A 股做了一个回测，2005—2015 年十年间 A 股经历了三起三伏，那么在三轮的牛熊市之间各行业表现如何？老罗分别测算了三轮牛熊市期间定投各行业的收益情况，各行业在每一轮的表现如表 10.3 所示。

表 10.3 A 股各行业牛市历史表现对比

第一轮（2005.07.20—2008.01.14）		第二轮（2008.01.15—2010.11.09）		第三轮（2010.11.10—2015.06.15）	
累计收益率最好五大行业：					
有色金属	165%	医药生物	73%	计算机	293%
国防军工	164%	电子	71%	传媒	247%
非银金融	158%	有色金属	66%	国防军工	198%
钢铁	154%	汽车	66%	轻工制造	193%
建筑材料	154%	国防军工	64%	通信	191%
累计收益率最差五大行业：					
电子	92%	钢铁	-4%	采掘	41%
传媒	97%	银行	5%	食品饮料	68%
休闲服务	111%	房地产	5%	有色金属	68%
纺织服装	112%	公用事业	9%	银行	72%
计算机	113%	非银金融	9%	建筑材料	110%

数据来源：Wind，老罗话指数投资公众号测算。

从表 10.3 中可以看到，不同区间的牛市中行业的表现不一样，那投资者们要想把握行业本轮行情中的投资机会，可以结合经济周期配置不同的行业 ETF，详细介绍可以见本章 10.4 节。

4. 跨市场配置

为什么要跨市场？这个原理和“不要把鸡蛋放在一个篮子里”一样，我们也不能死盯住 A 股来看，你寻或者不寻，森林就在那里，多去探索，耳闻眼见，自然是有好处的！这里的市场就不仅仅局限于沪市、深市，而是指全球主要市场了。图 10.6 给大家直观展示一下 2018 年各市场的表现情况，从中可以看出不同市场之间的收益差别会非常大，A 股在 2018 年算是跌得比较惨的，比较受关注的标普 500、纳斯达克指数、恒生指数相较而言表现稍微好一点。

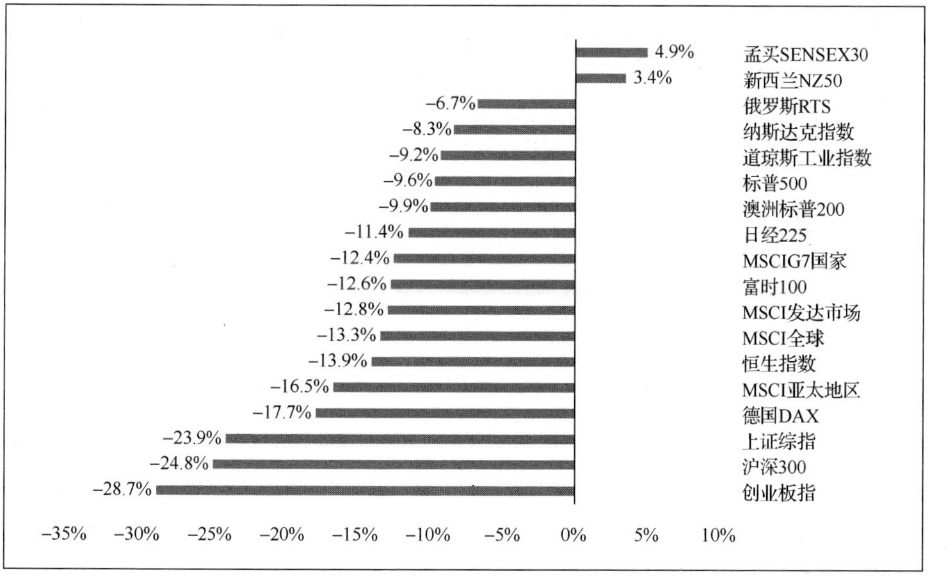

图 10.6　2018 全球市场指数收益率情况

跨市场的“卫星”怎么配以及比例是多少，需要根据投资者个人偏好去决定，有的投资者可能会觉得“我看个 A 股都筋疲力尽了，哪还有什么精力去看所谓的外面的世界！”ETF 不就是为你们准备的投资利器吗？跨境 ETF、QDII 基金是最便捷、最具效率的投资方式，你只要看好境外市场，就去配置相对应的“卫星”，当然也可以是“核心”，关键取决于你更看好哪类资产。

以上关于“卫星”配置的三种方法不是孤立的，投资者在投资过程中都会有所涉及，甚至在选择“核心”的时候也可以有一定参考，因此综合来看，非常实用。此外，在核心-卫星配置的策略中，仍然要注意“核心”与“卫星”之间及各自内部的相关性，尽量选择相关性较低的产品进行搭配，这样可以更好地分散投资风险，优化组合的收益风险结构。通俗来讲，就是投资组合，不管是“核心”与“卫星”，还是“卫星”与“卫星”之间，都应该避免选择同涨、同跌等相关联较大的 ETF，从而在牛市中享受同涨，而在不确定的市场中做到“东方不亮西方亮”，均衡风险和收益。如表 10.4 所示是市场中主流的几类大类资产的相关性情况。

表 10.4 市场中主流的几类大类资产的相关性

	价值股	成长股	港股	美股	国债	金融债	企业债	黄金	原油
价值股	1.00								
成长股	0.41	1.00							
港股	0.86	0.02	1.00						
美股	0.37	-0.41	0.72	1.00					
国债	-0.50	-0.30	-0.26	0.35	1.00				
金融债	-0.46	-0.30	-0.20	0.39	0.98	1.00			
企业债	-0.32	-0.37	-0.01	0.59	0.94	0.96	1.00		
黄金	-0.06	-0.42	0.25	0.47	0.47	0.47	0.46	1.00	
原油	0.54	0.46	0.26	-0.37	-0.87	-0.90	-0.89	-0.34	1.00

数据来源：Wind，统计区间：2014.12.15—2017.12.15。

10.3.4 构建自己的核心-卫星组合

每个人的核心组合需要与个人的投资目标与投资风险相匹配，风险承受能力较强的投资者可以选择激进的 ETF，如股票 ETF、商品类 ETF；风险承受能力一般且倾向于获得稳定的收益的投资者，则可以多选择稳健的基金类型，如债券 ETF、货币类 ETF。通俗来说，如果你的风险承受能力低，则可以主要买入货币基金、债券基金等固定收益类资产，这就是你的“核心”资产，还可以拿剩下的一点点钱去投资权益资产作为“卫星”。如果你的风险承受能力较高，喜欢高风险的投资，那么股票、商品类 ETF 就是你的“核心”资产，当然前提是你认为高风险资产是当前较好的投资机会。

保守型的核心-卫星组合应该是：以风险较低的 ETF 为“核心”，以股票 ETF 等为“卫星”获得一个超额回报。这种组合既能够保留大部分资产，也能够从“卫星”投资中获得惊喜。目标更多的是跑赢通胀、保值，适合大部分人。

稳健型投资者，可以把优质蓝筹股构成的 ETF 如沪深 300ETF、上证 50ETF 等当成核心，获得每年的分红，稳定收益；把热门题材的 ETF 当成“卫星”，分享热门板块的涨幅带来的超额收益，从而超额收益会更高。

激进型投资者，把热门题材的 ETF 当成“核心”，重仓操作，留下一些资金配置商品类、债券型、货币型 ETF 当作“卫星”，保证流动性的同时关注时机可以做波段操作。

根据类型来配置自己可投资的资产，这里面也给大家一些类型上的配置参考，如表 10.5 所示。

表 10.5　不同风险偏好投资的参考配置比例

投资偏好	股票 ETF	商品 ETF	债券 ETF	货币 ETF
保守型	10%	10%	40%	40%
稳健型	40%	5%	40%	15%
激进型	80%	5%	10%	5%

核心-卫星策略其实是许多 FOF 基金经理常用的一种资产配置方法。各类资产的权重没有规定，组合也没有最好的，只有最适合自己的。不同年龄、不同风格偏好的投资者应该根据自己的实际情况来确定各资产比例，建立与自己相适应的 ETF 组合，成为自己的 FOF 配置基金经理！

老罗有话说：

“核心-卫星”配置策略如同硬币的两面，它能够分散投资风险，也同时伴随收益率下降的风险。需要注意两点：（1）当某类资产长期处于牛市时，“核心-卫星”配置的表现会落后于集中投资；（2）大类资产间的相关性提高到同涨、同跌时，大类资产配置也难以分散风险。

10.4　经济周期下的 ETF 配置策略

10.4.1　美林时钟

经济周期的本质是人性的反应，但是这个我们摸不着也看不到，大部分人甚至会觉得很懵逼，当前经济处于什么周期，自己永远是“被通知”的那一个，事实是对于当前经济处于周期的哪个阶段没有什么感知和发言权，而大多数是在新闻、各类报导或者是现行各类媒体的口口相传中“被通知”，然后再回过头来仔细观察一下身边的经济活动才惊醒。所以到底有什么简单易学可行的方法可以去衡量和划分经济周期呢？或许“美林时钟”会给我们答案。

美林时钟如图 9.9，是一种将“资产”“行业轮动”“债券收益率曲线”以及“经济周期四个阶段”联系起来的方法，是一个非常实用的指导投资周期的工具。由于运用简单易懂的经济逻辑，美林时钟广受业界研究和模仿，还被认为是各类资产配置的晴雨表，“经济指针”转到美林时钟的哪里，就按照对应的逻辑配置大类资产。如图 10.7 所示就是美林时钟的投资模型，美林时钟将经济分为衰退、复苏、过热、滞胀四个时期，并且各阶段都具有非常明显特征，而经济状态的不同也决定了资产配置的差异。对于我们来说，搞懂下面几个问题，就读懂了美林时钟。

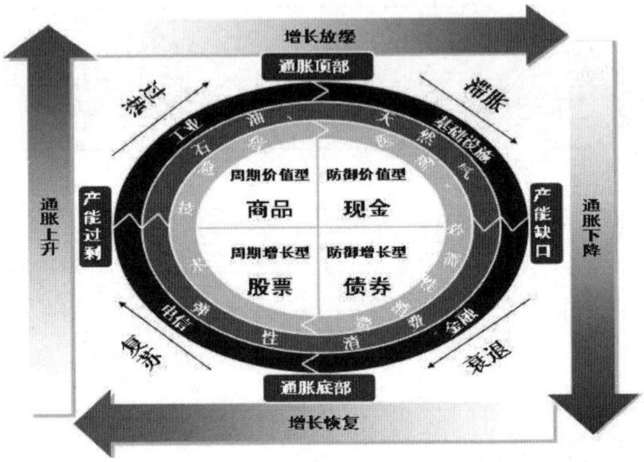

图 10.7　美林投资时钟模型

1. 衰退，经济增长停滞

在此阶段，GDP 增长乏力，一边是超额的生产，一边是商品价格下降从而导致了产能过剩、通货膨胀下降以及企业的盈利微薄，收益下降。此时大概率央行出手，试图把经济拉回“正道”，通过降息等手段“放水”，此时收益率曲线会急剧下行。这时候新发行的利率就会相较于以前降低，所以之前的债券价格就会上涨，嗅到金钱的味道了吗？所以在衰退期债券是最好的选择，相反大宗商品的价格会走低。此外，衰退期经济低迷、固定投资下滑，周期型行业的收益下降，医药、消费等防御型成长型行业更适合投资。

特征：（1）产能过剩；（2）大宗商品价格下跌；（3）通胀率更低；（4）企业利润下降；（5）降息通道；（6）进而导致收益率曲线急剧下行。

2. 复苏，经济缓慢增长

在复苏阶段，前期的“放水”政策开始奏效了，经济加速增长，但是此时的价格还没来得及反应，仍然处在比较低的水平，因此价格和利率双低，“经过了饥荒”的企业纷纷着手让自己的机器“跑起来”，加速生产，新一轮的周期性扩张开始，企业由于充分利用自身“机器”加大产出，产量的增加摊薄了成本，企业的利润开始上升。企业赚钱了，经济环境也在不断改善，债券的收益率仍然处于低位，人们开始在股市看到了希望，投资股票的热情开始燃起来了，因此股票是最佳的投资选择，持有现金反而会错失机会；行业方面，经济上行时会带动周期性行业上升，由于复苏期正处于经济增长伊始，因此综合来看周期型成长型行业如信息技术、可选消费等行业具备较大潜力。

特征：（1）利率较低；（2）GDP 加速增长，并处于潜能之下；（3）通胀率继续下降，因为空置的生产能力还未耗尽，周期性的产能开始扩张；（4）企业盈利大幅上升；（5）债券的收益率仍处于低位。

3. 过热，经济快速增长

前一阶段企业的扩张到后期，企业生产能力接近饱和，经济增长超过潜在均衡水平之上时，增长开始放缓。此时“慢半拍”价格早反应过来，水涨船高也跟着上涨导致通胀上升。央行这时候看到市场的狂热与躁动，觉得又是时候出手“灭火”了，于是开始加息实施紧缩货币政策，债券在此阶段的价格会下降，表现不佳；企业产能受限的同时而股票由于前一阶段的发酵处于高位，不是最佳的投资配置选择，而与农业、工业等原材料价格息息相关的大宗商品则在此阶段成为最佳选择。由于经济仍然处于上行阶段，但是对于未来没有足够的信心，因此行业上适配周期型价值型行业如有色、钢铁、煤炭等。

特征：（1）企业增速减慢；（2）通胀抬头；（3）加息；（4）此时的 GDP 增长率仍处于潜能之上；（5）收益率曲线上行并变得平缓；（6）债券的表现糟糕；（7）股票的投资回报率取决于强劲的利润增长与估值评级不断下降的权衡比较。大宗商品是最佳选择。

4. 滞胀，经济发展停滞

由于过热阶段企业为了扩大产能扩大资本设备的投资，在过热阶段后期经济增长速度开始放缓，但价格依然处于高位，因此通胀持续上升，影响了市场消费和信心，需求下降，企业自然产出也跟着下降，但是由于前期过多的存货积压，厂商为了保护利润水平而提高产品价格，造成工资价格螺旋式上升，又进一步推动通胀，连锁反应引起经济的衰退，如此居高的通胀下央行更是咬紧银根不放松，债券市场重挫，企业经营变差股票市场自然也好不了，此时持有现金或者配置货币类资产最佳，看空股票。经济下行而且对于未来有太多的不确定性，因此行业上配置防御型价值型行业如石油天然气行业、公用事业等较稳。

特征：（1）GDP 的增长率降到潜能之下；（2）但通胀却继续上升，通常石油危机；（3）产量下滑；（4）商品提价；（5）工资-价格螺旋上涨；（6）通胀见顶；（7）央行紧缩银根；（8）债券市场低迷；（9）企业破产，股票糟糕。现金是最佳选择。

综上，经济周期中各阶段的总结如表 10.6 所示。

表 10.6　美林时钟经济周期

经济周期阶段	判断指标	判断方法	阶段特点	大类资产配置	最佳行业配置
衰退期	GDP、PMI、规模以上工业增加值、CPI、PPI	经济下行 通胀下行	产能过剩、通胀低、企业利润下降、收益率曲线下行	多债券 空商品	防守型增长型（医药、消费）
复苏期		经济上行 通胀下行	利率低、GDP 加速增长、通胀下降、企业盈利上升	多股票 空现金	周期型增长型（信息技术、可选消费）
过热期		经济上行 通胀上行	产能增速减慢、通胀抬头、GDP 增长至潜能之上、收益率曲线上行	多商品 空债券	周期型价值型（有色、钢铁、煤炭）
滞胀期		经济下行 通胀上行	GDP 增长至潜能之下、通胀继续上升、产量下滑、商品提价、通胀见顶	多现金 空股票	防守型价值型（石油天然气、公用事业）

10.4.2　实践检验中的美林时钟

美林时钟投资模型在理论上看似很有逻辑，“真枪假枪，在战场上扛得住检验的才是硬道理”。美林证券研究报告指出，1973—2004 年是美国几大类资产的收益率情况（如表 10.7 所示）基本符合美林时钟。具体来看，衰退期间理论表现最好的应为债券类，实际上债券收益率为 6.4%，而股票达 9.8%，占据收益率最高位置，但二者相差不大，且债券类表现也相对较好，理论上看空的大宗商品符合预期，表现最糟糕，收益率为-11.9%。在复苏阶段，理论预期上表现最好股票类、最差的现金类虽然与实际不符，但是相对来说接近实际，没有出现过大的偏差。在经济过热的阶段，大宗商品的收益率最高达到 19.7%，与理论看多保持一致，而理论看空的债券类收益率为 6.0%，高于 0.2%的股票类，这里的理论看空与实际是不符的。在滞胀阶段，理论现金为王得到了验证，理论看空股票类的收益率也较差，基本符合实际情况。

从以上分析可以看出，美林时钟在美国市场具有有效性，特别是在各经济阶段，看多资产类别的投资理论与实际相符度很高，看空资产类的判断和实际基本相符。

表 10.7　美国各大类资产不同阶段的收益率水平

	股票	债券	大宗商品	现金
衰退期	9.8%	6.4%	-11.9%	3.3%
复苏期	7.0%	19.9%	-7.9%	2.1%
过热期	0.2%	6.0%	19.7%	1.2%
滞胀期	-1.9%	-11.7%	28.6%	-0.3%
总计	3.5%	6.1%	5.8%	1.5%

数据来源：美林证券研究报告，1973—2004 年。

10.4.3　经济周期中 ETF 配置策略

美林时钟在美股有效，在 A 股也具有一定的有效性，因此在投资的时候可以作为一定的参考，美林时钟投资模型说明了在不同阶段适合配置的大类资产，而 ETF 是大类资产配置的最简便有效的方法，因此下面总结了在经济周期中 ETF 的配置主要策略。

（1）单资产配置。由于经济周期的不同状态下特征明显，美林时钟指出了每个阶段下最佳的配置资产大类。单资产配置是严格按照美林时钟投资的逻辑，在每个阶段只配置相应资产大类的 ETF（如表 10.8 所示），即在衰退期配债券 ETF、复苏期配股票 ETF、过热期配商品 ETF、滞胀期现金为王，主要配置货币 ETF，以期在经济周期的各个阶段踏准节奏，抓住机会上车。

表 10.8 单资产配置策略

经济周期	单资产配置 ETF
衰退期	债券 ETF
复苏期	股票 ETF
过热期	商品 ETF
滞胀期	现金

（2）多资产配置。不同于单资产配置，多资产配置的核心逻辑就是全面覆盖，但是有所侧重。具体来说，投资各大类资产的 ETF，但是不是简单地等比例投资，而是赋予理论上最优的资产较大权重，而理论表现较差的资产较小权重，各资产的具体权重系数是多少，需要依据个人的投资偏好以及需求而定，如表 10.9 所示是一个案例示范，方便大家理解。多资产配置策略有点类似“全天候式”的长期投资策略，在经济周期中分散化的投资以期在面对市场不确定性的时候能有效降低风险，有重点地投资又增加了获取超额回报的机会，既玩转价值，也享受成长。

表 10.9 多资产配置策略下的资产配置比例

	股票	债券	商品	现金
衰退期	15%	60%	10%	15%
复苏期	60%	15%	15%	10%
过热期	15%	10%	60%	15%
滞胀期	10%	15%	15%	60%

（3）避险配置。通过美林时钟在 A 股中检验发现其在经济周期的不同阶段看空某类别资产的判断很准确，这对于投资有一定的启示性。逆向思维来看，在特定的经济周期阶段避免配置看空的大类资产，一方面能减小投资风险，另一方面能最大化资金的利用效率，降低机会成本。在具体操作上（这里不考虑做空操作），衰退期空仓商品类，复苏期空仓现金类，过热期空仓债券类，滞胀期空仓股票类，在每个阶段其他未空仓的三类按照个人的风险偏好或者需求，可以依据多资产配置逻辑赋予不同的权重（如表 10.10 所示）或者等权重进行配置。

表 10.10 避险配置策略的资产配置比例

	股票	债券	商品	现金
衰退期	15%	70%	0%	15%
复苏期	70%	15%	15%	0%
过热期	15%	0%	70%	15%
滞胀期	0%	15%	15%	70%

案例示范

下面以 A 股市场为例，以 GDP、CPI 两个宏观经济指标综合研判并区分经济周期所处的阶段，得到如图 10.8 所示的经济周期图，可以看到在 2007—2011 年，经济指标数据变化比较剧烈，这时候经济状态的确定比较清晰明确。因此选取 2007—2011 年这几个比较容易区分的阶段对于各类资产的表现做一个回测，结果如图 10.9 及表 10.11 所示。

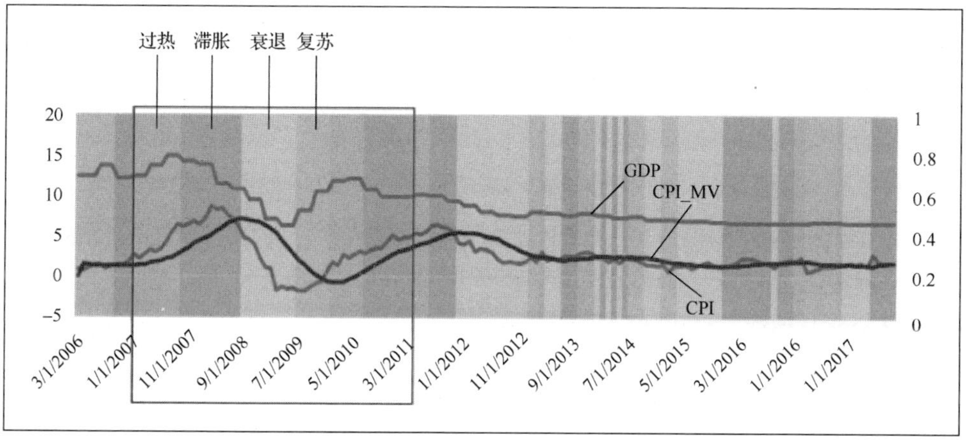

图 10.8　美林时钟的中国经济状态

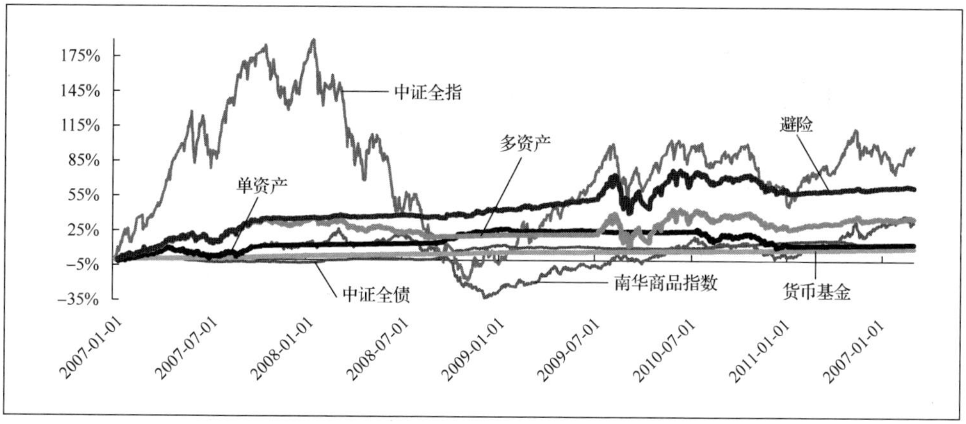

图 10.9　经济周期中各投资策略收益率情况（2007.01.04—2011.03.01）

需要说明的是，以下数据测算来自东北证券肖承志、孙凯哥、徐忠亚的金融工程研究报告《大类资产配置专题研究之二，朴素美林时钟》，其中股票资产选取中证全指，债券资产选取中证全债，商品选取南华商品指数，现金选取货币基金指数。

从图 10.9 可以看出，代表股票的中证全指曲线经历大起大落，收益率最高能达到 175%以上，当然其波动性毫无疑问是最大的，年化收益率为 37.10%，而且最大回撤也高达-71.48%，单一投资股票 ETF 会面临“高风险、高收益”的挑战。商品类资产的年化收益率为 7.43%，处于中等水平，但是其年化波动达 17.88%，从而信息比率较低，同时最大回撤为-46.78%，仅次于股票，在中等收益率水平下需要承担较大的风险，相较而言不是一个明智的投资选择。现金和债券的收益率曲线平缓，但处于较低水平，与之相对应的是低风险，债券与现金的最大回撤分别为-3.17%、-1.55%，在各类资产中最小，并且投资货币 ETF 能容易变现，资金的流动性很高，因此这两类资产是“低风险、低收益”的代表，属于比较稳当的一种投资策略。

在运用美林时钟投资模型的三种策略中，就收益率来看，避险配置策略的年化收益率达 13.09%，仅次于股票类，表现较好；多资产配置的年化收益率也较高，达到 8.27%，而单资产配置的收益率与债券类相当，表现稍差，原因可能是 2007—2011 年中经历的衰退期、滞胀期比较长，从而长时间单一配置债券、现金这两类较低收益的大类资产。就波动性而言，三种策略的年化波动性处于中等偏下水平，其中多资产配置、避险配置波动性低于单资产配置。综合而言，避险配置的信息比率最高，达到 1.12；多资产配置次之，达到 0.76，如表 10.11 所示。

综合来看，利用好美林时钟，在经济周期中采取避险策略表现最佳，多资产配置策略也是不错的选择。

表 10.11　经济周期中不同策略下历史回测情况

	股票	债券	商品	现金	单资产配置	多资产配置	避险配置
累计收益率	99.11%	14.72%	33.26%	11.07%	14.69%	37.50%	63.71%
年化收益率	18.75%	3.49%	7.43%	2.65%	3.48%	8.27%	13.09%
年化波动率	37.10%	2.21%	17.88%	-	14.23%	10.91%	11.68%
信息比率	0.51	1.58	0.42	-	0.24	0.76	1.12
最大回撤	-71.48%	-3.17%	-46.78%	-1.55%	-12.48%	-19.86%	-18.76%

数据来源：Wind，2007.01.04—2011.03.01，老罗话指数投资公众号测算。

当然了，美林时钟也有很多的局限性，特别是在 A 股的美林时钟经历着更多的考验。根据历史经验，美林时钟在美国市场尤其有效，一个美林周期往往跨度十几年，但是有时候在 A 股市场，本应该缓慢演变的美林时钟却被玩成了“电风扇”，1 年就轮转一次的情形不少见，在 2013—2015 两年期间，经济状态频繁切换，美林时钟“根本停不下来”，这给资产配置带来复杂性，况且美林时钟不是万能的，存在失效的可能性。

10.5　以 ETF 作为你一生的投资计划

本书向大家介绍了 ETF 的基础知识、类型、投资策略等，那么说了这么多关于 ETF 的故事，很多人可能会问：“我到底该如何选择最适合自己的 ETF 呢？”投资理财是我们一生的伴侣，在生命的不同时期，我们的投资愿景和心理的风险承受能力都是不同的，都应该有不同的投资计划与之匹配，我们与其仅考虑眼前该如何配置资产，不如将目光放长远一些，来看看我们一生的投资计划。ETF 品种众多，每种产品的风险、收益、流动性等都有不同的特点，也正因如此，ETF 是一个可以伴随我们一生的投资计划，在我们人生的不同阶段，总有一款 ETF 组合或者一种 ETF 投资策略适合自己。

10.5.1　生命周期假说与 ETF 投资

生命周期假说又称消费与储蓄的生命周期假说，它是由美国经济学家莫迪利安尼、布伦贝格和安东共同提出的。这一理论首先假定消费者都是理性的，其次假定消费者行为的唯一目标就是实现效用的最大化。基于这样的假定，来决定投资的组合和相关资产配置策略。

根据生命周期理论，随着年龄的演进，我们一般将生命划分为青年时期、中年时期和老年时期，下面我们来看看每个时期 ETF 投资的侧重点。

1. 青年时期

青年时期又可以进一步细分为单身期和新婚期。

首先，单身期是指刚刚毕业、初入社会的年轻人，这类单身青年尽管收入水平可能不高，但生活压力相对也处于一个较低的水平，每月的可支配收入相对较多。这类人群往往风险承受能力较高，可以接受高波动、高风险的投资产品，因此，股票型 ETF 是更适合他们的投资选择。

其次，新婚时期的投资者往往具有两方面的特征。对于新婚家庭而言，在这一阶段，家庭收入逐渐增加，生活逐渐稳定，但是可能要付出一些较大的支出，例如买房、买车、子女的抚养费用，以及老人的赡养费用等，因此，新婚期的投资者对于风险的承受能力是有所下降的。但与此同时，这类投资者大多处于事业的上升期，平日忙于工作，闲暇的时间比较少，因此也无法投入太多精力研究投资产品。所以，债券型 ETF 和股票型 ETF 比较适合他们，投资者可以根据自身情况在两类 ETF 中进行比例分配。

2. 中年时期

中年时期的投资者有如下几个特征，他们事业有成，在社会上拥有一定的社会地位，收入较高且比较稳定。在家庭方面，子女的教育支出是他们主要的花费，生活消费也随着收入的增加而成比例地上升。在这一时间区间内，增加财富的积累、为子女教育、成家积累资产、储蓄退休金成为他们的主要目标。因此，股票型 ETF 与另类投资 ETF 的组合可能更适合这类投资者，一方面可以选择不同行业、不同风格的股票型 ETF（中小盘 ETF 或成长型 ETF）进行投资，另一方面也可以通过跨境 ETF、商品 ETF 等进行投资。此外，如果进入中年向老年的过渡时期，也就是说要更多地为自己的退休金做准备，则可以选择大盘股 ETF 与较高收益的债券型 ETF 的投资组合。

3. 老年时期

老年时期的投资者更加注重对风险的控制，在这一时期，投资者基本处于退休的状态，主要目标是安度晚年，他们不会将自己的积蓄投资到风险较高的计划中去，更多地考虑投资收益的稳定性以及变现能力的强弱。这一阶段最忌讳的就是盲目投资，一旦错投或误投，可能会导致不可挽回的损失。

长期保本、流动性强、收益率固定的理财产品往往是可以带给老年阶段投资者最大效用的选择。因此，债券型 ETF 和货币型 ETF 的组合比较合适。在债券型 ETF 的选择上，投资者也应该尽可能选择国债占比较高的 ETF，来保证自身的收益。

根据生命周期制定资产配置策略是一种非常可靠的投资组合管理办法，这种方法尤其适合于期望在退休时拥有一定财富的投资者。

10.5.2　投资 ETF，切莫半途而废

ETF 作为一种指数投资工具，其本质上还是以完全复制的被动化投资为主，能够紧密地跟踪指数，从而为投资者提供几乎与指数表现相同的收益保障。由于 ETF 指数基金的透明度高、跟踪误差小、费用低廉、风险较为分散、受管理人主观因素影响小，故而可预期性强。经验证明，主动管理的基金持续战胜指数的概率很低，投资时间越长，基金经理战胜指数的概率则越小，因此 ETF 是一个较好的长期投资、财富保值的选择，投资者可以采用低位买入并持有的策略，分享指数长期增长带来的资本增值。此外，ETF 根据其特点还可以进行套利操作，因此也适合于短期投资。

投资的过程就像是一场漫长的修行，每位投资者都仿佛是一位苦行僧，这不仅是对自己智慧的修炼，也是对自己心态的考验。相比其他的投资，投资 ETF 指数基金应该是一个更加有趣味、也更加充满挑战的过程。对于 ETF 新手，也许开始的时候会面临许多困惑，也许会惨遭打击，不过每个人都会经历几次失败的投资，不要害怕失败，失败并不可怕，但是我们一定要学会吸取经验教训，不断学习、不断总结，让自己的投资决策变得越来越成熟，越来越老练，未来才有机会获得更高的收益。投资的过程需要一颗平常心，要学会坦然面对市场的波动，习惯“熊短牛长”的股市特点，行情好固然大家皆大欢喜，行情不好的时候不妨乐观一点，这样想一想：“熊市都来了，牛市还会远吗？”。

有人说投资最忌讳的是盲目跟风，自己不做思考判断，但老罗觉得投资最可惜的是投资多年却没形成自己的 ETF 投资方法，人云亦云，很难做好投资。投资就像一次远足，只有掌握投资方法和技巧的人才会看到最美丽的风景，才能体会到苦尽甘来的幸福。ETF 投资可以是我们一生的计划，正如我们在前面所分析的，每个人生阶段都有与之对应的 ETF 投资策略，坚持自己的 ETF 投资方式，根据实际情况来适当调整自己的投资侧重方向及投资组合，每个时期都能够有所收获，对未来也能多一份期待和保障。

希望老罗这本《ETF 投资指南》能够让大家更深入地了解 ETF，帮助大家掌握基本的 ETF 投资策略，在 ETF 的投资道路上顺利前行。

附录A　市场主要的ETF产品概况

指数类别	细分类别	证券代码	证券简称	规模（亿元）
宽基	上证 50	510050	华夏上证 50ETF	492.59
		510850	工银上证 50ETF	95.88
	中证 100	512910	广发中证 100ETF	4.22
	沪深 300	510300	华泰柏瑞沪深 300ETF	364.68
		510330	华夏沪深 300ETF	268.05
		159919	嘉实沪深 300ETF	262.12
		510310	易方达沪深 300ETF	89.56
		510360	广发沪深 300ETF	34.52
	中证 500	510500	南方中证 500ETF	481.42
		512500	华夏中证 500ETF	54.52
		510510	广发中证 500ETF	42.52
	中证 1000	512100	南方中证 1000ETF	2.07
	创业板	159915	易方达创业板 ETF	229.86
		159952	广发创业板 ETF	17.11
		159949	华安创业板 50ETF	76.54
	中小板	159902	华夏中小板 ETF	23.10
	深证 100	159901	易方达深证 100ETF	67.14
	上证 180	510180	华安上证 180ETF	198.22
	MSCI	512090	易方达 MSCI 中国 A 股国际通 ETF	7.87
		512180	建信 MSCI 中国 A 股国际通 ETF	6.52
		512280	景顺长城 MSCI 中国 A 股国际通 ETF	5.64

续表

指数类别	细分类别	证券代码	证券简称	规模（亿元）
行业	医药	159938	广发中证全指医药卫生ETF	23.46
		512010	易方达沪深300医药卫生ETF	7.74
	消费	159928	汇添富中证主要消费ETF	32.26
	信息	159939	广发中证全指信息技术ETF	12.97
	金融	512880	国泰中证全指证券公司ETF	86.64
		512000	华宝中证全指证券ETF	31.87
		512800	华宝中证银行ETF	15.19
	有色金属	512400	南方中证申万有色金属ETF	2.60
主题	军工	512660	国泰中证军工ETF	19.21
		512680	广发中证军工ETF	3.61
	环保	512580	广发中证环保产业ETF	17.33
	传媒	512980	广发中证传媒ETF	10.59
	政策类	512960	博时央企结构调整ETF	208.58
		510810	汇添富中证上海国企ETF	91.08
策略	基本面	512750	嘉实中证锐联基本面50ETF	44.87
	红利	510880	华泰柏瑞红利ETF	27.30
		159905	工银瑞信深证红利ETF	12.97
	低波动	512260	华安中证500行业中性低波动ETF	2.16
商品	黄金	518880	华安黄金ETF	55.84
		159937	博时黄金ETF	28.85
债券	国债	511010	国泰上证5年期国债ETF	4.38
QDII	恒生指数	159920	华夏恒生ETF	42.42
	恒生中国企业指数	510900	易方达恒生H股ETF	73.29
	纳斯达克100	513100	国泰纳斯达克100ETF	5.86
		159941	广发纳斯达克100ETF	0.22
	标普500	513500	博时标普500ETF	9.13
	德国DAX	513030	华安德国30(DAX)ETF	5.10
	中国互联网50	513050	易方达中证海外互联ETF	8.15

数据来源：Wind，截至2019年6月30日。

举报电话：(010) 88254396；(010) 88258888

传　　真：(010) 88254397

E - mail ：dbqq@phei.com.cn

通信地址：北京市万寿路 173 信箱

电子工业出版社总编办公室

邮　　编：100036